中国调解新时代

传统到现代的跨越

◎ 廖永安 罗厚如 主编

湘潭大学出版社

图书在版编目（CIP）数据

中国调解新时代 ：传统到现代的跨越 / 廖永安，罗厚如主编 . -- 湘潭 ：湘潭大学出版社，2021.4
ISBN 978-7-5687-0537-0

Ⅰ . ①中… Ⅱ . ①廖… ②罗… Ⅲ . ①调解（诉讼法）—司法制度—研究—中国 Ⅳ . ① D925.114.4

中国版本图书馆 CIP 数据核字（2021）第 047504 号

中国调解新时代 ：传统到现代的跨越

ZHONGGUO TIAOJIE XINSHIDAI : CHUANTONG DAO XIANDAI DE KUAYUE

廖永安 罗厚如 主编

责任编辑：刘文情
封面设计：张 波
出版发行：湘潭大学出版社
社 址：湖南省湘潭大学工程训练大楼
电 话：0731-58298960 0731-58298966（传真）
邮 编：411105
网 址：http://press.xtu.edu.cn/
印 刷：长沙印通印刷有限公司
经 销：湖南省新华书店
开 本：710 mm×1000 mm 1/16
印 张：25.25
字 数：460 千字
版 次：2021 年 4 月第 1 版
印 次：2021 年 4 月第 1 次印刷
书 号：ISBN 978-7-5687-0537-0
定 价：62.00 元

“法治湖南建设与区域社会治理”协同创新
中心平台（矛盾纠纷化解与区域社会治理）建设成果

国家重点研发计划项目“智慧司法科学理论
与司法改革科技支撑技术研究”（2020YFC0832400）

编委会

前　言

作为享誉世界的“东方经验”，调解是中国传统法治文化的传承创新，也是中国特色社会主义法治体系的重要组成部分。大力发展调解制度，充分发挥调解价值，是积极应对我国社会主要矛盾变化、推动社会治理创新的重要手段，也是践行习近平总书记“坚持把非诉讼纠纷解决机制挺在前面”指示精神的重要体现。一方面，我国社会正处于转型的关键时期，社会矛盾不断加剧，纠纷类型也日益复杂，加之《新加坡调解公约》的签署，以及互联网、人工智能等现代信息技术的发展，这些都为调解制度的发展提供了契机，也对调解制度的形态与内容提出了新的要求。另一方面，我国调解研究长期以来深受“西方舶来主义”学术范式的影响，缺乏自己的独特学术话语，有必要在继承与发扬传统东方调解制度的基础上，构建适应我国现代化进程、具有中国特色的调解话语体系。

有鉴于此，在经过前期向社会广泛征文之后，由湘潭大学、司法部调解理论研究与人才培训基地、人民调解杂志社为主办单位，司法部人民参与和促进法治局、中华全国人民调解员协会为指导单位的“新时代调解高峰论坛”于2019年12月6日在湖南湘潭成功举办。本次论坛征文聚焦新时代大调解工作格局、国际商事调解、智慧调解等13个方面的主题，旨在回应与解决调解制度运行中的重点与难点问题，具有重要的理论与现实意义。论坛在学术界和实务界专家学者中引起了广泛关注，在各方积极参与下，共收到来自全国各地的215篇稿件。经论坛组委会严格遴选与公正评审，最终评选出一等奖论文9篇、二等奖论文13篇、三等奖论文24篇、优秀奖论文25篇。

这些优秀的论文成果颇具特色与创新：一是研究视域极为开阔，既有拔高站位对调解制度转型与发展、大调解工作格局等内容的整体反思，也有针砭时弊对调解前置、司法确认程序等事项的微观检视。二是研究内容比较全面，既有对调解价值、调审分离等内容的理论探讨，也有对联动调解、调解培训等实务问题的技术优化。三是研究方法较为多元，并不限于法学的研究方法，还综合运用了社会学、经济学、心理学等跨学科方法，极大地提升了研究成果的科学性与合理性。正是基于这些研究成果的理论与实践价值，我们特将其择优结集出版，以期能对调解理论发展与实务开展提供智力支持，同时也能让众多读者感到开卷有益，有所收获。

诚然，本书是对此次论坛征文的结集汇编，但论文的遴选、书稿内容编排与结构布局都极为注重体系性、逻辑性与层次性，以便更好地体现出我国调解理论与实务的新发展、新特色与新亮点。具体而言，全书分为四编，共收录专题论文29篇，并按照从理论到实践、从宏观到微观、从传统到创新的逻辑结构进行编排。各编内容介绍如下：第一编为“中国调解的理论反思”，主要从调解价值、调解现代化转型、新发展理念、调审分离论、不完全信息博弈等多个视角，对现有的调解理论体系进行审视与革新，进一步夯实调解理论研究的基础。第二编为“中国调解的实践探索”，主要关注大调解工作格局的构建、多元调解的探索、村居矛盾纠纷联动调解、退休法官参与诉前调解、司法确认程序、调解能力培育等实践问题的解决，积极回应调解制度运行中的现实需求，助推我国调解制度的良性发展。第三编为“中国调解形态的创新发展”，主要聚焦《新加坡调解公约》的理解与实施、律师调解、医疗纠纷调解、国际商事调解等多元化的调解形态，切实满足不同行业、不同类型的纠纷解决需求，实现调解服务供给侧的优化。第四编为“中国调解手段的信息化”，主要从机制优化、制度完善、技术构建、平台建设等方面对在线调解手段进行探讨，积极探索在线调解的发展蓝图，着力发挥在线调解的制度优势。

本书由廖永安教授和罗厚如局长共同担任主编，湘潭大学的夏先华老师协助进行统稿与编辑，湘潭大学研究生刘浅哲、李五志、周星星、李静茵、施展全程参与了全书的编辑与校对工作，在此特表示感谢。最后，感谢湘潭大学出版社的编辑为本书顺利出版所付出的艰辛劳动。

目 录

第一编 中国调解的理论反思

第二编 中国调解的实践探索

第三编　中国调解形态的创新发展

第四编　中国调解手段的信息化

第一编

中国调解的理论反思

专题一　科学认识调解价值 推动社会治理创新

廖永安*

调解是中国特色社会主义法治体系的重要组成部分，在国家治理体系和治理能力现代化建设中居于重要位置。随着我国社会转型进入关键期，各类矛盾纠纷日益复杂化、人民群众利益诉求日益多样化、纠纷解决需求日益多元化。这些新情况、新问题需要我们及时总结我国调解制度运行的成效和经验、问题与不足，不断提高解决纠纷的能力和水平。站在新的历史起点上，习近平总书记指出，要坚持把非诉讼纠纷解决机制挺在前面。这是适应新时代我国社会主要矛盾变化、推动社会治理创新的重要论断，赋予调解新的时代价值，对健全多元化纠纷解决体系、促进国家治理体系和治理能力现代化具有重要意义。

现代调解所要追求的就是多元利益视域下的综合正义。“综合正义”的概念打破了传统的诉讼（裁判）中心主义的纠纷解决观，强调了以调解为主要方式的 ADR 与诉讼的相互协作支撑社会正义的实现。长期以来，我们的传统法学教育和法学研究都是围绕“权利—诉讼”而展开，而调解作为诉讼的参照物，一直被置于边缘地位。这种认知模式遮蔽了调解的本来面目和应有价值。因此，深入认识调解的法理和价值，是建立独立自洽的调解学的必备功课，也是完善我国调解制度的题中应有之义。现代调解的价值追求可以从三个维度进行阐释。

* 廖永安，湘潭大学党委副书记，教授，博士生导师。

一、利益均衡：现代调解立足的价值原点

马克思曾说，人们奋斗所争取的一切，都同他们的利益有关。现实生活中的一切纠纷均是源于利益纷争。传统法学话语以权利义务为基础概念而展开，“为权利而斗争”表明了权利话语的刚性与矛盾的不可调和性，以此来评价调解价值，具有明显的局限性；而且“权利”（right）是从西方移植而来的舶来品，割裂了本土历史传统。因此，将权利置换为利益更加契合中国历史传统语境中的“天下熙熙，皆为利来；天下攘攘，皆为利往”。利益具有比权利更为丰富的含义和多面的维度，包括直接利益与间接利益、长远利益与短期利益、物质利益与精神利益、整体利益与局部利益等。权利往往只是法律对眼前最迫切、最现实、最直接利益的表达与确认，无法也不可能涵盖全部的社会生活利益，因此司法裁判只能试图修复受损的法律权利，而无暇顾及全部社会生活利益。最经典的例子莫过于侵权法上的赔礼道歉。赔礼道歉是一种难以用物质衡量的利益，法律赋予权利人请求侵权人赔礼道歉的权利，如果侵权人拒绝道歉，法院将面临强制执行的难题。虽然法院可以通过登报方式拟制执行，但这种无可奈何之举早已不是当事人所欲求的赔礼道歉。由此不难看出，赔礼道歉中的精神（面子）利益无法通过权利路径来获得真正救济，司法裁判对此无能为力。如果把权利视角转换为利益视角，运用调解的方法，促使双方握手言和，案结事了人和，赔礼道歉的执行难题也就迎刃而解。

诉讼的构造是形成当事人之间的利益对抗体，并利用相互的攻击防御去发现真实。调解的构造是努力挖掘当事人之间的共同利益，积极打造矛盾纠纷当事人的利益共同体去促成合意。受到处分权主义和辩论主义的约束，诉讼是一种“向后看”的解纷方式，所秉持的是一种单一的静态利益观，它聚焦解决的是当事人诉争之内的利益。而调解是一种“向前看”的解纷方式，所倡导的则是多元动态的利益观，既着眼于物质利益，又着眼于非物质利益；既关注诉争内利益，又关注诉争外利益；既重视眼前利益，更重视未来利益。对个案当事人而言，他也许甚至难免会因为妥协而失去部分眼前的物质利益，但另一方面却因为诚信、包容、理解而获得更大的利益。调解的利益均衡调整方式缓和了当事人之间的摩擦，减少了纠纷解决的成本，提高了纠纷解决的效率，重整了当事人之间

的利益格局。因此，用“权利打折”来批评调解显然是流于片面、有失偏颇的。即便是主张价值无涉的纯粹法学派代表人物凯尔森也对利益均衡的法律秩序报以赞许：“只有这样一种法律秩序，它并不满足这一利益而牺牲另一利益，而是促成对立利益间的妥协，以便使可能的冲突达到最小的限度，才有希望比较持久地存在。只有这样一种法律秩序才能在比较永久的基础上为其主体保障社会和平。”

二、情理法兼容：现代调解遵循的价值准则

司法以事实为依据，以法律为准绳，运用三段论作出判决。判决所追求的是法律权利的实现，无论当事人是否同意，纠纷都会以强制性的方式解决。而调解最鲜明的特色在于，基于合意与协商来妥善解决纠纷。所谓“妥善”解决，就是日本调解学者草野芳郎所称的“依理、依实际情况来解决”，也是我们时下最耳熟能详的“案结事了人和”。我国清代幕僚汪祖辉的表达则更为精练：“盖听断以法，而调处以情，法则泾渭不可不分，情则是非不妨稍借。”司法裁判是一种单纯的法律评价，调解则是情理法的综合评价。其中，合情合理甚至被置于优先位置，法律在调解时只是作为“审判的阴影”发挥潜在的后盾作用。司法裁判以法律程序上结案为终点，调解则是以纠纷的实质性解决为终点。正是通过综合运用习俗、政策、情感与道德伦理等法律之外的调整手段，调解促使双方当事人重新认识彼此，达成彼此间情感的沟通、关系的和谐、利益的衡平，实现互谅互让、互利共赢，人际融洽、社会和谐。

讲求情理法统一、通情达理、合情合理是中国人判断是非曲直、公平正义的朴素准则，也是调解所应遵循的价值准则。尽管今日中国社会处于现代化发展过程中，但仍然具有熟人社会、人情社会的特征，这是我国社会环境与西方“陌生人社会”的根本差异，由此也导致了我国情理法兼容的正义观念与西方法律形式主义正义观念之间的鲜明对比。情理法兼容体现了现代调解的灵活性，与我国“无讼”“和为贵”等传统法律文化价值一脉相承，更与社会主义核心价值观具有天然的契合性。调解的运作理念与社会主义核心价值观在国家、社会、公民层面倡导的价值目标、价值取向、价值追求并行不悖。调解在案结事了方面追求人际关系的文明和谐，在纠纷解决过程方面凸显当事人的主体地位，尊重当事人

意思自治，体现社会交往的自由民主，在纠纷解决结果方面强调当事人应诚信友善，遵守法律和合约，体现平等、公正与法治。情理法兼容的调解准则正是舒缓形式合理性与实质合理性之现代性冲突的技术装置，也是避免坠入现代性陷阱即韦伯所谓“理性之铁笼”的不二法门。

三、共存正义：现代调解追求的价值归宿

“共存正义”的社会基础在于人们总是与他人共生共存，而非像“鲁滨逊”那般离群索居。在具体纠纷的解决过程中，需要当事人都能找到特定情境下各方都接受和满意的均衡点，形成利益均衡，这种基于相互妥协所形成的利益均衡就是“共存正义”。司法裁判所追求的是一种单向度的形式正义、程序正义、绝对正义，而调解更多追求的是一种综合性的实体正义、情境正义、相对正义，更加从整体上考量每个纠纷背后的原因、当事人特有的个性需求、将来关系的维护等因素，去谋求纠纷的合理解决。只要当事人自愿，程序可以简化、事实可以模糊、情理可以优先、界限可以调整。如果说判决是一种旁观者眼中的抽象正义，调解则是当事人之间的具体正义。如果说判决是一种“要么全有，要么全无”的零和博弈，那么现代调解的情理法兼容、多元利益的同生共存，则为价值多元的现代社会生活提供了稳定装置，实现了法律世界与生活世界、形式正义与实体正义、法治德治与自治的对接。

当然，世上没有任何一种制度可以解决所有矛盾纠纷，诉讼不是万能的，调解也不是万能的。在新时代，我们需要诉讼和调解两套不同的话语体系在国家治理体系中实现同频共振、取长补短，充分发挥各自优势。当前，在“强诉讼、弱调解”的法学话语格局下，要真正落实习近平总书记提出的“把非诉讼纠纷解决机制挺在前面”，我们不能再简单地用以诉讼为中心的法学话语体系去评价调解，而是迫切需要在多元利益视域下重构调解独立的价值追求，形成自洽的调解话语体系，实现当事人所共同认可的综合正义。

专题二　非诉讼纠纷解决机制的观念和体制创新

李仕春*

一、新时代对调解的总体要求

党的十八大以来，中国特色社会主义进入新时代。中国特色社会主义进入新时代有两大标志：一是确立习近平新时代中国特色社会主义思想为党和国家的指导思想；二是社会主要矛盾的变化。这两大标志相应地对调解的发展提出了总体要求。习近平总书记全面依法治国新理念新思想新战略是习近平新时代中国特色社会主义思想的重要组成部分。2018 年 8 月，习近平总书记在中央全面依法治国委员会第一次会议上，把全面依法治国新理念新思想新战略凝练为“十个坚持”。这“十个坚持”是新时代发展调解高质量发展必须遵循的指导思想和原则。其中，除了要坚持党的领导之外，至少还有三个坚持，需要我们在调解发展过程当中着重予以坚持。一是坚持以人民为中心的发展思想。我们对调解的制度设计与安排，都要深深地体现以人民为中心的发展思路。有学者认为要把调解作为公共法律服务的重要内容，甚至进而理解为这是一种社会福利，是每一个公民面对纠纷时，应该享受国家和政府给予的帮助和支持，使得我们每一个人在面临纠纷或身处矛盾的过程中，可以要求国家通过调解来帮助我们解决纠纷。坚持以人民为中心，也必然要求调解坚持自愿原则，强制调解只有在法定的特殊情形下才能作为补充。二是坚持法治国家、法治政府、法治社会一体建设。建设法治社

---

* 李仕春，中国法学会研究部二级巡视员，教授，博士生导师。

会，除了政府要参与治理之外，社会应该成为社会治理的主体，即社会不仅是治理的客体，也是治理的主体。所以调解作为社会治理的重要方式，也应当实现社会化。换言之，在司法调解、仲裁调解和行政调解之外，要大力发展社会调解，使大量的社会主体，包括社会组织和自然人都能以不同的形式参与到调解当中来，促使社会调解进入社会治理全过程。三是坚持中国特色社会主义法治道路。当前我们推进调解制度的改革和发展，要坚持中国特色社会主义道路，与此相应的，就是坚持中国特色社会主义调解道路。比如人民调解，我们必须坚持并且不断完善。再比如，关于调解与审判、调解与仲裁的关系，在西方国家，不仅法官与调解员、仲裁员与调解员的身份是分离的，而且程序中也是分离的，但在我国，无论是在审判程序中还是在仲裁过程中，两者在身份和程序上往往是合一的。对于这个问题我们无需过于西化，在借鉴外国成功经验的基础上，仍要坚持我们自己的道路。

二、新时代需要形成合理的诉调关系

新时代背景下构建科学的诉调关系，一方面要健全多元化纠纷解决机制，另一方面要坚持把非诉讼纠纷解决机制挺在前面。这两个方面密不可分，忽视后者的作用，就很难真正实现前者的发展，甚至后者是前者的前提。虽然这些年来我们一直在强调健全多元化纠纷解决机制，强调调解方式，但作为调解的市场没有真正发展起来。原因就在于没有坚持把非诉讼纠纷解决机制挺在前面。所以，面对习近平总书记提出的明确要求和重大创新理论，我们要做到以下几个方面：第一，要大力发展调解、仲裁和行政复议等非诉讼纠纷解决方式。第二，法院包括基层法院应回归诉讼本位、突出主业。不能让法院承担过多的负担，承担它难以承担的职责。第三，不宜过于强调把诉调对接作为建构多元化纠纷解决机制的中心或者逻辑起点。要鼓励人民调解、行政调解、社会调解、行业调解等非司法调解独立发展、独立发挥作用。第四，诉讼对调解给予大力的支持，但是不能片面强调司法确认。司法确认在目前的形势下具有合理性，并且产生了积极的社会效果。无论何种调解，只要是自愿合法达成的，都具有法律效力，当事人都有义务完全履行。如果还都需要依靠司法确认调解协议的效力，对于促进社会诚信建设，对于调解协议自身法律效力的维护，势必造成解纷资源甚至司法资源的浪费，进一步加剧“案多人少”现象。因此，在构建中国特色社会主义调解制度、推进调解现代化的过程中，一方面我们需要依靠现行的做法，另一方面应当对相关制度进行不断反思和改革，即通过修改法律等其他方式来加强调解协议自身的法律效力，而不是过度依赖法院和司法确认。

三、新时代需要构建科学的调解体系

在提升社会治理水平的过程中，社会调解不可或缺。目前社会调解并没有得到应有的重视，而社会治理需要社会调解，需要社会成为自我发展、自我改善、自我修复、自我治理、自我调解的主体。不仅要发挥社会调解的作用，而且还要提升社会调解的规范化水平。同时，人民调解也需要回归本位。目前由于社会调解特别是行业调解、专业调解欠缺，人民调解的专业化、高端化发展已经在一定程度上超出了《人民调解法》制度设计的初衷，脱离了其本来的目的。要想更好发挥人民调解的功效，必须让其回归到本土性、民生性的纠纷解决中。把大量的专业性、行业性强的纠纷交给行业的、专业的调解组织和人员，加强社会调解的市场化建设。同时，还要大力发展司法调解、行政调解、仲裁调解等。这样才能更好地处理不同调解之间的关系，构建完备高效的调解体系。

四、正确认识非诉讼纠纷解决机制的主导者

当前，在实践和社会理解中更多的是视法院为调解体系乃至非诉讼纠纷解决机制的主导者。2015 年 12 月出台的中办国办《关于完善矛盾纠纷多元化解机制的意见》，把综治组织定性为多元化纠纷解决机制的组织协调者，明确“各级综治组织要在党委和政府领导下，切实做好调查研究、组织协调、督导检查、考评、推动等工作”；把法院的作用确定为“发挥司法在矛盾纠纷多元化解机制中的引领、推动和保障作用，建立健全诉讼与非诉讼相衔接的矛盾纠纷解决机制，加强与行政机关、仲裁机构、人民调解组织、商事调解组织、行政调解组织或者其他具有调解职能的组织的协调配合，推动在程序安排、效力确认、法律指导等方面的有机衔接”。2018 年十九届三中全会审议通过了《中共中央关于深化党和国家机构改革的决定》和《深化党和国家机构改革方案》。这次改革对于司法行

政部门和多元化纠纷解决机制特别是非诉讼纠纷解决机制来讲，是一场革命性的改革，主要体现在：第一，司法行政部门与法制办合并，原来行政调解、行政复议、行政裁决和仲裁的业务指导归法制办，现在统一由司法行政部门行使或管理，加上本来就归司法行政部门的人民调解、公证、鉴定等，可以说目前的司法行政部门已经成为各种非诉讼纠纷解决方式的主导者。第二，撤销了综治办。2019 年 1 月 13 日实施的《中国共产党政法工作条例》第 12 条规定了党委政法委的十项主要职责任务，其中第（四）项规定“了解掌握和分析研判社会稳定形势、政法工作情况动态，创新完善多部门参与的平安建设工作协调机制，协调推动预防、化解影响稳定的社会矛盾和风险，协调应对和妥善处置重大突发事件，协调指导政法单位和相关部门做好反邪教、反暴恐工作”，把党委政法委在多元化纠纷解决机制方面的职责明确为“协调推动”。因此，在坚持党委政法委协调推动建立健全多元化纠纷解决机制的前提下，把非诉讼纠纷解决机制的主导者或者组织实施者明确为司法行政部门是符合当前实际情况的。基于此，建议司法部成立非诉讼纠纷解决机制建设领导小组，承担起习近平总书记提出的“把非诉讼纠纷解决机制挺在前面”的重大建设任务，并且进一步拓展非诉讼纠纷解决机制，把社会调解包括行业调解、专业调解等也都纳入进来，促使纠纷解决多元化、社会化、法治化。

专题三　中国调解制度的现代化转型

汤维建*

调解制度在我国具有悠久的历史，也具有深厚的文化基础。毋庸置疑的一个事实是，中国是现代各国采行的各种调解制度的发源地和制度、文化摇篮。然而现实却是，东方的调解制度逐渐被西方的ADR制度所覆盖。通过反思，我提出一个命题：我国调解制度应当实行现代化转型，因为我国当前调解制度仍然停留在传统调解的话语体系中，这使得我们很难让调解制度迈向现代化。

一、传统调解制度所存在的局限性

传统调解制度存在着明显的局限性，这种局限性的存在，使之难以适应我国社会治理的需求，难以发挥调解制度的合力和规模效应，并制约了向现代调解制度的转型步伐。主要来看，我国目前调解制度所存在的局限性表现在以下诸方面：（1）对当事人的主体地位尊重不够，“压服型”调解比较普遍。（2）强调当事人对实体权利的牺牲和让步，以求息事宁人的暂时妥协。（3）对调解程序的公正性重视不够，规范性不强。（4）各种调解之间的关联性和体系性不强。（5）调解功能较为单一，不重视推进调解发展法治。（6）调解理念相对滞后，实质主义和功利主义倾向较为突出。这些局限性的存在，都在一定程度上影响了我国传统调解向现代调解的转型，亟须加以解决。

* 汤维建，中国人民大学法学院教授，博士生导师。

二、现代调解制度的指标性特征

若要构建我国的现代调解制度，必须先从理论上寻找现代调解制度的内在性的构成要素，这些要素是其区别于传统调解制度的制度品格。以现代法治的基本法理为指导，结合现代审判制度的基本要求，参照调解制度较为发达的其他国家的调解制度，我们可以将现代调解制度的指标性特征刻画如下：（1）当事人的自治性和主导性。当事人是调解程序的主导者。纠纷双方对于要不要调解、在何处调解、由何主体来主持调解、是否同意委托调解以及遵循何种规则等事项都具有决定权。（2）调解程序的本位性与公正性。现代调解制度应当注重程序的公正性建设，尤其要重视当事人在程序中的选择权和创设权。（3）调解主体的协同性和参与性。现代调解与现代审判在协同主义的模式上具有趋同性或一致性，协同主义是现代纠纷解决机制的根本表征。（4）调解功能的复合性和前瞻性。现代调解不仅关注纠纷是否化解，还关注该纠纷的解决是否实现了当事人的权利和义务，是否促进了现行法律的更新和发展。与此同时，现代调解不过分强调当事人通过牺牲自己的权利来实现纠纷的和平解决，更多的是追求“双赢”乃至“多赢”的解决方案。（5）调解过程的开放性和社会性。现代调解不仅在微观上具有化解纠纷的功能，还在宏观上以形成社会政策和更新法治秩序为己任。（6）调解机制的一体性和协调性。构建现代调解制度时，应当将它们作为一个有机统一的体系来对待，从而构成一个金字塔形、先后呼应、上下承接的有机整体。

三、现代调解制度的崭新功能

现代调解制度的崭新功能有：（1）克服司法困境的法律功能。一方面，通过调解解决纠纷，往往是比较彻底的，其成本也较低，程序十分灵活，当事人容易理解调解的全部过程，对调解达成的结果也通常能够自愿接受和履行，这就有效地避免了由审判导致的冲突加剧现象、二次冲突现象，以及执行困难现象。另一方面，通过调解程序的法制化、规范化建设，也可以反向地促进司法审判制度的日趋完善。（2）通过深度参与而实现的民主功能和社会功能。现代调解有利于当事人对纠纷解决过程的全面参与和有效参与，从而有利于发挥当事人的积极性和能动性，培育自我管理能力和参与社会管理的能力，养成民主和法治意识。（3）通过调解发展法律的法制功能。调解解决纠纷，有利于克服成文法的局限性，从而推动法制的逐步完善。

四、我国调解制度的模式更新

从调解的法治发展阶段来看，可将调解分为治理型调解、法理型调解和回应型调解。从这种类型化考察中，可以动态地看出调解制度在历史上的沿革规律，同时也可以更加准确地对我国现行调解制度进行历史性定位，并由此预测其发展趋势或方向。（1）治理型调解是一种通过调解实现国家治理的制度性模式，其要旨在于对国家的治理和对社会的控制。这种调解也可以称为“压制型调解”。压制型调解存在于我国封建时代，这种调解的目标在于息事宁人，利用调解尽快平息纷争，防止它蔓延开来危及社会安定和秩序，从而实现所谓的自然秩序中的和谐。（2）法理型调解也称为法制型调解，其本质特征在于依法实施调解行为，其要求与审判相同。到了近代资本主义时代，压制型的调解让位给了法制型的调解。（3）回应型调解是民事诉讼进入现代社会乃至后现代社会后出现的概念。在现代社会，当事人自主实施诉讼行为，法官参与到当事人自我交涉解决纠纷的过程中来，三方合作，共同解决纠纷。这便产生了回应型司法以及与之相适应的回应型调解。在构建共建共治共享的社会治理格局的背景下，我国目前所强调的调解，应当是回应型的调解，而非压制型的调解，甚至也非单纯的法制型调解。事实上，回应型的调解模式业已涵盖了法制型的调解模式，前者是对后者的某种超越。我国应当尽快制定《统一调解法》，形成调解指导案例，对各类调解进行规范和指导。

专题四　以新发展理念指导中国现代调解的转型与进路

李静茵*

一、我国调解制度的演化变迁

（一）中国传统调解的发展脉络

调解是我国法律文化的重要渊源之一，中国历史上早已形成以调解为中心的纠纷解决制度。西周中央政府专门设置了负责集中处理纠纷和维护社会秩序的官员“调人”，专门负责调解民间纠纷。秦汉时期，中央政府将调解纠纷的权力下放至乡镇，在县级及以下政府中设置了负责调解民间纠纷的专门职位。唐朝民间纠纷的化解必须先经过三个机构的调解，且只有在调解无法解决纠纷的情况下，纠纷当事人才能够提起诉讼，这在一定程度上可以视为“调解前置”制度的雏形。明朝则在县以下的乡里特设了申明教化的“申明亭”，由乡中颇具威望的里老进行调解，同时还通过法令明文规定了民间纠纷必须经过乡里调解后才能诉至官府，进一步强化了民间调解的社会治理功能。① 到了清朝，多数纠纷都会通过民间调解的方式解决，进入审判程序纠纷数量仅占很小的比例，并且这一部分的案件通常也会在审判过程中再次交由地方权威调解解决。我国传统调解以无讼理

---

* 李静茵，湘潭大学法学院硕士研究生。

① 常怡：《中国调解的理念发展》，载《法治研究》2013 年第 2 期。

念为基础，深受儒家思想的影响。[①] 我国传统调解是一种调解员主导式的调解，内生于我国传统的熟人社会，以宗法家族制度为基础，其权威来源于国家权威、道德权威及长老权威，调解的目的是维护熟人社会之间人际关系的和谐稳定，调解的依据多为伦理道德，调解的主要方法则是让当事人之间妥协互让。换句话说，我国传统调解是以“礼”为据，多依靠社会力量进行调解，使得民众更自觉自律地化解纠纷。在儒家思想及无讼理念的影响下，传统中国社会着力于追求社会和谐稳定，形成了回避矛盾与纠纷的惯性思维与做法，体现了协调与共享的理念；以情理道德为主的调解依据体现了开放理念的雏形，但过于重情理轻法理也对调解的开放性造成了一定阻碍。此外，传统调解多要求双方互让，在调解方式与手段上缺乏多样性与创新性。唐、明朝等时期的强制性调解前置程序一定程度上会延缓纠纷化解的进程，不够高效、绿色。

（二）传统调解到现代调解的转型道路

自中华人民共和国成立以来，传统社会中的小农经济先后被计划经济与社会主义市场经济取代，熟人社会向陌生人社会转变。为了适应市场经济及陌生人社会，我国传统调解也经历了三次转型。传统调解的第一次现代化转型发生在中国共产党革命根据地时期。[②] 共产党革命根据地时期的调解更具“政治功能”。[③] 这一时期，调解人员趋向于干部化，共产党干部和积极分子作为新型调解人员取代了旧时的里老乡绅；调解的原则和依据以政策和法律为主，人情和道理为辅，尤其在涉及政策与法律时具有较为浓厚的强制化色彩。调解的第二次转型发生在改革开放时期。过去的熟人社会向半熟人社会转变，调解的干部化色彩减弱，传统人民调解功能式微。市场经济改革的推进引起了我国经济结构发生变化，纠纷的类型和数量也相应剧增。整体看来，该时期纠纷化解领域呈现出一种调解功能不断萎缩，法院诉讼功能逐渐扩大的局面。随着人们权利意识的提高，审判中心的观念受到推崇，诉讼的地位得到提升，而和稀泥、二流司法等使得调解受到广泛批评，调解地位逐渐下降，法院调解的原则亦从“着重调解”转向“自愿调

---

① 廖永安：《中国调解的理念创新与机制重塑》，中国人民大学出版社 2019 年版，第 27 页。

② 廖永安、王聪：《现代调解的新理念与新思维》，载《人民调解》2019 年第 1 期。

③ ［美］陆思礼：《共产主义中国的政治和纠纷解决》，徐旭译，载强世功编：《调解、法制与现代性》，中国法制出版社 2001 年版，第 120—121 页。

解”。在中国特色社会主义进入新时代后，人们对民主、法治、公平、正义等方面的要求日益增长，调解的第三次转型随之发生。这一时期社会经济的高速发展及人们对权利、利益需求的增强，各类纠纷数量剧增，超出了司法机关所能承受的限度。调解因其方便快捷、成本低、适用广泛等特点成为多元化纠纷解决机制改革中化解纠纷、维护社会和谐稳定的重要方式之一，并采取了一系列措施丰富调解体系、创新调解类型与方式方法、增强调解的规范性，传统调解正逐渐被现代调解所取代。

但现代调解的发展仍处于初级阶段。长期以来，我国调解实践与政治动员、行政处理混杂不分，调解长期被放在法治的话语体系下与诉讼相比较，导致了“调解就是和稀泥”“调解可以不讲原则”等一系列负面认识的泛滥。① 现代社会治理及矛盾纠纷化解体系的理想状态应为金字塔型结构，即诉讼作为纠纷解决的最后一步应位于金字塔顶端，以调解、协商等其他纠纷解决方式则应处于金字塔底部，诉讼与调解等其他解纷方式所对应的纠纷数量比例同样应呈现金字塔型。在司法实践中纠纷化解体系却呈现为“倒金字塔”型，诉至法院的纠纷数量占据了绝大多数，反映出我国诉讼数量过多，而通过调解等其他方式解决纠纷的数量较少，进而体现出我国社会治理体系的不科学、不完善。“创新、协调、绿色、开放、共享”的新发展理念指导着我国今后推进国家治理体系和治理能力现代化的道路发展。调解作为中国现代社会治理及多元化解纠纷机制中的重要手段，在理念、方式等方面都蕴含着创新、和谐、共享等理念。今后中国现代调解的发展亦顺应新发展理念，以建立矛盾纠纷化解金字塔型结构为目标，在推动调解“供给侧”改革的基础上，挣脱社会对调解错误观念、看法的束缚，树立与诉讼不同的调解观念，创新调解方式方法，加强调解与其他解纷方式的协调联动。

二、新发展理念对中国现代调解的宏观指引

2015 年中央两办联合印发《关于完善矛盾纠纷多元化解机制的意见》，将完

---

① 邓春梅：《中国调解的未来：困境、机遇与发展方向》，载《湘潭大学学报（哲学社会科学版）》2018 年第 6 期。

善矛盾纠纷化解机制从法院系统的多元化纠纷解决机制制度体系，上升为国家治理体系和治理能力现代化的战略行动。[①] 2016年最高人民法院《关于人民法院进一步深化多元化纠纷解决机制改革的意见》提出要完善调解与诉讼有机衔接与协调，加强调解平台建设等。十八届五中全会提出了“创新、协调、绿色、开放、共享”的新发展理念，成为我国“十三五”乃至后续更长时期以后我国各领域的发展思路、努力方向及改革着力点的总体性指导理念。十九届四中全会审议通过了《中共中央关于坚持和完善中国特色社会主义制度、推进国家治理体系和治理能力现代化若干重大问题的决定》，再次提出要坚持和完善共建共治共享的社会治理制度，并着重提出要坚持和发展新时代的“枫桥经验”，完善人民调解、行政调解、司法调解联动工作体系。综合上述几份文件的精神，可以发现我国在中央层面系统地对矛盾纠纷多元化解机制进行了安排部署，将多元化纠纷解决机制改革作为完善国家社会治理体系，提高国家治理能力现代化的重要举措。调解作为多元化解纠纷解决机制中最为基础的解纷手段和方式，在推进多元化纠纷解决机制改革进程中的地位不容忽视，已然成为法院等诉前纠纷解决的首选，“创新、协调、绿色、开放、共享”的新发展理念，在指导我国各领域的发展及改革的同时也指引着我国现代调解理念的塑成之路与调解未来的发展方向。

（一）奠定中国现代调解的理论基础与发展方向

十八届五中全会提出的新发展理念集中体现了以习近平同志为核心的党中央对我国新的发展阶段性特征的高瞻远瞩及对我国未来发展规律的深刻把握，是习近平总书记系列重要讲话发展篇章的集大成之理论成果，是马克思主义发展观在中国新时代的创新性诠释，是当代的“马克思主义”。[②] 新发展理念与十九大提出的“坚持和完善中国特色社会主义制度、推进国家治理体系和治理能力现代化”的改革总目标相呼应，创造性地将马克思主义原理运用到构建和完善中国特色多元化纠纷解决机制中，在“共建共享”理念的基础上又另外提出了创新、协调、绿色、开放四个完美契合调解的新理念，为我国调解制度的现代转型提供

① 王俏：《诉调对接方便快捷——人民法院推进矛盾纠纷多元化解机制改革综述》，载《人民法院报》2018年3月14日，第06版。

② 李鸿忠：《五大发展理念是马克思主义发展观的重大创新》，载《光明日报》2015年12月3日，第01版。

了理论层面的正当性与权威性来源，为中国调解的现代发展奠定了充分理论基础，指明了调解未来发展的大方向。将新发展理念置于调解视域中，可以理解为要以创新发展理念为首，将创新作为发展中国现代调解的动力，贯彻绿色发展理念，不断摸索和探索符合中国社会需求的现代调解新理念，以及能够高效便捷化解矛盾纠纷的调解新方式与新机制。协调调解与诉讼、仲裁等其他纠纷解决方式及调解组织与司法机关、社会组织之间的协同合作，保证各种纠纷解决方式及相关组织机构之间的合作共享。

（二）提升调解解纷成效以促进社会和谐稳定

我国目前已经初步形成了以调解、仲裁、行政裁决和诉讼为主要表现形态的多元化纠纷解决机制，但是这种多元化纠纷解决机制之间远未形成一个功能互补和程序衔接的有机体系。① 我国传统纠纷解决机制的最大弊病在于不同纠纷解决机制或手段在彼此运行过程中存在职能交叉与重叠的现象，但其相互之间又缺乏应有的衔接，极大地降低了我国纠纷解决机制的整体效率。② 因此，新时代调解必须重视诉讼内纠纷解决机制与诉讼外纠纷解决机制二者之间的有机衔接，遵循与贯彻共享理念，加强调解与包括诉讼在内的其他纠纷解决方式的协调与配合，增强各类解纷方式之间的衔接，充分发挥调解的独特优势，提高调解解决纠纷的成效，最终实现“1 +1 >2”的效果。同时还需将“绿色”理念与“共享”理念相结合，在提高效率和效果的同时，还需注重节省调解与其他纠纷解决方式相比所耗费的时间、金钱、资源等成本，做到真正意义上的绿色高效。

（三）推动中国现代调解体系创新发展

新发展理念将“创新”置于首位，与协调、绿色、开放、共享理念共同指导着国家治理体系和治理能力的方向，调解作为纠纷解决机制中的重要方式之一自然也要紧跟新发展理念。传统意义上的调解本质上是法治话语体系下的一种运动式和应景式的解纷方式。随着现代社会矛盾纠纷数量激增，调解化解矛盾纠

---

① 廖永安：《诉讼内外纠纷解决机制的协调与整合》，载《云南大学学报》2004 年第 3 期。

② 廖永安：《以“共建共享”理念推进多元化纠纷解决机制改革》，载《人民法院报》2016 年 7 月 5 日，第 2 版。

纷、促进社会和谐稳定的功能越发受到重视，旧的调解理念、模式、方式等已经难以适应新时代社会矛盾纠纷数量巨大的现状，无法应对化解矛盾纠纷对调解的需要，总之，现代调解亟须脱离传统调解的桎梏。贯彻新发展理念意味着要破旧立新，因此在中国现代调解的发展道路上，坚持贯彻新发展理念尤其是创新理念的核心思想，推动着社会及各类调解主体在实践中总结和分析旧理念、旧模式或旧方式的不足，进而不断探索新时代调解中需创新、可创新之处，对调解话语体系、基本理念、体系模式、组织构架、调解方式等各方面的创新与重塑具有极强的推动作用。

三、新发展理念在中国现代调解中的微观面向

创新、协调、绿色、开放、共享的新发展理念蕴含着我国对化解现实矛盾、实现社会和谐稳定的新要求。调解是多元化纠纷解决机制中最能体现和契合新发展理念的解纷方式，尤其是与诉讼程序相比较。调解所遵循和使用的各种理念思想，调解过程中所使用的各类技巧、方式方法、调解流程等均体现了创新、协调、绿色、开放与共享的新发展理念，即新发展理念贯穿于整个调解体系之中。

（一）创新理念是现代调解的动力源泉

创新发展理念是其他各项发展理念的动力源泉。① 坚持创新发展理念，不仅能够提出更多具有创新性、建设性的方法举措，还对协调、绿色、开放、共享四大发展理念提供了更强的动力与保障，能够产生极强的推动作用。首先，调解能够挖掘和创造更多利益。纠纷的原点离不开利益本身，纠纷的化解始终无法脱离对利益的认定与划分。利益可以分为直接利益与间接利益、长远利益与近期利益、物质利益与精神利益等。诉讼追求的利益是法律明确规定当事人所享有的权利，更偏向直接利益、近期利益、物质利益。具体而言，诉讼关注和解决的是当事人间的纠纷内所争夺的利益，这种利益早已由法律事先固定，诉讼仅仅是围绕着固定利益“分蛋糕”，因此，诉讼无论如何秉承创新理念发展，也必须以法律为准，在既定的利益范围内解决纠纷，划分利益归属。而调解具有更强的包容

① 谢剑辉：《论五大发展理念整体性特征及其现实意义》，载《哲学文史研究》2018 年第 3 期。

性，可以跳出法律对利益或者权利的限定，因此调解体现的是动态利益观，着眼的是未来利益，追求的是间接利益、长远利益、精神利益等，换句话说，调解注重于“做大蛋糕”，能够挖掘出新的利益、发现更多元的利益诉求。在调解中，当事人甚至可以为了获取面子、名誉等无形的精神利益而选择对部分物质利益作出让步。其次，调解的内容、手段、程序、方式方法等更具创新性。诉讼只能以事实为依据、以法律为准绳，无论在诉讼中选择何种程序、环节、方式，法官都必须依照法律规范解决纠纷，确定利益归属，不能出现任何违背法律规定或违背法定程序的情形。调解则可以跳出法律的约束，在协商自愿的前提下，当事人之间可以自由选择各种程序，比如可以通过电话或借助线上调解平台来开展，在调解过程中也可经当事人合意对调解程序提出各种有创意的改变。综合来看，创新性的调解方式和手段化解纠纷，案结人和，实现当事人之间的共赢，产生了较为理想的社会效果。

（二）协调理念是调解共赢的有力保障

协调发展理念是实现利益共享的重要保障。首先，调解能够协调纠纷各方的利益需求，实现利益共赢。在我国的现实背景下，调解解决纠纷的范围比诉讼所能解决纠纷的范围更加广泛，涵盖各种诉讼难以解决的纠纷类型，其范围的广泛性要求在进行调解时需重点协调各方当事人利益诉求之间的关系。在同一纠纷当中，调解必须综合考量案件各方面的情况及当事人切身的利益需求，充分考虑眼前利益与将来利益、静态利益与动态利益、物质利益与精神利益等之间的协调平衡，对当事人利益需求进行排序，进而协调纠纷，帮助各方实现利益最大化。其次，调解过程中调解员或调解组织与人民法院、行政机关、社会组织、企事业单位及其他各方力量间的联调联动，相互协调，也体现了协调的发展理念。再次，调解与各类纠纷解决方式之间的衔接正是协调发展理念的有力体现。我国纠纷化解的体系丰富，纠纷解决方式呈现多元化趋势，不同纠纷解决方式各放异彩，调解与其他各类纠纷解决方式之间又并非完全割裂，而是呈现一种有机衔接、相互协调的状态。在实践中，某一争议可能需要经历多种纠纷化解方式才最终通过调解解决，在适用调解时通常都会与诉讼、和解、仲裁、行政裁决等方式相连。即使最终达成调解，后续还可能会经过司法确认程序及最终的执行程序。此外，人民调解、行政调解、司法调解、行业调解、商事调解等不同类型调解之间的协调联动也在不断加强。

（三）绿色理念是调解体系发展的助推之力

绿色理念的具体含义是指鉴于生态环境容量和资源承载力的有限性，提倡社会成员自觉保护环境以实现我国生态环境的可持续发展。首先，绿色理念是发展我国多元化矛盾纠纷解决机制的内在要求。现阶段我国主要社会矛盾是人民日益增长的美好生活需要和不平衡不充分的发展之间的矛盾，将该矛盾置于多元化矛盾纠纷解决机制的语境下可以引申为：社会成员对自身权利保护意识的提高及其所引起的纠纷数量的激增与我国司法资源有限、法院审判任务超负荷等现状之间不平衡不匹配的矛盾，绿色理念置于调解视域下，则意味着要克服纠纷数量过多与司法资源有限不匹配的矛盾，追求社会和谐稳定的发展。其次，调解相较于诉讼而言是一种耗时少、效率高、更能节省司法资源与社会资源的解纷方式。从目的上来看，调解便是一种追求绿色与效率的解纷方式。具体而言，第一，调解的时间成本更低。调解具有程序上的灵活性，不拘泥于如诉讼中既定且复杂的各项程序，在纠纷解决的整体过程耗时少。第二，调解的金钱成本更低。在一次诉讼过程中，当事人的全部费用成本可能包括案件受理费、鉴定费、各类申请费用及律师费等。除了一审所需相关费用外，还可能因为进入二审、再审程序而需付出更多成本。但通过调解方式结案的纠纷，无需当事人承担较高的金钱成本。① 以调解方式结案的案件，当事人可以减半交纳案件受理费，同时能省下继续诉讼后续审理程序的花费。如果当事人主动选择人民调解解决纠纷，则不用向人民调解委员会缴纳费用。② 最后，调解时间和金钱成本低的同时，其纠纷解决的成效却很好，并且在其解决社会矛盾的同时还缓解了法院的审判压力。

（四）开放是探索新时代调解的必经道路

开放理念是我国现代调解探索与发展的必经之路。在党的十八大、十九大提出要坚持和完善中国特色社会主义制度、推进国家治理体系和治理能力现代化

① 《诉讼费用交纳办法》第 15 条：“以调解方式结案或者当事人申请撤诉的，减半交纳案件受理费。”

② 《人民调解委员会组织条例》第 11 条：“人民调解委员会调解民间纠纷不收费。”

后，作为社会治理重要内容的矛盾纠纷化解机制亦需秉承开放理念向现代化方向前进。调解具有很强的包容性，无论在主体、方式、内容还是调解依据等方面，都充分蕴含着开放的理念。首先，调解的依据具有开放性。调解依据的开放性体现在其不被法律所局限，在当事人自愿调解的基础上，调解可以引用情、理、法、乡规民约、习惯等作为依据化解纠纷。其次，调解的类型丰富且开放。一般情形下，调解可以分为人民调解、法院调解、行政调解、仲裁调解。此外，在探索治理能力现代化的道路上，我国正不断摸索与社会经济发展相适应及与国际接轨的新兴调解类型，如律师调解、商事调解等。自 2012 年最高人民法院提出要推动建立律师调解员制度起，我国各试点地区及学界就该制度作出了理论和实践层面不断探索；2019 年我国在新加坡签署了《联合国关于调解所产生的国际和解协议公约》，预示着我国商事调解制度必将进一步发展。再次，调解队伍的人员组成没有固定限制，范围上具有开放性。根据调解类型的不同，调解员包括但不限于人民调解委员会、人民法院、基层人民政府或国家行政机关、仲裁机构有关人员，乃至经验丰富的调解专家，抑或街坊邻里间德高望重之人等，即调解人员范围没有固定限制，根据调解案件具体情况，任何适合的人员均可参与到调解之中，体现了开放的理念和价值追求。最后，调解方式开放多样。调解依据、类型及人员的开放性直接影响了调解方式的开放性与多样性。调解方式通常有单独调解、共同调解、直接调解、间接调解、公开调解、不公开调解、联合调解等形式。当然，调解方式本身并无定制，矛盾纠纷双方可自愿协商选择最符合其需求的形式，甚至可以在调解员的主持下根据自身现实需求创设新的调解方式。此外，除了传统面对面的线下调解外，在线调解及相关平台正在兴起，如人民法院调解平台等。

（五）共享是调解的最终目标及落脚点

共享理念要求要将改革的成果惠及全体民众、各个个体，将共享理念置于纠纷化解机制之中，则可将目标落脚于矛盾纠纷的解决，即只有化解各类纠纷、满足人们切身利益需求，才能有效地实现社会公平正义与利益的共享。与诉讼手段相比，调解更能体现共享的理念。首先，调解的目标是实现利益共享。若诉讼理念是形成纠纷当事人之间的“利益对抗体”，那么现代调解的理念则是寻求纠纷当事人之间的“利益共同体”①，调解的构造是努力挖掘当事人之间的共同利益，积极打造矛盾纠纷当事人的利益共同体去促成合意。② 其次，调解员能够充分挖掘各方利益，调解能够以最低成本解决纠纷，同时实现当事人更多共同利益。诉讼以法为据，诉讼过程中法官只能依据零和思维对矛盾作出“非黑即白”的价值判断，最终只有一方能够获益，严重时甚至会两败俱伤。在调解过程中，调解员以中立身份挖掘当事人立场背后的真实利益需求、寻找双方共同利益，进而达成共赢的局面，实现利益共享。最后，调解组织间及调解组织与其他机构之间协调共享，提高了社会矛盾化解成效。2016 年《关于人民法院进一步深化多元化纠纷解决机制改革的意见》发布后，全国各地先后进行了对建设集诉调对接和多项诉讼服务等多项功能为一体的综合服务平台的有利探索，如安徽省全省三级法院依托诉讼服务中心建立诉调对接中心达到 100%③，人民调解组织、行业调解组织、商事调解组织、行政机关、仲裁机构、公证机构等社会组织与社会力量之间的有效衔接与对接普遍增强，并且吸收了律师、具有专业知识的人等参与到纠纷化解的过程中，各主体之间相互合作，共享信息与资源，实现了矛盾纠纷的高效与及时化解，进而实现了社会矛盾纠纷化解成果的共享。

四、新发展理念指导下中国现代调解的前景展望

创新发展理念是新发展理念的动力源泉、协调发展理念是重要保障、绿色发展理念是发展的必要前提、开放发展理念是发展的必经途径、共享发展理念则是新发展理念追求的最终目标与落脚点，五大发展理念之间相互作用，相互促进，密切相关，缺一不可。调解在价值追求、依据、主体以及调解过程各方面中均体现了创新、协调、绿色、开放、共享，相较于诉讼而言确实更符合新发展理念的要求。当然，我国调解制度尚不完善，中国现代调解的发展与完善还需向着十九大所提出的推进社会治理体系和治理能力现代化为最终目标，以新发展理念为导

---

① 廖永安、王聪：《现代调解的新理念与新思维》，载《人民调解》2019 年第 1 期。

② 廖永安：《科学认识调解价值，推动社会治理创新》，载《中国社会科学报》2020 年 3 月 26 日，第 1 版。

③ 《安徽省实施共享发展行动简报第 28 期》，载安徽省人力资源和社会保障厅网，http://hrss.ah.gov.cn/hdjl/zxtj/8394460.html，最后访问时间：2019 年 11 月 5 日。

向，结合调解实践经验，构建调解自身话语体系，优化调解相关制度。

（一）构建中国现代调解话语体系

中国调解制度是在对传统调解制度进行局部改良的基础上发展起来的原生型制度。① 长期以来调解因缺少自身话语体系，常被置于法律及诉讼话语体系下研究和思考，被视为违反法治原理及权利保护的落后法治文化，甚至被冠以“和稀泥”“二流司法”等称呼。习近平总书记提出要构建中国特色社会主义话语体系，调解凭借其自身特点与优势，在现代社会发展过程中不可忽视，中国调解话语体系亟待建立。中国现代调解可以在创新、协调、绿色、开放、共享的新发展理念的指引下，结合调解自身特点，构建调解自身话语体系，抓住和发挥调解自身优势与特点，抓准调解在多元化纠纷解决机制中的话语权，与诉讼及其他纠纷化解方式在社会治理中实现同频共振，推进社会治理现代化。在诉讼话语体系中，权利、义务、责任、法律行为、法律关系等概念的使用频率最高，一般以权利代替诉讼中的利益。调解与诉讼共同作为纠纷化解的主要方式，二者间具备相当程度的关联性，诉与调是可以实现对接的，这就意味着诉讼与调解之间可以相互转化。诉讼中权利和义务是核心概念，在调解中与之对应的当属“利益”与“负担”。将利益与负担作为基本范畴有利于调解深入挖掘当事人的需求与真实意思，进而构建与责任、法律行为、法律关系等相对概念，才能够更好地去评价调解。因此，中国现代调解需构建起以利益与负担为基本范畴，以立场、自由、调解行为、调解关系、调解文化等概念为基础构建调解话语体系。

（二）创新调解模式及机制建设

随着调解的多次转型及我国市场经济的发展，传统调解模式已经难以满足社会矛盾纠纷化解的需要。新时代调解发展应秉承创新理念，在保证现有调解模式的完善与正常运作的基础上，结合当前社会转型期的纠纷特点和市场需要，重塑我国调解体系，大力发展现代社会调解。② 具体而言，我国现代社会调解可以向新型调解模式探索，如行业调解、商事调解等制度在我国经济体制改革深化、市

① 廖永安：《中国调解的理念创新与机制重塑》，中国人民大学出版社 2019 年版，第 350 页。
② 廖永安：《中国调解的理念创新与机制重塑》，中国人民大学出版社 2019 年版，第 40 页。

场主体之间利益冲突频发的背景下亟须建立和完善。首先，可以从行业协商会等社会组织入手，推进和加强行业调解组织与商事调解组织的建设。其次，在将现有调解法律法规及《联合国关于调解所产生的国际和解协议公约》（《新加坡公约》）等国际条约相衔接的基础上，制定健全的行业调解与商事调解规则。再次，需加强专业化、职业化的行业调解员、商事调解员、律师调解员的队伍建设，促进行业调解与商事调解组织的平稳运作。最后，必须完善调解运作机制以适应新型调解模式的发展。我国传统的调解一直是一种无偿、公益性的纠纷解决方式，将该种运作机制置于主体多样、纠纷复杂、专业性要求强的行业调解、商事调解及律师调解等之上将会限制其发展。相较之下，市场化机制更为符合上述调解的特点及需求。除了人民调解、法院调解、行政调解不收取费用外，可针对行业调解、商事调解、律师调解等特定类型的调解推向商品服务化，推进市场化，采用调解员有偿服务的模式，同时还可设立人员激励机制等吸引更为专业的人才参与到新型调解中，提高调解的公信力，增强调解成效，更好地缓解社会矛盾。

（三）推动调解职业化发展

我国调解并无对调解人才的专门培养机制，通常是依靠前辈或长者口耳相传的经验来进行调解。在调解类型愈发多样的背景下，社会对专业性调解人才的需求愈来愈高，调解的职业化发展将成为现代调解的发展重要趋势。首先，调解职业化的基础是高素质的调解人才，在推动调解职业化发展的道路上，必须探索和建设我国专门的调解职业培养体系。调解职业培训体系可以由法治实践部门牵头，健全其与调解实践部门及设有调解专业院校之间的交流。具体可在法学院校开设调解相关专业，根据调解的不同类型设置对应课程，邀请模范调解委员会及模范调解员参与到院校的人才培养中。其次，调解的职业化发展还需制定调解员准入标准、职业准则，以及调解员的定期考核培训及有关奖惩措施等，才能激励调解员工作的积极性，促进调解人才队伍稳定发展。再次，调解的职业化发展不能囿于“调解”，未来调解的发展要着眼于精细化研究，即根据纠纷的具体情况，在调解时要能够利用法学、心理学、社会学、经济学更多领域和多学科的知识对调解理念、程序、方式、技巧等进行全面解读。最后，还需完善调解员队伍的保障制度，包括对调解员的地位保障、待遇保障及人身安全保障等。

（四）加强调解与各纠纷解决机制联动与衔接

调解作为多元化纠纷解决机制中主要方式之一，其设置目的在于高效且及时化解矛盾纠纷。我国传统调解与其他纠纷解决方式之间缺少有效协调与衔接，难以兼顾纠纷化解的效率与效果。共享理念一方面强调各类纠纷解决机制之间的合作共享，另一方面又要求合理划定各类纠纷解决机制在纠纷化解中的作用范围，避免各类机制职能的交叉与重叠，进而实现各类纠纷解决机制之间的有效衔接，使其各司其职、各展所长。[①] 在共享发展理念的指导下，首先，发展中国现代调解应深化各类调解模式之间的联动工作机制，尤其是与新型调解模式之间的衔接联动。比如，深化人民调解与司法调解、行政调解之间的衔接，让人民调解进入法院立案庭或派出所，如湖南省长沙市岳麓区西湖司法所与派出所之间的协调联动密切，提高了调解化解纠纷的成效。其次，应整合纠纷解决各类资源，实现各纠纷解决机制之间的相互促进与资源共享，如建立健全调解与行政裁决、行政复议、诉讼、仲裁、公证、等之间的衔接联动机制，在行政裁决和复议过程中可以利用行政调解这一方式化解纠纷，解决争议；同时还可以通过司法确认、仲裁、公证等方式解决调解协议缺乏强制执行力的困境，增强调解协议的法律效力。

结　语

新发展理念是依据我国发展现状和现实需求所提出的新时代的“马克思主义”，决定着我国社会治理体系和治理能力现代化的发展总目标与发展总趋势，同样也指导着我国多元化纠纷解决机制的方向与完善。调解作为几千年来中国的文明成果，经历了数次转型，是我国多元化纠纷解决机制改革进程中的重要一环。在创新、协调、绿色、开放、共享新发展理念的指导下，中国现代调解应努力脱离诉讼话语体系，构建自身话语体系，明确调解基本理念与范畴，并在调解实践中结合科学技术手段不断创新调解类型、推进调解职业化发展、加强调解与

① 廖永安：《以“共建共享”理念推进多元化纠纷解决机制改革》，载《人民法院报》2016 年 7 月 5 日，第 2 版。

社会各类解纷方式的协调衔接。只有构建具有中国特色的中国现代调解体系，在机制、体系等方面提出具有中国特色的多元化纠纷解决机制改革举措，才能够更好地实现社会治理能力现代化。

专题五　多维论阈下“调审分离论”的理性评估

——以“强制调解”为中心

刘国如*

引　言

关于调审应否分离，可以说在学界与实务界特别是最高司法机关之间存在截然不同的态度和立场。学界相当一部分学者认为，为克服调审合一所带来的“以劝压调”“以拖压调”“以判压调”“以诱促调”等强制调解的弊端，应将审判与调解从人员、角色、程序、场所等各方面进行分离，亦即只要将审判与调解两种纠纷解决方式从程序、人员等方面进行彻底的隔离，“审判的归审判”，“调解的归调解”，就可以纯化当事人的合意、落实保密原则以及带来其他诸如维护司法公正和司法权威等附带效果。① 调审分离的改革建议看上去很美，似乎能彻底解决审判与调解程序合一所带来的强制调解的问题，但诡异的是，实务界却始终对该项学者所力促的所谓的重大制度建构不太热心②，最高人民法院出台的司

* 刘国如，厦门市中级人民法院法官。

① 李浩：《调解归调解，审判归审判：民事审判中的调审分离》，载《中国法学》2013 年第 3 期。

② 有学者以为，司法实务中所采用的法院附设人民调解、立案调解、法官助理调解、设置调解庭等方式是实务界对“调审分离论”的回应与契合。但以笔者在法院的工作经验，这些措施更多的是建立最高人民法院所倡导的诉调相衔接的多元化纠纷化解机制，发掘现有的力量多调解、多化解，减轻法院的审判压力，并非要将调审分离，更不是否定诉讼调解。

法政策似乎朝着强化调审合一的相反方向走。[①] 这其中不乏改革成本问题的考虑，因为设置两套不同的程序和人马对当下案多人少的法院来说似乎难以承受。但这并非充足的理由，因为如果问题足够严重，或改革措施具有更大的价值或成效，成本也许将退为第二位的考虑因素。比如当前为促进司法公开所采取的庭审录像、文书全面上网等措施，对于法官来说，是一种工作的增量，对整个法院系统来说，是成本的增加，但最高人民法院把司法公开作为司法改革的重大课题或价值载体，愿意加大资源和成本的投入。所以，司法实务界对“调审分离论”不“感冒”的可能解释是：在实务界看来，调审合一所带来的强制调解问题并没有学者所描述和担忧的那么严重，甚至学界所担心的“强制调解”根本就是一个伪命题；抑或即使存在强制调解问题，调审分离也并不能解决这些问题。所以全面和恰当地检视和评估“调审分离论”的证立过程和方法以及调审分离制度改革建议的必要性和效果显得很有必要。

一、“调审分离论”证立方法的评估：结构分析方法的缺陷与克服

强制调解系“调审分离论”强调要克服的诉讼调解的主要弊端。持“调审分离论”观点的学者为强制调解的产生所提供的理论解释是，诉讼调解中法官与调解人的身份混同，即“裁判者的身份使法官具有事实上的强制力，当法官集调解权和裁判权于一身时，调解中的强制也就在所难免”。[②] “在同一个案件中，法官具有双重身份，既是调解人，又是裁判者。这种制度设计和程序构造使得诉讼实务中的强制调解成为我国法院调解中长期存在的问题，一个与我国法院调解制度相伴生的问题，一个随时需要警惕和防范的问题。”[③] 如此，诉讼调解中法官似乎左手伸出促使当事人和解的橄榄枝，右手则持裁判的大棒。在法官的

---

① 除因20世纪90年代民事审判方式改革等因素的影响，调解率一度大幅下降以外，从2002年开始，最高人民法院出台了一系列的关于加强诉讼调解的政策。参见2004年《最高人民法院关于人民法院民事调解工作若干问题的规定》第1条、第2条，2010年《最高人民法院关于进一步贯彻“调解优先、调判结合”工作原则的若干意见》。

② 李浩：《调解的比较优势与法院调解制度的改革》，载《南京师大学报（社会科学版）》2002年第4期。

③ 李浩：《调解归调解，审判归审判：民事审判中的调审分离》，载《中国法学》2013年第3期。

强制之下，当事人的意志不得自由，调解自愿原则不能彻底地贯彻，于是，以判压调等强制调解便有了生存的空间和土壤。

“调审分离论”强调现行的程序制度和结构导致了强制调解的发生，着重从当事人与裁判者的地位和关系的角度进行阐释，因为当事人相对于法官处于弱势地位，故有着被操纵的可能。但持“调审分离论”观点的学者的这种结构分析方法有着抽象化的危险，仅从结构、地位等抽象的角度进行分析，舍弃或弱化其他的因素和条件，将当事人的行为选择化约为相互之间的地位，忽视了特定情境中、规范视角下有着特定目的的个人行动层次，可能与诉讼调解的实际运作过程不符。这种结构分析法至少存在如下两个方面的不足：第一，忽视诉讼调解中的主体性。诉讼调解的主体是有着自己的效用和目的的法官和当事人，“调审分离论”既然主张法官会强制调解，但法官如何要偏离自愿调解的轨道而采用强制调解的方式，当事人又如何任由法官操纵而接受调解，这些问题不分析诉讼调解主体的心理、效用则不得其要旨。第二，忽视了诉讼调解的运作环境。诉讼调解不是日本学者棚濑孝雄总结的力量对比关系决定纠纷解决内容的“状况性解决”①，而是处于诉讼程序中的纠纷解决方式，法官如何能无视程序的规范而强制当事人调解。正因为“调审分离论”对上述视域的忽视，故有可能不适当地夸大了结构的作用，将结构这样一个工具性的东西看成了决定性的因素。正如人类学家冯·威尔逊对社会人类学的结构功能分析学派的批判：“结构分析主要把社会的位置或地位之间的相互关系作为问题，对个人之间的相互关系或个人的行动缺乏关心。从那里可以看出对抽象化的明显喜好。反过来说，作为这种抽象化必然基础的特殊性极易被忽视”。②

基于上述理由，为克服“调审分离论”的结构分析法抽象化、简单化的不足，本文试图采用把诉讼调解制度作为一种社会过程，从参加该过程的个人行动层次上力图把握其现实动态的研究方法。换言之，就是将调解法官、当事人的行

① 棚濑孝雄将纠纷解决过程分为“合意性的解决”“决定性解决”“状况性的解决”“规范性的解决”四种。［日］棚濑孝雄：《纠纷的解决与审判制度》，王亚新译，中国政法大学出版社 1994 年版，第 7—10 页。

② J. Van Velsen, Extended Case Method and Situational Analysis, in A. L. Epstein (ed.), The Crafts of Anthropology, Tavistock, 1968, p. 131, 136. 转引自［日］棚濑孝雄：《纠纷的解决与审判制度》，王亚新译，中国政法大学出版社 1994 年版，第 5 页。

动与他们的动机、效用、制度环境等因素结合起来加以考察，并在此基础上弄清楚诉讼调解制度的实际运行过程。评估诉讼调解的结构在实际运行过程中的作用，以及结构如何与个人的效用、动机相互作用甚至抵消，并进而评价强制调解发生的条件、可能性与强度等，并隐含着对“调审分离论”的制度改革效果的评估。因为如果调审分离后，法官的效用、功用继续存在，则调审分离制度改革有可能达不到预期的效果，难免陷入“钱穆制度陷阱”。[①]

二、“调审分离论”法理基础的评估：强制调解的形成条件与含义辨析

（一）强制调解何以生成：法官调解偏好的动因诠解

“调审分离论”最初是针对调审合一所带来的强制调解而提出的，克服强制调解可以说是“调审分离论”的主要功能目的和成立的前提。一定程度而言，如学者不发现或构建强制调解的概念，就无法证立“调审分离论”存在的必要性，故在此有必要辨析强制调解的形成条件。

从经济分析的角度而言，效用或偏好决定行动选择，故分析法官的强制调解行为，需首先辨析法官的调解偏好。“调审分离论”在证立过程中，实际上有一个隐含的假定，即法官以调解作为可欲的目标，法官对调解有强烈的偏好。但法官并非当事人，调解案件与其没有法律上的关系，那案件通过调解的方式解决对作为中立者的法官的利益为何？持“调审分离论”观点的学者一般对此没有过多深入的分析。值得注意的是李浩教授对此认为，除了法律、政策对调解的偏重外，根本性的原因在于调解快速、省时、风险小，比判决更符合法官的利益。[②]但这些因素对法官的调解偏好是否具有决定性的作用，以及是否能进一步导致强制调解的发生，还是值得进一步追问和辨析的。当然，这里所分析的是，调解对

① 钱穆制度陷阱是指中国著名历史学家钱穆（1895—1990年）在分析中国历史时指出，中国政治制度演绎的传统是，一个制度出了毛病，再定一个制度来防止它，相沿日久，一天天地繁密化，于是有些却变成了病上加病。越来越繁密的制度积累，往往造成前后矛盾。这样，制度越繁密越容易生歧义，越容易出漏洞，而执行新制度的人往往在分歧争执中敌不过固守旧制度的人，因而越来越失去效率。参见钱穆：《中国历代政治得失》，三联书店出版社2005年版。

② 李浩：《民事审判中的调审分离》，载《法学研究》1996年第4期。

于作为具备正常的司法良知和理性的法官的效用，排除少数法官因品性和职业道德的欠缺而滥用权力强制调解的非正常情形。而且，因法官个体化的差异，动因、效用可能呈现多种样态，这些个体化、偶然性的动因难以纳入一般化的理论研究视野，理论价值不足，故本文所关注的是诉讼调解对法官一般性的、结构性的心理与效用函数。

为了完整展现法官的效用，当然还需要将法院纳入分析的范围，亦即分为两个层面：一是法院作为系统的层面；二是法官的个体层面。一方面，法院作为审判机关，其职能和政策需要法官去执行。法院总是通过各种手段让法官贯彻其司法政策。另一方面，根据组织理论，法官是理性的主体，其作为代理人与被代理人的法院之间总是存在利益的分歧或罅隙，虽然法院通过各种行政化的手段来最小化这种分歧，但代理人也会抵制这种努力。所以法院的司法政策目标不一定能不打折扣的实现。而且与企业的利润最大化的单一目标不同的是，包括法院在内的许多政府机构的使命具有意识形态性质。意识形态可以被理解为一种具有理解性的想象、一种观看事物的方法（比如世界观），具有主观性和多样性，故在政府机构中的雇员往往试图重新界定该机构的使命，使之与自己的意识形态一致起来，或者更常见的是抵制对机构使命的重新界定。①

当然，法官与法院的分层视角并非二元论，二者是融合和相互影响的辩证关系。换言之，法院的调解政策需要法官去贯彻，法院总是希望法官能忠实执行其意志，通过各种控制手段和激励措施努力弥合利益的差异，或求得观念、立场的一致，但法官在接受法院的管理和意识形态的灌输之外，亦有自身的利益和价值的考量。所以辨析出法院与法官之间利益的重合和利益或意识形态的分歧方面很有必要。

于法官而言，无论是常规案件还是非常规案件，以调解结案总比作出裁判要稳妥、安全。如果案件出现差错，对于法官来说不仅是声誉的损失，还面临制度的考核惩处，而且当事人会通过申请再审、抗诉、信访等各种正常或非正常的途径进行挑战。即使案件没有差错，在这种“信访不信法”“信上不信下”的现实社会心理下，只要当事人愿意折腾，后续各种没完没了的信访、督查、汇报也让法官疲于应对。特别是事情搞大、上交之后因其他部门机构的介入，则可能会让

① ［美］波斯纳：《法官如何思考》，苏力译，北京大学出版社2009年版，第122页。

案件裁判的标准弹性化而变得不可预测。这种现实的预景也让法官偏好对案件进行调解，愿意投入更多的精力和时间进行调解。

如果说差错案件或“案结事不了”对法官是一种个人利益丧失的风险，而对法院来说，则可能是其合法性维持的难以为继。社会转型时期的利益分化以及其他纠纷解决机构解纷能力的不足，当下法院所面临的不是案源不足，而是因大量的案件涌入法院所呈现的“诉讼爆炸”现象。如果法院不能妥善解决纠纷，则其自身的合法性会受到影响。法院的合法性有两层含义，第一由国家权力机关赋予的合法性，但同时法院也要履行政治职能，亦即政治的合法性；第二是来自于人民的认可，也就是社会的合法性。① 本来法院作为司法机构其职责是适用法律，也符合国家对其忠实执行法律的一般期望，但案件毕竟是纠纷，如果案结不能事了，则可能导致民众对法院的信任和接受度的下降。因此，以调解为主的“马锡五审判方式”应运而生，在调解的过程中，法律成为一个有效的工具渗透到乡村社会的治理当中，它不仅是在解决法律问题而且同时是在解决社会问题。法律正是通过调解的渠道参与到对社会总体性的治理实践中，从而改变着乡村社会，使社会生活逐步符合现代法的规范和要求。② 可见，法院调解初创就是为了调和国家法与民间习惯法、观念的矛盾，不仅巩固党在革命战争年代的统治，而且法院通过增强自身纠纷解决方式的可接受性，从而解决其自身的合法性。尽管处于不同的社会环境和形势，但当下的法院依然面临着合法性这个问题。民众法律信仰传统的缺失，关注实质正义重于程序正义的特定社会语境下，法院尽管在政治上获得了其合法性，但如果上诉率、申诉率、上访缠访率以及涉诉来信和来访数量居高不下，不仅给法院工作带来沉重的负担，给社会带来不稳定因素，而且也会影响法院的形象。③ 尽管现代法治已成为一种大的氛围或政治流行语，是一种重大的价值选择，但出于维持统治的需要，维护稳定也是党和政府的重要关注。例如综合治理机制以及“党政领导、政法牵头、司法为主、各方参与”的

---

① 邵六益：《悖论与必然：法院调解的回归（2003—2012）》，载《华东政法大学学报》2013 年第 5 期。

② 强世功：《调解、法制与现代性：中国调解制度研究》，中国法制出版社 2001 年版，第 221—222 页。

③ 如山东高院通过加大调解，在收案数上升的情形下，各种申诉、上访率呈下降趋势。参见宋朝武、黄海涛：《从过程分析的进路解读法院调解的困境》，载《法律适用》2006 年第 12 期。

大调解机制，法院从来都是其中一个最重要的组成部门之一。司法政策中强调的法律效果与社会效果等单从逻辑上无法融洽的概念在诉讼调解实践中也可以获得协调。因为法律效果与社会效果的内涵不是整齐划一，具有很大的不确定性和包容性，给了法院很大的操作空间。讲求社会效果亦包含着诉讼调解的运作空间和生命力。

从以上分析可以看出，法院与法官有着同样的风险厌恶，有着利益的一致性，二者相结合强化了法官对调解的偏好。因此各级法院通过意识形态的灌输和各种行政调控手段，要求法官把更多的精力放在调解上，特别是对那些“难办案件”：案情复杂、事实不清的“疑难案件”或影响巨大的“重大案件”，事实清楚却没有明确的法律可适用，或适用的结果不合情理等。[①] 一是改变法官的思想观念。宣传调解是一种与判决相比更优的解决问题的方式，结案不是最终目的，事了甚至人和在价值上更具有可取性。甚至将调解、当事人握手言和提升到司法为民的高度。二是将调解纳入业绩考核。调撤率指标直接衡量法官的调解效率，对调解工作先进的表彰奖励，激发法官的调解热情。甚至发改率指标也间接迫使法官对于难办案件更多地采用调解。

值得注意的一种观点是认为，法官偏好调解是因为案多人少的现实情境下追求效率所致。[②] 但法官作为理性的主体，会对调解的投入与产出进行比较。如果案件调解不需要投入过多的成本，特别是审前调解，不需要开庭调查、取证，亦省去了法律解释论证等环节，当然也不需要制作冗长的判决书，确实能给法官带来司法俭省的效率。但如果当事人的矛盾较为尖锐或案情复杂，为了作出较为合适的调解方案，不仅要查明事实，保证法律适用正确，可能还需要不断中断诉讼程序，召集双方进行调解，甚至还需要深入了解当事人的社会关系、案件之外的其他矛盾。故这种情形下调解还不如直接判决来得简单。事实上，年底因为结案率等硬性指标的影响，法官都忙于结案，调解率较上半年往往有所下降。[③] 所以调解不一定能带来效率和司法俭省，效率不足已成为解说法官调解偏好的普适性

① 本文所言之“难办案件”的外延宽于苏力教授的界定，苏力教授在《法条主义、民意与难办案件》一文中，将难办案件仅限于没有可适用的法律或适用结果不合情理的案件。参见苏力：《法条主义、民意与难办案件》，载《中外法学》2009 年第 1 期。

② 宋朝武、黄海涛：《从过程分析的进路解读法院调解的困境》，载《法律适用》2006 年第 12 期。

③ 吴英姿：《法院调解的“复兴”与未来》，载《法制与社会发展》2007 年第 3 期。

理由。当然，如果对于难办的案件，通过调解省去后续的各种信访、申诉所带来的麻烦，这对法官来说是一种长远的成本，这取决于法官的预期，如果法官预期判决之后当事人可能不会带来麻烦，则法官亦无调解之动力。此亦为风险的厌恶，而风险的厌恶实际上也属于成本计算的范畴。

还需要注意的是一种从法官心理感受如成就感或工作满足感方面的解释路径，即人都喜欢得到正面的评价，故法官通过努力，当事人化干戈为玉帛，化解一场其他解纷机构无法解决的纠纷，似乎意味着自己的能力出众，可能得到一种调解能手或类似于好法官的评价。这取决于评价机制的科学性、客观性。如果这种评价机制不能反映法官的实际水平，或者在法官当中调解氛围不浓，则这种心理满足机制难以产生实效。可见，工作满足感虽然是一种心理机制，但其作为一种工作中所产生的感受，更多的是与法院的评价机制相勾连。因此这种心理机制也大致可以归入法院的考评机制之中，法院通过行政手段传达其政策偏好并影响法官的行为选择。如果法官的司法价值理念与法院的政策偏好相歧异，则心理机制可能无法奏效。如学院派法官不同于传统上的经验派法官，更多地喜好裁判，视调解为法官水平低下的表现。

以上分析表明，确实存在法官形成调解偏好的制度环境与氛围，但是情况更为复杂的是，法官的行为选择与法院强调调解政策之间既有一致的一面，也有分歧的一面，效率亦并非法官调解偏好形成的因素，而且更值得质疑的是法官的调解偏好是否可能达到欲强制调解的程度，法官的调解偏好是否一定会让法官作出强制调解的行动选择。至此，我们需要回答法官的何种行为可以算是强制调解，这与强制调解的定义相关，故需要进一步检讨和交代强制调解的含义。

（二）强制调解的含义质辨：蛮横强制与合理强制的梳析

我国法律上没有强制调解的概念。即使是离婚等案件判决前必须调解，这也是对法官的义务，与国外的将诉前调解作为当事人必须接受的义务性的强制调解概念相去甚远。学界对我国强制调解的内涵与外延尚未形成较为稳定的共识。周永坤教授认为强制调解有如下表现：人民调解的权力化和司法化，法院调解范围的扩大化和社会化，以法院内部机制促使法官调解。① 李浩教授则认为，裁判者

① 周永坤：《论强制性调解对法治和公平的冲击》，载《法律科学》2007 年第 3 期。

的身份使法官具有潜在的强制力，由于调解比判决更符合法官的利益，可以不顾当事人的不满，压他们作出让步，具体表现为“以劝压调”“以拖压调”“以判压调”“以诱促调”等。①

笔者以为，因自愿是我国诉讼调解的基本原则，如此，“调审分离论”语境中的强制调解应是对与调解自愿性相背离现象的一个描述和概括。如同没有正面就没有反面，自愿与强制是相互对应和界定的，要定义强制则首先应界定自愿。但遗憾的是，持“调审分离论”观点的学者均未对自愿原则进行仔细的界定，或者以为自愿系自明的概念，按照其字面的意思应为意志的完全自由。但正如有学者精辟地指出，要在调解中，完全实现当事人双方的意志自由，几乎是天方夜谭，关键之处在于能使当事人双方大致舒展自己的意志，并得到合乎情理、合乎一般公平观念的结果。② 如此虽然没有完全实现意志之自由，也难以说是违背了自愿原则，或者也在自愿原则的范畴之内。法官发挥能动性调动各种资源来促成和解，有其正当性。案件纠纷系属于法院，本来就处于双方当事人没有办法自行解决的境地，所以法官不可能袖手旁观，坐等当事人自行和解，因为这是一种不切实际的想法。故通过一定的强制来促使当事人达成合意，本无可厚非。日本学者棚濑孝雄指出，纠纷处理机关只要以合意的获得为发挥解决功能的必要条件，为了有效地使合意形成，无论如何总有必要付出努力以诱导当事人向合意点靠拢。③ 从当事人的角度而言，其对纠纷解决的结果并非一开始就有确定的预期。根据诉讼程序的推进、事实查明的程度、法律适用是否明确甚至执行的难易及时调整自己的策略和预期，可以说是一个不断妥协的过程。如此，诉讼调解中的强制是一种必不可少的因素。换言之，问题并不在于诉讼调解是否应有强制，而是界定强制的程度与合理的边界，亦即区分合理的强制与蛮横的强制。根据赵旭东教授的看法，蛮横的强制是指，人为地制造压力，例如威吓、胁迫、以虚假的信息进行引诱、违反法律规定采取强制措施等，强迫当事人在一种恐惧心理的驱使下或是被欺骗的状态下进行调解或接受明显损害其合法权益的和解方案，是对当

① 李浩：《民事审判中的调审分离》，载《法学研究》1996 年第 4 期。

② 常鹏翱：《诉讼调解异化原因辨析：以“调审分离论”为对象》，载《南京大学法律评论》2001 年第 1 期。

③ ［日］棚濑孝雄：《纠纷的解决与审判制度》，王亚新译，中国政法大学出版社 1994 年版，第 81 页。

事人意志的无理压制，是一种司法的恣意和专横。[①] 而合理的强制，是一种与审判职能相关联的客观存在的强制性。众所周知，审判的基本职能是判断，法官据以作出的判断的依据是查明的事实和待适用的法律规范，因此法官的判断至少在形式上是最专业的，对试图拒绝该判断的当事人形成一种无形的心理压力。再者，法官的中立性、超脱的地位以及法律知识水平、程序的严谨公平等外观上的因素无疑也能增强其判断的权威性，这种权威性是进行合意诱导的资源。法官基于其判断提出和解建议，促使当事人向合意点靠拢，是一种合理的强制。李浩教授所指的强制调解恐怕就是指蛮横强制，这是一种行为不端的超出法官职业道德的行为，尽管不排除少数法官因职业道德品质的原因采取蛮横的方式进行强制调解，但很难说是一种对现实的普遍描述，理由是：

第一，如前所述，法官调解偏好更多是出于风险厌恶，对各种信访、申诉等不可控风险的厌恶更甚于错案所带来的可预期的成本。蛮横强制所带来的信访、申诉不亚于错案风险。即使如李浩教授所言，这是一种隐秘的强制，也许很难举证[②]，但如果法官真有蛮横强制行为，不要小看认死理的"秋菊们"的决心和能量。蛮横强制调解对于公正、理性的法官而言，是不可取的。

第二，司法权的规范特性。以当事人处分权为特征的自愿原则无疑是任何调解得以正当化不可缺少的装置。但就诉讼调解而言，还需要加上"事清责明"这个额外的要求。我国《民事诉讼法》第93条规定，人民法院审理民事案件，根据当事人自愿的原则，在事实清楚的基础上，分清是非，进行调解。近年来随着诉讼调解讨论的深入，学界和实务界对事清责明的必要性产生了质疑，对事清责明原则是一片喊杀声。[③] 但笔者以为，诉讼调解毕竟是一种审判权的运作方式，介于诉讼与调解之间，不能过多地偏离法律的标准。事实上，"事清责明"原则与自愿原则之间可以相互制衡，以求抑制违背司法公信的蛮横强制调解的发生。

行文至此，本文的结论似乎呼之欲出：合理的强制调解是客观存在的，不可剥离的，是调解发挥功能不可或缺的因素。调解偏好使法官更愿意发挥司法能动

① 赵旭东：《理性看待法院调解的强制性因素》，载《法学家》2007年第6期。
② 李浩：《调解归调解，审判归审判：民事审判中的调审分离》，载《中国法学》2013年第3期。
③ 李杰：《为诉讼调解的"事清责明"原则辩护》，载《法律适用》2006年第12期。

性，更多地采用调解的方式解决纠纷，而不是一判了事。而蛮横强制调解，则主要是一种关乎职业道德，甚至违法的小众的不当行为，这是应当防止的。而作为理性主体的法官在现有的制度环境下采用胁迫或欺骗等蛮横强制的方式进行调解的动因不足，除非其通过这种方式达到徇私的目的，而这似乎又不是“调审分离论”想要解决的问题。

以上质疑和分析的是“调审分离论”成立的前提即强制调解的形成条件和强制调解的适当含义，但为了全面彻底地理性评估“调审分离论”，接下来还有必要进一步反思和评价其制度改革的效果。

三、“调审分离论”适用成效的评估：强制调解难以消弭

学界主张“调审分离论”的制度构建的主要内容是人员和程序的分离；消除法官身份的混同以及审判程序与调解程序的杂糅，审判法官与调解法官的职责清晰化、单纯化，纯化审判程序与调解程序。但在具体的制度构建方面有所差异。例如在进入审判程序后是否还可以进行调解的问题上。有的学者主张，调解限于一审庭审前，进入庭审以后的程序不再调解，而代之以诉讼和解。法官不得主动发动调解。而且审前调解不是必经程序，以当事人的申请为准。① 有的学者则认为，庭审前后均可以调解，在审理过程中，当事人同意调解的，则交由调解法官进行调解。当事人愿意，也可以申请由审理法官进行调解。② 值得指出的是，与第二种单纯的“调审分离论”不同的是，第一种“调审分离论”还附加一个改造论，即将分离后的审理法官调解改造成诉讼和解论。众所周知，诉讼和解是日本民事诉讼法上的制度。如果单从字眼来看，似乎诉讼和解制度的引入能解决强制调解问题。因为和解，不同于调解包含第三者介入之意，是双方当事人自行解决纠纷。但是，问题并不这么简单。首先，日本法院同样有调解，即一般民事调停和家事调停。不但在审前可以调停，在审理当中亦可以交付调停。相当于目前我国法院广泛开展的审前调解与委托调解。而且调解一直是日本法院的主

① 王璇：《调审分离：我国法院调解制度改革的路径》，载《山西师大学报（社会科学版）》2007年第6期。

② 李浩：《调解归调解，审判归审判：民事审判中的调审分离》，载《中国法学》2013年第3期。

要结案方式，特别是2000年、2004年日本地方裁判所和简易裁判所民事调停案件分别占到诉讼案件的70.0%和89.7%。[①]其次，诉讼和解实际运行中是否就真的是法官无为而治。在实际中当然不是。日本新堂幸司教授在比较调停与裁判和解时这样分析道：在促使合意成立的斡旋主体不同这一点上，两者各具特色。……在法官进行的裁判上和解中，在全面发挥法律专家的能力方面，裁判上和解具有得天独厚的优势，而且，法官可以根据诉讼进行的状况，提出妥当的和解方案，因此法官可以在对案件事实关系形成某种程度正确认识之基础上，制作适当的和解方案，当事人也可以作出如下的推测，即如果拒绝和解方案接受裁判，可能会承受同样的结果。就这个意义而言，裁判上的和解可以区别事情的好坏，进而具有强制的说服力。[②]可见，改造论的诉讼和解与诉讼调解几乎没有实质性的区别。而且在诉讼中和解与调解很难相区分。一个没有任何第三者参与和斡旋的案件能自行达成和解往往是无法想象的，因为能到法院诉讼的案件往往意味着双方关系的崩裂，没有第三者在场很难修复与重构。如果真如诉讼和解改造论所言，法官在和解中只能无为而治，其实质是要将诉讼调解边缘化、虚置化。而更重要的是，即使如持“调审分离论”观点的学者所言强制调解真实存在，那调审分离能否真正地避免强制调解的发生，也不无疑问，具体如下：

第一，“调审分离论”寄希望于通过当事人同意机制的强调将调解的主动权回复至当事人。但令人质疑的是，这种技术设计与当下的调解相比是否有创新之处，自愿原则本来就是最基本的调解原则，其本身就蕴含着需要当事人同意或申请调解之意。而且如果法官有强烈的调解偏好，当事人同意或申请只是一个技术环节或形式，法官可以轻易说服当事人同意或申请而规避该规定。

第二，调审分离后的调解法官作为法院的一分子，其同样分享法院的意识形态和调解氛围，而且其作为调解法官，可能对调解更加偏好，因为如果法院能对审判人员设置调解率的考核指标，完全也可以将这个指标用在调解法官身上，因为调解法官的业务或主要业务就是调解。由此，“调审分离论”所担心的强制调解的可能性无法消除。或许有人认为，调解法官没有裁判权，无法压着调，但应当看到的是，当事人并非因为畏惧法官的裁判权而接受调解方案，而是因为法官

① ［日］新堂幸司：《新民事诉讼法》，林剑锋译，法律出版社2008年版，第13页。
② ［日］新堂幸司：《新民事诉讼法》，林剑锋译，法律出版社2008年版，第15页。

对纠纷解决的权威性，其对案情最为了解，是法律专门领域的司法权威，其知识威望往往是他人无法替代的，事实上当事人往往倚重于法官的态度、知识和建议。

第三，当事人往往会选择审判人员进行调解。当事人之所以到法院进行诉讼，是基于对法院作为解纷的最后一道防线的信任，而且审判法官对案情最为熟悉，只要具有一般的公正形象，很难期望当事人另外选择一个不熟悉案情的调解法官来处理纠纷。所以，笔者推测，如果并非完全禁止审判法官调解，由调解法官专司调解的规定可能形同虚设，成为具文。

结　论

本文对于“调审分离论”宏大的制度构建建议进行了理论层面的反思和实践层面的追问及检视。诉讼调解中法官的合理强制在一定程度上是促成调解所必需的，与调解自愿原则并不冲突。“调审分离论”的前提条件实际上是至少有违法官职业道德品质的蛮横强制调解，但“调审分离论”仅关注诉讼调解中法官与当事人之间抽象化的地位和结构，忽视了其中行动层面主体偏好的辨析，故其对蛮横强制调解普遍性存在的证立难以成立。而且，“调审分离论”希望通过解除调解法官的裁判权而一劳永逸地解决问题，实际上是不适当地夸大了裁判权的强制作用，但事实上调解偏好更具有决定性，调审分离后如不改变调解偏好的形成环境，其制度改革建议的实效是值得怀疑的。故对于非普遍性的蛮横强制调解，深谙司法实务的最高司法机关不但基于成本考虑未予采纳“调审分离论”的宏大制度改革建议，而且更倾向于从改善调解偏好形成的制度环境入手治理，如近几年不再强调将调撤率作为法官的主要考核项目，促成政府将涉诉信访剥离出来，改变涉诉信访多头共管的制度。①

① 2014年3月20日，中共中央办公厅、国务院办公厅印发了《关于依法处理涉法涉诉信访问题的意见》，实行诉讼与信访分离制度，把涉及民商事、行政、刑事等诉讼权利救济的信访事项从普通信访体制中分离出来，由政法机关依法处理。也许能给法官的信访环境带来转机。

专题六　我国家事纠纷调解机制的重构

任容庆[*]

从2016年4月始，最高人民法院顺应家事审判改革的趋势，选取全国118个中基层法院开展为期两年的家事审判方式和工作机制改革试点工作，以先行先试的方式探索建立适应我国国情的家事审判制度。在两年的家事审判改革中，各试点法院积极探索多元化的纠纷解决模式，加强家事调解的力度，扩大家事调解的范围，明确家事调解原则和调解理念，确立家事调解前置程序，制定了调解的基本规则，探索了涉及法官调解①、委派调解②、委托调解③在内的多元调解模式，建立了联动调解机制。④ 与此同时，家事调解在实践中也存在一些需要关注的问题，通过对域外家事纠纷调解立法和司法实践的考察，为我国改进现有家事调解模式，重构家事纠纷调解机制提供可借鉴的经验。

---

* 任容庆，法学博士、博士后，南开大学不动产法与破产法研究中心兼职研究员，北京市安理律师事务所高级顾问。

① 如河南省焦作市中级人民法院成立的“李玉香家事审判工作室”；河南商丘虞城法院成立的“马大姐调解工作室”。

② 如山东胶州法院建立了离婚纠纷联调联动机制，与妇联、民政局合力化解家事纠纷。

③ 如北京西城法院规定了诉讼中的“移付调解”制度，即家事案件已经立案进入诉讼程序的，根据当事人的申请或法院依职权，可以将案件委托调解或交由家事调解员进行诉讼调解。

④ 如深圳宝安区法院创设“婚调委＋调解工作室”新模式；上海金山区法院牵头与各街镇司法所构建“八公里调解圈”，与区妇联成立广泛吸收女性法律执业者加入的“法、理、情”女子会；山东即墨法院2015年建立了青岛市家事纠纷多元化调处中心，法院联合妇联、仲裁机构共同参与家事纠纷的调解。

一、家事调解机制的现存困境

我国家事调解制度基本没有成型的立法规定，实践中皆是由法院自行把握，家事调解制度存在许多不足，主要如下方面：

（一）缺乏完整的调解程序规范体系

很多法院在家事审判改革中，强调对家事案件的调解，产生许多成效显著的创新举措。然而随着改革的深入，家事调解的软肋也不断显现，那就是缺乏程序支撑和制度支持。因为我国没有较为完整的家事调解程序规范，调解规范散见于民事诉讼法、婚姻法等部门法及相关司法解释，法律条文分散、原则、不成体系，难以理解和适用，影响家事纠纷调解功能的有效发挥。一方面，因家事纠纷并未从民事纠纷中独立出来，仍作为民事纠纷的一种类别适用统一的民事诉讼程序，其调解自然也适用民事案件调解规范，没有体现出家事纠纷的特殊性。另一方面，各地关于家事调解的改革做法、举措以及法院自身的改革文件，仅仅是一种工作方式或改革举措，具有明显的实用主义倾向。然而，家事调解不仅仅是一种工作机制，更是一项程序制度和法律规范。尽管当前家事审判改革高度关注调解，但依旧较为粗放，没有较为详尽的调解程序规范。其后果是使得家事调解的发展受到外部因素或人们主观重视程度的影响而发生变化。如受到法院考核机制、领导偏好、政策导向等诸多因素制约。家事调解还缺乏法治化、程序化、规范化，因此欠缺稳定性、发展性和可预期性。

（二）家事调解的强制性不足

目前法律规定中仅婚姻法和民事诉讼法司法解释中规定了离婚案件应当经过调解，而其他民事纠纷的调解适用当事人自愿原则。一方面，离婚案件中的“应当调解”在司法实践中表现为，法官在审理离婚案件时，只是在开庭审理的调解环节例行询问当事人是否愿意调解，若当事人表示不愿意调解，则法官一般不会在法庭上继续进行调解，而是在告知当事人宣判日期另定之后宣布闭庭。这里的“应当调解”不同于“强制调解”。“应当调解”仅要求法官在审理离婚案件时必须尝试进行调解，至于调解的力度和效果如何则在所不问。另一方面，除离婚案件之外的案件属于“宜调解的”范畴，并不要求必须经过调解，使得这些案件在缺乏法定强制的情况下，其调解动力自然缺乏；而家事案件并不仅仅包括离婚案件，其他家事纠纷中当事人间的矛盾同样不仅仅集中于财产，如赡养纠纷，更多的矛盾在于理、义上的冲突和情感纠葛，家事改革的一个重要目标是弘扬社会主义核心价值观，如此类案件均需在诉讼中通过对簿公堂的方式解决，否则很难达到这一目的。

（三）先行调解模式不确定

传统民事案件诉前调解有两种模式：一是基层法院立案庭法官承担诉前调解任务；二是基层法院聘请法院外部人员承担诉前调解任务。部分法院聘请退休法官在立案庭进行诉前调解工作，部分法院将符合诉前调解的案件交由调解部门进行调解。无论何种模式都存在一定问题。法院立案庭法官诉前调解，立案庭法官一般担负着立案、收费、信访接待、法律咨询、流程管理、司法统计（部分法院）等大量工作任务，缺乏足够的人力与物力开展诉前调解工作。聘用退休法官又涉及待遇问题，如果诉前调解案件多，待遇不高，很难留住人。或将部分简单案件交其他调解组织进行诉前调解，但调解力量整合运用难，除非与法院之间有很好的合作协议，否则很难长久实行。而且，现实中还存在部分当事人不愿交由人民调解组织进行调解的情况。

（四）家事调解时机失当

家事纠纷除有非理性的情感纠葛外，当事人之间还具有特定身份，即使该特定身份因家事程序终结而消灭，因个体身份具备多重性，也不影响其他身份关系存续，此时如经审理模式解决纷争，因经历诸多程序，势必加强当事人间的情感对立关系，限缩其他角色下合作之可能性。从目前规定来看，仅《最高人民法院关于人民法院特邀调解的规定》规定了家事案件的诉前委派调解和诉中的委托调解外，其他法律规范规定的家事调解都是诉中调解。按照诉讼习惯，当事人在起诉时一般均会提供初步证据，至法院组织调解时，一般情况下当事人已完成举证，在一般民事纠纷中，这些证据可能会令对方当事人认识到对自己不利，而家事纠纷中往往只会成为激怒对方的道具。因此，从功利的角度讲，诉讼程序越深入，合作的难度就越大，调解成功率越低。[①]

（五）家事调解的队伍建设乏力

相较发达国家，我国家事案件调解缺乏专业性，体现在：一方面，并非每一位法官都熟悉婚姻家庭相关法律且善于进行调解工作，在一些法院，由于婚姻家庭案件不在固定的审判庭进行审理，审理此类案件的法官也不具有相关的专业性，有的主审法官甚至没有婚姻经历，自然对家事案件的调解工作无法得心应手，主持调解工作也无法令当事人信服。另一方面，辅助法官专职进行调解活动的家事调解员制度尚未建立起来。目前，兼职家事调解员中有妇联干部、律师、退休法官、人大代表、政协代表、普通群众等，调解员具有非职业化特点，调解案件主要依靠生活经验和经过培训学习到的法律知识和调解技能。兼职调解员对家事案件进行调解缺乏家事法官的专业指导及对调解进程的把控，调解效率低下，调解成功率不高，目前家事案件的调解主要还是依靠业务审判庭的法官。这就导致每个案件是否调解、如何调解及调解效果均不统一。

（六）缺乏家事调解的技术性

强化调解是家事事件处理中永恒的主题，然而，我国的家事调解多年来一直淹没在经验型的民事调解之中，注重的是结果意义上的“案结事了”，至于调解的理念、过程、程序，以及当事人对未来生活运营及态度等鲜有涉及，导致强制性调解（或称压制型）、包办型调解（或称家长型）、和稀泥型调解盛行。事实上，家事调解既需要感性经验主导的人性关怀和温情提醒，更需要理性支撑的事理分析和程序保障，因此，家事调解在程序的推进中，需要先进的理念和专业的技术指引。同时，法律规定的调解期限较短也是发挥家事调解技术的障碍之一。目前我国仅在《最高人民法院关于人民法院特邀调解的规定》中规定了委派调解的期限为30日，诉中委托调解的期限为15日。有相当一部分离婚案件是因当事人不能冷静对待婚姻，冲动而提起离婚，待冷静后又后悔，此种情形在其他家

① 1999年，澳大利亚家事法庭研究及评估小组研究发现，在法律程序提起前尝试进行调解的案件，成功率达79%；而在法律程序终结后才调解的，成功率只有44%。参见汤鸣：《澳大利亚家事调解制度：问题与借鉴》，载《法律适用》2010年第10期。

事纠纷中亦非不存在，而只给予一个月的调解期限内让当事双方冷静下来的可能性不大。《民法典》第1077条规定，一方向婚姻登记机关提交离婚申请的一个月视为“离婚冷静期”，即在协议离婚场合明确了婚姻冷静期制度，但在诉讼离婚时，却没有明确规定这一制度。

二、家事纠纷调解的境外考察

随着对家事纠纷特殊属性及对抗制诉讼弊端的认识逐渐深入，以及社会调解组织及家事调解员提供的调解服务在家事纠纷解决方面成效显著，调解逐渐成为各国所推崇的解决家事纠纷的最优方式。其中，美国、澳大利亚、德国、日本和我国台湾地区的立法和实践经验较具代表性。

（一）境外家事纠纷调解机制的梳理

1. 美国家事纠纷调解机制介绍

（1）美国法院附设调解制度

在美国，法院广泛运用调解来处理家事案件，特别是离婚案件，这使得调解具有了“准司法”的性质。美国的家事调解主要有社区调解、法院附设调解和商业调解。其中，法院附设调解是通过法院公权力的介入，将诉讼外的纠纷解决渠道与司法强制力和正式诉讼程序有机结合在一起的产物，具体而言，是在法院主导下或者法院委托、指派人员的主导下，以非诉讼的调解方式来解决纠纷的活动。①

基于法官中立性的考量，美国法院附设调解的调解员通常都不是审理同一案件的法官，而是由法官委派登记在册的符合资质要求的调解员来协助当事人解决纠纷。多数案件的调解员是由具备丰富调解经验的律师全职担任，这些律师作为专职调解员要定期接受法院组织的专项培训；在少数情况下，法院会聘请具有社会学、心理学、婚姻家庭关系等领域的专家来担任兼职调解员。但各州对家事调解员的资质、认可、准入等都有具体要求，调解人员实现专门化、职业化。② 在

① 林振通：《法院附设调解制度构建》，载《人民法院报》2007年2月12日。

② 来文彬：《家事调解制度研究》，西南政法大学2010年博士学位论文。

委派调解员时，法官必须确保指派给当事人的调解员具备中立性，确保调解员不徇私舞弊、偏袒一方，否则会被剔出调解员名册，并受到相应制裁。

在美国家事案件中，法院附设调解的启动分为三种情况：一是强制调解。通常是涉及子女监护问题时采用。目前已经有 38 个州和哥伦比亚特区在立法中规定实行强制调解，即州立法规定在判决离婚前要进行调解或仲裁。① 二是自愿调解。这种情形适用于法律没有规定实行强制调解的家庭案件。三是裁定调解。② 法院与调解组织共同作出的调解协议属具有法律效力的合同，如当事人不履行，只需经法院形式审查即具有强制效力。

（2）亲职协调机制

亲职协调机制是以儿童为中心的替代性争端解决方式。在这一程序中，具有调解技能和经验的心理健康专家、法律专家协助冲突激烈的父母迅速达成亲权分配协议，教育父母获知子女的需求，并且在当事人和法院的事前准许下，在法院或当事人授权范围内作出决定。③

美国家事法院目前深陷大量冲突剧烈的亲职纠纷案件中。这些纠纷本来已经得到了裁判，却常常因为监护和探视的安排又产生矛盾而重新回到法院。这些顽固性的案件往往没有法律上的争议，却耗费了大量司法资源。与此同时，具有对抗性的司法程序在不断加剧父母间矛盾的同时，还将子女置于一种危险的境地。这类长期被卷入父母纠纷的儿童以后可能在社会适应、学术表现和人际关系方面都有显著的问题。面对这些棘手案件，家事法专家已经找到了一种独特的争端解决程序，将很多家庭从持续的冲突和反复的诉讼中解救出来。亲职协调机制旨在帮助有剧烈冲突的父母制定出他们自己的亲子抚养方案。与受限于正当程序的司法审判不同，亲职协调这一程序可以在冲突出现后以更多的方式迅速提供解决方案。这些矛盾冲突可能仅仅是孩子应该参加哪些课外活动，孩子是否可以申请护照并出国旅行，当离异父母同时休假时，孩子应该和谁一起度假。

亲职协调是一个复合型程序，它由律师、心理学家、社会工作者多方参与，涉及法律、心理健康、冲突解决等多个领域。它的显著特征是单独个体同时扮演

---

① 夏吟兰：《美国现代婚姻家庭制度》，中国政法大学出版社 1999 年版，第 170 页。

② 陈爱武：《家事调解：比较借鉴与制度重构》，载《法学》2007 年第 6 期。

③ 《AFCC 亲职协调指引》，http：//www. afccnet. org/Portals/0/AFCCGuidelinesfor Parentingcoordinationnew. pdf. ，最后访问时间：2018 年 3 月 1 日。

多个角色，需要同时具备教育者、调查员、调解员、仲裁员的技能。当父母不能自行解决他们之间的矛盾，法院就会下令要求他们接受第三方的服务。第三方首先会尝试促使父母达成协议。如果协商失败，协调员就会作出具有法律拘束力并可以执行的决定。亲职协调是一种干预机制、争端解决程序，一种案件处理新模式。它不同于传统的替代性纠纷解决程序和诉讼服务，如为了评估当事人需求的诉中前期监护、亲权评估。不同于诉讼的一次性裁决，亲职协调是一个持续性过程。它具有非正式性、非对抗性、无需记录但受法院约束，并且按需介入。协调员只有在父母寻求帮助后才会出现并积极介入。

亲职协调员任命后，化解纠纷的责任就从法院转移到了第三方身上，因为亲职协调员对纠纷具有最终的决定权，父母从法律角度而言必须使用亲职协调服务。亲职协调员的角色具有相当的权威和权力。因为对抗性小且有效减少案件数量，亲职协调能更好地服务父母和子女。但是，将法院的权力授予给非司法部门的第三方机构，也对司法权、正当程序和正义带来了挑战，尤其是一些情况下，父母并非自愿进入该程序。亲职协调的仲裁性已有争议。[①]

2. 澳大利亚的强制调解制度

澳大利亚于《1995 年家庭法改革法令》中明文规定将家事调解由“替代性的解纷方式”（ADR）改为“主要的解纷方式”（PDR），可见调解已超过诉讼成为澳大利亚处理家事纠纷的主要方式。在澳大利亚，并非所有的家事纠纷都要通过调解方式解决，当事人将案件诉至法院后，法院的调解员会先对案件是否适合调解进行评估。《2004 年家事法规则》对判断纠纷是否适合调解应考虑的因素进行了列举式规定。家事法院的法官不参与具体家事案件的调解，以保证调解不成时裁判的中立和公正。若案件只涉及财产争议，则由一名家事法院的登记官（家事法院的专职律师）主持调解；若案件只涉及未成年子女，则由一名具有社会科学或心理学专业背景知识的调解员主持调解；若案件同时涉及财产和子女，则由调解员和登记官共同主持“联合调解会议”，为了兼顾性别平权，调解员和登记官分别由一名男性和一名女性担任。调解员或登记官对在调解过程中了解到的信息进行保密，不得向法官透露，也不得作为证据使用。

---

① ［美］塞皮尔·尔贡：《美国家事法院中的亲职协调机制》，刘小妹译，载微信公众号“丹棱论坛”2017 年 6 月 19 日。

澳大利亚《1984年家事法条例》对调解员的任职资格作了规定，要求除了必须具有心理学、社会学等社会科学或法律的学位之外，必须不断接受相关训练，以维持应有的专业水平。澳大利亚还于2008年1月1日开始推行全国调解员资格评审制度，为从事不同行业的调解员制定一个基准，并对家事调解员的任职资格进行了部分修正。

澳大利亚只有两种类型的家事案件适用强制调解程序，一是涉及未成年子女的案件，二是结婚未满两年要求离婚的案件。除此之外的其他家事案件的调解程序，均由当事人申请启动。但所有家事案件的当事人都必须参加登记官或调解员主持的具有教育功能的庭前信息会议。通过召开庭前信息会议，登记官或调解员对案情和当事人的争议进行初步了解，并对相关的司法程序和调解程序做简短介绍。有学者将澳大利亚调解程序分成六个阶段：第一阶段当事人提交申请；第二阶段庭前信息会议；第三阶段案件评估会议；第四阶段进行调解；第五阶段审前准备会议；第六阶段进入审判。[①] 在诉讼的各个阶段，当事人均可申请进行和解或调解。在审判阶段，当事人仍然可以调解，但审判法官不会主动提出也不会介入调解。澳大利亚对家事纠纷的多层次、多元化调解，使大部分家事案件在庭前已经排解分流，最后只有一小部分家事案件进入最后的审判程序。

3. 德国强制调解和解制度

调解制度在德国已有百年历史，只不过没有通过法律确定。后来德国通过立法确定了法院外的强制诉前调解程序和法院内的强制审前和解辩论程序。

2000年的《法院外争议解决促进法》确定了家事纠纷必须经过法院外的强制诉前调解程序，而后大部分州据此制定相关法律，建立了法院外的强制诉前调解机制。德国调解员是选任的，庭外调解员不是法官，一般由律师、公证员或其他人员担任，如果法官想做调解员也需要再次培训才能当调解员。调解员通过有组织结构的谈话或言辞提供帮助。调解流程为：启动调解程序—总结评述—对利益的分析研究—制定解决方案—结束。

《德国民事诉讼法》第278条第1款规定，法官在程序的任何阶段均应随时注重考虑和好解决纠纷。第2款规定，在口头审理之前，举行调解听证会，以求达到和解的目的。和解法官不隶属审判庭，不能作为合议庭成员，是一个不享有

① 汤鸣：《澳大利亚家事调解制度：问题与借鉴》，载《法律适用》2010年第10期。

裁判职能，只享有调解职能的中立的法官职位。[①] 法院调解类型主要有：口头听证时达成一致，并制作调解记录。双方当事人达成书面一致意见，或接受法庭的书面调解建议以及法庭批准达成的协议内容成立。具有律师代表的当事人之间的书面和解协议具有可执行性，屈从于调解协议中的立刻强制执行决定，并在地方法院中存底案。

2008 年 12 月德国修订的《家事事件及非讼事件程序法》的规定，为保护子女利益的需要，建立程序辅佐人制度。程序辅佐人接受法院委托促成纠纷当事人和解时，其法律地位仍为子女的福祉维护者，并非父母或其他当事人的利益维护者。因此可以说，在促成和解时，程序辅佐人不但关注和解能否达成，更注重促进案件直接当事人在子女利益保护方面达成一致意见。对于纠纷当事人来说，如果拒绝接受法院命令不进行和解程序，法院可令其承担诉讼费用，但根据法律规定，程序辅佐人在任何情况下都不承担程序费用。

2012 年又颁布《促进调解及其他诉讼外纠纷解决程序法》，该法主要目的是经过调解达到正义，通过强化调解程序及调解协议的效力，培养普通社会民众以及司法职业共同体对于调解的感知与意识，以此从根本上改善德国法律文化中悠久与浓厚的辩争色彩。[②]

4. 日本调停前置主义制度

日本家事司法采用调停前置原则，除了性质上明显不适合调停的甲类案件[③]外，其他案件（包括与家庭相关的一般民事案件如亲属间的借贷案件）原则上都要先进行调停。与此同时，建立了有效的调停与诉讼衔接机制，即受理的除人事诉讼以外的离婚等具有诉争性的家事案件先由家庭裁判所进行调停，调停不成功的，当事人才能向地方法院提起诉讼。如果当事人未经家庭裁判所调停径直向地方法院起诉，地方法院有权将案件移送家庭裁判所进行调停。日本不仅确立调停前置原则，还将调停贯穿于家事裁判的整个过程中，即使一些非调停前置的案件，在诉讼中家事法官认为存在调停可能的，也会随时将案件移送家庭裁判所交付调停。因审判法官拥有对案件进入审判程序后追加调停的职能，调停时的法官

① 杨临萍、龙飞：《德国家事审判改革及其对我国的启示》，载《法律适用》2016 年第 4 期。

② 张泽涛、肖振国：《德国〈调解法〉评述及其启示》，载《法学评论》2013 年第 1 期。

③ 即非讼性质比较明显的禁治产及失踪的宣告、监护人的指定、遗嘱的确认等案件。

和审判时的法官很有可能是同一人。日本之所以调停如此成功还有一个重要的原因，就是一旦当事人愿意参与调停，向家事裁判所申请后就必须到庭参加调解，否则，就可能会因缺席被罚款。

日本家事调停是非公开的，参与员、家庭调停委员或者其他有这些职务的人，无正当理由泄露在职务履行中获知的他人的秘密的，家事调停委员或者曾经的家事调停委员无正当理由泄露评议的经过、家事调停官或者家事调停委员的意见的，参与员或者非参与员的人无正当理由泄露法官或者参与员的意见的，可以处以徒刑或罚金。

日本家事案件的调停由家事调停委员会负责实施，调停委员会由一名家事法官和两名不同性别的家事调停委员组成。家事法官担任调停委员会主任，负责指定与指导调停委员进行调停、进行必要的事实与证据调查、必要时使用家事调查官和医务室技官协助调停以及在调停不成时依职权作出裁判。调停委员负责具体案件的调停工作，在听取当事人的意见后，适时阐述调停意见，必要时还可对案件进行适时调查、询问当事人或证人。

日本非常重视在家事调停中运用普通人的生活经验，调停委员主要来源于社会公众，非职业化特征明显。据日本最高法院统计，具有律师、会计师、医师等专业人士身份的调停委员占23.7%，其中身为律师的比例仅为11%；家庭主妇、普通公司职员等非专业人士占76.3%。[①] 同时，家事法院还配备了专业化的家事调停辅助人员——医务室技官（包括精神科和内科技官）和家事调查官。家事调停辅助人员的专业化正好弥补了家事调停委员的非专业化，使家事调停委员在调停过程中也可以运用心理学、社会学、医学上的资源对家庭人际关系进行调整和修复。

5. 我国台湾地区的诉前调解制度

我国台湾地区于2011年12月12日通过“家事事件法”，对家事事件应适用的程序作了专门规定。家事事件由少年及家事法院或地方法院家事法庭处理。“家事事件法”专门设置第二编对调解程序进行规范，足见对调解解决家事事件之重视。除了丁类事件之外，其他类的家事事件在法院裁判之前，均必须经过法院调解。若当事人直接申请法院裁判，则视为申请调解。经当事人申请，法院也

① 冷罗生：《日本现代审判制度》，中国政法大学出版社2003年版，第306页。

可以对丁类事件进行调解。但是，禁止对保护令事件进行调解。调解程序由法官行使，法官还可以商请其他机构或团体协助调解。由法官选任登记在调解委员名册里的一至三人作为调解委员先行调解。调解场所应为法院或必要时经法官批准的适当处所。若当事人有权处分之事项达成调解，则记载于调解笔录时成立；若有关身份关系之事项达成调解，依法应办理登记的，法院还应依职权通知相关登记部门。若调解不成立，法院依当事人声请（当事人到场调解的应当场声请，未到场调解的应在调解不成立证明书送达前或送达后十日内请求裁判）或以裁判请求视为调解声请的情形，按照该事件应适用的程序，命即进行裁判程序，且将声请调解之时视为已请求裁判之时。当事人在调解程序中所作的陈述或让步，不得在裁判程序中作为裁判的基础。法院在对家事事件适用裁判程序进行审理时，发现还有调解可能的，在征询当事人及关系人之意见后，还可以将案件移付调解。

（二）境外家事调解机制的经验总结

通过对美国、澳大利亚、德国、日本和我国台湾地区家事调解方面的制度介绍，对我国家事调解机制在调解程序的启动、调解时间的介入，调解与审判的关系，以及诉调对接方面均有积极的经验借鉴意义。

1. 启动调解程序的经验借鉴

通过上述国家与地区家事调解制度的考察，可以发现调解已经成为解决家事纠纷的最主要和最优化的方式，各国和地区均十分重视通过调解化解家事纠纷。普通民事案件实行自愿调解原则，但在家事领域，各个国家和地区均在不同范围和程度上实行强制调解制度，有的国家以自愿调解为主、强制调解为辅，强制调解的案件范围非常有限，但有的国家和地区实行强制调解为主、自愿调解为辅，强制调解的案件范围十分广泛，几乎涵盖了所有的家事案件。例如，美国和澳大利亚实行强制调解的案件范围较窄。美国只在涉及子女监护问题时适用强制调解，澳大利亚也只有在涉及未成年子女和结婚未满两年即要求离婚的案件上适用强制调解。德国、日本和我国台湾地区则大大扩大强制调解的案件范围。日本除了性质上非讼性质比较明显的甲类案件不强制进行调解外，其他家事案件包括与家庭相关的一般民事案件均要先进行调解。我国台湾地区除了较无讼争性的非讼事件外，其他案件均需强制调解，即便不适用强制调解的丁类事件，在当事人申请调解时，法院亦可进行调解。可以说，除保护令案件外，我国台湾地区《家事事件法》规定全部的家事事件均可以通过调解方式解决。

2. 调解介入时间的经验借鉴

在家事案件的调解介入时间上，有的国家将调解程序放在诉前，由法院外的调解机构或附设在法院的ADR机构负责诉前调解，有的国家和地区则将调解程序放在立案后裁判前，由法院的调解法官和调解员进行调解。其中，澳大利亚、日本及我国台湾地区均将调解程序放在当事人立案之后、裁判程序进行之前，我国现有的诉前联调改革尝试则将家事案件的调解放在当事人立案之前，诉前调解不成才引导当事人立案后移交业务部门审理，业务庭的法官在审理案件的整个阶段，在判决发出之前均可随时对案件进行调解。目前的诉前调解由立案庭负责，其与业务审判庭之间的沟通衔接容易出现重复工作、相互推诿等问题，导致调解成效大打折扣。在调解不成转交审理或诉中交付调解的程序转换上不够顺畅，导致司法效率降低，浪费司法资源。

3. 调审模式的经验借鉴

调审模式体现了调解与审判的关系，主要分为“调审合一”和“调审分离”两类。澳大利亚的家事调解模式运作非常成功，其中很重要的一点是其严格区分调解程序和裁判程序的人员配置，调解程序由登记官和调解员负责，裁判程序由家事法官负责，家事法官不参与案件的调解，可谓实行严格的“调审分离”。美国的家事调解员具有职业化、专业化特点，家事案件的调解由调解员负责，家事法官不参与调解。日本的家事调解法官与家事裁判法官没有严格区分，通常为同一人，此种做法遭致日本学者的批评。我国目前没有专门的家事调解程序，负责审理家事案件的法官在审理案件过程中，通常会根据案件情况进行不同程度的调解，家事案件的调解主要依靠家事法官进行的诉中调解，我国家事纠纷的这种调解模式即典型的“调审合一”。在“调审合一”模式下，调解和审判的法官为同一人，调解功能和审判功能出现混同，容易侵害当事人处分私权的自由，也不能保持裁判的中立和公正。

4. 诉调对接的经验借鉴

在调解程序与审判程序的衔接上，一直有两种对立的观点，一是连续性说，即将两者作为连续的解决纷争程序中的一环；二是独立性说，即将两者作为的程序来看待。[①] 澳大利亚、日本和我国台湾地区在调解程序和诉讼程序的衔接上均采用了连续性说，调解不成立时即移交审判程序，法官在审判程序过程中也可依职权将案件移交调解。日本与我国台湾地区的区别在于：在日本，当调解不能达成合意时无需当事人申请，可直接将案件移交审判程序，且调解程序中形成的心证和提交的证据，在审判程序中被自然地使用；我国台湾地区对于诉前调解未达成合意的案件，须经当事人的申请才能进入审判程序。[②] 上述国家和地区采用连续性说，实现了诉讼和调解的无缝对接，节省时间，经济高效。

三、家事纠纷调解机制的体系构建

我国目前对家事纠纷调解的立法和司法实践存在不少问题，不能满足家事案件对调解程序的需求，未来可在借鉴域外立法和实践经验的基础上，结合我国目前处理家事纠纷的做法和经验，建立适合我国国情的家事纠纷强制审前调解程序，着重于调解纠纷范围界定、体系配置以及程序转化，同时关注组织机构和人员配置方面的完善。

（一）程序构建：采用家事纠纷强制审前调解

1. 制度引入：家事纠纷强制审前调解之必要性

传统的诉前强制调解是指将调解设定为诉讼前置必经程序，当事人争议的法律关系应先经调解程序解决，调解不成再行诉讼的制度。[③] 诉前强制调解具有法定性、强制性和前置性特点。从本质上来看，诉前强制调解的强制只是针对调解的启动环节，并不禁止当事人诉诸法院，因此只是对当事人裁判请求权的暂时限制而非剥夺。诉前强制调解的功能在于：一是有利于降低成本的投入。因为调解本身就是一种解纷机制，调解成功纠纷就不必进入诉讼程序，那么诉讼所需要的

---

① ［日］梶村太市、德田和幸：《家事事件手续法》，有斐阁 2004 年版，第 46 页。转引自汤鸣：《让调解回归本位——日本家事调停制度的特色与镜鉴》，载《江海学刊》2015 年第 5 期。

② 任容庆：《论家事诉讼中家事“三员”协作体系的构建》，载《法律适用》2017 年第 19 期。

③ 这种观点以范愉教授和王福华教授为代表。参见范愉：《委托调解比较研究——兼论先行调解》，载《清华法学》2013 年第 3 期；王福华：《论诉前强制调解》，载《上海交通大学学报（哲学社会科学版）》2010 年第 2 期。

时间以及人财物等耗费就无从发生，此时纠纷解决的全部成本就只限于调解中的成本投入。二是能够提高程序收益。除了能发挥一般民事调解在和谐，至少是非对抗的气氛中化解纠纷的优势之外，诉前强制调解还能为纠纷双方在诉讼之前就提供一个注重未来关系维持或修复的时机，促进纠纷在真正意义上的解决。最后，诉前强制调解是对当事人程序选择权的合理限制。程序选择权并不是简单的奉行自由度越大越好的法则，立法应在权衡特定纠纷的主体对实体利益和程序利益追求的特性，以及维护公益的前提下，划定可以选择的纠纷解决程序。因此，对于家事纠纷，当事人在向法院起诉之前必须先经过法院主导的调解才能予以立案或者启动审判程序。

然而，当前立案登记制不可避免地压缩了诉前调解的适用空间，尽管最高法院在推进多元化纠纷解决机制中设置了诉前委派调解制度，但立案登记制的施行则使委派调解模式的功能发挥受到极大限制，因此，在家事纠纷的强制诉前调解应重点强调立案之后、开庭审理之前的这一阶段，即适用委托调解的阶段。在委托调解模式下，诉调对接中心的工作人员可以充分利用开庭之前的时间段，在对案情有所了解的基础上，指定合适的特邀或专职调解员对案件进行调解，如案件涉及财产的，选用具有法律逻辑思维、擅长分割夫妻共同财产的律师为兼职调解员会起到事半功倍的效果。同时，将强制调解程序放在审前阶段，还能在调解不成移交裁判或审判法官依职权移付调解时保证程序转换顺畅，避免重复劳动，提高司法效率。

2. 案件分类：家事纠纷强制审前调解之范围界定

我国婚姻法规定离婚案件应当经过调解，相关司法解释规定对婚姻家庭纠纷和继承纠纷应先行调解，不予调解的案件为婚姻关系、身份关系确认案件以及其他依案件性质不能进行调解的民事案件。我国法律规定的“应当调解”和“先行调解”均不是强制诉前或审前调解。

当前，我国除了离婚案件法官必须先行调解外，其他案件对法官来说可调可不调。法律将必须调解的案件范围局限于离婚案件，范围过窄，不利于家事纠纷的妥善处理。对此，可借鉴我国台湾地区的做法，在对家事纠纷按照有无讼争性及当事人处分权限的大小进行明确界定及分类的基础上，在法律上明确哪些类型的家事纠纷必须适用调解程序。这样一来可以迫使法官对法律明确规定的案件类型作出调解努力，二来可以使法律的理解和适用变得简单明了，防止法院内部不同部门之间对家事案件范围理解不同而出现相互推诿的情况。

因此，除了婚姻效力、身份关系确认等性质上禁止调解的案件及适用特别程序审理的案件、人身安全保护令案件外，其他家事纠纷均应实行强制调解原则，但与家庭有关的普通民事案件如亲属间的借贷案件不应纳为家事案件的范围，因为此类案件的性质与人身属性的因素关系不大，完全可以适用民事诉讼程序作出妥善处理。

3. 调审分离：家事纠纷强制审前调解之体系配置

当前，家事调解程序的运作应借鉴澳大利亚和美国的经验，实行严格的“调审分离”模式，严格区分家事调解员和家事审判法官的职权，让家事特邀调解员专司家事纠纷的调解，家事审判法官专司家事纠纷的裁判，以保证调解功能和裁判功能各自发挥其所长，形成优势互补的家事纠纷调审体系。

（1）程序的分离。立案阶段的调解与开庭阶段的审判作适当的分离。在立案后要对调解工作加以重视，逐步提高审前调解的成功率；而在案件移交审判庭审理阶段，着重做好依法裁判工作，同时兼顾审中调解。审中调解要注重把握案件的转介，即为了保证家事法官审判的中立性与专业性，如在审理过程中，基于当事人申请或者法官认为有调解可能性和必要性时，可将案件转介于立案阶段的调解员处继续调解。调解和审判具有不同价值取向和正当性基础，故调解的程序设置应有别于审判：第一，有别于审判公开，调解应以保密为原则，公开为例外；第二，有别于审判法官的被动职权调查，调解法官可以主动根据具体情况，查明事实，提出方案；第三，有别于审判组织的法院指定，调解法官应允许当事人根据调解员名单进行选择。第四，有别于审判时限，可参照民事诉讼法规定的简易程序三个月、审限规定一个月的调解期限。

（2）人员的分离。主持调解的人员与开庭法官的适度分离。这种分离主要有两种途径：一是委托调解方式。根据最高人民法院《关于人民法院进一步深化多元化纠纷解决机制改革的意见》第 17 条和《关于人民法院特邀调解的规定》的规定，经各方当事人同意后，可委托有群众工作经验的组织或个人、或具有专业知识的机构或个人对案件进行调解；二是法院内部人员职能分工的方式。根据最高人民法院《关于人民法院进一步深化多元化纠纷解决机制改革的意见》第 18 条的规定，法院应培育专职调解员，来源上可从员额制改革后法院未入额法官转岗分流的人员中选拔，并可考虑适度的社会化，例如法院可以聘任制形式招聘专职从事调解的工作人员，使其专门承担家事案件审前调解的工作。

（3）机构的分离。针对家事案件审前调解应设立专门主持调解工作的部门，由该部门对调解人员进行组织和管理。为规范诉调对接工作流程管理，健全诉调对接中心建制，促进诉调对接工作有序发展。当前，法院家事案件的审前调解多是在诉调对接中心完成，并遵循相应程序和规范。

（4）标准的分离。确立不同于审判程序的相对合理的证明标准。调解最直接的目的就是尽快地平息纷争，调解和判决的不同价值取向，决定了调解程序的事实证明标准应不同于审判程序的事实证明标准，不需要达到“事实清楚、是非分清”的标准，调解更多应强调当事人处分权行使，法官的谨慎审查义务，主要是查明当事人的诉讼能力及代理人的代理权限、当事人的调解协议是否存在损害第三人权利的可能。总之，一方面调解案件的事实查明程度并不需要与审判的要求一致，另一方面具体案件的事实查明程度并不是一成不变的，需要法官根据具体案件来把握。

4. 调判衔接：家事纠纷强制审前调解之程序转化

在调解程序与审判程序的衔接上，存在连续性说[①]和独立性说[②]两种理论。[③]两种理论都各有利弊，连续性说认为诉讼和调解可以无缝对接，节省时间，经济高效，但忽略了当事人的程序权利，也有可能会造成调解功能和审判功能的混淆。独立性说认为应充分尊重当事人的程序权利，但容易造成重复工作，效率低下。当前，在我国家事案件居高不下的现实之下，家事案件程序设计应向效率价值倾斜，我国宜采用连续性说，以提高调解和诉讼的效率，缩短家事案件的处理时间。如果因为被告不能送达导致原告因纠纷无法通过调解前置程序进而无法诉讼，则当事人诉讼权利将被无限期拖延，其合法权益无法及时得到保护。因此，对于穷尽手段送达困难的，应当允许转入审判程序。

（1）委派调解与诉讼衔接。具体程序设计上，法院应当设立诉调对接机构或指定专人负责。规定明确的案件流转的时间，以减少案件在途时间，提高流转

---

① 连续性说认为，诉讼和调解应当联动起来，调解可以视作诉讼的准备制度，调解不成无须当事人申请，直接移交进入审判程序；在审判程序中，法院还可以随时将该案交付调解。

② 独立性说认为，调解与诉讼是独立性的程序，调解不一定是诉讼的事前程序，也不是从属性的准备程序，如果当事人不通过其他途径提起诉讼，就不应开始诉讼。

③ 汤鸣：《让调解回归本位——日本家事调停制度的特色与镜鉴》，载《江海学刊》2015 年第 5 期。

效率，防止案件被不当拖延。调解后的案件，调解成功及时履行的由调解员或组织在规定的工作日内向法院备案。调解不成的案件应在规定的工作日内由承接案件的调解人员退回法院诉调对接机构或人员，经审查符合立案条件的，在规定时间内立案。

委派调解是通过当事人放弃当场登记立案的权利，选择通过调解解决纠纷来实现的，因此一些符合当场登记立案的纠纷将基于当事人的程序选择权而被暂缓立案。委派调解与诉讼衔接的实践操作中应注意把握以下三点创新：第一，追求委派调解与诉讼程序的无缝衔接。即对于未达成调解协议的纠纷，法院直接进行立案录入，排期开庭，不再对当事人是否坚持诉讼为立案条件[①]，以尽量减轻当事人负担。第二，起诉时点以当事人第一次起诉为准。可以考虑借鉴我国台湾地区诉前调解与诉讼程序衔接机制的设计，当委派调解不成功时，除了当事人申请延长调解期限外，法院应按照该案件原本适用的诉讼程序，命令当事人立即为诉讼之辩论，并仍然自当事人原来起诉时发生诉讼系属的效力。相应的，案件审理期限也应当从当事人原来起诉时予以计算。这样设计不但可以节省当事人的诉讼负担，也能够督促法院及时审理裁判，从而有助于提升委派调解在实践中的适用效果。第三，突出委派调解对诉讼的先期服务功能。即要求特邀调解员在调解过程中帮助法院实现庭前固定诉讼请求、固定证据材料、固定争议焦点，如果委派调解不成功，可以为案件随后的快速审理创造良好条件。

（2）委托调解与诉讼衔接。当事人立案之后，委托调解未达成调解协议的，除当事人明确表示不愿意将案件交付裁判之外，转入审判程序审理。在实践中委托调解往往由法院立案庭通过专门成立的诉调对接中心对外进行委托，当委托调解不成功时，诉调对接中心负责将案件退回立案庭，然后由立案庭分案，进入审判流程。若家事审判法官在审理案件过程中，当事人仍明确表示希望通过调解解决，则家事审判法官应依职权将案件移交原立案阶段的特邀调解员继续主持调解。在依职权移付调解过程中，家事审判法官不得介入调解程序，以保持其中立地位，确保审判程序的公正。

---

① 根据 2016 年《特邀调解规定》，当委派调解未达成协议时，当事人坚持诉讼的法院才依法登记立案。言外之意，委派调解不成功并不当然导致诉讼程序的启动，还需要以当事人坚持诉讼意愿为前提。

（二）机构设置：成立家事调解委员会

最高人民法院原常务副院长沈德咏在《积极探索家事审判方式和工作机制改革创新》一文中特别强调，完善家事审判多元化纠纷解决机制，“要综合利用诉前调解、诉中调解、委托调解等多种方式化解矛盾纠纷。要积极构建司法、行政和社会力量相结合的新型家事纠纷综合协调解决模式，不断强化与公安、检察和司法行政机关的协调配合，加强与民政、妇联、教育、共青团、社区等有关部门的沟通联系，建立统一的社会工作网络和信息平台。推动建立家事调解委员会，聘请特邀家事调解员，积极动员社会各方面力量参与家事纠纷化解，不断拓宽处理家事纠纷的途径”。[①] 2016 年 7 月 1 日起施行的最高人民法院《关于人民法院特邀调解的规定》第 9 条规定，“人民法院可以设立家事……等专业调解委员会，并根据特定专业领域的纠纷特点，设定专业调解委员会的入册条件，规范专业领域特邀调解程序。”因此，法院可从聘请的特邀调解员中挑选适合做家事调解工作的调解员组成家事调解委员会，由负责家事案件审理的业务审判庭负责管理、支配家事调解员，破解两个不同部门之间衔接不畅的问题，提高家事纠纷调解和审判的效率。家事调解委员会的调解程序包括调解前阶段、调解阶段和调解后阶段。

1. 调解前阶段

家事调解委员会调解的案件主要来自两方面：一是原告诉至法院的家事纠纷，二是家事调解委员会的成员单位以及基层调解组织的家事纠纷。前者在法院立案后，经过立案庭法官或家事法官对案件进行初步审查，除不适合调解以外的其他家事纠纷案件，在征得双方当事人同意的情况下，可将案件移送家事调解委员会进行调解，后者在成员单位或者基层调解组织要求下可以安排家事调解委员会中的调解员协助或协同调解。

家事调解委员会在受理家事纠纷后，首先，应当确认调解员，调解员的确定可以由调解委员会指定或者由当事人共同选定。在当事人自主选择调解员的情况下，家事调解委员会应根据个案特征，在委员会委员或家事调解员队伍中选取适

---

① 袁定波：《积极探索家事审判方式和工作机制改革创新——访最高人民法院常务副院长沈德咏》，载《中国审判》2016 年第 11 期。

合的调解员供当事人选定，在案件调解过程中若出现调解员不适合或不能胜任的情况，应当及时更换。其次，做好调解前的准备工作，具体包括：分别向双方当事人询问，耐心听取双方当事人的陈述，了解纠纷的事实和情节以及双方的要求及其理由；家事调查员根据需要向纠纷关系人、知情人和周围群众以及当事人所在单位了解情况，调查核实相关情况。在充分调查、了解的基础上，家事调解员应当将有关纠纷的全部事实和所收集的资料进行比较分析，厘清纠纷的性质、发生原因、发展过程以及双方当事人争议的焦点，拟定切实可行的调解方案。

2. 调解阶段

家事调解委员会调解的场所，可以选择在家事调解委员会设置的专门场所，如法院的少年家事法庭下设的家事调解室、心理咨询室、社工介入室等，也可以在适合调解的成员单位所在地，甚至是在方便当事人的其他场所进行。家事调解委员会在调解家事纠纷时，可以邀请有关成员单位和个人参加。调解员对其在主持调解中获知的信息、资料等具有保密义务，不得随意披露，也不得在随后的诉讼程序中再次使用。家事调解委员会宜依照下列程序调解家事纠纷：核对当事人和代理人身份；由当事人陈述纠纷事实、主张和理由，并提供证据；询问当事人和证人，核对有关证据，查明事实，分清责任；规劝、疏导当事人和证人，协商调解方案；宣布调解的结果。

家事纠纷个案差异很大，因此家事调解员不能拘泥于一种调解模式，而应“对症下药”，具体问题具体分析。对于因一时冲动引起的家庭纠纷重在疏导，避免矛盾激化，及时平息纷争；对于积怨较深的重在调解的角度和方式方法，做好记录，留档备查，并可根据具体情况引导双方对调解协议进行司法确认，避免矛盾反复；对于矛盾多发区或同类型纠纷多发区，应及时与地方调解组织相沟通，注重分析原因并上报家事调解委员会。家事调查和心理咨询均在诉讼阶段，是家事司法的辅助手段。家事调查员出具的家事调查报告经人民法院审查可作为证据的一种，为人民法院裁判或调解提供参考。心理咨询师运用心理学、社会学或其他社会综合知识为当事人提供正确的认知方式和适宜的行为模式，帮助当事人舒缓对立情绪、明确争议问题，寻找解决问题的合理方案，修复家庭关系，促成双方达成和解意向。[1]

3．调解后阶段

家事调解委员会结束调解有两种方式：一种是双方达成调解协议，家事调解员将调解协议移送合议庭，经法院确认后产生法律约束力；另一种是双方达不成调解协议或者不愿意继续调解的，家事调解员应及时报告并将案件移送家事法官，家事法官则应及时作出判决。这是家事调解委员会的调解与人民调解最大的不同。一般的人民调解协议相当于“合同”，即仅具有相对约束力，当事人可以选择通过确认调解协议的特别程序予以确认；而在家事调解委员会的调解中，如果案件调解成功，双方达成协议，将直接由法院立案庭或少年家事庭出具调解文书，如果调解不成功将引入诉讼程序，调解和诉讼有机联动。

同时，家事调解员亦可受家事调解委员会的指派对已结案件进行跟踪回访，督促当事人修复感情，帮助当事人解决实际困难，这既是家事调解委员会实现其社会功能的必然要求，也是家事调解员自身价值得以彰显的重要形式。

（三）人员配置：培育家事特邀调解员队伍

1．家事调解员的模式选择

在我国，最高人民法院在推动多元化纠纷解决机制中提出特邀调解模式，该模式也可称之为法院附设的调解模式，即以特邀调解员为主，专职调解员为辅的调解模式。

（1）特邀调解员为主。对比特邀调解模式和法院指导模式：在制度设计上特邀调解模式中诉调对接更加紧密，法院能够对调解前置的案件起到更好的监督、指导和管理的作用，更有助于当事人的合法权益的保护；从实践情况来看，特邀调解模式已经通过立法的形式在全国法院中普遍推广，在机制建设方面有了诸多保障，且不少法院的机制建设已经相较成熟，而法院指导模式尚处于零星探索阶段。因此，家事调解前置程序可以采用法院特邀调解模式，从而使前置调解的纠纷能够在法院的监督、指导、管理下进行，符合现阶段我国诉调对接国情，有利于法院更好的监管案件，有利于前置调解分流化解案件功能的更好发挥，防

① 冯浩、徐丽君：《家事司法服务问题研究——以家事心理咨询之运作为视角》，载《第四届中国婚姻家事法实务论坛会议资料集》，2017 年，第 107—108 页。

止调解中的不规范行为侵犯当事人的合法权益。待调解组织发展成熟，社会公众逐步认可调解制度时，再逐步将调解组织从法院剥离，走前置调解纠纷通过社会化调解组织化解的路线。

（2）专职调解员为辅。此外，当前全国法院已基本完成员额制改革，其中有一批曾经从事审判工作的法官因各种原因未入额，可考虑将这部分人员转岗分流至立案庭作为专职调解员，让其从事立案阶段的调解工作，这部分人员具有审判工作经验和法律专业技能，能较好胜任调解工作。但鉴于人员有限，专职调解员只能作为特邀调解员的补充，或者辅助特邀调解员的工作。

2．家事特邀调解员的培育方式

当前我国的家事调解员队伍面临的突出问题为人员结构比较单一、队伍不稳定、调解员能力参差不齐、工作积极性不高。结合国外经验和我国当前面临的问题，建立一支专业化、职业化、正规化的家事特邀调解员队伍，应着重从以下几个方面着手：

（1）拓宽家事特邀调解员的来源渠道。在调解员的选任上应保障人员队伍结构的多样性，吸纳法律专业娴熟、办案经验丰富的退休司法人员，法院到期的优秀聘任制书记员，司法助理员、公益律师、仲裁员、人民陪审员，民间调解组织的人民调解员，其他具有专业知识和调解经验的中立第三人，以及具有专门知识的个人和有专门职能的单位，前者如医学专家、建筑造价师、注册会计师，后者如交警部门、消费者协会、行业协会等，这些对象可作为特定案件的特邀调解受托人。

（2）建立规范的家事特邀调解员准入制度。由于特邀调解员调解的案件与普通的社区调解不同，对调解员的专业素质要求更高，在经验和技能之外还需要具备一定的法律专业知识。因此此类调解员的招聘可以采取司法局与法院联合选拔的方式进行，创新家事特邀调解员的选拔方式，规范选拔程序，采取社会公开招募与相关单位推荐相结合的方式选拔优秀人才。在调解员的招聘上，应优先挑选具有社会学、心理学、医学、教育学等专业背景知识或具有丰富生活经验的调解员，注意尽量均衡调解员的本职职业比例，重视普通人的“生活经验”，同时，为了保证家事调解过程体现男女平等，还应在具体案件调解中选任性别比例相当的调解员。

（3）建立相应的家事特邀调解员职业保障机制。探索建立专职特邀调解员与兼职特邀调解员并行的特邀调解员队伍管理机制。上述人员除了未入额法官、聘任制书记员外，其余人员相对而言比较分散，因此可以考虑由政府、法院和司法部门共同牵头组建一个专门的司法 ADR 工作指导委员会，承担对司法 ADR 的管理、指导、考评工作。专职特邀调解员要与司法行政机关签订劳动合同，由财政为其交纳三险一金，逐步培育一支稳定的、专业化、职业化的特邀调解员队伍。同时，还要切实加强对调解员队伍建设的经费保障，完善考核、管理及奖励制度；有条件的基层法院，还应依照内容翔实、查询方便的标准，制作调解组织及调解员手册，并放置于诉调对接中心办公场所，供当事人查阅，或经由居委会、村委会、工会、消保委等相关组织进行发放。

（4）建立规范的家事特邀调解员培训体系。针对调解资质准入培训和调解员业务能力提升培训设置不同课程。对于普通的人民调解员，由调解员管理的职能机关或部门定期组织开展培训；对于被法院聘请为特邀调解组织或调解员的，调解员应当定期参加法院的专业培训，由国家财政给予一定的津贴。

结　语

我国属于大陆法系国家，传统上也非常注重通过调解解决家事纠纷，尤其随着经济和社会发展，离婚率越来越高，家事诉讼激增的现状要求我们积极转变审判理念，改变家事审判方式和工作机制，使得调解这一具有温和性、灵活性、高效性、低廉性的纠纷解决方式得到前所未有的重视和推崇。因此，综合我国家事纠纷调解文化和传统、司法实践中审理和调解家事案件的经验和做法，以及法院外调解机构和组织的发展状况等因素，在我国构建以家事特邀调解为主的强制审前调解程序是充分发挥家事纠纷调解程序功能十分必要且行之有效的方式。

专题七　律师参与法院委托调解的最优策略建构

——基于不完全信息博弈的精炼贝叶斯均衡

顾男飞　黄铖君*

一、问题提出：诉前委托律师调解成功率偏低

立案登记制的实行使我国各地法院面临着诉讼爆炸的问题，截至2018年7月，我国共有12.4万余名员额制法官，但上半年人均新收案件便已达99.2件。[①]法院仅依靠员额制法官难以满足社会如此巨大且日益增长的解纷需求，因此急需通过构建有效的诉调对接机制以分流案件，缓解过载的裁判压力。以最高人民法院发布的《关于人民法院特邀调解的规定》为契机，各地相配套的委托（特邀）律师调解制度迅猛发展。截至2018年底，全国共有执业律师42.3万余人，设立了律师调解工作室或律师调解中心2357个，然而调解案件仅3.7万余件，律师参与调解的比例仅为人均0.3件[②]，根据丁洁等人针对杭州市律师调解所做的研究可知，2018年杭州市委托律师调解数量仅占全市法院调解总数的10.83%，成功率仅为18.76%，远低于专职调解45.63%和行业调解48.93%的成功率。[③] 同

* 顾男飞，湖南省高级人民法院—湘潭大学大数据与智慧司法研究中心研究人员；黄铖君，湘潭大学法学院本科生。本文由湘潭大学法学院博士生导师张立平教授指导。

① 叶煜：《权威发布》，载《公民与法（综合版）》2018年第8期。

② 吴学安：《律师参与调解让司法卓有成效》，载《人民法院报》2018年4月4日，第2版。

③ 丁洁、詹昀刚：《律师调解的现实困境与解决路径探讨》，载《中国司法》2018年第12期。

时，根据笔者前往岳麓区人民法院所进行的调研可知，虽然其诉中委托律师调解的成功率远高于杭州市专职调解及行业调解的成功率，但是岳麓区人民法院的诉前委托律师调解的成功率也十分低迷。可见律师虽然能在法院委托调解的过程中发挥重要作用，但是仍需选取正确的策略来提高调解成功率，提升调解效益。

表1　岳麓区人民法院近三年委托律师调解情况汇总表①

年份	民事立案总数	委托调解总数	成功率	诉前委托律师调解总数	成功率	诉中委托律师调解总数	成功率
2016	9081	2870	34.4%	17	41.2%	372	33.3%
2017	10837	3016	64.3%	41	22.0%	264	70.8%
2018	10610	4208	60.0%	145	51.0%	295	64.4%

通过上述分析可知，现阶段律师调解主要存在的问题是：诉前委托律师调解成功率较其他类型的法院委托调解偏低。作为多元化纠纷解决机制的重要一环，诉前的案件分流及解纷效果至关重要，虽然律师相较于其他的解纷主体有着难以比拟的优势，但调解效果却不如人意。由于律师调解才刚起步，现有文献多聚焦于法院委托背景下律师参与调解的制度运行保障、律师激励等问题，在原因分析层面多为加强财政保障等有关律师参与的积极性的分析，鲜少有学者研究法院委托调解中律师调解成功率低的问题，定量分析则更为缺乏。

二、原因分析：当事人过高的期待利益与律师薄弱的解纷技巧

现代调解制度的理念是“案结事了、和谐为本”。此基本理念体现的是对社会整体利益和个体利益的平衡。收缩的政治权力、多元的利益需求、深化的权利本位思想，都在一定程度上推动着人们在谋求个人利益的基础上走向对共同利益的维护。在法院委托的背景下，如何有效利用法院赋予律师的公信力，通过一套切实可行的调解策略弥补现阶段律师调解能力欠缺的劣势，推动纠纷的高效解决，成为现阶段律师调解工作向纵深推进必须解决的问题。唯有此，才能在现有的律师规模基础上，进一步提高律师调解成功率，促进纠纷的高效解决。

① 数据来源为笔者2019年赴湖南省长沙市岳麓区人民法院调研时所得。

（一）熵权法评价模型[①]的建立与求解

为定量分析律师参与法院诉前委托调解成功率畸低的原因，以求得最优的参与策略，笔者基于先前所收集的数据，运用熵权法知识建立了如下的评价模型。相较于层次分析法所带有的较强主观性，熵权法先利用信息熵[②]计算出各指标的熵权，再通过熵权对各指标的权重进行一定程度的修正，从而可得出较为客观的指标权重。本文基于前期调研所发放的三百余份问卷，构建了基于熵权法的评价模型，并通过模型求解，得到影响委托律师调解成功率的相关因素。

1. 评价指标的选取

基于查阅文献及实际调研的情况，本文以完备性、可操作性、科学可比性及可映射[③]为指标选取原则，从律师角度选取了学历、执业年限、历史代理案件总数、调解能力即历史成功率、代理费用、参与调解意愿、担任调解员时间等 10 个指标，并从当事人角度选取了对律师的态度、期待利益、对法院的信任度、对律师调解的接受程度及调解时间 5 个指标。

2. 数据标准化

在上文所构建的评价体系中，存在多个指标，由于这些指标的量纲[④]彼此不统一，为更好构建模型，需对所采集的问卷进行数据预处理。将所给的 15 个指标设为：$x_1, x_2, \cdots, x_{15}$，第 i 个个体的值为 $X_i = \{x_1, x_2, \cdots, x_{15}\}$，指标标准化后的值为 $Y_i = \{Y_1, Y_2, \cdots, Y_{15}\}$，则 $Y_{ij} = \dfrac{X_{ij} - min\ X_{ij}}{\max X_{ij} - min\ X_{ij}}$。

根据信息论中信息熵的定义，一组数据的信息熵 $X_j = -\dfrac{1}{I_n n}\sum_{i=1}^{n} p_{ij} ln p_{ij}$。其

① 熵（shāng）权法指物理学上标志着热量转化为功的程度，根据指标变异性的大小来确定客观权重。

② 信息熵表示信息的价值，即衡量信息价值高低的标准。

③ 可映射指数学指两个元素集之间相互“对应”的关系，本文中可理解为将影响要素量化并与评价对应。

④ 量纲是指物理量的基本属性。物理学的研究可定量地描述各种物理现象，描述中所采用的各类物理量之间有着密切的关系，即它们之间具有确定的函数关系。

中，$p_{ij}=\dfrac{Y_{ij}}{\sum_{i=1}^{n}Y_{ij}}$，如果 $p_{ij}=0$，则定义 $\lim_{p_{ij}\to 0} lnp_{ij}=0$，进而通过 MATLAB 软件[①]进行求解。

3. 确定各指标权重及求解

在信息理论基本原理中，信息是系统有序程度的一个度量熵，是系统无序程度的一个度量指标，如果指标的信息熵越小，则其反映的信息熵越大，而信息熵越大的指标在评价指标体系中，所起的作用越小，对应的权重越小。根据信息熵的计算公式，可计算出各个指标的信息熵。信息熵计算各指标的权重公式为：$W_j=\dfrac{1-x_j}{k-\sum_{j=1}^{k}x_j}(j=1,2,\cdots,k)$，其中 W_j 为各指标的权重，由于从第六个指标开始所占比例较小（低于2%），仅将评分前5的结果展示如下：

表2　指标权重汇总表

指标种类	所占权重
当事人的期待利益	32.4%
律师调解能力	22.6%
当事人对律师调解的接受程度	15.7%
律师的预期利益	8.5%
当事人对律师的态度	7.1%

通过模型求解，可见影响律师调解成功率低的因素主要有：当事人的期待利益、当事人对律师调解的接受程度、律师调解能力、律师的预期利益以及当事人对律师的态度五个方面，基于此，下文主要对影响调解成功率最大的当事人胜诉期望及律师调解能力两方面进行分析。

（二）当事人过高的期待利益

律师调解的主要特点是律师“通过运用法律专业知识，促使当事人各自认识到己方立场在法律上是否有理的‘强弱’态势，再设法帮助双方形成法律框

① MATLAB 软件是用于算法开发、数据可视化、数据分析及数值计算的高级技术计算语言和交互式环境。

架内利益相互兼容的解决方案”。[①] 但由于绝大多数的当事人缺乏专业法律知识，没有诉讼经验，更没有咨询过律师或委托律师进行代理，因此无法对诉讼结果有一个清晰的预判。更多是凭借自己朴素的正义观感来判断自己是否有理，如果有理便可以获得法院的支持，实现全部诉求，而不会考虑证据的充分与否以及相关的法律规定。由于任何调解都是以当事人意思自治为基础，即当事人拥有纠纷解决的主动权，包括是否同意调解及调解结果的接受与否等。[②] 在此背景下，任何一方当事人对自己胜诉都有着“坚定的信念”，对应得利益不肯放弃，因此在面对律师所提供的折中方案时便会强烈抵制，抑或直接拒绝，而这过高的期待利益主要是由于当事人的自利倾向及认知偏差。

1. 自利倾向的影响

自利倾向可划分为自利动机与自利行为两个层面进行研究。自利动机可界定为追求具有价值的利益的动机；自利行为可界定为追求具有价值的利益的行为，而且自利行为常常需要以牺牲共同利益或者他人利益为前提来满足个体的自我利益。[③] 从心理学角度来看，当事人之间的冲突是一种可感知的利益分歧，即当事人各方当前的期望存在矛盾[④]，而正因为双方当事人所存在的自利倾向，即认为自己所拥有的东西是最好的，什么补偿都不可以弥补失去之物，导致纠纷双方执着于自己的预期利益，不肯退让而使纠纷陷入僵持状态，使参与调解的律师无从下手进而导致调解的失败。

在纠纷过程中，当事人都会有自己的心理预期，心理学家卡尼曼等人基于人们所关注的不同参照点而提出了“框架效应”的理论，即在不确定的情况下，人们往往会持两种思维，一是面对利益时对风险进行回避；二是在面对损失时会选择风险进行“一搏”，即风险偏好。在纠纷解决过程中，很少出现一方要求全部满足而另一方的要求全部驳回的情况，即使诉讼也不例外，很多情况下是“各退一步”，在让渡部分利益的情形下换取“双赢”的结果，即纠纷双方都会

---

① 吴学安：《律师参与调解让司法卓有成效》，载《人民法院报》2018 年 4 月 4 日，第 2 版。

② 洪冬英：《律师调解功能的新拓展——以律师主导民事调解服务为背景》，载《法学》2011 年第 2 期。

③ 孙麟惠：《个体权力感水平与自利倾向的关系研究》，浙江大学 2019 年硕士学位论文。

④ ［美］普鲁特、［美］金圣熙：《社会冲突：升级、僵局及解决》，王凡妹译，马戎校，人民邮电出版社 2013 年版，第 8 页。

面临一定的损失。这在调解过程中尤为普遍，而很多当事人在面对调解时宁愿承担风险而寻求自己利益的最大化，这极易导致纠纷解决陷入僵局。

2. 非理性的情感因素所造成的认知偏差

律师作为调解员所追求的是为纠纷双方寻求一个损失最小化、利益最大化的解决方案，这样的方案若是以一个纯粹理性人的角度思考，必然是最好的选择。但是由于传统社会“不蒸馒头争口气”的处世态度，很多当事人因为内心产生的不公平感以及偏见等因素执着于自己的立场想要打败对方，让对方付出更大代价而不愿缔结调解协议，进而导致调解的失败。

非理性的情感因素大致可分为对于朴素公平感的追求，以及纠纷当事人之间所形成的偏见。由于公平和平等这两个概念密切相关，不能割裂平等以观公平。平等是一种对于客观利益分配状态的描述，可用量化的指标加以评价；而公平则是对利益分配平等与否的一种价值判断。[①] 公平相较于平等更难以衡量，这也直接造成了在调解过程中，不同的当事人对于公平感的认知会发生偏差，而对于公平感的追求则会使纠纷当事方的预期利益产生偏差，导致最终难以寻找到一个折衷方案。而且不同群体对公平感的认知会受到性别、年龄、收入水平、受教育程度等因素的影响，处于一个较不稳定的状态，因事而异，这也给调解增加了更多的不确定性。

同时，纠纷解决极易受到当事人之间偏见的影响。社会心理学家奥尔波特对偏见的定义是“基于错误和顽固的概括而形成的憎恶感”，这样的偏见使一方当事人基于对另一方当事人所属群体的认知而产生排斥感，进而采取对抗的态度，对于调解协议的达成持反对的态度，阻碍调解的顺利进行。当事人所存在的偏见作为一种价值偏向，极易使纠纷当事方对于客观事实的认识发生偏差，采取较不友好的行为，激起另一方的反抗而使调解陷入无法调和的状态。

出于当事人的自利倾向以及非理性情感因素的影响，当事人会过高评估自己的预期利益，而这过高的预期利益一般会与客观现实发生冲突，况且为达成一份双方都可接受的调解协议，让步不可避免。但若是基本诉求都难以得到满足，甚至要作出不可接受的退步时，当事人往往会拒绝调解，转而寻求法院的裁判，通

① 郑攻成：《中国社会公平状况分析——价值判断、权益失衡与制度保障》，载《中国人民大学学报》2009 年第 2 期。

过诉讼来解决纠纷。

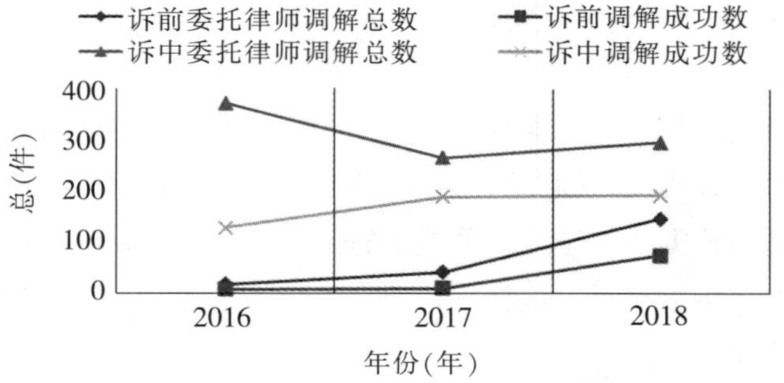

图1 岳麓区人民法院近三年诉前以及诉中委托律师调解统计图①

但是一旦开启诉讼程序，通过举证质证以及辩论之后，当事人便会对胜诉概率以及预期利益有一个更为准确的认知，当事人会更倾向于接受律师的专业意见，因此诉中委托律师调解较诉前委托律师调解的数量以及成功率都高了不少，详见图1。这也为诉前调解中的律师参与策略带来了启发，若可使当事人较为准确地了解自身的预期利益，便可有效促成双方达成和解。

（三）律师薄弱的解纷技巧

最高院和司法部2017年9月所发布的《关于开展律师调解试点工作的意见》和2018年12月所发布的《关于扩大律师调解试点工作的通知》，以及各省市级司法局所颁布的相关实施意见，对于律师调解的原则、要求、组织领导及工作保障、工作模式及工作机制都作出较为完善的规定，但是并未对与调解成功率联系最为紧密的律师调解能力培养作出规定。由于缺乏专业培训，律师的专业知识无法有效转化为调解技巧，导致调解效果受限，制约了律师的调解成功率。

1. 调解思维固化

在现代调解中，律师“调解员角色”应运用利益共同体理念、动态利益观、综合性思维与向前看思维。在这种思维指引下，律师“调解员角色”是需要独自面对争议双方、独立启动调解程序、在调解中综合运用“中介”“判断”“强

① 数据来源为笔者2019年赴湖南省长沙市岳麓区人民法院调研时所得。

制”三种行动策略[①]，以促使纠纷双方当事人形成解纷合意。因此，律师“代理人角色”与“调解员角色”的理念具有鲜明的对立性。基于此，作为调解员的律师应该跳出传统诉讼对立观的局限，以客观公正的第三方形象居于纠纷当事人间，基于案件事实为当事人寻求合理、公平的调解方案，实现纠纷的胜利解决。

在委托调解的背景下，接受法院委托的律师，需要居中对纠纷双方的矛盾进行裁决，不仅需要依据法律做到合乎事实的公正裁决，更要使调解结果显得相对公平，使纠纷双方可以接受，这样才能真正实现“案结事了”的目标。在调解思维的指引下，律师要以当事人为中心，站在当事人和法院之间为其当事人最大限度地争取合法权益，而无需对纠纷中双方当事人的权利义务进行裁断。[②] 但现阶段大多数律师主要从事的是代理工作，特别是诉讼代理，抑或通过担任公司法务的形式开展法律工作，具有鲜明的委托人利益本位的特点。这样的诉讼思维不利于纠纷双方当事人对于委托律师的接纳，反而会产生排斥心理，因为每一方当事人都会认为律师收受了对方好处而会作出不利于自己的事情，使调解难以进行，更难达成一份双方认可的调解协议。

2. 调解经验匮乏

《长沙市中级人民法院关于开展律师调解工作的规定（试行）》的规定，律师担任调解员需要满足执业 3 年以上，且每年一般应独立承办 5 件以上案件的调解。但执业年限并不代表调解经验，由于长沙律师行业发展较为成熟，案源也较为充沛，因此执业年限以及年均办案量的要求较容易满足，但是律师却缺乏调解经验。以岳麓区人民法院为例，自从 2012 年开始推动律师调解制度的开展，已经建立共 166 名律师的特邀调解员名册，但近三年委托律师调解仅 1134 件案件，人年均 2. 2 件，考虑当事人拒绝调解的，人年均不足 2 件，但已远超全国平均水平。[③]

2018 年律师仅参与调解 13. 3 万件，人均仅 0. 3 件。[④] 这就直接导致了一个

① 章武生：《司法现代化与民事诉讼制度的建构》，法律出版社 2000 年版，第 317 页。

② 廖永安：《当代调解的新理念与新思维》，载《人民法院报》2017 年 6 月 16 日，第 2 版。

③ 司法部：《2018 年度律师、基层法律服务工作统计分析情况报告》，载中国政府法制信息网，http：//www. moj. gov. cn/government_ public/ content/2019—03/07/634_ 229827. html，最后访问时间：2019 年 12 月 5 日。

④ 数据来源为笔者 2019 年赴湖南省长沙市岳麓区人民法院调研时所得。

恶性循环，法院委托调解案件时考虑到，律师缺乏调解经验而导致的低成功率而不将案件委托给律师，由于缺乏足量的委托调解案件，律师也没有机会去充实自己的调解经验。

律师在主持调解中，所运用的不应该限于专业的法律知识，更有价值的是基于专业知识之上处理该类纠纷的特殊技能，比如律所长期积累的有关资料等。律师的调解能力是完成法院委托调解任务的重要保障，可理解为掌握和运用调解知识与技能并决定调解活动成败的一种综合能力。如果律师缺乏调解能力，就会造成当事人对于案件事实进行误判甚至是扭曲，出现反复无常的现象，更勿谈促成调解的顺利进行。同时受委托的律师若能有效利用自身所拥有的诉讼经验，将有利于纠纷当事人认清现实及其预期利益，更好促成调解的达成。

三、困境破除：不完全信息博弈模型下的精炼贝叶斯均衡

调解可理解为双方当事人间的博弈，通过实地调研可知，群体性矛盾较少委托给律师进行调解，因此为简化模型，可将多方当事人的情况进行理想化处理，暂不予以考虑。且接受委托的律师，由于没有直接的利益关系而不参与博弈过程。由于调解双方的当事人在调解时并不会将所有事实、预期利益以及底线全盘托出，导致对方无法获取充分且对称的信息，因此可将调解过程归类为不完全信息博弈，并通过模型求解得出该不完全信息博弈下的精炼贝叶斯均衡，进而更好分析当事人的心理活动，为确定律师介入调解可选择的最优策略提供借鉴。

（一）不完全信息博弈模型的建立

在委托律师调解的过程中，需要双方在互信互谅的基础上达成调解协议，进而解决纠纷。但是在调解中由于双方所掌握的信息是不对等的，且在大多数情况下是优势方掌握更多的证据，否则也不会提起诉讼。而且证据在诉讼中至关重要，可以说直接决定了胜诉与否，因此在这个信息博弈中可将优势方视为信息发送方，将劣势方视为信息接收方。

由于优势方所掌握的证据有一部分仅为自己所知悉，比如私人借贷关系、租赁关系等，因此可将优势方的信息定义为私人信息，而劣势方所掌握的多为与纠纷密切相关且基本为双方所知晓的信息，可定义为公共信息，因为信息的不对

称，可构建不完全信息博弈模型。

假设如下：优势方较劣势方掌握更多的信息。本假设在大多数的调解中适用，但对于诸如物业纠纷等劣势方掌握较多证据的情况，需对调在模型中的双方位置。由于优势方在信息上占有相对优势，由此便可构成两个博弈方的信息博弈，具体博弈流程介绍如下：

1. 劣势方“自然”选择是否与优势方进行调解，类型有二，分别为 a_1 、a_2 ，a_1 表示劣势方愿意与优势方进行调解，a_2 表示劣势方不愿意与优势方进行调解。劣势方自然选择的概率可设为：

$$P(a_1) = p ; P(a_2) = 1 - p 。$$

2. 优势方完全了解自己情况，并从行动集合 $T = \{t_1, t_2\}$ 中选择一个信息 t ，其中 t_1 表示优势方向劣势方表明自己让步的解决方案，t_2 表示优势方不向劣势方表明自己愿意退步的解决方案。

3. 劣势方观察到优势方的信息 t 后，从可选策略集合 $M = \{m_1, m_2\}$ 中选择一个策略，其中 m_1 表示愿意接受优势方的调解方案，m_2 表示不愿意接受优势方的调解方案。

4. 在该博弈模型中，有三种情况，分别为：对于让步的优势方，所提供的解决方案中己方收益为 P_H ，提供给劣势方的让步的价值为 V_H ，进行调解的成本为 $C(a_1)$ ；对于不让步或者让步较小的优势方，所提供的解决方案的己方收益为 P_L ，提供给劣势方的让步的价值为 V_L ，进行调解的成本为 $C(a_2)$ ；如果不愿意退步的优势方假装退步，伪装自己作出了极大的退步，致使劣势方浪费了时间成本以及经济成本，记为 C_R ，优势方的伪装成本为 $C(r)$ 。[①]

5. 可将优势方、劣势方的收益函数分别表示为 $U_S(a,t,m)$ ，$U_R(a,t,m)$ 。

（二）模型求解

在信息博弈中存在分离精炼贝叶斯均衡、混同精炼贝叶斯均衡以及准分离精炼贝叶斯均衡，由于在实现混同精炼贝叶斯均衡以及准分离精炼贝叶斯均衡时，都会影响调解效率使双方难以达成真正的互谅，同时为凝练主旨，下文主要讨论

① 汪俊、项喜章、肖平：《C2C 电子商务模式中信息不对称的博弈分析》，载《武汉工程大学学报》2009 年第 10 期。

不完全信息博弈下的分离精炼贝叶斯均衡。

在信息博弈的分离精炼贝叶斯均衡情况下，意味着优势方采取分离的策略，即如果优势方类型为 a_1，则采取 t_1 的行动策略；如果优势方类型为 a_2，则采取 t_2 的行动策略，此时优势方都向劣势方表明自己的真实类型，即准确的决策方案，即调解中的坦白。

根据贝叶斯法则，当劣势方判断优势方所传递的信号，与优势方的真实类型相同的后验概率①等于1，且该判断是结合优势方策略形成的，则符合精炼贝叶斯均衡的要求。② 通过给定策略和判断，劣势方的理性策略如下：当优势方传递的信息是 a_1 时，劣势方决定以 P_H 的成本达成调解；当优势方传递的信息是 a_2 时，劣势方决定以成本 P_L 达成调解协议或拒绝交易。

（三）结论

至此，得出了分离精炼贝叶斯均衡情况下的判断及策略组合，接下来分析达成此最优策略的条件。从收益的角度来看，只要优势方如实表明自己真实情况所得的收益大于采取伪装时不如实表明真实情况所得的收益即可，以下为具体分析：

（1）对于 a_1 类型的优势方，在满足 $P_H - C(a_1) > P_L - C(a_1)$ 的条件下，即 $P_H > P_L$ 可达到最优，意味着当优势方愿意与劣势方达成调解的收益大于优势方不愿意和劣势方调解的收益时，即调解收益大于诉讼收益时，最优策略是达成调解，但是这种情况在实践中并不常见。

（2）对于 a_2 类型的优势方，需要满足 $P_H - C(a_2) - C(r) > P_L - C(a_2)$ 才可实现最优策略，即意味着当优势方的伪装成本大于对方采取让步所获得的收益时，优势方会按照最大收益的原则选择如实表明自己的策略选择，即是否会作出较大的让步。

通过上述的模型建立及求解，可知为追求双方受益的最大化，需要满足优势方如实表明自己真实情况所得的收益大于不如实表明真实情况所得的收益的条件，即要求信息优势方的伪装成本，要大于让步较大的调解方案与因伪装而取得

① 后验概率是指事情已经发生，要求这件事情发生的原因是由某个因素引起的可能性的大小。

② 范如国、韩民春：《博弈论》，武汉大学出版社2006年版，第328—341页。

了对方让步的调解方案的收益差。

四、完善对策：基于诉讼风险和利益评估的最优参与策略

我国传统社会调解纠纷，主要是依据乡规民约、家法族规、风俗习惯、行帮规章、国家法律及天理人情等进行的，在维护社会稳定的时代大背景下，其追寻的目标是息事宁人，讲究教化优先、顺应人情并在一定程度上会舍弃对公平的追求。然而现代调解可谓是法律下的谈判，律师调解依赖的便是法律判断并结合具体案件事实，帮助纠纷当事人在根本性利益不受损的情形下作出可接受的让步，促成调解达成。为实现此目标，首先，需要识别纠纷当事人之间所存在的根本性的利益冲突，评估调解的可能；其次，利用诉讼风险来提升优势方的伪装成本，并利用基于律师职业所特有的诉讼经验来更好地评估并调整当事人的预期利益，以提升调解成功率。

（一）根本性利益冲突的识别

利益是当事人立场背后的原因，而根本利益则是当事人调解过程中的底线，在纠纷解决过程中，当事人都会采取相应的主张来实现自己的利益。① 虽然双方当事人所展现出的是“水火不容”的情景，表面上看利益冲突极大，无法达成共识，但是很多情形下其根本性利益并不会产生冲突。只有真正理清了当事人主张背后的根本性利益所在，调解员才能据其引导当事人，如果双方的根本性利益发生冲突，则基本不存在调解的可能。由于缺乏专业的法律知识，当事人对何为合法诉求可能没有一个明确的认知，而将根本性利益与最大预期利益混同，即对于自己根本性利益的理解发生偏差，这就为律师进行的调解提供了空间。

律师可在尊重当事人意愿的基础上，通过与当事人展开平等对话，以问题形式了解当事人采取相关主张的原因，以此引导当事人认识到自己的根本性利益所在，对于其他预期利益进行优先性排序，在保证根本性利益得到满足的前提下询问是否可放弃优先级较后的利益来换取优先级较前的利益，当双方取得一致时，便是调解协议达成的基础。

① 廖永安、覃斌武：《调解实训教程》，中国人民大学出版社2019年版，第52页。

（二）利用诉讼风险提升信息优势方的伪装成本

随着熟人社会的消散，陌生人社会直接带来的结果就是彼此之间缺乏了解，更多是通过一个个合同来约束双方的行为。由于当事人缺乏法律知识，对于胜诉抱有较大的希望，便会采取伪装策略来"吓唬"对方，导致双方陷入零和博弈，甚至负和博弈，难以真正解决纠纷。当律师面对双方当事人均说自己的胜诉概率很高，可以通过诉讼满足自己的全部诉求时，律师可根据自己的执业经验，通过诉讼风险这一策略来提升优势方的伪装成本，并引导当事人接受调解。

在诉讼过程中，由于代表国家审判权的法官会通过法庭调查、辩论等方式查清事实，败诉的风险会极大提升信息优势方的伪装成本。但是在调解过程中，律师是没有充分精力去完全查清纠纷事实的，由于缺乏对于案情的准确把握而难以提升信息优势方的伪装成本，因此信息优势方则更会倾向于选择伪装，以此选择让步较小而利益较大的调解方案，而这样的博弈策略选择将有损于另一方的利益，这不公平的调解方案将直接导致调解的失败。这也一定程度上解释了为什么律师调解的成功率也低于行业调解、公证调解等专业性的委托调解方式，虽然律师具有相当程度的法律知识，但是对特定类型的纠纷却可能缺乏清晰的了解，特别是在诉前委托调解，由于缺乏法庭调查等环节，其对案件的事实掌握会更加模糊。

因此，为达成提升信息优势方的伪装成本的要求，有效提升律师调解成功率，实现促成调解的目标，律师可从以下两方面着手：一方面是与信息弱势方结对，充分了解其所掌握的纠纷信息，但需注意的是，此处的"结对"并不违反调解中立的要求，而是了解案情的需要，可类比于"背对背调解"；另一方面是运用所掌握的专业知识，特别是诉讼经验，确定信息优势方的胜诉期望，进一步降低其预期利益，并在此过程中提升其伪装成本，以此促成精炼贝叶斯均衡的达成，帮助纠纷解决双方在尽可能公平的局面达成调解协议，并有助于达成谅解并有效执行。

大多数法律决策都以多种不确定性为特征，即使是相同的纠纷类型，相似的案件事实，不同的法官也可能根据自己的判断作出不一样的裁决。这样便为律师的调解提供了可操作空间。一方面，律师所拥有的专业技能以及长期所积累的诉讼经验，在信息弱势的背景下帮助信息弱势方充分挖掘已有信息，同时帮助律师形成对案件事实的初步认知。在此过程中，也可帮助信息弱势方了解所存在的诉讼风险以及可能的诉讼成本，为接下来的调解做好充分准备。另一方面，律师在对于纠纷有一个较为充分的了解后可与优势方进行对话，通过所拥有的充分的诉讼经验以及专业技能挖掘信息优势方所透露的信息，以此形成对于案件较为全面的了解，而后可在此基础上与信息优势方进行“摊牌”，以败诉风险及纠纷另一方的预期利益与信息优势方进行谈判，进而实现降低优势方预期利益的目的。在了解充分的案件事实后将信息告知信息劣势方，进一步提升信息优势方的伪装成本，使其选择让步较大的调解方案。

当伪装成本大于让步所放弃的利益时，即当“放烟幕弹”的成本会导致对方拒绝调解而难以取得预期利益时，只要当事人处于理性状态，便会选择坦诚相见，互相让步，信息优势方也会选择让步较大的调解方案，而这也有助于纠纷双方形成调解合意，真正达到互谅。

（三）利用从业经验进行利益评估并调整当事人的预期利益

调解不是诉讼，充分的程序保障固然有利于保障判决的正确，但是常常导致诉讼迟延及成本过高，诚如日本学者谷口安平所言：“民事诉讼还相当地花时间，所谓诉讼迟延或‘积案’是几乎存在任何国家当今时代的一种令人烦恼的现象，根本原因之一在于诉讼要提供充分的程序保障。”① 能够更快地解决纠纷，是实行委托调解制度的理由之一，也是委托调解制度相较于诉讼成本更为低廉的原因之一。但若调解失败依然会转入诉讼程序，所花费的时间会更多。

风险评估一般是指律师作为调解员通过对话的方式让当事人晓以利害，在进行利益考量后对于自己的预期利益进行调整的过程。随着社会多元化的发展，民众的利益需求也呈现出多元化的发展趋势，自纠纷进入调解程序以后，更应该以尊重当事人的意愿为前提，纯粹对于法律上的对错进行分辨并不能在调解中成为彻底解决纠纷的方法。尊重当事人意愿并不意味着不能对当事人的提议或想法进行评估，相反，适当地对当事人的主张进行风险评估，有利于缩小当事人之间的预期利益的差距，可有效促成调解的达成。

① ［日］谷口安平：《程序的正义与诉讼》，王亚新、刘荣军译，中国政法大学出版社 2002 年版，第 45 页。

一方面，律师所具有的从业经验以及职业属性，可以对案情进行一个较为系统且细致的评估，并可以较为准确地预判诉讼结果，取得双方当事人的信任，这样的评估结果就是后续评估双方当事人预期利益的标准。但是律师作为调解员在对当事人的主张进行评估时，要选择适当的时机并取得当事人的同意，否则当所提出的方案对于一方当事人的预期利益造成损害，这一方当事人很可能出于对律师的固有印象而拒绝律师的建议，甚至产生对立情绪，不利于调解的顺利进行。这就要求律师在调解前首先应和双方当事人建立互信的关系，并在调解过程中始终秉持中立的立场，在给出自己的建议时应及时将理由阐述清楚，并尽可能获得双方当事人认同，这样才可以使评估结果发挥其调整当事人预期利益的效用。

另一方面，现阶段诉中委托律师调解的成功率远高于诉前委托律师调解，可见适当的诉讼程序及法院的权威可有效促进当事人接受律师所提供的调解服务。但若每一个案件先进入诉讼程序再转为调解，那么将很大程度上加大法院负担，难以节约本已稀缺的裁判资源。据与当事人的访谈可知，纠纷双方当事人对于法院工作人员特别是法官，拥有较律师更大的信任，这信任背后便是法院的权威以及法律的可预期性，可促使当事人更易接受律师的评估结果。

所以应利用诉调对接机制在各地法院的推行之际，在立案庭附设诉调对接中心，可由立案庭工作人员在接受当事人立案申请时，按案件类型、标的额大小及纠纷的复杂程度进行初次筛选，并告知当事人调解相较于诉讼的成本优势，比如诉讼成本以及时间成本等，在获取当事人同意后将案件分流至诉调对接中心，中心负责人员再按照纠纷类型等因素委托特邀律师调解员进行调解。这样的运行机制为律师采取工作提供了方便，因为在这过程中，当事人对于自己的预期利益可能发生动摇，再由专业的律师进行解释，更易达到效果。

结　论

正如马克思所言：“一门科学，只有当它成功地运用数学时，才能达到真正完善的地步。”随着法律的长期发展，非此即彼的定性问题已基本清晰，现在法律发展的障碍主要存在于伴随时代发展所产生的新问题，但对于这些问题并不能“一刀切”，需要通过定量研究来加以分析。而这主要是数学工具的应用，准确运用数学工具可以更好分析问题并得出合理的结论。

通过上文分析可知，制约我国诉前委托律师调解成功率的主要原因在于当事人过高的期待利益与律师较为薄弱的解纷技巧。为最大程度地发挥律师促进纠纷解决的效用，可按照本文求解所得到的精炼贝叶斯均衡，在通过识别根本性利益冲突确定存在调解可能基础上，使律师发挥信号传递者的角色。一方面，通过与信息弱势方进行充分交流以取得对于案件事实的初步认知，并通过所拥有专业技能挖掘信息优势方所透露的信息，以形成对于案件较为全面的了解，然后根据自己的执业经验，通过诉讼风险这一策略来提升优势方的伪装成本。另一方面，以尊重当事人的意愿为前提，在与双方当事人建立互信基础上，在对案情进行较为系统且细致的评估后，通过自己的诉讼经验帮助当事人对自己的胜诉概率及预期利益有一个较为清晰的认知，使评估结果发挥其调整当事人预期利益的效用，促进双方当事人坦诚相见，在合理的调解方案基础上取得互谅结果，以高质量的律师调解更好地满足社会公众日益增长的解纷需求。

专题八　司法确认程序救济的实践误区及矫正

邵琛惠*

引　言

随着经济社会的不断发展，民事纠纷的数量“指数爆炸”式增长。法院在司法资源欠缺的情况下无法一一回应当事人的诉讼需求。为降低民事纠纷成案率，缓解法院的司法压力、化解社会矛盾、促进基层治理良善化，被誉为“东方经验”的人民调解制度应运而生。但是，人民调解制度不同于一般的司法介入解决纠纷的方式，它的终极目标是让双方当事人在人民调解委员会的主持下达成争议解决方案，而该方案（调解协议）仅具有约束双方当事人的一般民事合同的性质，不具有法律的强制执行力。为了弥补人民调解协议的不足，使人民调解协议的实施更可操作，在实践中，甘肃省定西市法院系统于 2007 年开展“人民调解协议确认机制”的试点工作，对于当事人没有反悔的人民调解协议在进入诉讼程序前进行确认，完善多元化纠纷解决机制，实现了人民调解协议强制执行的可视化。[①] 虽然立法滞后于实践需要的现实客观存在，但立法者和司法者一直在积极探索路径以缩短这二者的距离。经过为期 5 年的努力，2012 年《中华人民共和国民事诉讼法》（以下简称《民事诉讼法》）在特别程序中增加“确认调解协议案件”一节，正式使司法确认制度法典化。由于该制度产生于我国特

* 邵琛惠，西南政法大学法学院硕士研究生。

① 刘加良：《司法确认程序的生成与运行》，北京大学出版社 2019 年版，第 52 页。

殊的法治背景下，并无境外立法经验得以借鉴，因此我国法律中关于司法确认制度运行的立法技术略显粗糙，不仅现有的救济程序经不起法理的推敲，还缺失司法确认错误后当事人的配套救济程序，这就使得该制度越发呈现低运用率的状态，难以实现良法善治的效果。有鉴于此，本文拟从司法确认程序的性质和司法确认裁定的效力入手进行综合分析，从而在明确上述基本理论的前提下，对司法确认错误时当事人该如救济的问题提出符合该制度特点的浅薄建议，以供立法部门在完善修法时参考。

一、司法确认错误当事人救济的实践困境

（一）现行立法之规定

自“定西经验”以来，最高人民法院及全国人大先后以规范性文件、司法解释和法律等形式吸纳人民调解协议确认机制的合理内核并加以完善。2010 年 8 月《中华人民共和国人民调解法》（以下简称《调解法》）规定了人民调解协议的司法确认制度。2011 年 3 月，最高人民法院出台《关于人民调解协议司法确认程序的若干规定》（以下简称《司法确认规定》），对司法确认制度的程序内容进行细化。2012 年《民事诉讼法》在特别程序中增加“确认调解协议案件”一节，正式使司法确认制度法典化。

从调解合意，到调解协议的达成，再到双方当事人共同申请法院作出司法确认裁定，这其中无不涉及人的主观因素，而意识的偏差又决定了人无法对某一事项总是作出全面客观的判断，故司法确认裁定就必然存在错误的可能。导致这种错误的原因主要来自两个方面：一是调解协议形成的过程中存在不公平的因素，具体是指该调解协议的签订违背了一方当事人的真实意愿；二是当事人联合起来，通过虚假的调解协议骗取法官的司法确认，进而侵吞案外第三人的财产即其他合法权益。[①] 法谚云：无救济则无权利。当司法确认程序出现错误时，因其所生效的裁定所具备的强制执行力可能会损害当事人及案外第三人的利益。针对案

① 乔欣：《民事纠纷的诉讼外解决机制研究——以构建和谐社会为背景的分析》，中国人民公安大学出版社 2018 年版，第 143—144 页。

外人第三人利益救济的问题，2011 年的《司法确认规定》第 10 条[①]赋予了第三人向作出该司法确认裁定的法院申请撤销的权利，但是 2015 年最高人民法院《关于适用〈中华人民共和国民事诉讼法〉的解释》（以下简称《民事诉讼法解释》）第 297 条排除了这种救济方式，并且根据第 374 条和第 380 条，案外第三人也不能申请再审，只能向作出司法确认裁定的法院提出异议。[②] 但理论界也有对此条文提出不同的见解。概言之，学者们多认为，当案外人的权益系因他人恶意串通、达成人民调解协议进而申请司法确认而遭受损害的，应直接适用《民事诉讼法》第 56 条的第三人撤销之诉予以救济。[③] 从体系解释和文本解释上的正面来看，之所以《民事诉讼法解释》第 297 条规定特别程序案件不能适用第三人撤销诉讼，是因为案外第三人撤销诉讼所针对的案件范围被限定为民事诉讼案件，而案外第三人的民事权益系因他人恶意串通、达成人民调解协议进而申请司法确认而遭受损害的，则不属于民事诉讼案件的范畴；此外，从反面来看《民事诉讼法解释》第 374 条对何谓“异议”语焉不详，尤其是对非讼裁判错误之原因的界定存在问题，这并不宜作为直接排除案外第三人撤销诉讼的充分理由。[④] 综上所述，笔者认为当司法确认裁定出现错误时案外人要求撤销该确认裁

---

① 《关于人民调解协议司法确认程序的若干规定》第 10 条：“案外人认为经人民法院确认的调解协议侵害其合法权益的，可以自知道或者应当知道权益被侵害之日起一年内，向作出确认决定的人民法院申请撤销确认决定。”

② 《民事诉讼法解释》第 297 条：“对下列情形提起第三人撤销之诉的，人民法院不予受理：（一）适用特别程序、督促程序、公示催告程序、破产程序等非讼程序处理的案件；……”《民事诉讼法解释》第 374 条：“适用特别程序作出的判决、裁定，当事人、利害关系人认为有错误的，可以向作出该判决、裁定的人民法院提出异议。人民法院经审查，异议成立或者部分成立的，作出新的判决、裁定撤销或者改变原判决、裁定；异议不成立的，裁定驳回。对人民法院作出的确认调解协议、准许实现担保物权的裁定，当事人有异议的，应当自收到裁定之日起十五日内提出；利害关系人有异议的，自知道或者应当知道其民事权益受到侵害之日起六个月内提出。”《民事诉讼法解释》第 380 条：“适用特别程序、督促程序、公示催告程序、破产程序等非讼程序审理的案件，当事人不得申请再审。”

③ 胡辉：《确认调解协议案件若干程序规则的司法适用探析》，载《民事程序法研究》2013 年第 1 期。

④ 傅贤国：《论案外第三人撤销诉讼案件范围的扩大》，载《理论导刊》2019 年第 5 期；另见唐力：《非讼民事调解协议司法确认程序若干问题研究——兼论〈中华人民共和国民事诉讼法修正案（草案）〉第 38、39 条》，载《西南政法大学学报》2012 年第 3 期。

定是可以适用第三人撤销诉讼的，并且《民事诉讼法》第56条第3款[①]也为其提供了充分的依据。但是，针对当事人救济的问题，不但立法上语焉不详，理论上也始终存在争议无法达成有效共识。

如果法院的司法确认裁定生效后，当事人发现该裁定在实体或程序方面存在错误，并且该错误将会影响自己的权利时，必然也会寻求法律的救济途径。如何解决这一问题，现行2015年《民事诉讼法解释》第374条第1款规定："适用特别程序作出的判决、裁定，当事人、利害关系人认为有错误的，可以向作出该判决、裁定的人民法院提出异议。"根据《民事诉讼法解释》，实践中法院正确的做法应当受理当事人提起的异议的方式解决司法确认裁定错误侵害当事人权利的问题。但是，笔者通过案例检索发现实践中各地法院的做法不一：有的法院针对当事人提起的撤销司法确认申请的变更之诉，以重复起诉为由裁定驳回；有的法院以再审方式受理了当事人因不服司法确认裁定而提出的申请，但是却以证据不足为由裁定驳回再审申请；还有的法院针对当事人撤销原裁定的再审申请作出支持的裁定，并指定法院对该案进行重新实体审理。

（二）现有实践之操作

案例一：申请人提起变更之诉，请求法院依法解除前期作出的确认调解协议有效的裁定。2014年9月5日，徐州市云龙区人民法院作出了（2014）云商确字第0229号确认裁定，依法确认徐州市云龙区人民调解委员会于2014年2月20日作出的071号人民调解协议有效。但申请人认为调解组织存在违反调解程序，在该申请人没有参与调解更没有与被申请人共同向法院申请司法确认的情形下，法院基于形式上的司法审查作出的司法确认裁定严重损害其民事权利，故要求法院作出变更之诉，撤销原生效的司法确认裁定。但是最终，法院仅以前期司法确认有效且确已发生法律效力，该撤销申请违反了民事诉讼法关于重复起诉的条件

---

① 《民事诉讼法》第56条："对当事人双方的诉讼标的，第三人认为有独立请求权的，有权提起诉讼。对当事人双方的诉讼标的，第三人虽然没有独立请求权，但案件处理结果同他有法律上的利害关系的，可以申请参加诉讼，或者由人民法院通知他参加诉讼。人民法院判决承担民事责任的第三人，有当事人的诉讼权利义务。前两款规定的第三人，因不能归责于本人的事由未参加诉讼，但有证据证明发生法律效力的判决、裁定、调解书的部分或者全部内容错误，损害其民事权益的，可以自知道或者应当知道其民事权益受到损害之日起六个月内，向作出该判决、裁定、调解书的人民法院提起诉讼。人民法院经审理，诉讼请求成立的，应当改变或者撤销原判决、裁定、调解书；诉讼请求不成立的，驳回诉讼请求。"

为由裁定驳回申请。①

案例二：申请人通过再审请求确认调解协议民事裁定书无效。再审申请人不服益阳市赫山区人民法院作出的（2016）湘0903民特35号民事裁定，认为司法确认所依据的人民调解协议是在申请人受外界胁迫的情况下签订的，违反其真实意愿，依法应视为无效的民事行为。但是受诉法院认为，申请人所主张其达成调解协议不是其真实意思表示的意见因未提交相关证据予以证实而不予采信，故作出驳回再审申请的裁定。②

案例三：申请人依再审方式请求法院撤销原一、二审法院的司法确认裁定，由再审法院依法改判。再审申请人认为一、二审法院作出裁定所依据的（2015）东二法立调确字第45号司法确认裁定书系程序违法。不仅该司法确认书所确认的人民调解协议书存在并非申请人本人签字、签字的代理人未经申请人授权，法院在作出该裁定时未尽审慎审查义务，该协议书还存在胁迫、显著的重大误解、显失公平的情形，故应当认定该司法确认裁定无效或撤销该裁定。最终法院支持了再审原告的诉求，驳回了一、二审法院关于原告重复起诉的裁定，并指定二审法院对此进行实体审理。③

通过以上案例不难发现，虽然这些案件都发生在《民事诉讼法》生效后，但是法院却没有将《民事诉讼法解释》第374条所规定的“异议”作为解决问题的唯一方式，甚至将《民事诉讼法解释》第380条明文禁止的再审作为普遍性的解决办法，这更说明了在人民调解协议司法确认程序的运作中，《民事诉讼法》对于否定协议效力的裁定应当给当事人创设怎样的救济途径没有给予明确

① 中国裁判文书网“徐州市云龙区人民法院（2018）苏0303民初784号民事裁定”。另见“东明县人民法院（2017）鲁1728民特监1号”“东明县人民法院（2017）鲁1728民特监2号民事裁定”“东明县人民法院（2017）鲁1728民特监3号民事裁定”。

② 中国裁判文书网“益阳市赫山区人民法院（2016）湘0903民特35号民事裁定”。另见“河北省高级人民法院（2018）冀民申3880号民事裁定”“天津市高级人民法院（2018）津民申1263号民事裁定”“湖北省高级人民法院（2018）鄂民申125号民事裁定”“湖北省高级人民法院（2018）鄂民申127号民事裁定”“浙江省高级人民法院（2017）浙民申2945号民事裁定”“广东省高级人民法院（2017）粤民申9806号民事裁定”“云南省高级人民法院（2018）云民申1231号民事裁定”“广西壮族自治区高级人民法院（2018）桂民申3173号民事裁定”“湖南省高级人民法院（2017）湘民申3611号民事裁定”“重庆市高级人民法院（2016）渝民申2489号民事裁定”。

③ 中国裁判文书网“广东省高级人民法院（2018）粤民再220号民事裁定”。另见“贵州省高级人民法院（2018）黔民申2738号民事裁定”“安徽省高级人民法院（2018）皖民申1129号民事裁定”。

的回答，且《民事诉讼法解释》规定的唯一做法也没有获取法官的心理认同。① 从实践结果来看，由于法律规定粗糙而导致的可操作性不强，一旦调解协议出现错误，当事人很难从法律层面获得有效救济。② 一方面，法院一纸驳回裁定使得权利救济陷入僵局；另一方面，法院受理再审申请撤销司法确认裁定的做法也使得司法实践中出现了“同案不同判”的境遇，这又与法治社会的基本原则背道而驰。任何一项制度在其建立发展之初都不可能是完美无缺的。司法确认程序在具备审查方便，操作简单、节省时间、无须当事人投入额外费用等优点的同时必然会在当事人程序保障及权利救济方面存在短板，但是需要明确一点，我们不能因为其在立法上可以修正的缺陷及理论研究中的争议而否定司法确认制度存在的价值。

笔者认为当务之急是分析既有解决路径存在的问题并指出可以改进的方向，从而在保障法律的统一性和权威性的前提下，推进制度和实践的良性化、理性化，使司法确认制度顺畅运行。③

二、司法确认程序之性质探讨

性质是构造不可或缺的要素，程序的性质决定了程序的构造。因此很明显，司法确认程序的性质是我们需要首先面对并解决的问题。④ 对程序予以精准的定性分析，有利于为程序规则的设计与修正提供理念指引和理性约束。理论界关于司法确认程序的性质目前有几大主要观点，分别是诉讼程序论、非讼程序论、独立程序论、交错适用论。

（一）诉讼程序论

2012 年《民事诉讼法》正式出台前，少部分持诉讼程序论观点的学者依据

① 易萍、孙龙君：《确认调解协议案件程序适用之探讨——兼评新〈民事诉讼法〉第 194 条、195 条》，载《民事程序法研究》2013 年第 2 期；周建华：《论调解协议的司法确认程序》，载《民事程序法研究》2013 年第 1 期。

② 廖永安、张宝成：《对我国人民调解协议司法确认制度的冷思考》，载《民事程序法研究》2013 年第 2 期。

③ 龙宗智：《观察、分析法治实践的学术立场和方法》，载《法学研究》2011 年第 6 期。

④ 潘剑锋：《论司法确认》，载《中国法学》2011 年第 3 期。

最高人民法院于2009年7月颁布施行的《关于建立健全诉讼与非诉讼相衔接的矛盾纠纷解决机制的若干意见》（以下简称《衔接意见》）第23条，该规定将申请确认调解协议的案件参照适用简易程序，因而认为司法确认程序属于诉讼程序，只不过是被简化的简易程序，并且法院通过司法确认程序赋予人民调解协议强制执行力的同时也是对当事人之间的权利义务关系从法律层面进行了分配，这与当事人通过诉讼程序解决纠纷的目的并无二致。①

（二）独立程序论

廖中洪教授认为，从程序设置的目的来看，司法确认程序不同于解决纠纷的诉讼程序，也不同于没有民事纠纷的非讼程序。从程序的基本特点看，司法确认程序采特有的“审查”的方式，不同于针对诉讼程序和非讼程序的“审判”方式。这种行为性质上的差异，不仅从根本上决定了司法确认程序的不同性质与类型，还从制度构建的角度决定了其在法官的裁决方法和其他程序构造上的特殊性。②

（三）非讼程序论

目前，学界的主流观点均认为司法确认应属非讼程序。例如，占善刚教授认为，司法确认过程没有两个相互对立的基本结构，它不是以口头辩论为中心，而是遵循职权探知主义的运作方式，它是一种非讼程序。③ 唐力教授认为，非讼程序的基本程序功能和特征决定了它没有争议，也没有解决实体权利纠纷，只能权威地识别某些事实。当事人申请确认调解协议的有效性，只是为了请求人民法院强制执行调解协议，而不是让法院查明事实并确定权利义务关系。因此，将司法确认定义为非讼程序更为合适。④

① 向国慧：《调解协议司法确认程序的完善与发展——结合〈民事诉讼法〉修改的思考》，载《法律适用》2011年第7期。

② 廖中洪：《民事司法确认程序若干问题研究》，载《西南政法大学学报》2011年第1期。

③ 占善刚：《人民调解协议司法确认之定性分析》，载《法律科学》2012年第3期。

④ 唐力：《非讼民事调解协议司法确认程序若干问题研究——兼论〈中华人民共和国民事诉讼法修正案（草案）〉第38、39条》，载《西南政法大学学报》2012年第3期。

（四）交错适用论

近年来，学理界关于司法确认程序的性质认定又有了新的突破，一些学者跳出以往诉讼程序与非诉程序二元分离适用论下实质界限绝对划分的固化思维模式，将诉讼法理与非讼法理交错适用下的形式界限作为该制度赖以存在的合理基础。交错适用论下，民事案件的类型大体上可以被分为三类：只适用诉讼法理，只适用非讼法理和跨诉讼与非讼法理的案件。学者董少谋认为，司法确认是介于诉讼程序与非讼程序之间的特殊审查程序。[①] 依照形式界限说，诉讼程序与非诉程序的区分不再泾渭分明，二者之间也没有不可逾越的鸿沟。以往学界依照是否解决纠纷，是否具有程序保障等条件作为识别诉讼程序与非诉程序的标准在交错适用论这一学说下则显得无所适从。该理论认为，一个程序究竟适用何种法理，属于何种程序，并非一成不变的，关键要看其所针对的事件性质。司法确认案件结合了诉讼法理与非讼法理，因此理论上可以将它们包括在诉讼程序或非讼程序中。[②]

笔者赞同“交错适用论”的说法。首先，诉讼程序论具有时代的局限性，无论所持该观点的学者如何言之有理，这种观点随着2012年《民事诉讼法》正式将司法确认程序专章规定在特别程序中而再无讨论的价值；其次，独立程序论也随着民事诉讼法的修改而难有说服力。虽然从基本法理看，“审查”强调审理的间接性与书面性，“审判”强调审理的直接性与言辞性。但是在《民事诉讼法》的“特别程序”“督促程序”章有三处使用了“审查”二字，可见采用“审查”的方式并非司法确认程序所独有，故独立程序说从程序的基本特征层面展开的分析也明显欠缺说服力。此外，学者关于非讼程序论的观点论证是建立在与诉讼程序截然二分的前提下，采用非此即彼的论证方式本身就具有局限性。将我国台湾地区有关非讼事件之功能的理论作为大前提，并采取三段论的推理方式来界定司法确认程序的性质，这种观点的说服力既取决于相关域外学理是否无懈可击，还取决于将司法确认案件的特征和功能对号入座时是否存在削足适履。

---

① 董少谋：《人民调解协议诉前司法审查确认机制探究——兼谈执行许可宣告程序之建构》，载《法学杂志》2009年第11期。

② 白彦、杨兵：《论司法确认程序的性质》，载《北京大学学报》2015年第2期。

在大陆法系国家的德国和日本，非讼程序不仅可以审理没有争议的一般非讼事件，而且也审理部分诉讼事件。而之所以会这样运用，恰好是因为非讼程序对部分诉讼事件摆脱对抗制诉讼程序下所产生的纠纷解决之成本过高、程序迟缓及过分重视形式主义等弊端发挥了重要作用。[①] 此外，在我国台湾地区，非讼事件存在法的适用范围扩大化和类型的多样化的发展趋势，因此对非讼事件的特征只能进行大致的、择机调整的描述，其功能确定的着重点并非一成不变，与诉讼程序的区别也不再泾渭分明。近来，日本学者对诉讼案件和非讼案件的研究又进入了新的阶段。随着“诉讼案件的非讼化现象”愈发明显，有学说主张，既然难以抽象出非讼案件的共性，那么干脆放弃诉讼案件与非讼案件在理论上的区别，不再将具体的规范方式一刀两断式地适用于具体的案件，相反，要对纠纷当事人的情况进行衡量、比较，在此基础上谋求与具体案件相对应的公平利益分配。[②] 因此，非讼程序论的立论基础薄弱，学理障碍亟须克服。

为了进一步阐释“交错适用论”的合理性，避免使之陷入“放之四海而皆准”的诟病，应从司法确认程序的目的，程序保障功能及当事人之间争讼性体现三个方面进行分析。首先，如前所述司法确认制度最终的目的就是为了一劳永逸地解决纠纷，使当事人之间达成的人民调解协议经过司法机关的背书而得到法律强制执行力的保障。因此，为了使这种强制执行更为牢固，通过引入既判力理论禁止当事人一事再诉就是该说中诉讼法理的体现。其次，对于诉外调解协议的审查内容主要是看调解协议是否符合真实、自愿、合法的基本原则，法院采用的是以形式审查为主的职权探知主义，因而一般无需开庭审理、没有两造对立更缺乏言辞辩论程序，但是当法官仅根据书面材料无法对人民调解协议的真实性、合法性等进行确认时，也会适时地给当事人一定的发表自己意见和主张的机会。最后，司法确认程序基于双方当事人合意申请而启动，并且确认的内容是经调解组织调停而达成的人民调解协议，因此司法确认程序无争讼性可言。综上所述，“交错适用论”更为科学地概括了司法确认程序的性质，应当得到学界更广泛的支持。以往，理论界在对某一程序进行性质划分时往往带有先入为主的习惯，比

---

① 郝振江：《德日非讼程序审理对象介评》，载《国家检察官学院学报》2012 年第 5 期；郝振江：《论非讼程序的功能》，载《中外法学》2011 年第 4 期。转引自傅贤国：《论案外第三人撤销诉讼案件范围的扩大》，载《理论导刊》2019 年第 5 期。

② ［日］新堂幸司：《新民事诉讼法》，林剑锋译，法律出版社 2008 年版，第 16—17 页。

如因为司法确认的裁定不能通过上诉的方式予以救济就将其作为整个制度具有非讼性的判断标准，但这种片段式的程序表征并不能必然倒推出程序的性质。因此“交错适用论”的成功之处不仅在于它能够弥补前述三种学说的不足，更在于它的出现一定程度上代表着民事诉讼理论研究的新兴方向——摒弃非此即彼，绝对划分的学说观点。

三、司法确认裁定之效力认定

裁决的效力等同于生效裁决的实际效果，大陆法系将判决效力分为执行力，既判力和形成力三个层面。① 依据民事诉讼法法理，在判决、裁定、决定这三种司法文书中，判决解决了民事实体问题，裁定解决程序问题和一些实体问题，决定解决程序问题。根据《调解法》第33条和《民事诉讼法》第195条之规定，确认裁定是可以执行的，如果一方拒绝履行或者未完全履行确认裁定的义务，另一方有权向人民法院申请执行。通说认为，形成力因为形成判决所独有而在所不论。那么，司法确认裁定是否也像确定判决一样具有既判力呢？对这一问题的回答不仅关乎司法确认裁定对后诉的约束力，更决定了当该程序出现错误时，当事人应选择何种方式妥善救济。

作为民事诉讼法中最重要的理论之一，既判力是指生效裁判对诉讼标的的判断产生的确定力。② 中村英郎教授将既判力分为积极和消极两个方面。消极既判力是指不准当事人提出旨在对已经产生既判力的判断进行争议的主张及举证，法院也不能受理该主张及证据申请。积极既判力是指具有既判力的判断应当为后诉审判之基础，因而后诉必须以该判断为前提。③ 论及司法确认裁定的效力就避不开对既判力的探讨，而在实践中，针对这一问题学界目前也并无定论。比如，否认司法确认裁定具有既判力的观点认为，该程序欠缺直接言辞原则，当事人主义，辩论原则的保障，因而赋予其既判力是不合理的；承认司法确认裁定具有既判力的观点认为，该确认裁定在法律上具有强制执行力，如果不通过既判力积极

① 张卫平：《民事诉讼：关键词展开》，中国人民大学出版社2005年版，第298页。

② 田平安：《民事诉讼法原理》，厦门大学出版社2015年版，第302页。

③ ［日］中村英郎：《新民事诉讼法讲义》，陈刚、林剑锋译，法律出版社2001年版，第229页。

或消极作用进行约束，不利于稳定当事人之间的法律关系。晚近理论界出现了另一种关于司法确认裁定具有部分既判力的声音，认为该裁定因程序保障机能弱，而不足以形成积极效果，仅符合既判力的消极作用即禁止一事再诉，但是它不会对起诉产生预先确定的影响。①

笔者认为，赋予司法确认裁定积极既判力是不妥的。司法确认程序的目的旨在通过简单迅速且成本低廉的方式实现纠纷的彻底解决，当事人达成人民调解协议本身也是以自愿让渡部分权利为代价从而寻找解决纠纷最经济的模式为前提。如果确认裁定具有积极既判力，一方面法院在作出确认裁定前的司法审查环节会因担心作出错误的裁定而影响后诉，从而选择过于严苛的审查方式，另一方面当事人也会在调解协议的达成过程中因担心妥协行为会对未来诉讼产生于己不利的效果，从而在调解方案制作过程中毫不退让，这就在无形之中大大降低了司法确认制度的适用效率。② 因此，合理的做法是赋予该确认裁定以消极既判力。消极既判力与禁止一事再诉的诉讼原理密不可分，作为诉讼制度而言，重复审判不仅是不经济的，而且极有可能导致同一案件产生矛盾判决，进而引发司法秩序的混乱。因此从达到一次性解决纠纷的效果来看，应当赋予司法确认裁定以消极既判力，并且这种做法更加印证了前文司法确认程序具有“交错适用性”的观点，即一方面针对该裁定的救济措施中应当注重保障当事人的程序性权利，另一方面救济措施不应适用再审这种较为复杂且会造成不经济的诉讼程序，这也符合现行《民事诉讼法解释》禁止当事人对司法确认裁定提起再审的规范意旨。

四、司法确认错误当事人救济程序的矫正

当今社会法治理念深入人心，所有具有社会影响力的行为都有相应的良性法律规则和标准进行指导。让司法实践在法律框架内进行，这是社会主义法治的题中之意。当前，针对司法确认错误当事人救济问题，立法的不明确导致实践中乱象重重，这有损法律的高度统一性和权威性。经过前文分析可知，司法确认程序

---

① 郑荣聪：《论司法确认的效力及其错误救济》，载《西南政法大学学报》2014 年第 1 期。

② 孙诗宇：《诉调对接背景下司法确认裁定书之效力》，载《山西省政法管理干部学院学报》2019 年第 1 期。

兼具诉讼和非讼的双重性质，司法确认裁定应当具有消极既判力。那么在遵循这个理论的指导下，当司法确认的裁定出现错误后，当事人该通过什么手段进行权利救济呢？

我国民事诉讼程序改革方向再次处于分歧口，民事程序内部仍然处于一种混沌的状况，与诉讼程序相对应的非讼程序尚未建立，由此导致的结果是法院不得不以纠纷为目标，以诉讼程序为主要路径疲于应对纠纷解决。[①] 笔者认为，因司法确认错误而导致当事人利益受损的问题，并非简单地通过修改或增设某一法律条款就能解决，必须从制度本身入手，并结合与之相关的其他措施，多管齐下以实现人民调解协议司法确认程序制度与实践的良性互动。

（一）改良现有的救济条款

1. 将“可以申请异议”改成“应当申请异议”。有学者提出，立法从“大处”讲要反映立法者的规范意图，为司法者提供适用指引，从“小处”讲要精确传达制度理念和操作细节，避免误解和误用。[②] 制度的价值在于实施，但《民事诉讼法解释》第374条规定的救济制度在司法实践中的运行状况并不令人乐观。所以需要对现行救济的规定重新审视其规范意旨。从逻辑学的角度看，语言是思维的形式，逻辑是思维的规律。任何具体思维都有它的内容，也有它的形式。在各个不同领域的具体思维中，都要应用“所有……都是……”或者“如果……那么……”这些思维因素。[③] 逻辑学在研究假言命题及假言推理时所适用的充分条件就是“如果……那么……”的模式。意思是说，如果能从命题p推出命题q，则称p是q的充分条件，简言之，有p就一定有q。用逻辑学的语言重述《民事诉讼法解释》第374条，就是“适用特别程序作出的判决、裁定，如果当事人、利害关系人认为有错误的，那么就应当向作出该判决、裁定的人民法院提出异议”。综上，未来我国《民事诉讼法》在吸纳《民事诉讼法解释》入基本法时，将《民事诉讼法解释》第374条中的“可以申请异议”修改为“应

---

① 郝振江：《论我国法院调解与审判的程序分离》，载《暨南学报（哲学社会科学版）》2017年第9期。

② 张艳：《民事上诉审撤回起诉规则的解释论》，载《华东政法大学学报》2016年第6期。

③ “形式逻辑”词条，载百度网，https：//baike. baidu. com/item/形式逻辑/4499，最后访问时间：2020年9月22日。

当申请异议”才是应有之义，如此一来也会杜绝法院错用再审制度救济当事人权利的做法。

2. 细化当事人因调解协议违背真实意愿申请异议时“自愿性审查”的具体标准。如前文所述，为了确保人民调解协议司法确认程序争议解决功能实现的公正性与彻底性，避免解决争议的司法确认程序蜕变为争议制造的程序，法院应从一开始就对司法确认裁定进行实质审查。[①] 当司法确认裁定出现错误时，尤其是在一方当事人已经提出对调解协议效力的质疑，并提供证据证明违背自己的真实意愿时，法官更是要迅速介入案件，实质性地开展对调解协议效力的救济审理。具体而言，法官可以参照合同法中合意瑕疵的审查规则进行自愿性审查。第一，当事人提出调解协议是违反自己意愿的，应当提供相应的证据，如关于合意瑕疵是由于欺诈、误解、胁迫等行为导致的，行为与合意之间存在因果关系；第二，应当将损害作为附加条件，当事人申请异议时应当将自己因该错误裁定所遭受的损害作为申请条件之一；第三，法院在判断损害时应当采用“一事一议”的原则，结合当事人的具体条件进行考虑。对于弱势的一方，应给与更多的关注和保护。除此之外，法官还应结合当事人的年龄、文化程度或其他主观条件，以及调解员的品质和调解程序的公平性，以此来最大限度地挽回当事人因错误的司法确认裁定所遭受的损失，对当事人的权利进行更好的保护和救济。[②]

（二）对接其他的救济措施

1. 甄别责任主体。责任是现代法治社会保障之基础。造成司法确认出现错误时的责任主体有三：当事人、调解组织及人民法院。如果是因当事人自己的行为造成的错误，除属于《司法确认规定》与《民事诉讼法解释》中不予司法确认的情形会被法院撤销司法确认裁定外，都属于近代民法三大基本原则之一——当事人自我责任承担的体现，故不在本文讨论范围之列；如果是因为调解组织在促成双方达成人民调解协议过程中因调解员贪污受贿、徇私枉法等违规操作导致错误的，当事人可以根据《国家赔偿法》，请求调解组织或者地方司法局予以赔

---

① 乔欣：《民事纠纷的诉讼外解决机制研究——以构建和谐社会为背景的分析》，中国人民公安大学出版社2018年版，第156页。

② 乔欣：《民事纠纷的诉讼外解决机制研究——以构建和谐社会为背景的分析》，中国人民公安大学出版社2018年版，第156页。

偿；如果司法确认错误是因司法确认时法官有贪污受贿、徇私枉法等违法情形的给当事人造成损失的，当事人可以依照《国家赔偿法》的相关规定请求国家司法赔偿。

2. 建立预防机制。目前，现行法多是从司法确认错误后进行事后救济的角度进行考量，但笔者认为如果能通过事前预防的方式，在作出确认裁定前就将调解协议中出现的问题纠正，这样不仅可以节省司法资源，还可以提高司法确认程序的效率。具体而言，人民法院在进行司法审查时如果发现人民调解协议具有诸如文义表达不清，代理权限不明或是其他轻微违反程序法及实体法的内容，在不影响整个调解协议效力的情况下，法官可以自行召集双方当事人及调解组织负责人，在三方均在场的情况下问询相关当事人该错误内容的具体内涵并以笔录的形式进行注明。

3. 引入法官回避。为了发挥司法能动的作用，实践中有些法院会要求基层法院法官参与协助调解工作。有观点认为，参与调解的法官如果同是后续司法确认程序的独任法官，那么该法官无须回避。笔者认为程序正当性原则应当引入法官回避制度。原因在于这种调解协议是在法官的协助下达成，虽说在人民调解中法官只是起辅助作用且非调解主持人，但是一旦参与协助的法官对于双方当事人的情况和协议的内容有了一定的了解，那么后续如果允许该参与法官可以作为独任审判员确认该调解协议，该法官会基于“先入原则”，忽略对调解协议相关内容的实质审查，很可能会因此而对当事人的权利造成不当侵害，反而会使司法确认难以发挥制度本来的功效。

结　语

司法确认作为诉调对接效力衔接的一项重要制度，其设置之初的目的是为了缓解法院的司法压力，通过赋予人民调解协议强制执行力实现纠纷的一次性解决。但是随着非诉讼纠纷解决模式在全国范围推广，实践中却出现司法确认制度利用率低的现实状况。一方面，我们需要反思实践关于该项制度救济措施不明确的立法缺陷，另一方面，也在提醒学界不能仅将目光局限在利用国家强制力化解纠纷这一种途径。需要重点强调的是，我们不能因为该项制度在立法上可以修正的缺陷和在实践中可以克服的弊端而否定司法确认本身存在的价值。本文对于司法确认错误当事人救济措施的完善建议上略显空泛，没有针对机制本身的限度而提出更为全面的对策，期待学界在未来针对该制度的缺陷有更深入的研究。

第二编

中国调解的实践探索

专题九　论新时代大调解工作格局的构建

熊　飞*

一、新时代对调解工作的新要求

一是人民群众对调解工作提出了新要求。随着我国社会主要矛盾的变化，人民群众对调解工作也提出了新的更高要求，调解工作需要更加强调法治、专业、智能、权威。

二是党中央对调解工作提出了新要求。党的十八大和十八届三中、四中全会，以及党的十九届四中全会，都对调解工作作出了部署。中共中央、国务院印发的《法治政府建设实施纲要（2015—2020年）》《关于抓好“三农”领域重点工作确保如期实现全面小康的意见》（2020年中央1号文件）；中办、国办印发的《关于加强和改进乡村治理的指导意见》《关于加快推进公共法律服务体系建设的意见》等，都对调解工作提出了要求。

三是社会矛盾纠纷形势对调解工作提出了新要求。一方面，当前矛盾纠纷的主体日益多元，类型越发多样，跨界关联现象突出，化解难度加大。另一方面，人民法院案多人少的矛盾进一步加剧，迫切需要把非诉讼纠纷解决机制挺在前面。

四是国际调解的新发展对调解工作提出了新要求。我国政府首批签署了《新加坡调解公约》，对国内调解的理念、调解组织的主体资格、调解协议的法律效力等都将产生影响，需要在顶层设计和制度衔接上作出应对。

---

* 熊飞，司法部人民参与和促进法治局调解处副处长。

二、大调解工作格局的内涵解析

首先，大调解工作格局的基础应是多元，而不是一元。不论是人民调解、行政调解、司法调解，还是行业调解、律师调解、商事调解，都各有优势和特点，各类调解之间应该分工协作、优势互补，共同树立调解的良好形象，不断提高调解工作的权威性和影响力。

其次，大调解工作格局应重在衔接联动，形成合力。从党的十八大到十八届三中、四中全会，再到党的十九届四中全会，均强调要完善人民调解、行政调解、司法调解联动工作体系。在促进各类调解有序发展的基础上，应当注重加强各类调解的衔接联动，这是构建大调解工作格局的重要内容和主要目标。

最后，大调解工作格局要立足实际，体现中国特色。调解是一种独立于诉讼和仲裁的纠纷解决方式，有自身的特点、规律和价值追求。调解制度的发展有一个过程，对调解的认识也有一个过程，既要考虑调解工作自身的实际，也要考虑中国的国情和社会接受的程度，积极稳妥推进调解工作创新发展。

三、近年来调解工作取得的成果

一是在构建新时代大调解工作格局方面。2019 年，司法部召开首次全国调解工作会议，明确提出构建以人民调解为基础，人民调解、行政调解、行业性专业性调解、司法调解优势互补、有机衔接、协调联动的大调解工作格局。20 多个省份出台了诉调对接、公调对接、访调对接等衔接联动工作机制的意见，通过在基层人民法院、公安派出所、信访等部门设立派驻人民调解工作室，接受有关部门移交委托开展调解，有效缓解了法院、公安和信访等部门的工作压力。目前，全国共设立派驻基层人民法院人民调解组织 2800 余个，派驻公安派出所人民调解组织 1.3 万个，派驻信访部门人民调解组织 3700 个。上海、江苏、辽宁、黑龙江、吉林、湖北、河南等地积极推进市、县（市、区）人民调解中心建设，打造综合性、一站式矛盾纠纷调解工作平台。据不完全统计，目前各地共建立人民调解中心 950 余个。司法部先后在湘潭大学、上海政法学院设立调解理论研究与人才培训基地，加强对调解制度的理论研究和实践总结。

二是在加强人民调解工作方面。目前，全国共有人民调解委员会 73.4 万个，其中村（社区）调委会 64.3 万个，乡镇（街道）调委会 4.2 万个；行业性、专业性人民调解组织 3.8 万个，派驻有关部门人民调解组织 2.5 万个，基本形成了覆盖城乡和重点行业专业领域的人民调解组织网络。各地贯彻落实《关于推进商会人民调解工作的意见》《关于推进个人调解工作室建设的指导意见》，目前，全国共建立商会人民调解组织 1200 余个，个人调解工作室 12300 余个。2018 年中央全面深化改革委员会第一次会议审议通过并由中央政法委、最高人民法院、司法部等六部门联合印发的《关于加强人民调解员队伍建设的意见》，对人民调解员队伍的选聘、培训、管理、保障等作出了全面规定。在巩固规范兼职人民调解员队伍的同时，大力加强专职人民调解员队伍建设，优化队伍结构，提升队伍素质，出台了《关于开展人民调解员等级评定工作的意见》。目前，全国共有人民调解员 337.8 万人，其中专职人民调解员 36.9 万人。司法部选聘了两批共 20 名全国人民调解专家，创办了人民调解大讲堂，共约 90 万人参加了视频培训。

三是在加强行业性专业性调解和行政调解工作方面。司法部会同有关部门下发了一系列文件，推动调解工作领域从传统的婚姻家庭、邻里、房屋宅基地、生产经营、小额债务、轻微侵权等常见多发的矛盾纠纷，逐渐向医疗、道路交通、劳动争议、物业、消费、旅游、金融、保险、知识产权、互联网等领域拓展。特别是医疗纠纷人民调解工作成效显著，目前，医疗纠纷人民调解组织已覆盖全国 80% 以上的县级行政区域，每年有 60% 的医疗纠纷通过人民调解方式得以有效化解。自 2013 年以来，全国医疗纠纷总量、涉医案件数量持续下降，医疗机构诊疗秩序明显好转。2018 年，国务院颁布了《医疗纠纷预防和处理条例》，明确将人民调解作为处理医疗纠纷的法定途径和重要渠道。司法部举办上海合作组织法律服务国际论坛，参加国际调解高峰论坛、粤港澳大湾区法治建设座谈会，加强与商务部、中国贸促会等部门的沟通，共同指导推进商事调解工作，服务“一带一路”、粤港澳大湾区、海南自贸港和各地自贸区建设。会同最高人民法院部署开展和扩大律师调解试点。会同国家发展改革委、教育部、民政部、国家知识产权局等部门，拓展在价格争议、校园安全事故、养老服务、知识产权等领域开展行政调解工作。

四、大调解工作格局的构建路径

一是明确职责分工，加强顶层设计。调解工作涉及的部门多，必须厘清各部门的职责，防止缺位、越位，这是做好顶层设计、加强调解工作指导管理的前提。2018 年之前，司法行政机关仅负责指导人民调解工作，根据新的“三定”方案，人民调解、行政调解、行业性专业性调解均由司法行政机关负责指导。因此，笔者认为需要厘清三种职责分工：党委政法委、人民法院、司法行政机关的职责分工；司法行政机关与相关行政主管部门、职能部门的职责分工；司法行政机关与调解协会的职责分工。

二是促进多元调解，实现有序发展。主要包括三个方面：一是当前调解的类型较多，需要科学界定各类调解的性质、内涵和范围，避免调解种类过多过滥；二是明确各类调解的职责定位，在大调解工作格局中，不同的调解扮演的角色发挥的作用不同，应明确人民调解、行政调解、行业性专业性调解、司法调解在大调解工作格局中的职责定位；三是制定区域内调解工作的发展规划，加强分类指导，避免资源浪费和恶性竞争。

三是建立工作平台，加强统筹协调。当前调解工作存在的一个突出问题是衔接联动不够。因此，笔者建议，应依托公共法律服务中心等，建立综合性、一站式的矛盾纠纷调解中心，作为三调联动的工作平台，主要承担以下职责：集成各类行业性、专业性调解组织，实现资源整合、人员共享；统一受理法院、相关行政机关移交委托的矛盾纠纷，并进行分流、督办、统计，开展分析研判；培育孵化新型调解组织；负责辖区内调解员的岗前培训和资质认定；对辖区内重大复杂疑难矛盾纠纷，统筹辖区内调解资源和公共法律服务资源联动化解。

专题十　多元调解的机遇、挑战与实践中的探索

翟晶敏*

北京多元调解发展促进会（以下简称北京调促会）成立四年来，在北京市委政法委、首都综治办和北京市高级人民法院指导、支持下，在北京市司法局、民政局的关心帮助下，发挥“枢纽型社会组织”作用，为北京和谐建设作出了积极的努力。同时，北京调促会是全国为数不多的没有政府经费支持，完全是市场化运作模式运行的调解组织。

北京调促会紧密结合中央政法委“矛盾纠纷多元化解工作创新项目”（本会调研报告获中央政法委2016年优秀创新项目奖）的实施，大胆创新、勇于探索，取得了一定的成绩。2016年9月，被北京市列为枢纽型社会组织，2019年3月又被北京市评为5A级社会组织。截至2019年10月底，经本会及会员单位帮助北京法院诉前分流案件20万余件，承办法院委托、委派调解案件52119件。北京市高级人民法院专题报道了（北京高院信息专报48期）“北京法院探索依托北京多元调解发展促进会诉前化解重大案件纠纷成效初显”的工作情况，人民日报内参（2018年第190期、第191期）刊登“以社会化调解拓宽矛盾纠纷化解渠道——对北京多元调解发展促进会的调研（上）”“社会组织参与矛盾化解仍须突破多重瓶颈——对北京多元调解发展促进会的调研（下）”的专题报道。中央全面深化改革委员会办公室以“打造‘枫桥经验’升级版”为专题（改革情况交流总第721期）对本会的创新改革经验进行了报道。我们虽然在行业性、专业性和商事调解方面做了一些探索，但我们也清醒地看到了发展中出现的问

* 翟晶敏，北京多元调解发展促进会会长。

题，下面结合我们的工作实践，谈谈多元调解机遇与挑战及在实践中的探索与思考。

一、多元调解迎来的机遇

调解的多元化为调解的发展带来了更多可能性，具体有以下几个方面：

第一，中央已明确多元调解作为社会治理的重要举措予以重视。加强多元调解工作已成为社会各方面的共识。

第二，司法改革“立案登记制”与“法官员额制”同时实施，另外中国独特的审限制度，使法院“案多人少”的矛盾突出，而多元调解分流案件是解决这一矛盾的重要途径，故而法院对此空前重视。

第三，调解比诉讼高效便捷、平等协商、实质性解决争议、节省成本、不伤和气、保密性强等优势越来越被人们认识，选择调解解决争议的趋势开始显露。

第四，多方参与，汇集更多优质资源。社会力量、仲裁机构、行业协会、公证、律师、退休司法人员等的参与，使调解从基层向高端化、专业化发展，由点到面扩展，逐步覆盖全社会各个领域。

第五，受社会发展、立法滞后、政策调整等因素的影响以及对法律的不同理解，法院对一些案件很难处理，同案不同判问题突出，很多案件法院通过审判难以解决，而调解就能够解决这些难题。

第六，正常的法治社会，涉及行为规范指引的案件，应当由法院通过判决来规范，这类案件数量是较少，而不涉及行为规则的案件则应当由调解等非诉讼方式解决，这类案件占有很大比例，如果这类案件都集中到法院，法院则没有精力去解决那些应当解决的问题，这将给法治建设带来很大的影响。面对“诉讼爆炸”，调解是把法院从繁杂的案件中解脱出来，集中精力解决那些应当解决的问题。

第七，受注重调解解决争议的国际趋势的影响，国内调解组织与国际调解组织的互相影响、互相促进的发展形势良好。

二、多元调解面临的挑战

调解的多元化不仅带来了新的机遇，也给调解观念、调解组织、调解人员职业要求、诉调对接机制等提出更高要求。具体如下：

第一，观念上的不统一，分工不明确。人民调解是否要全面覆盖多元调解。是否要在人民调解的范围外，建立新的行业性、专业性、商事调解和解决行政诉讼争议的调解组织。

第二，行业性、专业性调解组织长期处于无序、盲目发展状态。需要统一整合和规范。

第三，行业性、专业性调解组织的影响力不足，调解的公信力弱。

第四，行业性、专业性调解组织案源严重不足，部分行业调解组织的生存堪忧。

第五，行业性、专业性调解组织与法院、仲裁机构之间尚未建立起高效便捷的调诉、调仲对接机制。

第六，在多元化解纠纷解决机制改革的背景下，现有调解人员专业素质不能完全胜任岗位需求。

第七，调解实践中遇到的抵触。分别来自以下几方的抵触：首先，来自法院的抵触。通过调解来化解法院“案多人少”的矛盾，往往院长和主管立案工作的副院长比较重视，但由于法院现行的人员编制、晋职晋级、考核体系比较重视结案数量，业务庭的主管领导和法官不太支持立案阶段调解，认为案件量下来，留下的都是“难啃的硬骨头”，业绩上不去，影响编制、考核和职级晋升。其次，律师的抵触。实践结果表明，律师因为各种利益关系，容易成为调解中的阻力，如何将律师这个重要的法律服务群体由阻力变为动力是一个新的课题。最后，来自当事人的抵触。当事人往往在双方矛盾不可调和的情况下才选择到法院诉讼，当事人由于对法院诉前调解制度不太了解，缺少对调解组织的认知度和信任度，在这种情况下，加上我国民事诉讼法要求只有双方当事人同意才能导入诉前调解程序（美国、英国通过立法强制导入），因此在实践中，涉及行业、专业和商事案件当事人不同意诉前调解的超过 80%。

第八，信息化手段在调解案件流程和管理中应用不足。

三、多元调解的实践探索

北京调促会在以下几个方面进行了探索：

第一，发挥枢纽作用，整合社会力量，积极培育发展调解组织。由初建时的13个发展到目前的137个。持证调解员由初期120名发展到目前的2056名。

第二，明确职责定位，服务保障到位。1. 制定北京多元调解发展促进会章程，明确自身职能定位，为各行业、专业、商事调解组织提供服务保障。2. 建章立制，加强行业性专业性调解组织建设。具体为：制定调解程序规范，完善诉调对接流程；制定调解员规范，提升队伍专业化水平；制定调解工作的制式文书，统一规范具体调解行为。此外，北京调促会还制定收费指导性管理规范，推动行业、专业调解组织的市场化运行；积极探索调解组织的工作规范、程序规则及绩效考核标准，加强调解组织自律，提高调解组织的整体素质和工作效率。

第三，建立示范调解中心，以实践促规范。北京调促会内部设立示范调解中心，主要由退休高级法官和专业律师组成法律服务团，为会员单位和调解员提供示范样板。

第四，完善诉调对接机制，承担案件管理职责。具体表现为以下几个方面：审核并推荐会员调解组织和调解员进入法院特邀调解组织和特邀调解员名册。目前，共有30余家会员调解单位被北京市高级法院吸纳进入名册；扩大诉调对接范围；探索行业性、专业性调解组织进驻法院开展调解的模式；承担案件管理职责，统一案件对接出、入口。

第五，为调解组织、调解员搭建交流合作平台。四年来，北京调促会组织召开由首都综治办、政府相关部门、法院、调解组织、专家学者共同参加的座谈会、研讨会二十余次，研究完善诉调对接衔接机制、经费保障、调解组织体系、调解组织主体资格问题等，全面推进行业性、专业性调解各项工作。

第六，加强国际合作与培训。北京促进会与美国伊利诺伊大学和明尼苏达大学建立了培训合作关系，组织人员与美国著名调解机构JAMS和加拿大ADR Chamber、新加坡MAXWELL开放平台进行了考察和交流。

第七，推动信息化建设。筹建与法院的委托调解信息管理系统。在北京法院大力推进立案阶段多元调解的背景下，法院向行业性、专业性调解组织委派或委托调解案件将会呈快速增长趋势。在北京高院的支持下，与法院对接的调解信息系统方案和软件程序设计已完成，正在试运行过程中。

四、多元调解的完善思考

面对多元调解工作的机遇、挑战和在实践中的经验、教训总结，对下一步开展调解工作有以下几方面的思考：

第一，积极推进调解前置程序立法。超过 80% 的案件不能导入调解程序，而进入调解程序的调解成功率到达 70% 以上。美国、英国都是通过立法解决这一问题的。如果我国不在立法上突破，大量的案件不会进入调解程序。

第二，进一步完善调解员培训、考评和资格准入制度。行业性、专业性和商事调解对调解员有更高的要求，必须像仲裁员一样具有较高的资格要求，否则不能胜任工作。

第三，进一步完善诉调对接机制。由于现有的调解规则中缺乏调解的规范、类型化案件司法确认标准、无争议事实记载机制、中立评估机制，在医疗卫生、不动产、建筑工程、知识产权、环境保护等纠纷领域中评估、鉴定机制尚未形成完整的体系，制约了调解的成效，减损了调解的价值。

第四，着力解决调解组织不具备主体资格的问题。

第五，在强调调解与审判对接的同时，注重调解与仲裁和公证的对接。

第六，充分发挥律师在行业性专业性调解中的作用。法院引入律师调解法院受理的诉讼案件，也要解决律师与法官的隔离带问题（如：1. 与法官形成利益共同体；2. 过问法院审理的案件；3. 泄露法院审判信息；4. 借机扩展律师业务；5. 利益冲突，调解与代理案件的回避问题等）。探索推动诉源治理，将律师事务所代理的案件由过去的导入法院转变为导入调解组织，从源头上减轻法院审判压力。

第七，经费保障和税收政策上的支持。由于目前我国商业、专业、商事调解还没有实现市场化，商业、专业、商事调解组织普遍缺少经费保障，生存困难。为解决这一问题，一是政府在财政上要给予扶持，二是在税收上给予支持，对公益性非营利的调解组织实行免税的优惠政策。

第八，充分发挥信息化技术在调解中的优势。与法院共建，集在线调解、在线立案、在线司法确认、在线审判、电子督促程序、电子送达等为一体的纠纷解决信息平台，实现纠纷解决的案件预判、信息共享、资源整合、数据分析等功能，促使多元化纠纷解决机制的信息化发展。信息化建设的费用可以由政府支持（浙江），也可以由法院支持（北京），也可以进行市场化探索。

专题十一　调解前置程序的实践及完善

杨　艳*

2015年底，中共中央办公厅、国务院办公厅联合印发《关于完善矛盾纠纷多元化解机制的意见》（以下简称《中央60号文》）和2016年最高人民法院印发《关于人民法院进一步深化多元化纠纷解决机制改革的意见》（以下简称《多元化解意见》）第27条均提出鼓励有条件的基层法院积极探索调解前置程序。北京、上海、安徽等地法院积极开展了调解前置程序的探索。笔者将在明确调解前置程序概念和定位的基础上，以北京法院调解前置程序的实践为例，提出完善调解前置程序的建议。

一、调解前置程序的概念及定位

调解前置程序概念是：法律将调解设定为某些适宜调解的民事纠纷进入诉讼前的前置程序，当事人明确拒绝调解或者调解不成时再行诉讼。它与域外一些国家实行的强制调解有本质差别，不得违反当事人意愿进行调解。具体表述为：对于法律规定的特定类型的、适宜调解的民事纠纷，在当事人起诉至法院、尚未登记立案前，经当事人申请调解（明示同意先行调解）、双方当事人合意（合意选择先行调解），或者当事人不明确拒绝调解（默示同意先行调解）的，法院将案件委派至法院聘请的特邀调解员或与法院建立诉调对接关系的特邀调解组织先行调解，调解不成时，再将案件正式立案转入诉讼程序。目前来看，调解前置程序

* 杨艳，北京市高级人民法院立案庭庭长。

还不是一项法律意义上的程序制度，只是法院依据《民事诉讼法》先行调解制度开展的一项具有创新性的工作机制。

调解前置是激活非诉讼调解组织发展，推进非诉讼纠纷解决机制落地的关键所在。其核心目的是充分发挥非诉讼调解在解决纠纷中的优势和作用，扩大调解这种纠纷解决方式的利用率，提高调解解决纠纷的成效，及时实现当事人合法权益，使非诉讼调解逐步发展成为当事人解决纠纷的主要渠道。

最高人民法院《多元化解意见》第27条提出鼓励有条件的基层法院积极探索调解前置程序，但明确不得违反调解自愿原则。探索其法律渊源，可以追寻到《民事诉讼法》第122条规定的先行调解制度。该条规定“当事人起诉到人民法院的民事纠纷，适宜调解的，先行调解，但当事人拒绝调解的除外”。该条规定只是以描述的方式对先行调解这一崭新的法律制度作了规定，对于条文中的关键术语，如“先行”“适宜调解”等或包含多种含义，或指代范围不明，导致先行调解制度适用于审判实践时出现了定位不准、调解主体不明、适用调解不清、程序失范等多种问题。正是《民事诉讼法》第122条先行调解制度立法的不完善，为法院以先行调解制度为法律依据，创新实践调解前置程序留下了足够的空间，也为未来调解前置程序的立法留下了空间。

调解前置程序将调解置于法院立案前，特邀调解员或者特邀调解组织接受法院的委托或者委派开展调解，调解程序与诉讼程序衔接紧密，达不成调解协议的，法院可以予以立案并直接进入诉讼程序，具备了诉讼与非诉讼相衔接的矛盾纠纷解决机制的内核，应属于司法附设ADR的范畴。

二、北京法院调解前置程序的实践

北京法院立足首都超大城市特点，以探索调解前置程序为重点，大力推进“多元调解+速裁”工作机制，打造诉讼前端快调速审、后端精审细判的审判工作格局。其中，对调解前置程序的适用范围、制度和规则进行规范。

一是扩大适用调解前置程序的纠纷类型范围。从《民事诉讼法》第122条入手，明确适宜适用调解前置程序的案件、选择适用调解前置程序的案件和不得适用调解前置程序的三类案件。首先，根据最高人民法院《多元化解意见》第27条的列举式规定，对于家事纠纷、相邻关系、小额债务、物业管理、消费者权益保护、交通事故、医疗纠纷7类纠纷，各地法院可以依当事人默示启动调解，在登记立案前应适用调解前置程序。但当事人明确表示拒绝的除外。其他纠纷，可依当事人申请选择调解前置程序；当事人双方事先有调解合意的，应在登记立案前适用调解前置程序。对于法律规定不得调解或者不适宜调解的纠纷，不得适用调解前置程序。

二是建立法官全程指导调解的制度。明确速裁法官全程指导调解，分配案件、确定调解员、调解员回避、确定首次调解日期、虚假调解的处理、第三人参与调解、调解过程中的保全、委托鉴定、调查取证、调解终止等事项均由速裁法官决定，确保先行调解的合法性和规范性。

三是对先行调解过程中的程序性事项在诉讼中的效力予以明确。包括当事人在先行调解过程中向法院递交起诉状的行为发生诉讼时效中断的法律效力；调解员的送达，整理的争议焦点、记载的无争议事实，先行调解过程中调取的证据、鉴定意见等在诉讼中的效力等。

四是调审紧密衔接。委派调解成功的案件，当事人申请司法确认的，由速裁法官及时审查并出具司法确认裁定或调解书；调解不成但事实清楚、权利义务关系明确、当事人争议不大的纠纷，立案后由速裁法官利用调解过程中查清的事实和固定的证据快速审理，疑难复杂、新类型案件及时立案移转后端审判庭进行精细化审理。

为推进调解前置程序，北京法院不断完善“多元调解+速裁”工作机制：一是构建了集人民调解、行业性专业性调解、律师调解等在内的全方位、立体化诉前多元调解体系。二是将“多元调解+速裁”工作统一纳入各院立案庭职责范围，通过统一管理优化资源配置，提高工作效能。三是研发了“分调裁一体化平台”和“北京法院微诉讼平台”，集合了案件繁简分流、多元调解案件管理、在线调解、类型化案件要素式裁判文书自动生成等多种功能，帮助当事人提升诉讼能力、预测诉讼成本和风险，为当事人自主查询调解案件、交纳诉讼费提供便利，实现了调解工作流程全公开。四是多元调解经费、诉调对接中心场地得到保障，多元调解被纳入“平安北京建设考核指标体系”，有力调动了党委、政府支持保障这项工作的积极性。

2020年1月至11月，全市法院“多元调解+速裁”机制共结案310696件，比去年同期增长46.9%，用约22%的民事员额法官审结了65.1%的一审民事案件，平均审理期限44天。多调解前置程序推动案件繁简分流，促进纠纷基层和源头化解的作用开始显现。1—11月全市法院民商事案件收案增量和增幅同比出现下降态势，增量同比下降33997件，增幅同比降低6.6个百分点。石景山等七家基层法院民事新收案件量出现下降态势。

三、完善调解前置程序的建议

1. 明确目标：以先行调解为切入点，推动调解前置程序法定化，提升非诉讼调解的认知度和成效，激活非诉讼调解组织活力。

2. 设置模式：以法院为中心建设紧密型诉调对接机制，加强法院对非诉讼调解的指导和保障。司法实践表明，非诉讼调解渠道的便捷程度是影响当事人对多元调解认同度的重要因素，让当事人感受到多元调解的便捷高效，对于调解前置程序的顺利实施非常有必要。在法院内部设置非诉讼调解机构，为当事人提供门对门的多元调解服务，逐步扩展到街乡和各行业。同时，我国当前的民间调解，与新的环境下人们在法律框架内、规则指引下调解纠纷的新需求相比还有一定差距，且多元调解程序不够规范，管理和监督制约缺乏，需要法院的专业指导、程序规制和司法强制力的保障。因此，建议将调解前置程序作为司法程序的组成部分，在先行试点阶段，选定特定案由，对接特定调解组织或特邀调解员，在法院专设机构和司法人员，建立紧密型诉调对接模式，法官指导调解员开展调解，调解程序与审判程序紧密衔接，司法程序为调解程序提供强有力的司法保障。

3. 建立调解前置程序具体规则。围绕在法院附设、紧密对接的诉调对接工作模式，从调解员选任、调解日期确定、调解进程的推进，到调审衔接，调裁一体制度构建，都需要在法院主导下进行。

4. 完善配套保障措施。完善调解组织和调解员管理机制；完善调解员经费、调解场地配套保障，推动调解前置程序成效提升；依托信息化手段，实现调解前置程序的规范化管理，实现调解全程留痕，便利群众参加诉讼，发挥大数据、人工智能辅助社会治理的功能。

专题十二　新时代村居矛盾纠纷联动调解机制的重塑

——以 S 市 K 区村居矛盾化解为分析蓝本

王　全*

引　言

村居矛盾纠纷化解是“乡村振兴”战略的重要组成部分和“枫桥经验”创新发展的主战场，更是国家治理体系和治理能力现代化在农村的具体实践。改革开放 40 多年以来，农村富余劳动力大量外溢到城市，很多人开启了城市和农村之间“两栖”生活模式，在这种人员快速流动的新型城镇化过程中，村居民价值理念、社会认知、维权意识等发生了巨大转变，主体意识得以明显增强。与此同时，农村亦不断受到自由、平等、公正、法治等观念影响而由传统转向现代，村居矛盾纠纷因而呈现出主体利益多元化、纠纷种类多样化、纠纷内容复杂化等新特点。因此，立足新时代视域考察纠纷数量、类型的变化，充分认清解纷现状和困境，重塑村居矛盾纠纷解决机制，对实现农村社会治理能力创新和社会稳定具有重要的理论价值和实践意义，亦是对“枫桥经验”的传承和发展。

* 王全，浙江省绍兴市柯桥区人民法院法官。

一、S市K区村居矛盾纠纷化解的总体情况

S市K区面积共1066平方公里，户籍人口68.8万，常住人口超100万，下辖11个街道、5个镇、341个村居社区，拥有1个国家级开发区、2个省级开发区，综合实力位居全国百强区第11位，区域经济在全国处于领先水平。K区作为长三角经济带社会经济高度发展的一个区域缩影，属于从传统向现代转型的典型代表，其农村社会经济发达，流动人口多，人际交往频繁，矛盾纠纷种类多样。同时，当地党委、政府投入大量人力、物力、财力用于多元化矛盾纠纷化解，人民法庭、司法所、派出所、人民调解委员会等解纷主体人员、设施配置较为完善，故针对该区进行村居矛盾纠纷研究具有较强的典型意义。本文按照实证主义研究范式，选取了K区5个镇街、3个乡镇派出所、3个乡镇司法所、15个村居，通过问卷调查、走访村居、座谈研讨等调研方式，对区域矛盾纠纷进行定性与定量分析，为进一步提炼共性问题、分析深层原因、重塑解纷机制奠定基础。

（一）矛盾纠纷的主要类型

在调查问卷上，共列举了10种常见矛盾纠纷类型，包括征地拆迁纠纷、婚姻家庭纠纷、相邻关系纠纷、物业服务纠纷、劳动争议纠纷、交通事故纠纷、合同纠纷、侵权损害纠纷、农村土地纠纷、民间借贷纠纷。调查结果显示，受调查村居民选出的四类高发矛盾纠纷分别为相邻关系纠纷、婚姻家庭纠纷、农村土地纠纷、征地拆迁纠纷。

从图1可知，村居民选出的高发纠纷类型仍是与村居生活关系密切的传统纠纷类型为主，但通过走访村（居）委会、司法所、派出所等基层组织发现，村居的交通事故、民间借贷、劳动争议等纠纷呈逐年上升趋势。且当前村居纠纷的一大特点表现为矛盾纠纷主体多元化，通常表现为本村村民之间、村民与外村人之间、村民与政府之间、村民与企业之间等，而传统村居纠纷主体较为单一。这一特点不仅导致纠纷化解难度的提升，也直接影响了村居民对纠纷解决方式的选择。

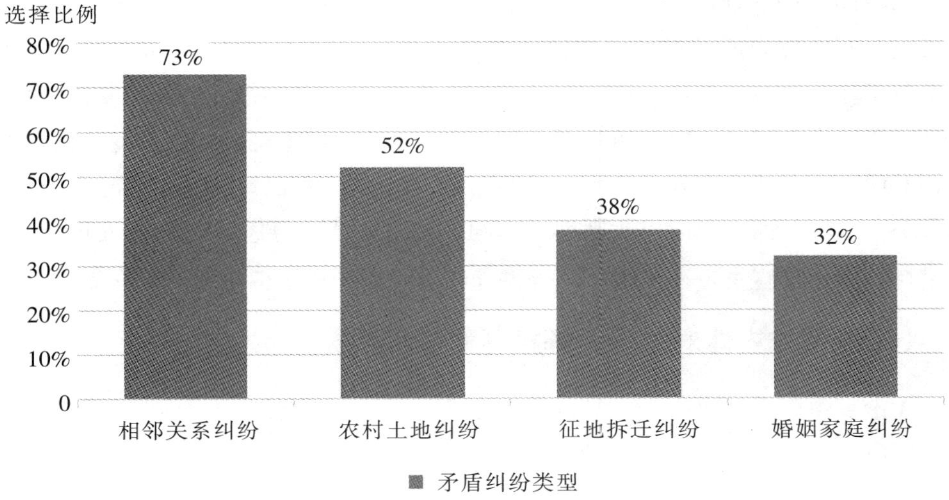

图1　受访村居民选取的四类高发矛盾纠纷类型

（二）矛盾纠纷化解机制的运行现状

一般而言，调解、和解是维系村居秩序的基本方式，村居民更愿意通过内部权威和私下调解等形式解决纠纷。① 但从问卷调查的结果来看，村居民并不排斥通过司法诉讼的方式来维护自身权益，村居民在与他人发生纠纷后，有13%的人首先想到的是通过诉讼；32%的受访对象想到的是“算了，忍一忍”，有23%的受访对象想到的是自行协商；有3%的受访对象想到的是找亲戚朋友帮忙；有22%的村居民愿意接受来自国家机构的调处（包括镇政府、村主任或村委会、派出所、司法所等机构）。值得注意的是，寻求村主任、村（居）委会或者有威望的人解决纠纷的比例高达22%，部分村居负责人也表示村居民遇到纠纷一般会求助于村主任或村（居）委会书记，说明村（居）委会依靠自身力量获得了很多村居民的信任与认可，这些都将成为非诉讼纠纷解决机制应用的重要基础。

就矛盾纠纷化解现状而言，通过从村（居）委会、司法所、派出所、乡镇

① 吴毅：《村治变迁中的权威与秩序——20世纪川东双村的表达》，社会科学出版社2014年版，第278页。

道街采集的数据不难发现，各村居基本都有固定的调解人员，有的村居设有乡贤调解室，有的村居还设置了“村民说事接待日”制度，并邀请律师、民警、相关部门工作人员参与调解工作。村居调解机制处理较多的矛盾是邻里纠纷，对于经济纠纷、涉外村居人员的纠纷则很难介入。基层司法所基本都配有专门调解人员，专门调解工作室，处理的矛盾纠纷主要类型涵盖拆迁、工伤、道路交通、婚约等多个领域。而乡镇派出所则囿于时间、精力、能力等因素，往往处理治安、人身侵权类案件较多，对于婚约、劳资等纠纷一般移送其他相关部门处理。

（三）多方主体对村居调解机制的认可情况

无论乡镇街道、司法所、派出所，还是村（居）委会 、村居民，都积极支持推广应用村居调解机制，主要原因在于：其一，村（居）委会、司法所等基层组织前期已经做了大量的基层治理工作，但各项制度体系尚未理顺，可通过重塑村居调解机制的方式，总结提炼前期工作成果，完善相应的工作机制；其二，为村居民化解矛盾纠纷提供了极大的便利，当前村居民遇到在村居处无法化解的矛盾时，往往采用诉讼的方式解决纠纷。但该方式不仅耗时耗力，而且不一定获得满意的结果。若形成村居矛盾纠纷联动调解大格局，村居民即使遇到村居处无法解决的纠纷，也可通过多方主体参与及时化解，有效降低解纷成本；其三，联动调解机制的广泛应用，可进一步优化资源配置，尽可能减少矛盾纠纷的无序处理、无效化解。

二、当前村居矛盾调解机制的运行掣肘与实施困境

基于对村居矛盾纠纷的实证考察，发现调解等非诉讼纠纷解决机制仍旧存在较大的制度适用空间，但由于乡村社会结构的转型、解纷制度逻辑不清晰、配套保障不健全等诸多问题，致使调解机制并未充分发挥应有的功能效用，在具体推进实施中遭遇多重困境。

（一）传统调解模式的信任度、权威性逐渐降低

当前村居民认为最有效的矛盾纠纷解决方式是调解与诉讼，这说明受现代文明影响，村居民的权利本位意识和主体意识越来越得到强化。当人们对法律知识

有了一定了解之后，在纠纷化解时会倾向于选择法律渠道[①]，这导致过去依靠情面、熟人的矛盾处理规则日益受到挑战；另一方面体现出传统村居权威式的乡老话语权在削弱，村居内部自我化解纠纷的能力在降低。[②] 正基于此，很多人认为基层治理与法院密不可分，也因此法官在村居民心中的享有较高地位，村居民也希望法官能够主动介入村居调解工作。调解在化解邻里纠纷上发挥着显著作用，但对于较大的矛盾纠纷，基层自治组织、司法所等主体的权威性略显不足，村居民更愿意采取诉讼方式化解纠纷。

（二）人民调解的功能出现消解、边缘化倾向

人民调解曾被誉为“东方经验”，是解决纷争、维护社会稳定的“第一道防线”。一方面，镇街司法所、村（居）调解委员会程序化的工作方式使得其解纷功能减弱，部分调解人员认为矛盾纠纷解决有人民法院兜底，所以能调则调，无法调解就引导纠纷当事人通过诉讼解决。同时人民调解员的素质普遍不高，调解技巧落后，其选任、培训和管理松散，部分案件调解的做法仍停留在对纠纷当事双方的唱和层次上，调解的依据则很多沿袭村居人情世故和社会习惯而非情理与法律。[③] 另一方面，现代社会纠纷的类型不再局限于传统的邻里、婚姻家庭纠纷，对于一些新型的合同、知识产权、医疗等纠纷，很难单靠调解人员的名望与威信能够化解，即便是诸如民间借贷等经济纠纷也很难介入，组织人员、工作方法、素质水平等方面的专业性不足[④]，已经成为人民调解制度发展的一大掣肘。

（三）调解资源分散，缺乏统一协作机制

“调动多元社会力量参与，发挥国家、社会、个人多元主体的积极性，形成多元主体治理的合力，必须重视制度供给。”[⑤] 虽然村居、司法所、派出所、乡镇街道等部门的调解工作均有序开展，但截至目前，各部门的工作仍然处于相对

---

① 沈明明、王裕华：《中国农民经济纠纷解决偏好分析》，载《北京大学学报（哲学社会科学版）》2007年第3期。

② 董磊明：《宋村的调解：巨变时代的权威与秩序》，法律出版社2008年版，第151页。

③ 湖南省高级人民法院课题组：《解析困扰人民法庭推进规则之治的冲突关系》，载《人民司法》2006年第9期。

④ 罗显斌、任文启：《新时代人民调解创新发展的思考》，载《中国司法》2018年第12期。

⑤ 汪世荣：《“枫桥经验”视野下的基层社会治理制度供给研究》，载《中国法学》2018年第6期。

分散的状态，虽然偶尔也会通过人员对接进行工作指导，但在信息、资源共享以及机制衔接上仍缺乏制度供给和顶层设计，很难形成有效的协作运行机制。同时，国土、银保监、妇联、劳动保障、消协等相关部门行业调解组织参与调解工作缺乏相应的制度保障，往往依靠村居、司法所等负责人基于个案进行单线点对点对接，尚未形成一体化、常态化的基层治理工作格局。纠纷化解资源过于分散导致诉前调解工作无法形成分层过滤体系，诉前矛盾纠纷化解一旦遇阻便集中到法院，势必造成不同解纷机制间的功能紊乱，最终导致法院工作出现调解化倾向。

（四）多元调解机制之间的衔接转化不畅

对于人民调解、行业调解、行政调解、法院调解等这些现有的矛盾纠纷化解机制而言，都各自具有独立的主管部门，实践中容易出现纠纷化解流转不够畅通等问题。除此之外，还容易出现前端的纠纷解决不能为后续的其他解纷机制提供有价值的参考，后端的解纷资源不能与前端共享等问题。[①] 例如人民调解未成功的案件，人民调解员作为最初的调解人，对于纠纷当事人的心理和情况比较了解，但与司法所或法官缺乏必要的沟通衔接，导致法官必须通过庭审了解案情，重复劳动；而在案件审理阶段，法官也缺乏邀请了解案情的人民调解员再次参与调解的热情和主动性。如此的弊端在于：一方面使得纠纷当事人来回反复奔波，平添诉累，另一方面又造成司法资源和社会调解资源的浪费。

（五）调解保障机制不健全

作为一项长期性工作，村居调解工作需要经费、人员、机制作为保障支撑，而当前的各项保障机制还不够健全。就工作机制而言，区域各镇街仅仅解决了机制的有无问题，在制度规范建设方面尚有欠缺。综观调解员队伍建设，调解人员岗位不够稳定、待遇保障有待提高、经验阅历稍显不足、业务知识不够扎实等诸多问题亦亟待改善。除此之外，诸如镇街派出所等部门往往疲于办案，从事矛盾纠纷调解的人员只能由辅警兼任，其工作精力、调解能力都面临巨大的挑战；而

---

① 陈辽敏：《创新型多元化纠纷解决机制的构建与发展——以浙江省杭州市西湖区人民法院为例》，载《中国应用法学》2017 年第 3 期。

司法所等部门在聘请离退休干部、人大代表、政协委员等人员作为驻所调解员时，还面临离退休公职人员是否能够从事调解行为的制度性障碍。

三、建构新时代村居矛盾纠纷联动调解的大格局

如前所述，村居矛盾纠纷化解机制面临多重困境，如何充分发挥调解机制内在功能，理顺解纷主体关系，已然成为重塑新时代村居矛盾纠纷联动调解机制的核心问题。

“多元化纠纷解决机制的理念强调诉讼与非诉讼、法律机制与其他社会调整机制、国家权力与社会自治、公力救济与社会救济及私力救济之间的协调互动，以实现多元化的功能和价值。”① “枫桥经验”则是通过政府力量、群众力量和专业力量共同参与形成大调解工作体系，强调纠纷的事前预防和事后解决。② 村居矛盾纠纷联动调解机制的构建要以多元化纠纷解决机制的理念及“枫桥经验”为依托，解纷机制从多元化配合处理转变为一体化协调解决，加强行政、司法、社会力量之间的协作，形成矛盾纠纷预防化解“一张网”，强化基层组织部门在预防纠纷、发现纠纷、化解纠纷中的职能作用，充分发挥人民调解、行业调解、专业调解等社会解纷力量的作用，以达有效应对当前村居纠纷之目标。

（一）畅通渠道：搭建多元化纠纷调解平台

1. 村居调解组织处于纠纷调解最前沿

实践中，村居民遇到矛盾纠纷往往更愿意到村主任、村支书处寻求帮助，村居也大多配有专门调解人员，主要由村主任、乡贤、治保主任等组成，村居较小的矛盾纠纷或者初访事件基本都可以化解。但如前所述，这种矛盾纠纷化解往往更多地依赖于调解人员的威信，矛盾纠纷处理存在流程不够规范、调解人员专业性不足等问题。基于此，S市K区有的乡镇街道提出了“主职牵头、警指参与、乡贤助力、律顾联调”治保调解模式③，成立了由村主职领导兼任治保调解主

① 范愉：《多元化纠纷解决机制与和谐社会的构建》，经济科学出版社2011年版，第36页。

② 董青梅：《“枫桥经验”中的多元法治图景》，载《山东科技大学学报（社会科学版）》2018年第1期。

③ 参见S市K区Q镇委［2019］43号文件。

任，由社区民警和驻村指导员为副主任，3—5 名乡贤代表及农村法律顾问为成员的调解委员会。

笔者认为，此类举措值得借鉴，并建议以此为基础在乡镇街道层面成立“村居级调解员 + 乡贤 + 专业人士 + 党员志愿者”的调解团队，其中村居级调解员既可以是村居领导，也可以是自愿加入的村居民；乡贤不仅涉及成功企业家，还可包括离退休老干部、有威望的乡老等；专业人士包括律师顾问、行业专家、高校学者等。以上乡镇街道调解团队成员原则上都从该乡镇街道推选，因其对村居情况烂熟于心，辅之名望高、号召力强，有利于推进矛盾纠纷化解工作。

2. 司法所、派出所位于村居纠纷调解机制的一个中端

司法所是领导与管理人民调解、负责村居法律援助中心的职能机构，应当充分利用其优势地位，通过定人挂村居、每月一访等形式及时到村居解决纠纷。同时应当对村居人民调解委员会的调解、乡贤调解、法律援助中心的调解工作进行日常监督和管理，以提高其调解的能力和水平。司法所在解纷机制中扮演着非常重要的衔接者的角色，一方面，司法所对于基层群众自治组织具有指导地位，应发挥司法调解指导的作用；另一方面，司法所与人民法庭应建立联动机制，对于调解中的难题可第一时间向法院寻求智囊支援。更之，司法所还可以积极对接律师、仲裁、公证等市场化调解组织，不断提升司法所调解的专业性与权威性。

对于村居简单的治安案件如打架引起的生命权、健康权、身体权纠纷，小额的财产损害赔偿纠纷等纠纷调处由派出所受理。由于派出所具备的强势地位，纠纷当事人基于畏惧心理，比较容易接受派出所提出的调解方案。同时，在中国传统的纠纷化解中，公安部门具有意识层面的先天权威，当普通群众遇到一些生活纠纷、经济纠纷时，往往首先想到求助公安部门，这也使得基层派出所的调解具有天然的优势，在纠纷化解机制中处于一个中端位置，有利于解纷效率的提升。当然，这种治安调解应严格遵守以事实为依据、以法律为准绳的基本法治原则，否则，即使纠纷得到化解，也背离了治安调解的初衷。

3. 乡镇街道综治工作平台位于村居纠纷调解机制的另一中端

当前，S 市 K 区正通过“四个平台”建设不断完善基层治理体系，各乡镇街道正积极推进综治工作平台建设，主要以乡镇街道综治办为依托，充分发挥网格化管理的优势，联合派出所、交警中队、司法所等力量，强化综合治理、矛盾化解、维护稳定等方面的协作、联动，形成统一综合治理工作格局。由于综治工

作平台由党委政府组织搭建，其具有较强的资源整合效应，有利于吸纳其他行业部门参与到矛盾纠纷化解工作中来。因此，各地综治工作平台应主动肩负起行业领域的纠纷化解工作，集成多元手段，不断完善矛盾纠纷联合化解模式，要重点推进住保房管行业的物业纠纷调解、卫生行业的医疗纠纷调解、人力社保行业的劳动纠纷调解、银行业协会的金融借款合同纠纷调解、公安交警与保险业协会的道路交通事故纠纷调解、妇联组织的婚姻家庭纠纷调解、住建行业的房屋租赁纠纷调解、市场监管行业的知识产权纠纷调解和消费纠纷调解等。值得注意的是，综治工作平台还可以作为对其他政府职能部门的一个开放式接口，随时吸纳其他主体参与到矛盾纠纷化解机制中来。

4. 法院负责的司法诉讼与调解处于多元解纷机制的终端位置

《关于完善矛盾纠纷多元化解机制的意见》中明确“人民法院要发挥司法在矛盾纠纷多元化解机制中的引领、推动和保障作用”，司法是维护社会公平正义的“最后一道防线”，是国家对纠纷冲突的价值评价，是社会主流的价值取向，其通过裁判规范、引导民众行为，在纠纷解决机制中发挥着重要作用。具体到村居纠纷的场域，则以诉讼为中心，法院主要负责与诉讼外的解纷主体如司法所、派出所等建立对接关系，推动诉调对接、人民调解员培训、业务指导沟通、司法确认等工作。以上制度设计的初衷不仅在于人民法院在纠纷化解方面存在较强的专业性，更是基于法院是纠纷化解的最后一道防线，以纠纷化解的底线机构作为村居解纷机制的核心，更能充分发挥纠纷化解前置主体的效用，有利于整体解纷机制内在逻辑的理顺并充分发挥各主体的独特功能定位（如图2所示）。

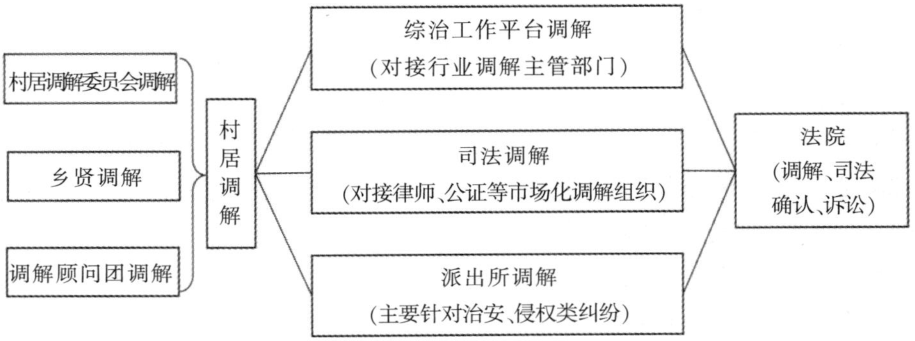

图2　村居矛盾纠纷多元调解平台

（二）制度优化：健全村居一体化纠纷调解机制

1. 规范纠纷处理流程

（1）纠纷发现机制。利用现有的综治网格，充分发挥村居网格化管理的作用，同时发动党员志愿者、村民代表、人民调解员等力量，通过党员联户、村居走访、召开村民代表大会等方式，也可借鉴个别村居实施的“村民说事接待日”等活动，加强村居矛盾纠纷的日常排查工作。对于发现的矛盾纠纷及时交由村居调解组织处理，不能处理的，报送更适宜处理的司法所、派出所或综治工作平台。而司法所、乡镇街道综治工作平台也需要定期（每月或每季度）向辖区村居收集矛盾纠纷数据及了解化解情况，并适时召开分析研讨会议，采取相应举措。

（2）纠纷化解流程。村居矛盾纠纷处理的一般流程为：当事人口头或书面申请（必要时主动介入）→受理纠纷调解并填写登记表→自行调解/多方力量参与调解→达成调解协议（可申请司法确认）→事后回访与跟进。在调解过程中，还要规范制作调解笔录，做到调解全程留痕。当然，对于不同调解主体的程序要求亦应有所不同，对村居调解组织应更加强调灵活性，其具有主动介入、就地调解、及时履行等特点，提升纠纷化解效率；而对于司法所、派出所、综治工作平台等调解主体，则调解程序更加强调依法性与规范性，避免违法强调等不当行为的出现。

2. 完善调解机制衔接与过滤体系

（1）建立调解联络员制度。构建“上下联通、左右互通、多元参与”的村居一体化解纷网络，关键在于加强解纷主体间的联络与衔接。多方主体间沟通显得十分重要，联络员制度建设是防止相互推诿的关键，也是多元主体加强合作、提升效率的保障。对于区域所有调解主体都应设置联络员，并建立联络员名册，联络员之间要形成互通之网。例如，人民法院可以设置联村法官，负责诉调对接以及定期指导矛盾纠纷化解工作；司法所、综治工作平台也应针对其他调解主体设置数名多向互通联络员，既可指导村居调解，也可求助其他调解平台；法院可指派员额法官、法官助理作为联络员常驻综治工作平台；司法所提供联动联调、简案速裁等服务。

（2）完善调解分层过滤机制。积极探索矛盾纠纷“分层递进”化解模式，村居矛盾纠纷一般先由村居调解组织（包括村级调解员、乡贤、调解顾问团等）调解，无法调解的，再根据案件特点由司法所（利用律师、公证调解优势）、派出所（主要针对治安、侵权纠纷）、综治工作平台（发挥行业调解优势）继续调解，最后仍然无法调解的，则由人民法院进行调解或裁判。引导纠纷化解层层把关、层层过滤、层层递进，最终将纠纷解决定位在诉讼层面，这样便坚守了法院是纠纷化解最后防线的制度设计初衷。当然，层层过滤并不排斥各调解主体间的相互协作、联动化解。在矛盾纠纷分层过滤机制中，法院作为最后一道防线，可借鉴实践中部分试点法院①的做法，对于特定矛盾纠纷进行调解前置处理，诸如婚姻纠纷、抚养费纠纷、道路交通事故纠纷、劳动争议纠纷、相邻关系纠纷等，当事人未经调解直接向法院起诉的，法院可将案件委派至相关主体先行调解处理。

3. 构建“一体化”调解运作机制

（1）建立定期联席会议制度。为理顺不同调解主体间的关系，充分发挥合力，关键在于从多元调解平台搭建转变为建构起一体化纠纷调解机制，使不同解纷主体既存在次序上的差异，又休戚相关，以此避免多元机制中存在的衔接转化不畅、互相推诿等问题。创新发展“枫桥经验”，可以建立调解主体定期联席会议制度，就村居矛盾纠纷运作与流转中出现的问题进行协商研讨，或制定具体工作的实施细则等。

（2）构筑纠纷预防化解“一张网”。“‘枫桥经验’的一个突出特点是不断进行基层创新，保持对各个时期基层治理的适应性。”② 当前基层治理的核心在于从多元走向一体。因此，需要在党委政府的领导下，召集行政、司法相关部门并整合社会力量，对各职能部门、机构、社会组织的职责目标予以明确，加强制度的顶层设计，使不同调解主体间的纠纷流转更加顺畅，形成调解机制一体化运作格局。如此一来，不仅可使多种调解机制实现制度功能上的融会贯通，产生符合纠纷解决内在逻辑的汇聚效应，更有利于强化权责意识、监督意识，当不同调解主体处于相互衔接的场域之下，势必会增强对权力运作的监督，有利于实现制

① 浙江省嘉兴市中级人民法院在《关于开展“无讼村（社区）”创建工作的指导意见》中规定了10类特定纠纷实行调解前置。

② 刘磊：《通过典型推动基层治理模式变迁——“枫桥经验”研究的视角转换》，载《法学家》2019年第5期。

度资源的最大化利用，从而避免实践中调解流于形式、“形调而神不调”现象的出现。

（三）人才保障：打造高素质的调解队伍

“一体化”调解运作机制有效运转的核心在于保障纠纷解决的公正性，并以此满足民众的期望值。“现有的人民调解员队伍水平参差不齐，影响了其对职业的认同，制约了其调解成功的概率。”[①] 因此，调解员队伍建设是重中之重，要在调解人员选拔、业务指导培训、日常评估监督等多方面予以加强。

1. 规范调解人员的选拔

就人民调解而言，调解人员能力的高低往往是决定纠纷化解成功与否的重要一环，而调解人员个人的公正与否直接关系纠纷当事人是否愿意接受其主持调解。以村居为例，当前村居中部分先富裕起来的经济能人常常凭借其经济上的优势取代以往乡老的权威地位，成为村居中纠纷调处的“话事人”，但其在调解时可能会因为个人品德问题而被村民诟病，这无疑将会影响人民调解的权威和公正。因此，在调解人员的选拔时，尤其应当注意对个人道德行为操守的考察，要重视发挥党员、乡贤等示范引领作用，积极培育具有法律知识、德高望重、热心调解工作的基层党员、离退休人员、“两代表一委员”等人员加入调解员队伍。其他矛盾纠纷化解主体在选拔调解人员时，也要从德、能、勤、绩、廉等多个维度考察。在选拔完成后，要建立统一的调解员、调解组织名册管理制度，可以按照行业、地域、专业、身份背景等信息对调解员队伍进行细分登记，以便在纠纷发生时能够做到精准化指定调解员。

2. 加强调解人员的培训与管理

法院要担负起对司法所、综治工作平台、行业组织调解员法律知识培训的责任，定期指导调解工作，通过举办讲座、研讨交流、推送案例等多种方式进行专业知识讲解，以提升调解员的业务能力。司法所、综治工作平台则应定期深入村居，对村居调解员进行业务指导与交流。此外，要加强对调解工作的规范化要求以及对调解人员的管理，随着村居社会结构变迁、村居民法律意识的觉醒，纠纷当事人对程序正义的要求逐步提高，难以对缺乏基本程序要求的调解口服心服。

---

① 汪世荣：《新时代改革完善人民调解制度的思考》，载《人民调解》2018 年第 2 期。

因而对调解工作而言，要尤其注意调解程序的公开、公正和公平，譬如对任意一起纠纷，在调解人员的选择上应注意回避，避免与纠纷当事双方存在利益纠葛；在调解时对双方的态度应保持中立，不能厚此薄彼等。

3. 建立奖惩激励、评估监督机制

矛盾纠纷调解成败与否，不仅仅取决于调解人员的能力和水平，更有赖于时间、精力、耐心的付出。因此，充分调动调解人员的主观能动性显得至关重要。建议各级主管部门结合工作实际对调解案件的数量、质量、效果等制定详细可操作的考评细则。尤其要在正常工资、奖金之外建立劳动成果量化考核机制，例如对调解人员可规定每月基础工作量，完成基础工作后再以调解成功的案件数作为考评基数，通过按件计算的方式加强工作激励，充分调动调解人员工作的主动性。此外，对调解人员和调解案件建立日常评估监督机制是必不可少的，一方面，针对已调解结案的案件，要整理成册并登记备查，可以采取每季度评查或组织调解人员互查的方式进行考核监督，并根据查看案件质量情况对调解员进行奖惩；另一方面，可以通过调解满意度问卷调查表等形式，在每一起调解案件过程中或结案后，向纠纷当事人发放问卷调查表，收集当事人对调解员调解能力、调解程序、调解工作作风、调解效率等各方面的意见，便于及时发现廉洁隐患、工作差错等问题，从而倒逼调解员调解能力和素质的提升，促进调解工作更加规范和公正。

（四）宣传引导：培育调解机制的适用土壤

1. 加强“无讼”文化建设

村居治理过程中，“要发挥维系社会秩序所需要之最基本的规则，即类似于‘义务的道德’的拘束”①，可见，村居文化之于村居治理具有重要作用。“无讼”的观念最早由孔子提出，体现了对美好社会关系的一种追求。将儒家文化中“礼法结合、以礼为主”作为村居法治文化建设的主调色彩，实际是对古代儒家思想精髓的一种传承，融入村居治理后则表现为自我管理、自我调节、自我完善的“无讼”机制。要让民众从法治文化的深层次理解并接受这样一种价值观，进而引导村居主动将矛盾纠纷交由相关调解主体解决。因此，要积极推广

① 徐汉明、邵登辉：《新时代枫桥经验的历史地位与时代价值》，载《法治研究》2019年第3期。

“无讼”文化宣传，通过丰富的宣传载体，传递传统社会“和合”思想，使其成为群体认同感、归属感以及村居和谐稳定的重要基础，推动全体村居民融入到大调解纠纷化解机制中来。

2. 开设法律援助便民服务窗口

各级矛盾纠纷化解主体都应设立法律援助便民服务窗口，在提供法律服务时，要把农民工、老年群体、残疾人、未成年人等作为法律援助的重点对象，最大限度维护和保障弱势群体的合法权益。在法律援助服务具体工作中，一方面要通过对公众提供法律咨询、发放宣传资料等免费法律服务，切实解决民众所面临的法律问题；另一方面可通过便民服务窗口加大调解机制的宣传，引导民众采取非诉讼纠纷化解机制解决问题，必要时可以对接适当的调解主体，协助化解矛盾纠纷。当然，便民服务窗口还可以直接引进社会调解资源进驻，增强其提供法律服务的能力。

3. 加强法律知识宣传

调解工作的顺利开展离不开村居民法律意识的提升，因为矛盾纠纷化解是以基本的法理、情理为依托，若存在法律认知障碍，无论怎样做调解工作，都很难弥合双方当事人的矛盾纠纷。各调解主体不仅要被动提供法律服务，还要主动加强法律知识宣传，打造一支专业知识过硬、实践经验丰富、业务能力强的法治宣传队伍。宣传工作不仅主体多元、形式多样、载体丰富，还要形成定期开展的长效机制，例如，司法所可通过开展法律知识讲座，对婚姻家庭、工伤赔偿、交通事故、土地承包等与村居民日常生活密切相关的纠纷类型进行法治宣讲和现场答疑，丰富其应对矛盾纠纷的知识储备；法院可通过以案释法、巡回审判、法庭旁听等方式营造群众自觉学法用法的良好氛围等。

结　语

“治理现代化包括国家层面（高层）治理现代化、省市层面（中层）治理现代化和县乡村层面（基层）治理现代化。”① 法院是矛盾纠纷化解的职能部门，本文是以基层法院为中心从平台搭建、机制优化、队伍建设、宣传引导四个维

① 何柏生：《作为先进典型的“枫桥经验”及其当代价值》，载《法律科学》2018 年第 6 期。

度，深入阐述了如何构建村居矛盾纠纷化解机制，不断创新基层治理模式。但是，构建矛盾纠纷“一站式”化解机制，需要司法、人社、执法、仲裁、信访等多部门共同参与，更需要财政预算给予经费支持。因此，各地党委政府应积极牵头，联合政法委、法院、司法局、公安局、信访局等部门，加强制度的顶层设计，理顺不同调解主体间的顺位关系，出台实践可行的制度细则，真正实现自上而下、由内而外重塑新时代村居矛盾纠纷联动调解机制，让“枫桥经验”焕发新的生机。

专题十三　退休法官参与诉前调解的现状检视与完善措施

姚钟平月*

引　言

随着经济社会的不断发展和公民法律意识的不断增强，以及立案登记制的实施，近年来诉讼案件快速增长，大多数法院都面临着“案多人少”的矛盾。面对这样的办案压力，如何探索多元化纠纷解决方式，实现案件分流，是法院面临的迫切现实问题。最高人民法院提出充分发挥“五老人员”等参与纠纷解决的作用为当下探索多元化解纷机制提供了新思路，本文从退休法官参与诉前调解的现实调查入手，分析其优势和面临的困难，探索完善调解职能实质化的制度建构，以期对诉前纠纷的解决有所裨益。

一、退休法官参与诉前调解的实证考察

退休返聘是个体达到国家法定退休年龄并领取养老金后，继续以人力资源在劳动力市场获取报酬的状态。[①] 退休法官参与诉前调解，是以返聘的方式继续参与法院的调解工作，缓解法院的办案压力，其制度核心在于“退休法官”。为探索这一制度的实施情况，笔者对法院在职人员、退休法官以及社会人士进行问卷

* 姚钟平月，湖南省汨罗市人民法院法官助理。

① 赵琛徽、程志辉：《退休返聘的研究述评与展望》，载《中国人力资源开发》2016 年第 8 期。

调查，了解他们对这一方式的评价，以此来分析这一制度的运行情况以及存在的问题。问卷调查涉及区域包括湖南、浙江、上海、重庆、四川等地，共回收480份，回收率达66%。此外，笔者对参与诉前调解的退休法官进行了访谈，以此直观了解这一制度的有关情况。

（一）退休法官参与诉前调解的适用情况

根据调查的数据显示，约有51.5%法院在实行诉前调解制度，所以诉前调解制度的运用在全国范围内尚未形成普遍趋势。然而，在已经进行诉前调解探索的法院中，调解的人员匹配仍然倾向于由传统的人民调解员和员额法官参与调解，退休法官相对于人民调解员和员额法官占比仍旧不高，但调解的成效还是较为明显的。如H省X法院，1名退休法官调解案件数量占总调解案件数的38%；H省Y法院，3名退休法官调解案件数量占全院调解案件数量的42%；J省Q法院，5名退休法官调解案件数量占全院调解案件数量的28%。

（二）退休法官参与诉前调解的意愿及影响因素

通过对法院在职人员关于退休后参与诉前调解意愿的问卷调查，过半数的法院在职人员表示退休后愿意参与诉前调解，约有十分之一的在职人员明确表示退休后不再愿意接受返聘，同时还有部分人表示要视情况而定（如图1所示）。具体的影响因素则主要包括身体的健康情况、自身意愿、家庭成员的支持力度以及薪酬待遇。最为主要的影响因素还是自身想返聘参与诉前调解的意愿，待遇情况反而影响相对较低（如图2所示）。

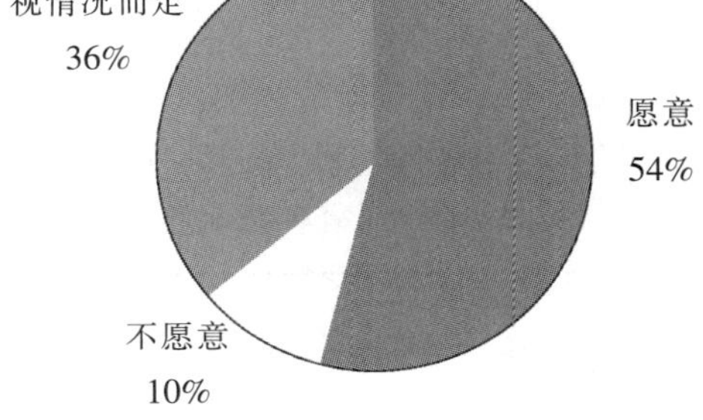

图1　法院在职人员退休后参与诉前调解意向情况

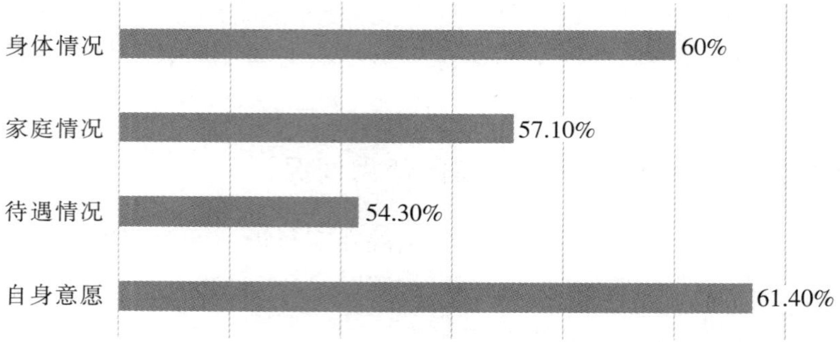

图 2　影响法院在职人员退休后参与诉前调解意向的因素

为了更为深入了解退休法官对诉前调解的看法，笔者联系了 2 名不同性别、不同年龄的退休法官进行了访谈（内容如表 1 所示）。

表 1　与退休法官的访谈内容

问题	回答 1	回答 2
被采访人基本情况	A 法官，男，62 周岁	B 法官，女，69 周岁
是否参与诉前调解	参与	未参与
愿意或拒绝参与诉前调解的原因	一是习惯于工作状态；二是职业尊崇感；三是家人的支持。	一是想陪伴家人；二是想尝试其他想做的事。
参与诉前调解的待遇或退休后的经济压力情况	不在意报酬，院里的标准是 1500 元/月，成功调解发放奖金 200 元/件。	退休金 4000—5000 元/月。
容易达成调解的案件类型	家事类的纠纷和争议较小的案件，如交通事故。	离婚纠纷、民间借贷纠纷以及事实清楚的侵权纠纷。
参与诉前调解面临的问题	退休返聘的模式不成熟，个人学习能力随着年龄增长有所减弱。	工作强度大、身体条件不如从前。

从访谈和问卷调查可看出，影响法官退休返聘因素主要包括：

1. 身体因素。身体健康与否是退休法官决定是否接受返聘的前提，没有健康的身体，退休返聘的意愿就不会很强。

2. 心理因素。职业荣誉带来的心理满足是退休法官愿意参与诉前调解的重要原因，职业荣誉感若优先于其他考虑因素，退休法官则接受返聘的可能性较大。

3. 家庭因素。家人的支持是退休法官接受返聘的助力，这一点在女性退休法官身上体现得较为明显，在考虑是否接受返聘这件事上，女性退休法官更多考虑家庭的平衡和晚辈的需求。

4. 工作因素。退休法官因其已到退休年龄，即使返聘回岗位继续工作，也不希望工作强度继续和在职状态一样，故返聘后的工作量亦会影响退休法官的返聘意愿。

5. 组织因素。法院对待职工的态度是退休法官是否愿意继续在原单位工作的重要原因，法官在原组织工作时有较强的归属感，则在退休后有较强意愿返聘回原组织。

（三）退休法官参与诉前调解的态度评价

这一制度设置的初衷在于退休法官利用自己多年丰富的审判经验和调解经验，将社会矛盾尽量化解于诉讼前，既降低了诉讼成本，又起到了“节流阀”的作用，减轻了法院的收案压力，同时，退休法官通过参与诉前调解，在获得一定的物质回报的同时，更得到自我价值的实现。所以，对于这一制度的评价，应从退休法官、法院在职人员以及社会人士三方面来考量。

对于这一制度的态度，绝大部分的退休法官、法院在职人员和社会人士都表示了支持。可见整个社会对退休法官在诉前调解中能发挥的作用还是抱有极大期待的，尤其是法院在职人员，因为同在法院工作，对法院亟需缓解收案压力有强烈共识，而对于社会人士而言，更多关注点在于纠纷能否得到有效解决，退休法官的专业水平和调解能力相较于其他人民调解员处于领先优势，故对这一制度多数人还是持积极态度。退休法官通过返聘继续参与诉前调解的工作，一方面能继续获得一定的经济报酬，另一方面也是自我价值的体现，所以参与意愿也较为强烈。支持的理由，主要还是缓解解纷压力，以及退休法官的水平高、调解效果好，这也的确是退休法官的优势。

但是，调查数据显示，仍由部分人对退休法官参与诉前调解表示怀疑，具体的原因主要是现在就业压力本来就较大，退休法官仍然继续工作会挤占适龄劳动力的工作岗位，这也是在现行经济发展状况的大环境下一些人对于退休人员接受返聘的担忧。

（四）退休法官参与诉前调解的效果评价

这一制度是否值得推广，还是要依据当事人是否对其进行调解的结果满意。故笔者针对社会人士，就退休法官的调解效果、调解结果、调解执行情况和与其他调解方式对比满意度进行了问卷调查，从结果（满意度从低到高为0—10）来看，退休法官调解的案件当事人满意度较高，执行情况也较好。从H省Y市X县法院获得的数据表明退休法官诉前调解案件的类型，主要集中在家事纠纷、民间借贷、小额侵权等类纠纷，家事纠纷调解成功率最高，因该类纠纷调解基础较强，且退休法官年龄较大既有亲和力也有德高望重的第一印象，再加上退休法官办案经验丰富，对于家事纠纷的处理也得心应手，故这类纠纷调成功率较高。

通过总结退休法官参与诉前调解的实证情况，可以体现该制度的一些特点：

1. 该制度是多元化纠纷解决不可或缺的方式。从社会对该制度的态度以及当事人对调解效果的反馈来看，这一制度的实施效果还是比较理想的，退休法官因其独特优势在诉前调解中发挥着不可替代的作用，未来的诉前调解退休法官将扮演越来越重要的角色。

2. 目前还未得到大面积的推广。虽然该制度的优势较为明显，但法院在实际操作中返聘退休法官的实例并不多，在诉前调解中占大部分比例的仍然是员额法官和传统的人民调解员。这其中有经费保障不足的原因，亦有法官个人意愿的原因，在职法官是否愿意以后接受返聘，很大比例的态度是处于观望状态和倾向于愿意参与，这为未来扩大退休法官的调解队伍提供了可能。

3. 亟须顶层设计规范返聘相关行为。从与退休法官的访谈中可以了解到，目前返聘退休法官还没有相应的程序规范，退休法官的准入、考核、奖惩激励等都没有具体的规定，返聘经费来源也没有顶层设计来保障，都是法院自行探索，需要相应的机制进一步完善。

4. 通过对案件性质的分类来确定退休法官适合诉前调解的案件。基于案件类型和节约司法资源、提高效率等因素的综合考虑，某些类型的案件如家事纠纷、不动产纠纷、交通事故纠纷、医疗纠纷等案件可以在进入诉讼程序前由退休法官主持调解。

二、退休法官参与诉前调解的多重优势

（一）退休法官的公信力优势

司法公信力，是社会公众对司法程序的认同与信服程度。[①] 而法官的角色与司法公信力紧密相连，在司法程序中处于指挥地位的法官，有着精英化的职业形象，在普通民众的认知里，法官因其职业伦理的塑造和外部约束，不论是个人品德、业务水平还是工作作风都会高于其他工作人员，而退休法官作为曾经的“王侯”，其司法公信力延伸至退休状态，即使退休后不再行使审判权，法官个人的公信力也比其他调解主体更强，当事人基于对法院公信力的认可，也会更倾向于选择由退休法官主持调解。

1. 退休法官的专业水准高

退休法官作为在审判一线上工作多年的老法官，相较于其他的调解主体，扮演着“中立者”与“说服者”的角色。首先，在调解活动中，退休法官借助高超的沟通技巧，使语言沟通与其扮演的角色相适应，这体现出退休法官在担任调解主体时兼具权威性和灵活性。[②] 其次，法律专业性强，退休法官对较为复杂的纠纷有更多的处理经验，这能更好应对市场经济的发展和陌生人社会的形成对传统人民调解的挑战[③]，打破了人民调解只能处理一些简单纠纷和单一类型案件的僵局。[④] 最后，退休法官通过自己的专业知识和多年接触过的案件预测判决的趋势，这种预判很可能是达成调解的临门一脚，从而帮助当事人之间形成合意，解决纠纷。[⑤] 故通过退休法官进行诉前调解，因具有司法公信力，当事人认可度较高。

---

① 肖沛权：《司法公信力若干问题之探讨——以刑事审判为视角》，载《法学杂志》2015 年第 4 期。

② 侯学勇：《司法调解中的法官修辞及其对司法公信力的影响》，载《法律科学》2014 年第 1 期。

③ 郑杭生、黄家亮：《论现代社会中人民调解制度的合法性危机及其重塑——基于深圳市城市社区实地调查的社会学分析》，载《思想战线》2008 年第 6 期。

④ 宁波市宁海县人民法院：《退休法官来“坐堂”，诉前调解效率高》，载宁海法院网，http：//www.nhfy.gov.cn/art/2016/5/23/art_4297_227745.html，最后访问时间：2020 年 9 月 15 日。

⑤ 韦盈盈：《律师调解：多元纠纷解决机制的“新动力”——浅谈律师调解助力诉前调解的路径和制度构想》，载《司法前沿》2019 年第 6 期。

2. 由退休法官组成的调解队伍稳定性强

从组织行为学的角度来看，角色理论强调了角色丧失或角色转换过程的重要性。依据角色理论的观点，组织承诺的三维度反映了个体的心态以及离职的可能性。组织承诺越高，离职的可能性就越低；老年员工如果对目前组织有较高的组织承诺，则很可能把回到组织工作视为返聘的优先选择。连续理论强调个体习惯于对环境保持惯性，从工作过渡到完全退休的阶段需要逐步适应。该理论认为，原组织返聘为老年员工提供了维持生活一致性的方式。这意味着，组织承诺较强的情况下，他们更希望去接受通组织的返聘来维持生活的一致性。法院返聘退休法官可为其提供与之前生活维持一致的模式。[①] 对于退休法官而言，在原法院多年的工作带来的职业荣誉感和集体归属感，使退休法官对原工作法院产生了较强的情感承诺，他们若是决定接受返聘继续工作，则有极大的可能性继续回归原组织，一旦退休法官同意返聘继续在法院工作，就不容易有变更行业或组织的行为，由这些退休法官组成的调解队伍稳定性更强，稳定的队伍有利于使诉前调解的相关制度得到有效实施，亦是公信力的重要体现。

（二）退休法官调解的低成本解纷优势

诉前调解的程序设计统筹考虑了整个解纷机制的社会公共成本。[②] 而退休法官不论在经济成本或其他成本方面所消耗的均比聘请其他人员所消耗的要少。主要是因为退休法官作为调解人员参与诉前调解前曾担任多年的法官，也曾主持过不计其数的案件审判，具有丰富的司法实务经验，而且精通法律专业知识以及具有灵活使用调解技巧的能力。所以可以不必再经过大量的培训亦可直接主持案件的调解工作。所以在调解技巧以及法律业务上的专业培训所耗费的成本大大降低，公共成本亦比聘请其他调解人员更低。

（三）退休法官的精神激励优势

马斯洛在《人类激励理论》中提出，人的需求层次可以分为五类，共同决

---

① 高鸿纲、赵琛徽：《退休返聘行为及管理策略研究：基于承诺的分析》，载《中国人力资源开发》2016 年第 8 期。

② 吕世伦、陶菁：《审判前夜的调解——调解与审判关系的法经济学思考》，载《求是学刊》2012 年第 5 期。

定着人的行为。在不同的时期，这些需求中的某一种需求会占据主导地位。一般来说，人们会首先追求较低层次的需求，得以满足后则再追求更高层次的需求。[①] 退休法官作为已经退休的人员，本身就享受国家相应的退休政策，具有一定的经济基础，受到物质条件制约的可能性较小，作出该选择更多的是为了发挥最大潜能而自我实现的精神层面需求。如某退休法官就表示："想趁着有生之年为我热爱的司法事业多尽点力。"[②] 所以出于这种目的参与诉前调解，给予其精神激励的效果尤为明显，远大于其他正值壮年需要一定的物质保障来维持生活的调解人员，完善该制度也是帮助老年人实现自我价值。

三、退休法官参与诉前调解的困境检思

该制度虽然有政策鼓励，在不少法院也有实践，然而出于各种原因，在法院探索多元化解纷机制的过程中还未得到普及。要退休法官更好地服务于诉前调解，就必须明确运行这一制度存在的困难，"对症下药"才能"行之有效"。

（一）缺乏完整的配套机制

推动退休法官参与调解是充分发挥"五老人员"这一社会力量的重要探索，亦是中国面临社会老龄化并化解社会压力的必然要求。同样面临老龄化问题的日本，确定了"退休返聘"的相关制度。日本制定了《高龄社会对策基本法》，分部门规定了"就业所得""健康福利""学习与社会参与""生活环境"和"促进调查研究等工作"五项针对高龄社会的对策。[③] 然而，我国退休返聘的政策还比较落后，这一制度尚在自发组织、自主探索和自供薪资的阶段，各个法院自己在"摸着石头过河"，实施效果也全依靠法院自身的本领，但法院也并非解决纠纷的唯一机构，其自身的资源亦有限，如没有相应的配套机制，其他机构的协调

① 邢玥：《退休医务人员返聘状况及影响因素的实证研究——基于 BK 医院的调查数据》，首都经济贸易大学 2018 年硕士学位论文。

② 张艳青、陈素贞：《于都：退休法官诉前调解发挥余热》，载江西省高级人民法院官网，http：//jxfy. chinacourt. gov. cn/article/detail/2018/09/id/3483882. shtml，最后访问时间：2020 年 9 月 15 日。

③ 朱正威、刘慧君、肖群鹰：《中国退休返聘公共政策环境分析》，载《西安交通大学学报（社会科学版）》2005 年第 2 期。

配合，法院亦是“孤掌难鸣”。

（二）经费保障不足，退休法官的返聘缺乏积极性

专业人员参与诉前调解难以实现职能实质化的一个现实困境就是经费保障不足，返聘退休法官亦是面临同样的问题。对 H 省 Y 市各基层法院的问卷中可以看出，虽然已经接受了返聘的退休法官的动机并不要求丰厚的物质回报，但从整个 Y 市基层法院来看，退休法官参与该制度的参与度十分低，就退休后是否愿意参与诉前调解这一问题针对在职的员额法官问卷调查中，有近半数的比例表示视情况而定和不愿意，而有超过 50% 比例的人表示待遇因素是影响其选择的因素。另一方面，通过调研退休法官的退休工资的情况，H 省 M 法院退休法官的退休工资平均为 4108 元/月，而 H 省职工平均工资为 5851.75 元/月[①]，退休法官的收入和省职工的平均水平还有较大差距，如不加强经费保障难以调动退休法官参与的积极性。

（三）返聘退休法官面临社会及同僚压力

虽然对于法院而言，这一制度作为解决“案多人少”压力的手段之一，有效降低了劳动力资源的浪费率，并在一定程度上更好地利用了社会劳动力资源。一方面，竞争激烈是劳动力市场的特征之一，返聘老年员工的行为难免会被认为加剧了就业资源的紧张程度，占用了适龄就业者的就业机会，另一方面，退休法官在法院的定位不明确会使其被认为阻碍了他人的晋升，感受到内部歧视，从而产生负面情绪。一些退休法官表示，虽然有意愿在岗位上继续工作，但考虑到周围的人普遍认为退休人员应该在家颐养天年，退休仍继续工作会对其个人和家庭造成社会评价降低，故最终放弃返聘行为。而在针对法院在职人员的调查中，有 25% 的法院在职人员认为，返聘退休法官会阻碍其晋升，在自己退休后亦不愿接受返聘。

---

① 湖南省统计局：《2018 年城镇非私营单位在岗职工年平均工资》，载湖南统计信息网，http：//tjj. hunan. gov. cn/tjsj/sjfb/hnsj/201905/t20190516_ 5335127. html，最后访问时间：2019 年 8 月 26 日。

（四）退休法官自身存在的劣势

1. 职业倦怠的劣势

所谓职业倦怠，是个体长期处于压力环境中，产生的一种情感耗竭、人格解体、成就感丧失的心理症状。① 职业倦怠的现象其实与工作动机密切相关，年轻人因为晋升的需要和任务的挑战往往有强烈的工作动机，而老年人在晋升和任务上已没有强烈的动机②，若无其他激励机制，则容易心生倦怠。

2. 新科技适用的劣势

随着社会信息化程度不断提高和互联网与法院的深度融合，法院的各项日常办公将越来越依赖于新的网络技术，以“大数据、大格局、大服务”理念为指导，构建全国法院大数据管理与服务平台是大势所趋。③ 而退休法官对新事物的接受程度和速度有限，在这一方面，退休法官处于劣势。

3. 身体条件劣势

虽然身体健康是返聘退休法官的条件，但生理性的老化是不可避免的趋势，尤其是在一些偏远落后、交通不便、工作环境相对于大城市较为艰难的地区，退休法官能得到医疗保障的条件有限，身体条件相对于年轻的调解人员处于劣势。

四、退休法官参与诉前调解的完善策略

诉前调解制度既反映了“司法为民”的理念，又是司法机关以审判外的方式参与社会治理、对社会进行管理和促进，承担社会责任④的“能动司法”的体现，若要退休法官参与诉前调解的制度能不断完善，真正发挥退休法官的调解职能，需要国家、政府、法院以及家庭和个人的参与和支持。

---

① 曾玲娟、伍新春：《国外职业倦怠研究概说》，载《沈阳师范大学（社会科学版）》2003 年第 1 期。

② 阎光才：《年龄变化与学术生涯展开的轨迹》，载《高等教育研究》2014 年第 2 期。

③ 黄亚楠：《全面推进智慧法院建设》，载《社科院专刊》第 471 期。

④ 范愉：《诉前调解与法院的社会责任 从司法社会化到司法能动主义》，载《法律适用》2007 年第 11 期。

（一）确定返聘程序，借鉴医疗行业返聘规则

退休法官要发挥实质化的诉前调解作用需要加强国家导向，应在总结各地探索经验的基础上，做好顶层设计，建立科学的配套机制体系，明确返聘退休法官的程序。在程序的设计上可以参考医疗行业的返聘程序，因两者颇具相似之处，医疗行业和法律行业都是具备知识密集和培养周期长的特点。① 这样的现实情况决定了退休人员在人力资源配置中的不可替代性，故，医疗行业的成功经验可以成为法院探索返聘退休法官制度的重要探索。笔者参考医院返聘退休医生的程序方案，尝试对退休法官的返聘进行程序规范：

1. 申请：根据法院案件数额及发展的需要，考虑退休法官个人意愿，身体健康的退休法官可向法院申请返聘。

2. 审核：每年年底由立案庭召集人民调解委员会研究审核退休法官的身体状况、心理状态、工作情况，确认返聘人选，返聘的退休法官不能完成相关的考核工作，下一年度原则上不再返聘，审核通过后报法院院务会。

3. 协商：返聘工作时限为一年，人选审核通过后由法院与退休法官协商待遇、工作时间等问题。退休法官的工资实行绩效工资，除享受退休工资外，由诉前调解专项资金发放返聘工资，另外根据调解的效果还可享受奖金。

4. 批准：返聘人选和方案通过后，由法院党组批准决定后生效。

（二）完善资源配置与运行机制，推进诉源治理

要推进“诉源治理”，畅通纠纷分流渠道，需创新“枫桥经验”，结合本地区的实际情况，加强法院和其他职能部门的联动，将退休法官这一解纷资源下沉到社区网格，融入“大联动 · 微治理”的格局，搭建“一站式”纠纷联动预防化解平台，让退休法官和其他调解资源共同解纷，发挥其专业指导作用。还需规范相应的诉前调解程序，设计相应的程序步骤（如图 3 所示）。在诉前调解程序的进入方面，可以采用“强制 + 自愿”的模式，对于家庭纠纷、相邻关系、小

---

① 刘亚军、刘钢、李楠等：《基于返聘退休医学专家管理的社区卫生人力资源 SWOT 分析》，载《中国全科医学》2012 年第 22 期。

额标的、人身损害赔偿、民间借贷和其他权利义务关系清楚的六类纠纷①，在进入诉讼程序前应进行诉前调解，其他类型的案件可以征求当事人的意见，同意后可进行诉前调解。在退休法官的诉前调解与法院立案之间建立绿色通道，对于退休法官无法调解的案件，快速立案，转入诉讼程序。

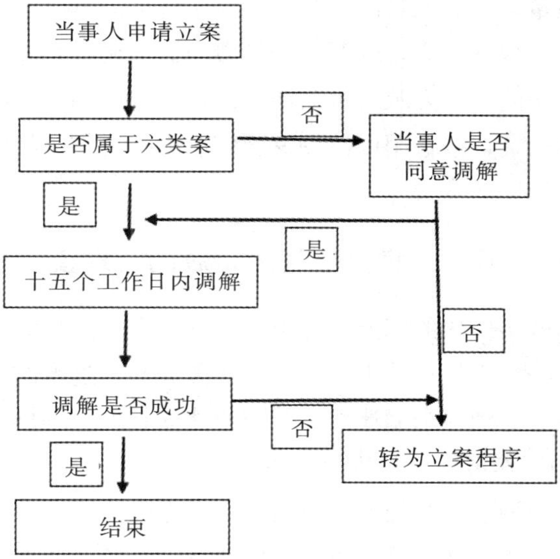

图3　诉前调解程序流程图

为提高诉源治理的工作效率，在团队配置方面，可以参考英国的社区法官配备书记官负责协助治安法官处理纠纷和文字处理工作的做法，采用“退休法官+法官助理”或“退休法官+聘用制书记员”的模式，一方面可以提高工作效率，让退休法官专注主持调解，并通过“以老带新”提高法官助理和聘用制书记员的调解能力。另一方面也可以弥补退休法官在新科技适用上的劣势，由年轻的法官助理和书记员进行线上调解等新科技的操作更为合理高效。

（三）设立专项资金，加强财政投入

2004年，日本针对高龄社会的五项对策，总预算123910亿日元，其中“就

① 李政：《关于新修订民事诉讼法“先行调解”的若干探讨——以陕西丹凤县法院“诉调对接”为例》，载《甘肃政法学院学报》2013年第1期。

业所得”57705亿日元，占五项对策中的46.57%，主要用于支付退休返聘制度中各项政府帮扶措施的开支。有了政府的支持，日本各公共部门和企业单位也开始积极返聘老龄退休人员。[①] 我国也可以参考日本的做法，加大对退休返聘的经费投入。退休法官虽然相较于其他调解人员所要求的经济成本较低，但仍需要经费保障其队伍的质量提高和人员的积极性。鉴于诉前调解已经成为多元化解决纠纷的一种重要途径，保证有充足的调解人员参与诉前调解是保证制度顺利实行的重要前提。对此，法院和地方政府可共同考虑设立诉前调解专项资金，从财政支出中确定一定比例的资金拨付用以鼓励返聘该制度的运作，经费得到保障有利于调动退休法官的积极性。

（四）探索发挥退休法官高级智力资源的管理模式

为发挥诉前调解实质化的职能，应组建一支由退休法官组成的调解队伍，退休法官的优势主要是在于他们的丰富的司法实务经验与过硬的专业技能，要发挥退休法官的积极性、主动性和创造性，就需要建立长效管理机制。

1. 制定科学的工作考核与评价标准体系

可以根据案件类型、复杂程度、所需时间、退休法官的身体情况以及当地一般标准制定考核与评价标准体系。对于退休法官的考核，要综合调解效果、风险防范和对新人的培养等方面的因素，凸显调解经验运用的综合性，避免出现仅以调解案件个数作为考核标准的情况。要制定统一的规章制度，对退休法官的工作职责、工作程序、工作纪律等提出明确的要求。对积极参与调解且积极履职的退休法官，在考核评价程序中予以名誉奖励，并以其为典型榜样进行人物宣传；在工资发放方面，绩效工作制会优于固定工资制。在固定工资制下，退休法官的工资与其投入到工作中的时间（即努力程度）没有关联，因此作为一个理性的经济人，退休法官所作出的努力只是刚好满足聘用的标准，其余的时间和精力会用于非工作的事项，这并不符合法院返聘退休法官的期待，而在绩效工作制下，退休法官会在总效用最大化的前提下努力工作 以获取较高工资。绩效工资的结构可设为低于市场平均水平的基本工资加浮动工资。浮动工资除了激励作用外，还

① 朱正威、刘慧君、肖群鹰：《中国退休返聘公共政策环境分析》，载《西安交通大学学报（社会科学版）》2005年第2期。

具有筛选的作用。[①] 较低调解能力的法官如果认为自己难以获得浮动工资，则放弃应聘，拥有较高办案能力的法官则认为获得浮动工资较为容易，会前来应聘，对于法院而言，这实际完成了人才的筛选。

2. 适用弹性工作制度

考虑到退休法官的精神需求和身体情况，在安排调解工作时要提供更为方便的工作环境和工作时间，弹性工作制度更加适合退休法官的实际情况，对于返聘多名退休法官的法院，可以采用轮班制，灵活制定工作时间，对于返聘1名退休法官的法院，可以采用非连续工作制的工作制度，通过将调解案件集中安排在不连续的工作日进行处理来合理调配退休法官的工作时间，并结合智慧法院平台的运用，在不加重退休法官工作压力的情况下提高诉前调解的效率。

（五）加强情感联系，稳定人员结构

对法院和法官职业的深厚情感是多数退休法官选择返聘的理由，那么法院可以采取加强情感联系、给予退休法官在团队中“德高望重”的地位与社会荣誉的方式进行管理。具体而言，在诉前调解的团队中让其发挥家长式的作用，通过在诉前调解中的家长地位参与决策，减少因经验不足带来的调解失误的风险。还应发挥“导师”的引领作用，帮助调解经验尚缺的新人进行技能培养，如深圳市罗湖区的人民调解指导员制度，就是通过选派经验丰富、业务能力强的资深法官担任街道人民调解委员会指导员来进行业务培训，以帮助其他调解员提升调解技能。再者，退休法官不同于其他调解员需要丰厚的经济回报，其是否愿意接受返聘，也与其能否与法院缔结家庭式心理契约有关系。法院应加强对退休法官的情感关心，如通过定期的老年聚会、组织健康体检、提供医疗和保险福利等让他们感受到与法院的关系是一种不随时间减弱的亲情关系，牢固他们的归属感，形成以法院为家的聘用关系。同时，面对社会和同僚的压力，法院的支持是消除退休法官心理压力的关键，一方面加强情感联系，另一方面对于在职的人员晋升的机制也需要公平透明，来消除在职人员的疑虑。

---

① 李春华、陈伟：《高校返聘教师道德风险行为的动因研究》，载《数学的实践和认识》2018年第14期。

结　语

探索多元化纠纷解决已成为趋势，社会对于退休法官参与诉前调解赋予了更多的期待，面对多样化的纠纷，法院、政府部门等相关机构应共同努力，充分发挥退休人员的余热，为推动退休法官参与调解职能实质化营造良好的法律环境和市场空间，让退休法官更好地发挥自己的专业优势，积极为社会矛盾解决贡献力量。

专题十四　非诉调解协议司法确认程序优化

——基于 F 区法院“一站式”司法确认程序机制的实证分析

贾　薇　刘国承*

引　言

党的十九届四中全会提出，坚持和完善共建共治共享的社会治理制度，完善党委领导、政府负责、民主协商、社会协同、公众参与、法治保障、科技支撑的社会治理体系。人民法院需要更加主动融入党委政府领导的社会治理体制，深入开展诉源治理工作，司法确认作为多元化纠纷解决机制的配套保障制度也更为重要。恰逢最高人民法院在部分地区开展民事诉讼程序繁简分流改革试点工作，将完善司法确认程序作为一项重点工作探索推进，在此背景下司法确认程序优化的价值愈加凸显。故本文在界定司法确认程序性质的基础上，立足于 F 区法院“一站式”司法确认程序机制的实践探索，分析该运行机制所带来的利弊，并提出优化“一站式”司法确认程序机制的具体策略，发挥司法确认程序在解纷制度体系中的重要作用，从而助推国家治理体系和治理能力现代化。

* 贾薇，北京市房山区人民法院审判管理办公室主任；刘国承，北京市房山区人民法院立案庭副庭长。

一、基于两种界分理论的司法确认程序性质厘定

当前理论界对于司法确认程序性质的探讨和争论，主要围绕其是诉讼程序还是非讼程序展开。有学者提出司法确认程序的性质“是首先必须面对和解决的问题，因为程序的性质决定了程序的构造”。[①] 不仅如此，司法确认程序的性质还关系到其在整个《民事诉讼法》体系中的定位，进而影响到审判方式、裁判原则、举证责任、救济程序等一系列制度设计。

（一）“二元分离适用论”视域下的司法确认程序定性与局限

依据传统民事诉讼理论中“程序法理二元分离适用论”，民事事件分为诉讼事件和非讼事件，民事程序也相应地分为诉讼程序和非讼程序，两种程序的法理基础不同，处于非此即彼、不相交的平行状态。在此前提下，司法确认程序的性质应然是确定的，但也由此就不可避免地产生一些分歧。

1. 非讼程序说

目前学界主流观点认为司法确认程序是非讼程序，理由在于：（1）司法确认程序的目的并非直接解决纠纷，而是确认非诉调解协议的司法效力，预防已协商解决成功的纠纷再次发生争议；（2）司法确认程序通常以简易迅速处理为价值取向，这与诉讼程序追求裁判的慎重、公平、正义等价值目标不同;[②]（3）双方当事人共同到法院申请确认，只有申请人而没有被申请人，表明双方不存在权益争议，不应是诉讼案件;[③]（4）司法确认通过裁定形式作出且不得上诉，这也是非讼程序的特征之一。

2. 诉讼程序说

这种观点认为司法确认程序是高度简化的诉讼程序。首先，司法确认程序的适用对象，即人民调解协议是基于有争议的纠纷达成的协商，“当事人实际上正是因为发生了争议，才会去就争议的解决进行协商并达成协议，确认程序只是整

---

① 潘剑锋：《论司法确认》，载《中国法学》2011 年第 3 期。
② 刘敏：《论诉讼外调解协议的司法确认》，载《江海学刊》2011 年第 4 期。
③ 占善刚：《人民调解协议司法确认之定性分析》，载《法律科学》2012 年第 3 期。

个纠纷解决过程中的一个环节而已”。[①] 其次，司法确认程序的功能，是确认当事人之间基于调解协议所承担的权利义务，终极目标是解决纠纷，这与诉讼程序的功能是一致的。

3. 独立程序说

少数观点认为，诉讼、非讼程序一般以审判的方式进行，而司法确认程序以审查的方式进行，“这种以确认为基本特征的程序制度，本质上是完全不同于诉讼程序、非讼程序与特别程序的一种独立的民事司法程序”。[②]

笔者认为，以上这些观点所依据的“实质界限说”过分强调诉讼与非讼程序的实质性差别，两者的区别本就是学者对现有规定的一种总结归纳，我国法律也是仅将司法确认纳入特别程序之中，也并未表明其性质如何，加之我国特别程序也具有开放性的特征。故不能根据原有的特别程序的特征对其进行衡量与限制。另外，看似泾渭分明两种程序的划分，实则忽视了当下社会日益多元化的司法需求。许多原本诉诸诉讼程序解决的纠纷事件，当事人更渴望通过便捷、高效、低成本且有保障的方式予以实现，这与司法机关倡导纠纷解决前置的诉源治理理念不谋而合。且“二元分离适用论”本身即具有形式主义的明显特征，对实践中的一些特殊民事案件只能通过主观化的判断去贴标签，不仅忽视了民事纠纷的复杂多变，也将法官的司法智慧限缩在狭窄的单一空间里无法腾挪施展。因而，不可仅就某一种去认定司法确认的性质，其应该是诉讼说与非诉说的综合体，兼具两者的性质。

（二）“交错适用论”的程序法理转向与践行

对司法确认程序性质的认定，应该从当前民事案件发展现状出发。形式上讲，诉讼程序和非讼程序在立法上并不难区分，但在司法实践中这种界限有时是模糊的，尤其是在诉讼事件非讼化的冲击下，某一民事程序适用诉讼法理还是非讼法理，抑或两者兼用，还需要分析其所针对事件的性质和诉求。这就有必要在“交错适用论”场域下重新审视司法确认程序的性质和法理适用。

① 向国慧：《调解协议司法确认程序的完善与发展——结合〈民事诉讼法〉修改的思考》，载《法律适用》2011年第7期。

② 廖中洪：《民事司法确认程序若干问题研究》，载《西南政法大学学报》2011年第1期。

1. 司法确认程序宜采“交错适用论”

依据“交错适用论”，民事案件一般分为三种类型：一是适用诉讼法理的民事案件。当事人间存在争议性、对抗性，采取当事人主义的对审构造，诉讼目的在于解决双方权利义务关系的对立状态。二是适用非讼法理的民事案件。一般无争讼性，采取法官职权主义的单审构造，目的在于对某一法律事实的确认及证明。三是诉讼法理与非讼法理交错适用的民事案件。主要为存在一定争议并具有特殊性的案件，如支付令、离婚证明书等，前者在非讼程序中适用了诉讼法理，后者在诉讼程序中适用了非讼法理，目的都是在民事诉讼法框架内更便捷、灵活、妥当地解决当事人的诉求。

笔者认为，司法确认案件即属于诉讼法理与非讼法理交错适用的民事案件。首先在程序目的上，司法确认的初衷并非是为了直接解决纠纷，而是在通过非诉调解方式解决纠纷以后由法院确认其司法效力，以明确相关的民事权利义务关系；其次是程序启动，需双方当事人共同到法院进行申请，只有申请人而没有被申请人，不存在双方对抗，调解协议本身是没有诉争性的。然而司法确认毕竟是围绕着调解协议的效力展开的，有效或无效都涉及司法判断的问题，需要法官通过一定形式的审查，综合运用其法律专业知识和审判经验形成内心判断，在确认调解协议的达成是真实、自愿、合法的基础上，作出终局性的、具有强制执行力的民事裁定。

2. 司法确认案件交错适用诉讼、非讼法理的具体践行

交错适用理论主张根据同一事件不同阶段诉争特征或者同一程序不同阶段的程序保障需求，交错适用诉讼法理与非讼法理。对确认调解协议案件，我国立法将其纳入《民事诉讼法》第十五章“特别程序”中，赋予其非讼程序色彩。那么如何实现司法确认程序法理“交错适用”呢？

首先，程序功能上预防纠纷与解决纠纷并重。由于非讼程序审理事件的范围不断扩大，非讼事件“无争议”的特征已逐渐消退，不能简单以是否实质性解决纠纷作为判断程序性质的依据。司法确认虽然是围绕调解协议的效力展开，但当事人申请司法确认的目的，绝不仅仅是为了探讨调解协议的效力或者再就调解协议发生纠纷，而是希望通过司法确认的方式使调解协议获得司法背书，以便彻

底解决他们之间的纠纷。[①] 从这个意义上说，司法确认程序不仅可以预防纠纷，同样还具有解决纠纷的功能。

其次，程序保障上形式审查和实质审查兼顾。以往非讼程序由于不存在讼争性和对立的当事人，程序保障较为弱化。而非诉调解协议司法确认，虽然其价值倾向于效率，但也不能舍弃公正。法官在形式审查的基础上，仍应听取当事人、调解员意见，必要情况下依职权进行调查，确保调解协议在真实、自愿、合法的条件下达成，并基于此内心确定进行裁判，赋予非诉调解协议强制执行力。

最后，裁判效力上赋予司法确认程序既判力。迄今为止，学者对是否赋予司法确认程序以既判力尚处于争论之中。[②] 笔者认为至少应当具有“一事不再理”的法律效力，即法院不得再次受理该纠纷。第一，这与司法确认当下的功能定位相吻合，确保纠纷不会再次复发，否则就有悖于快速解决纠纷的目的，造成司法资源的浪费。第二，从合目的性角度出发，当事人希望通过司法确认的方式一劳永逸解决纠纷，就这一纠纷事实，其对自身今后就该争议不能再次由法院裁决的认知是十分明确的。第三，从程序正义的角度出发，司法确认程序在程序上也曾给予一定的保障。

综上分析，非诉调解协议司法确认，从案件性质上属于诉讼法理与非讼法理交错适用的民事案件，其非讼程序性质并不影响其解纷功能和既判力效应的发挥，也不妨碍对其强化程序保障，只是这种保障是有限度的且以效率为前提，并非越严格越好。

二、新时代背景下司法确认程序的功能承载

司法确认程序交错适用诉讼法理和非讼法理，使其功能外延进一步拓展，在新时代诠释出多元化纠纷解决机制的融合发展更具深刻意义。

（一）诉源治理功能

近年来，各地法院屡创新高的收案量加剧了诉讼资源的供需失衡问题。法院

---

① 白彦、杨兵：《论司法确认程序的性质》，载《北京大学学报（哲学社会科学版）》2015年第2期。

② 刘加良：《司法确认程序的生成与运行》，北京大学出版社2019年版，第38—42页。

回应群众司法需求、有效化解纠纷矛盾的压力日益加大，案件积压多、诉讼进程慢成为不争事实，这都极易引发当事人的不满。据统计，从法院层级上看，80%以上的案件受理在基层法院，人案矛盾也主要集中在基层法院；从案件类型上看，80%以上的案件为民事案件，因此民事案件的办案效率决定了法院的诉讼效能。在此情形下，对内挖潜和对外借力就成为破解人案矛盾的两条路径。

目前，经过法官员额制改革和法院内设机构改革，人员机构已大幅精简，效率也获得前所未有的提升，但审判团队运行效能的提高并非永无限度的。在内部工作量已经饱和甚至超负荷的情况下，将重点放在立案前，把纠纷引导分流至非诉解决渠道，是加强诉源治理、降低纠纷成案率的最直接、最有效措施。因此，人民调解的工作范围越接近于民事诉讼的受案范围，司法确认程序对民事纠纷成案率的降低越能取得大规模效应。①

（二）调解复兴功能

人民调解制度在我国司法史上曾一度繁荣兴盛，被誉为“东方经验”，并成为社会治理的有效资源。随着经济社会高速发展，民间纠纷数量持续攀升、类型逐渐多样化，矛盾化解难度日益加大，同时随着几轮司法改革后法治话语兴起，人民调解功能日渐萎缩，在多元化纠纷解决机制体系的地位大不如前。究其根本，在于人民调解协议的效力疲软，当事人实现权益成本过高而失去积极性。

针对这个症结，司法确认程序应运而生，通过当事人申请和司法权的介入，赋予人民调解协议间接执行力，从制度层面完善了人民调解的运转闭环，提升了调解协议的公信力。同时，司法确认程序因免费适用和一审终审而具备的实然优势，使其能够对人民调解协议的法律约束力进行后续保障和跟进补强，并事实上承担了复兴人民调解的功能。

（三）基层善治功能

所谓善治，就是使公共利益最大化的社会管理过程。构建共建共治共享的社会治理格局，应善于发挥社会力量尤其是基层组织的作用，推动形成政府治理、社会调节和群众自治之间的良性互动。徒法不足以自行，基层善治状态的实现有

---

① 刘加良：《司法确认程序的功能诠释》，载《政法论丛》2018年第4期。

赖于强有力的基层组织建设、稳定有序的基层社会环境。在纠纷化解方面，更离不开基层人民调解组织作用的发挥。指导人民调解是基层法院的法定职责，也是司法权社会属性的体现。以往的指导工作大多为组织人民调解员培训、旁听庭审，或聘请人民调解员担任人民陪审员，其效果泛泛，缺乏高黏度、持续性、常态化的具体举措。

司法确认程序的设置，使得法院指导调解有了更实质化的可能。法院有权对人民调解协议的程序合法性、实体合法性和内容明确性进行审查，体现司法对人民调解的监督职能，为人民调解协议的质量提供外在的评判标准。① 同时，人民调解引入社会公序良俗、村规民约、行业惯例等作为解纷依据，更符合社情民意，更有助于推进基层社会治理。

三、“一站式”司法确认程序机制的探索与检视

2010 年《人民调解法》的出台实现了司法确认程序的初步法制化，2012 年《民事诉讼法》修订时将其作为民事诉讼特别程序进一步予以规定，至此，司法确认程序已完全实现立法上的“正名”，走向了规范化发展的道路。但从司法确认程序的运行实践来看，其仍存在司法难以提前介入、司法程序空转、司法确认环节复杂、制度逻辑不自洽等问题。针对这些问题，F 区法院积极探索了“一站式”的司法确认程序机制，取得了丰硕的改革成果，提升了司法确认程序的运行质效。然而，“一站式”司法确认程序机制在运作中仍存在操作程序冲突、虚假协议、案件管辖不明等一系列问题，有待进一步完善。

（一）普通司法确认程序运作中的桎梏与局限

在推行“一站式”司法确认工作机制前，成规模的司法确认机制运行主要依赖于“人民调解进法院”，即在法院设立人民调解工作室、委托开展诉前调解。这种模式的好处在于物理空间上的便捷性，调解成功达成协议后可立即申请司法确认，但同时也极大地限制了程序适用的范围，因为这种便捷主要还是体现在法院内部，对于大量诉外调解的纠纷来说，单独到法院申请司法确认的成本依

① 刘加良：《司法确认程序的功能诠释》，载《政法论丛》2018 年第 4 期。

然较高，当事人难免望而却步。F区法院2017年以前每年受理的司法确认案件仅50件左右。即便是在司法确认机制运行较为成熟的浙江等地基层法院，司法确认案件虽然逐步增长，但每年也不过二三百件，对比井喷式的实体案件增长可谓杯水车薪。

究其原因，一方面如上文所讲司法确认消耗成本较高，而另一方面从程序本身来看，也存在流程复杂、衔接不畅等问题，具体表现为：

首先，司法难以提前介入人民调解。人民调解程序与司法确认程序是两个完全相互独立的程序。在当事人提出司法确认申请前，司法机关不能介入人民调解程序，也不干预人民调解活动的进行。这样既不利于及时纠正调解过程中的违法现象、规范人民调解工作，也不利于当事人申请司法确认意愿的实现和调解成果的巩固。

其次，先申请后审查造成程序空转。根据《最高人民法院关于人民调解协议司法确认程序的若干规定》第4条、第6条和第8条之规定，司法机关对人民调解协议进行司法审查工作，是在当事人提出司法确认申请之后。在人民调解活动进行过程中，即使司法机关对人民调解活动进行了调解业务指导，也不开展司法审查工作，难免造成程序空转。

最后，司法确认环节复杂降低司法效率。根据现行法律和司法解释规定，人民调解协议如果要得到司法确认，至少应当经过以下五道环节：一是申请环节，即双方当事人应当在调解协议达成后30日内，共同向人民法院提出申请；二是受理环节，即法院收到当事人的申请后，进行立案审查，在3日内决定是否受理；三是指定审查环节，即法院受理当事人的申请后，指定一名审判人员对调解协议进行审查；四是审查环节，即被指定的审判人员对调解协议进行审查；五是确认环节，即根据审查结果作出是否予以司法确认的决定。即使上述环节都能无缝对接，也会产生一定的流程内耗，降低司法确认效率。

（二）F区法院“一站式”司法确认程序机制的创新实践

结合上述司法确认存在的问题，F区法院2017年在对外委托调解的基础上，与辖区矛盾纠纷多元调解中心联合建立了人民调解协议“一站式”司法确认工作机制，“以人民调解为基础、以司法确认为保障、以‘一站式’为核心、以便民利民为宗旨”，由法院全程指导并对辖区内各类、各级调解组织调解达成的调解协议进行司法确认。运行三年来，司法确认案件数量增长3.75倍，占同期民商事案件数量的比例由0.95%增长至4.16%。

1.“一站式”司法确认机制的运行模式

一是建立法官全程指导制度。指派F区法院诉调对接中心法官对该区矛盾纠纷多元调解中心自行受理的纠纷从调解程序、材料收集、法律讲解以及疑难纠纷的调解思路、调解方案等方面进行全程业务指导，对调解过程中遇到的问题予以随时解决。

二是建立无缝对接工作机制。在当事人达成调解协议后，人民调解员直接征求双方当事人是否申请司法确认的意见，帮助制作司法确认申请书，完成司法确认前的各项准备工作后直接转至指导法官，指导法官当即进行司法审查，符合法律规定的立即办理立案手续，制作予以司法确认的民事裁定书，不符合司法确认标准的，指导人民调解员进行修改完善，然后予以司法确认。

三是开启司法确认便捷通道。当事人从办理调解登记、签署调解协议、申请司法确认到领取司法确认民事裁定书，全部在该调解中心“一站式”进行，无需到法院办理任何手续。

2.“一站式”司法确认机制特点和优势

一是司法机关提前介入。对人民调解组织的调解活动全过程进行业务指导，并随时对人民调解活动中出现的不合法、不规范等问题进行纠正。

二是司法审查预先进行。司法机关在对人民调解组织进行全程业务指导的同时，就对该调解组织的调解程序、调解活动、调解协议以及证据材料等是否合法、规范，进行了全程监督和预先审查，只不过是否启动司法确认程序，则完全取决于双方当事人是否提出申请。

三是各个环节一体化联动。通过指导法官对人民调解活动的全程业务指导、全程监督和预先审查，在当事人提出司法确认申请后，指导法官将审查受理工作和司法确认工作一并办理，让司法确认程序各环节一体化联动。

四是强化两个程序对接。通过提前介入、全程监督、预先审查和一体化联动，让人民调解工作和司法确认工作“一站式”完成，强化人民调解程序和司法确认程序的紧密对接。

3.“一站式”司法确认机制的运行实效

通过上述各环节一体化联动，强化人民调解和司法确认两个程序紧密对接，最大限度实现人民调解效力司法化。自2017年7月该机制运行以来至2019年12月，F区法院对社会调解组织制作的2322件人民调解协议进行了司法确认，其中包括300余件信访转办案件，指导带动了6700余件矛盾纠纷在诉讼渠道外化解，成效得以初步显现。以2019年司法确认的1265件案件为样本，统计分析相关情况如下：

第一，从申请司法确认的案件类型来看，以传统民事纠纷特别是婚姻家庭纠纷案件为主，还有一部分借贷、商事、建设工程、劳动纠纷，申请最多的四类案由为法定继承纠纷、民间借贷纠纷、买卖合同纠纷、分家析产纠纷。

第二，从申请司法确认的主体来看，大部分为自然人。除婚姻家庭纠纷案件外，其他755件司法确认案件中，90件双方申请人都是法人，主要为建设工程、买卖、租赁合同纠纷；320件为自然人与法人之间纠纷，主要为借款合同、商品房预售、租赁合同；150件申请人为3方以上，基本为民间借贷、借款合同纠纷。婚姻家庭案件中，441件法定继承、分家析产纠纷中申请人4人以上的有210件，最多一起案件申请人10人。不难看出，婚姻家庭纠纷尤其是法定继承、分家析产纠纷当事人申请人民调解和司法确认的意愿较高，这类案件通常在家庭成员内部之间已经达成分配方案，希望通过调解和司法确认从法律上予以固定。法人间纠纷申请人民调解的情况相对较少，主要为行业性调解组织调解。

第三，从调解组织看，F区法院受理的司法确认案件作出的调解协议，集中在少数几个发展成熟、运行规范、与法院对接较为紧密的调解组织，且调解案件类型特色相对突出。2019年，申请司法确认10件以上的调解组织及主要案件类型如下（如表1所示）：

表1　2019年申请司法确认10件以上的调解组织及主要案件类型

调解组织名称	司法确认案件数	调解案件主要类型
F区聚和人民调解委员会	619	婚姻家庭、民间借贷纠纷
F区司法局众和人民调解委员会	358	婚姻家庭、民商事合同纠纷
F区信访诉求人民调解委员会	117	借款合同纠纷
北京多元调解发展促进会调解中心	48	建设工程合同纠纷
F区星城街道人民调解委员会	39	法定继承纠纷
F区东风街道人民调解委员会	31	法定继承纠纷

续表

调解组织名称	司法确认案件数	调解案件主要类型
F区建设工程商事纠纷人民调解委员会	22	建设工程分包合同纠纷
中国房地产协会中房协调解中心	10	商品房预售合同纠纷

第四，从调解协议内容看，金钱给付类案件773件，调解标的额共计72315万元，当场履行的约40件，只有5%；700余件约定了履行期限，其中约20%为分期履行。履行期限大多在半年之内，少数在1年以上，最长4年。

达成调解协议主文的项数也侧面反映了纠纷复杂性和调解难易程度。大部分案件调解内容只有1项，属单方履行义务，少数为3项以上，有当事人互负义务、连带责任等情形。

第五，从申请确认时间和出具裁定时间看，当事人在调解组织达成调解协议后，大部分在10日内到法院申请司法确认，其中近10%当日申请确认，最长的为达成调解协议后28天。收到当事人申请后，法官绝大多数在当日即完成审查并出具司法确认的民事裁定书，部分次日审结，极少数较复杂案件在3—5天审查确认完毕。

第六，从司法确认案件申请执行情况看，2019年当事人申请执行司法确认人民调解协议的案件338件，占同期司法确认案件的26.7%，执结270件，具体情况如下（如图1所示）：

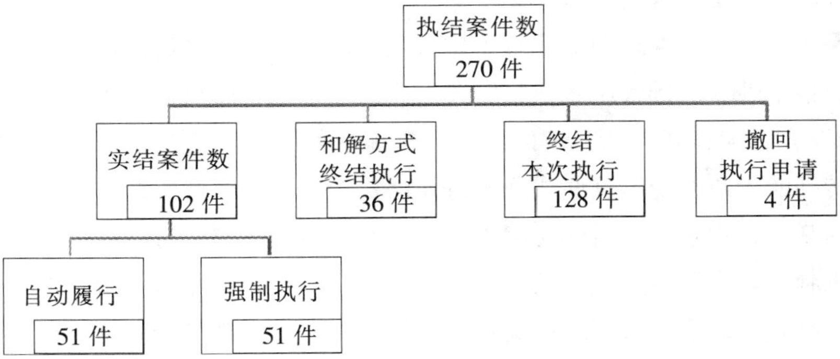

图1　2019年当事人申请执行司法确认案件的结案方式

已执结司法确认案件中，以终结本次执行方式结案的占47.4%。而在该院以民事调解书为执行依据的执行案件中，终结本次执行方式结案的仅占27.9%。这意味着，在申请法院执行司法确认人民调解协议的案件中，负有履行义务的当事人约有二分之一无条件履行其义务。

4. “一站式”司法确认机制的现实意义

一是推动了矛盾纠纷多元化解工作机制创新。“一站式”司法确认机制，是司法机关在诉调对接平台的基础上，积极延伸审判职能，与社会调解组织共同创制的一种司法机关与社会调解组织相互联动的矛盾纠纷多元化解工作机制。该机制充分发挥了司法机关在矛盾纠纷多元化解工作中引领、推动、保障作用，通过司法机关提前介入人民调解程序和一体化联动措施，贯通了人民调解程序与司法确认程序，提升了矛盾纠纷的化解效率和效果。同时，提前介入信访纠纷的化解和司法确认，形成了信访转办、人民调解、司法确认相互衔接的诉调对接与访调对接的多元调解工作闭环，促进了矛盾纠纷多元化解机制的进一步完善。

二是推动了人民调解队伍专业化标准化建设。加强人民调解队伍专业化建设，提升人民调解队伍的整体素质和调解能力，是完善矛盾纠纷多元化解机制的重要内容。“一站式”司法确认机制，一方面要求人民调解组织严格按照既定程序开展调解工作。另一方面通过法官全程指导、全程监督、预先审查等方式，随时解决调解过程中遇到的调解思路选择、调解方案制定、法律知识讲解、相关材料收集、卷宗材料制作等方面的问题，及时预防和纠正调解过程中不合法、不规范、不严谨等问题的发生，在提升人民调解队伍专业化水平和调解能力的同时，提升了人民调解工作规范化水平。

三是推动了矛盾纠纷源头化解工作有效开展。最大限度解决影响社会稳定的源头性、根本性、基础性问题，是完善矛盾纠纷多元化解机制的重要目标。通过“一站式”司法确认机制所化解的纠纷，全部是人民调解组织自行受理，以及有关部门转办的矛盾纠纷。这些纠纷通过司法机关与人民调解组织、信访部门及其他组织的联动，化解在矛盾的初起阶段。同时，在该机制运行过程中，还通过矛盾预警机制、联合调解机制以及多部门联动机制，及时将矛盾纠纷就地化解在萌芽阶段，有效推动了矛盾纠纷源头化解工作的开展，实现了矛盾不上交。

四是推动了社会治理结构优化和社会治理能力的提升。多元化纠纷解决机制是推动实现社会治理体系和社会治理能力现代化的重要内容。“一站式”司法确认机制，积极延伸司法机关审判职能，充分发挥人民调解组织的作用，联合地方各级党委、政府、相关部门和组织，建立起了衔接紧密、各方联动的矛盾纠纷化解机制，有效地将矛盾纠纷化解在源头，既提升了社会治理能力，又优化了社会治理结构，为司法机关最终回归到维护社会公平正义最后一道防线增添了新的助力。

（三）"一站式"司法确认机制面临的问题

司法确认程序有利于促进调解协议实效化、降低民事纠纷成讼率。"一站式"司法确认机制，建立在法官对调解活动全程指导、提前介入、预先审查、全程监督和一体化联动的基础上，但在运行过程中还面临一些法律问题：

一是操作程序的冲突问题。依据《民事诉讼法》《人民调解法》《最高人民法院关于人民调解协议司法确认程序的若干规定》《最高人民法院关于适用〈中华人民共和国民事诉讼法〉的解释》相关条款的规定，申请人民调解协议司法确认，双方当事人应当在达成调解协议后30天内，共同向人民法院提出申请；法院收到当事人申请后进行立案审查，3日内决定是否受理；法院受理当事人的申请后，应当指定一名审判人员对调解协议进行审查。根据上述规定，司法确认程序的启动，是调解程序完成之后，审查确认工作也在法院受理后进行。"一站式"司法确认机制，在当事人申请司法确认前即介入调解程序，与现行法律和司法解释的规定存在冲突。

二是案件管辖的冲突问题。《最高人民法院关于人民调解协议司法确认程序的若干规定》第2条规定："当事人申请确认调解协议的，由主持调解的人民调解委员会所在地基层人民法院或者它派出的法庭管辖。"同时，该规定第2条第2款第1项又规定："不属于人民法院受理民事案件的范围或者不属于接受申请的人民法院管辖的"不予受理。根据上述规定，在司法确认的案件管辖上，必须同时满足调解组织所在地和该所在地法院对调解协议所涉纠纷具有管辖权两个条件。意味着当事人选择异地知名调解组织进行调解、所涉实体纠纷与级别管辖、专属管辖发生冲突时，将直接导致司法确认程序无法启动，影响多元调解工作的开展。

三是审查形式的冲突问题。按照现行法律和司法解释的规定，法院受理当事人的申请后，应当对协议进行实体审查，以确保协议的真实性及合法性。"一站式"司法确认机制，调解活动在法官的全程指导、全程监督下进行，一般只对调解协议和相关材料进行书面审查，不再向双方当事人进行核实，导致审查形式上与现行法律发生冲突。

四是虚假协议的防范问题。由于“一站式”司法确认机制简便快捷，且无需支付任何费用。一些当事人在利益的驱使下，很可能恶意串通，通过人民调解的方式签订虚假协议或者损害他人利益的协议，以骗取人民法院予以司法确认。现行法律对于调解过程中签订虚假协议的防范、制约及惩罚尚无明确规定。

四、“一站式”司法确认程序机制的再优化

以 F 区法院“一站式”司法确认程序机制的问题为导向，结合现有的法律法规，提出完善特邀调解名册制度、明确管辖原则标准、加强司法确认与执行程序的衔接等再优化建议。

（一）完善特邀调解名册制度

按照《民事诉讼程序繁简分流改革试点实施办法》要求，将司法确认的范围由经人民调解委员会主持调解达成的民事调解协议扩大为经人民调解委员会、特邀调解组织或者特邀调解员主持调解达成民事调解协议。因此，建立完善特邀调解名册制度迫在眉睫。

一是建立特邀调解名册。各人民法院应当会同司法行政机关共同建立特邀调解名册，依法吸纳符合条件的调解组织和人员成为特邀调解组织或者特邀调解员，并对名册进行管理。下级人民法院可以使用上级人民法院名册。

二是规范名册审查录入。各人民法院应当会同司法行政机关及相关主管部门制定特邀调解组织和特邀调解员选任程序和标准，对拟进入特邀调解名册的调解组织和调解员进行资格审查，并公布所建立的特邀调解名册。

三是加强动态考核管理。特邀调解组织、特邀调解员由建立特邀调解名册的司法行政机关负责监管和业绩考核。入驻人民法院的特邀调解组织、特邀调解员由人民法院进行日常管理和业绩考核。各人民法院对本法院特邀调解名册中的特邀调解组织、特邀调解员的工作情况向会同建立该特邀调解名册的司法行政机关进行反馈。

此外，各人民法院还应当会同司法行政机关制定特邀调解名册管理办法，建

立特邀调解组织和特邀调解员退出、辞退及惩戒机制。

（二）明确案件管辖标准

根据案件类型、争议标的、当事人人数及所达成调解协议系委派调解、当事人自行选择调解等情形，确定级别管辖和专门管辖。

1. 一般管辖

司法确认案件按照以下规定依次确定管辖：（1）委派、委托调解的，由作出委派、委托的人民法院管辖；（2）当事人选择由人民调解委员会、特邀调解组织调解的，由调解组织所在地基层人民法院管辖；当事人选择由特邀调解员调解的，由当事人住所地基层人民法院管辖；（3）当事人向两个以上有管辖权的基层人民法院申请司法确认的，由最先立案的人民法院管辖。

上述原则体现两方面的考虑：一是调解组织与委派调解法院的紧密对接，有利于实现特邀调解制度与司法确认程序的有效对接；二是当事人自主选择调解组织的就近司法确认，可以节约当事人诉讼成本，提升参与诉前调解的积极性。

2. 级别管辖与专门管辖

案件符合级别管辖或者专门管辖标准的，应当由对应的中级人民法院或者专门人民法院管辖，即：中级人民法院受理司法确认程序案件的范围，按照现行级别管辖规定执行；专门人民法院、互联网法院受理司法确认程序案件的范围，按照现行管辖规定执行，以确保司法确认案件的质量。

（三）加强司法确认与执行程序的衔接

针对经司法确认的人民调解协议在执行中存在的问题，为防范当事人趁调解之机转移财产或因履行期限较长逃避执行，以及部分行为类案件主体不明、事实不清、执行依据模糊等情况，提出如下建议：

一是完善各阶段衔接机制，为财产保全做好准备。将确认人民调解协议纠纷纳入多元化纠纷解决机制中统一运行，与立案调解和诉讼审判进行有机结合。由于在司法确认人民调解协议的特别程序中，无法向法院申请保全，在双方当事人达成人民调解协议并进行司法确认后，对于标的数额较大，债务人有转移财产可能性的案件，人民法院应当对权利人予以说明并阐明未进行保全的后果，同时应当在调解时让债务人提供相应财产担保，必要时也可以经申请提出转入诉讼程序进行保全，调解内容不变，以保障申请人的合法权益。

二是严格审查非金钱财产的他项权，避免执行不能。对于非金钱给付类的案件，如不动产、车辆以及其他以登记作为财产转移要件的财产，应当在确认人民调解协议时予以审查。审查范围包括但不限于当事人的资质、不动产以及房屋是否有查封、抵押、以及车辆等特殊动产是否由第三人进行实际控制。避免造成执行过程中存在权利瑕疵从而无法实现申请人的合法权益。

（四）加强虚假调解的防范与制裁

由于运用人民调解与司法确认方式解决纠纷方便快捷、成本低廉，难免会有当事人为谋取非法利益，而恶意串通、进行虚假调解情况的发生。由于调解组织专业素质及防范意识不强，需要法院在预防和发现虚假调解机制等方面进行指导和帮助。

一是建立虚假调解防范机制。在调解活动开始前，要求所有当事人签订《诚实调解承诺书》，保证自己所做的陈述和所提交的证据真实。调解员在调解过程中详细告知虚假调解应承担的法律责任。同时通过询问事实、核实证据等措施，预防虚假调解情况的发生。同时，人民法院对于已经发现的虚假调解行为及时予以依法惩处，对于促进诚实调解、维护司法确认制度的严肃性非常必要。

二是明确虚假调解的法律责任。人民法院受理的司法确认案件，经审查发现当事人有伪造证据、虚假陈述、虚构民事纠纷等虚假行为的，应当根据情节轻重对虚假调解的当事人予以罚款、拘留；构成犯罪的，依法追究刑事责任。第三人有证据证明其合法利益因为虚假调解行为受到损害的，可以请求虚假调解的当事人支付虚假调解协议标的额一倍以上、十倍以下的赔偿。人民法院应当根据虚假调解的情节轻重和第三人受到损害的严重程度作出判决。

（五）加强司法确认机制的信息化应用

司法确认程序具有显著的优势，在司法改革、信息化融合创新的环境下，其发展前景十分广阔。

一是在线司法确认程序的普及推广。2016 年 2 月最高人民法院通过《人民法院信息化建设五年发展规划（2016— 2020）》，提出要在 2017 年底总体建成人民法院信息化3.0版，2020年底实现人民法院信息化3.0版在全国的深化完善。① 在此背景下，司法确认程序因其相对独立的操作路径，和对司法数据端口的弱依赖性，较之其他诉讼程序，更容易快速实现线上、线下联动运行，并达到相得益彰的效果。

司法确认程序在线运行，可实现当事人及其代理人在线提交申请材料，法官通过视听传输技术可实时向当事人询问核实有关情况、补充陈述或补充证明材料，并可立即制作裁判文书并向当事人在线送达。这样一方面能够节省当事人及其代理人前往法院所要耗费的交通费、食宿费等经济成本和时间成本，尽量让当事人以零在途时间和零差旅费用的方式完成诉讼；另一方面能够让法院提高诉讼效率和节省办案资源，使司法确认程序优势得以“更快更好”体现。

二是“一站式”司法确认平台的拓展升级。再完善的制度都有瑕疵和不足，也不可能满足所有人的诉求。同样，每种纠纷解决方式亦有长处和不足，提倡“多元化”正是要融合这些机制的优势，实现诉求满足最大化。“一站式”纠纷解决平台就是这样的载体，让当事人可以像在超市购物一样，迅速找到适合其纠纷解决的妥当方式，并满足其个性化需求体验，这是任何单一途径和诉讼程序都无法实现的高效快捷。

最高人民法院《关于人民法院进一步深化多元化纠纷解决机制改革的意见》第14条，提出加强“一站式”纠纷解决平台建设，在道路交通、劳动争议、医疗卫生、物业管理、消费者权益保护、土地承包、环境保护以及其他纠纷多发领域，与行政机关、人民调解组织、行业调解组织等资源整合，推进建立“一站式”纠纷解决服务平台，切实减轻群众负担。随着大数据的累计和运用，对上述多发性、类型化纠纷的监测分析更加精准，集约化、规模化、快速化的调解模式会更加成熟完善，加之通过各方联动打通横向梗阻、畅通流程环节，“一站式”纠纷解决和司法确认机制前景可期。

① 宁杰：《加强法院信息化建设规划全面提升信息化水平》，载《人民法院报》2016年2月24日，第1版。

专题十五　司法确认程序的实践检视与完善进路

——以近五年来司法确认案件为样本的分析

许世强[*]

引　言

最高人民法院“五五改革纲要”指出，创新发展新时代“枫桥经验”，完善“诉源治理”机制，坚决把非诉纠纷解决机制挺在前面。司法确认程序把非诉纠纷解决机制的自愿性、简便性、高效性与审判的规范性、权威性、强制性有效衔接起来，赋予非诉调解协议强制执行力，解决了非诉纠纷解决机制发展的关键性制约问题，并且在维护非诉调解的公信力和将非诉纠纷解决机制挺在前面都具有重要意义。同时，司法确认程序也是人民法院在全面深化多元化纠纷解决机制改革中发挥引领、推动和保障作用的重要体现。但从司法实践的情况来看，司法确认程序的实际效能与期待存在一定差距。故而，司法确认程序在实践运行中遇到哪些问题以及如何优化是一个亟需深入研究的课题。

为此，笔者于2019年7月20日①在中国裁判文书网上通过检索标题关键词“司法确认”，共获得2015年至2019年的司法确认案例25203则。由于裁判文书

* 许世强，成都市郫都区人民法院审管办副主任。

① 本文成文日期为2019年7月20日，所以数据截止日期在2019年7月20日。2020年1月全国人大常委会授权最高人民法院开展民事诉讼程序繁简分流改革试点工作，《民事诉讼程序繁简分流改革试点实施办法》在优化司法确认程序方面，主要改革是将司法确认的范围从人民调解扩大到特邀调解，其他方面没有变化，所以本文所指出的问题和提出的完善建议仍然具有现实意义。

网上的数据还不够全面，笔者还收集了部分地方法院的数据，辅之以与当事人、人民调解员和法官的问卷调查和个别访谈，来进一步完善对司法实践的检视与论证笔者的观点。

一、司法确认程序的运行掣肘与实施困境

从中国裁判文书网上提出的数据显示，2015 年到 2019 年 7 月全国法院共适用司法确认程序 25203 件，其中 2015 年 264 件，2016 年 1269 件，2017 年 6525 件，2018 年 11192 件，2019 年 1—7 月 5953 件，而这些数量占不到人民调解化解纠纷数的千分之一。[①] 虽然裁判文书网上的数据还不全面，但是从司法部统计的数据来看，2015 年人民调解协议申请司法确认的比例也仅为 1.4%，2016 年为 1%。从司法部统计的数据来看，人民调解协议的自动履行率在 96% 左右，理论上还有 4% 左右的人民调解协议还需要申请司法确认，但实际申请数量只有理论值的四分之一左右。虽然作为衔接诉讼与非诉调解的重要程序，司法确认程序历来受到高度重视[②]，但司法确认程序在实践运行中却受到了冷落，存在法官不想用、当事人不愿用和适用标准不统一三个主要问题。

（一）法官规避适用司法确认程序

1. 法官选择适用诉讼调解代替司法确认程序

根据《最高人民法院关于人民法院特邀调解的规定》第 19 条的规定，诉前委派调解达成协议，当事人需要赋予调解协议强制执行力的，应当申请司法确认。但从 P 区法院近五年的数据来看，2015 年受邀常驻法院诉调对接中心的调解员诉前调解达成调解协议 786 件，申请司法确认 9 件，转立案由法院出具调解书 529 件；2016 年诉前调解达成调解协议 877 件，申请司法确认 11 件，转立案

① 2015 年人民调解纠纷数 933.1 万件，来源于司法部基层工作指导司人民调解处：《2015 年度全国人民调解工作数据统计》，载《人民调解》2016 年第 4 期；2016 年人民调解纠纷数 901.91 万件，来源于司法部基层工作指导司人民调解处：《2016 年度人民调解发展报告》，载《人民调解》2017 年第 6 期。

② 罗书臻：《周强在全国法院多元化纠纷解决机制改革工作推进会上强调：全面深化多元化纠纷解决机制改革为维护公平正义实现人民安居乐业社会安定有序提供有力保障》，载《人民法院报》2015 年 4 月 10 日，第 1 版。

由法院出具调解书628件；2017年诉前调解达成调解协议1023件，申请司法确认13件，转立案由法院出具调解书835件；2018年诉前调解达成调解协议1247件，申请司法确认12件，转立案由法院出具调解书1024件；2019年1—7月诉前调解达成调解协议679件，申请司法确认7件，转立案由法院出具调解书532件。可以看出，诉前调解成功的纠纷如果需要强制执行的依据，法官会偏向引导当事人向法院申请立案，由法院立案之后按照诉前调解达成的协议出具调解书结案。

2. 法官偏向选择在法院诉调对接中心达成的调解协议进行司法确认

从P区法院的情况来看，2015年至2019年7月共受理司法确认案件56件，其中有52件在法院诉调对接中心达成调解协议之后直接向法院申请司法确认，占比92.86%。从裁判文书网上公开的裁定书中统计来看，2015年至2019年7月共公开司法确认裁定书243份，其中有198个裁定的调解协议是经司法局与法院联合设在法院诉讼服务大厅的诉前调解委员会调解达成的调解协议，占比81.48%。从司法部和最高人民法院统计的数据来看，司法部统计2016年申请确认人民调解协议的有90982件，最高人民法院统计2016年全国法院办理司法确认案件15.3万件，大致推算出至少有40.53%案件在法院诉调对接中心达成调解协议之后申请司法确认。[①] 因此，法官偏向选择在法院诉调对接中心达成的调解协议进行司法确认在全国具有普遍性。

（二）当事人不愿用和不知道用司法确认程序并存

1. 大量需要司法确认的调解协议没有进行司法确认

从司法部公布的数据来看，2015年人民调解协议的履行率为96.4%，理论上有3.6%的人民调解协议需要申请司法确认，但实际申请率为1.4%，还有2.2%的人民调解协议没有申请司法确认，这2.2%的纠纷中有4961件纠纷的当事人在达成协议后反悔起诉至法院；2016年人民调解协议的履行率为95.6%，理论上有4.4%的人民调解协议需要申请司法确认，但实际申请率为1.0%，还

① 司法实践中司法确认案件主要来源是人民调解成功的案件和人民法院诉前委派调解成功的案件，诉前委派调解多在法院诉讼服务中心或者诉调对接中心进行，2016年全国人民调解协议申请司法确认有90982件，人民法院受理153000件，两者相差62018件，两者相差的数据大致就是在法院诉调对接中心达成的调解协议，大致占比40.53%。

有3.4%的人民调解协议没有申请司法确认，这3.4%的纠纷中有5026件纠纷的当事人在达成协议后反悔起诉至法院。① 从上述数据中可以看出大量需要申请司法确认的当事人没有积极申请司法确认，导致部分当事人反悔诉至法院徒添诉累。

2. 纠纷当事人对司法确认程序认知度低，不知道用司法确认程序

为了解P区内普通群众和纠纷当事人对司法确认制度的认知情况，笔者印制了500份《司法确认制度认知情况调查问卷》，分别向普通群众、诉讼当事人和调解当事人发放400份、50份、50份，分别收回有效问卷376份、46份、48份。统计显示，有95.2%的普通群众、73.9%的诉讼当事人和45.8%的调解当事人没有听说过司法确认制度。从这组分类调查的统计数据可以看出，普通群众对司法确认制度的认知度非常低，说明社会大众对运用司法确认程序解决纠纷了解少。公民知法懂法是法律实施的前提，如果公众特别是当事人对司法确认制度没有了解，那当事人运用司法确认制度来解决纠纷的可能性就微乎其微。

（三）司法确认程序适用标准不统一

1. 司法确认程序适用范围是否限于人民调解协议不统一

实践中将司法确认程序适用范围扩大是趋势，比如2016年全国法院司法确认案件数15.3万件，远大于人民调解协议司法确认案件数90982件。再比如山东沂源县人民法院（2015）调确字第3号民事裁定书将行政调解达成的调解协议进行司法确认；山东武城县人民法院（2018）鲁1428民特5号民事裁定书将律师调解达成的调解协议进行司法确认；贵州省清镇市人民法院（2017）黔0181民特6号民事裁定书将律师协会调解达成的调解协议进行司法确认。但是也有部分法院坚持将司法确认程序的适用范围严格限定在人民调解协议，比如（2014）鄂硚民调确字第00582号民事裁定书不予确认非人民调解组织调解达成的调解协议。

① 2015年人民调解纠纷数933.1万件，来源于司法部基层工作指导司人民调解处：《2015年度全国人民调解工作数据统计》，载《人民调解》2016年第4期；2016年人民调解纠纷数901.91万件，来源于司法部基层工作指导司人民调解处：《2016年度人民调解发展报告》，载《人民调解》2017年第6期。

2. 司法确认裁定书是否公开不统一

从中国裁判文书公开网查询的数据来看，2015 年至 2019 年 7 月共有 25203 件司法确认案件上网，选择公开的有 243 份，公开比例为 0.96%。其余 99.04% 以确认人民调解协议效力的、调解结案的、不宜公开的其他情形三种理由选择不公开裁定书。

3. 案外人救济程序适用不统一

虽然《最高人民法院关于适用〈中华人民共和国民事诉讼法〉的解释》（以下简称民事诉讼法解释）第 3 条对案外人救济程序进行了规定，但实践中对救济程序如何启动、适用何种程序审理等问题还是不统一。比如，（2017）湘 1103 民特监 1 号案件中，原审法院根据案外人冯祥友的异议申请适用特别程序裁定撤销了原司法确认裁定书。再如，（2014）启民监字第 00002 号案件中，由原审法院启动再审程序经审委会讨论后裁定撤销了原司法确认裁定书，并驳回了原申请人确认调解协议效力的申请。再如，（2019）云 23 民终 672 号案中，一审法院通过判决驳回了案外人撤销裁定的诉讼请求，二审法院认为应当适用特别程序进行审查，并且裁定结果不能上诉。

二、当前司法确认程序运行困境的原因诠解

法的实施是在一定的社会环境中运行的，其实施效果也要依赖于现实的社会条件，比如：法律规范的正当性、社会主流的价值观、社会经济发展以及国家机关和社会成员的法律意识，特别是对现行法律制度的认同程度等。[①] 根据法社会学的理论，一项法律制度的有效运行必须符合三个条件：第一，规则或准则必须传达给对象；第二，对象必须能够做，或按情况要求，不做某事；第三由于愿望、恐惧或者其他动机，对象必须有做的意向。[②] 结合司法确认制度的实施环境以及法社会学的理论，深入别析司法确认制度的运行现状发现其存在虚假调解、考核机制、共同申请门槛高等问题，并通过对 P 区法院司法确认机制的实践效果

① 范愉：《多元化的法律实施与定量化研究方法》，载《江苏大学学报（社会科学版）》2013 年第 2 期。

② ［美］劳伦斯·M·弗里德曼：《法律制度——从社会科学角度观察》，李琼英、林欣译，中国政法大学出版社 2004 年版，第 56 页。

的检视，进一步论证了其在运行中存在的一系列问题。

（一）虚假调解频发，加大法官职业风险

由于当事人的恶意串通、虚构或伪造事实，调解员队伍法律专业素养所限，缺乏判断虚假调解的专业能力，调解程序缺乏对抗性并具有高度保密性，加之司法确认审查以形式审查为主，使非诉调解和司法确认成为虚假诉讼的重灾区，一些申请人虚构债权债务，通过司法确认来逃避债务或者侵害他人合法权益。比如，（2014）金义调撤字第2号案件中，法院认定申请人陈皓亮、陈锦平虚构债权债务通过司法确认是为了参与执行分配房屋拍卖款而进行的虚假调解。再如，（2015）金民调确字第23号等15案中，金湖县淮胜建筑工程有限公司联合15人企图通过虚构具有优先受偿权的364.52万元劳动报酬债权，损害其他普通债权人的利益，法院通过审慎审查，对这15份调解协议不予确认。受访谈的法官普遍表示，考虑到确认虚假调解协议给他们带来错案责任追究的职业风险，他们对司法确认的案件也通常采取避开的态度，如果有硬性规定，就选择在法院诉调对接中心的诉前调解下达成的调解协议进行司法确认。因为诉调对接中心在法官的直接指导和监督之下，出现虚假诉讼的概率较低，能有效控制适用司法确认程序的风险。

（二）考核机制不合理，缺乏有效激励

在2016年6月以前，司法确认案件没有纳入案件管理系统和司法统计系统，司法确认的工作量无法在办案系统中体现，也没有纳入办案数量考核，极大地挫伤了法官和法院适用司法确认程序的积极性。因此，很多法院和法官就将本该适用司法确认程序的案件变通适用诉讼调解程序。2016年6月，最高人民法院发布的《关于人民法院进一步深化多元化纠纷解决机制改革的意见》将司法确认纳入案件管理系统和司法统计系统后，法官绩效考核中。但是赋予司法确认案件的权重普遍较低，有的法院规定三件司法确认案件相当于一件诉讼案件[①]，这就会降低法官办理司法确认案件的积极性。2018年以来，随着“诉源治理”工作实质化运行，有的地方法院将法院新收案件增长率纳入考核指标体系，严控案件

① 黄东东：《治理如何现代化：组织、信息与司法确认——以W区与Z区的调研为基础》，载《河北法学》2018年第11期。

增长之势。在考核指挥棒的指挥下，一些法院为降低新收案件数量，对于申请司法确认的案件也会尽量采取规避的措施。

（三）共同申请门槛高，忽视单方面申请需求

根据《民事诉讼法》第 194 条的规定，启动司法确认程序需要双方共同申请，不能单方向法院提起司法确认的申请。而这成为制约司法确认程序在实践中广泛应用的重要原因。首先，由于人民调解委员调解达成的调解协议只具有民事合同的法律约束力，而没有强制执行力，达成协议之后只要不去申请司法确认当事人可以任意反悔。因此很多恶意逃避债务的当事人不遵守诚实信用原则，把人民调解作为拖延债务履行或者逃避债务的一种手段。因而，债权人在达成调解协议之后要求债务人一同前往法院申请司法确认时，债务人会找各种理由推辞，或者与债权人“躲猫猫”，不配合申请。此时，债权人只能通过诉讼维护自身合法权益，“起诉—调解—再起诉”的纠纷解决过程不仅增加了当事人的纠纷解决成本，还浪费了司法资源。正如一位当事人所说：“像这样来回折腾，还不如直接到法院打官司”。其次，这个规定在逻辑上也存在悖论，如果所有债务人都有诚信履行，那么就没有必要设立司法确认程序；如果债务人没有诚信不履行债务，双方就不会达成申请司法确认的合意，司法确认程序就无法启动。

为了进一步了解未申请司法确认真实缘由，笔者通过电话访谈的形式对选取的 50 名纠纷当事人进行了访谈。选取的条件是：经过人民调解委员会调解达成调解协议；调解协议没有当场履行；没有申请司法确认；调解协议中的债权人（因为债权人更有申请司法确认的动力和愿望）。结果显示高达 40% 的债权人是由于对方当事人不配合而没有申请司法确认。因此，双方共同申请启动司法确认程序的要求是制约司法确认制度在实践中广泛应用的原因之一。

（四）申请缺乏便利性，抑制申请积极性

调解组织与法院物理距离和司法确认申请提出时间与调解协议达成时间间隔对当事人是否选择申请司法确认具有牵连性。一般来说，调解组织与法院物理距离越近，提出司法确认申请的时间与调解协议达成时间间隔越短，当事人申请司法确认的意愿就更强。在实践中，50% 以上的司法确认案件来源于诉调对接中心，其中原因就是诉调对接中心将调解组织和法院之间的物理距离极大缩小，甚

至可以当场当时申请司法确认。但是诉调对接中心调处的纠纷毕竟是人民调解纠纷的冰山一角，对于大部分在人民调解组织达成调解协议的当事人来说，特别是偏远山区的群众来说，长途跋涉必将减弱其申请司法确认的意愿。笔者访谈的当事人曾普遍表示，申请司法确认的便利性是除对方自动履行调解协议可能性后的第二位考量因素，部分当事人因缺乏便利性而放弃申请司法确认。

（五）非诉调解专业化不足，调解工作不规范

在司法实务中，由退休乡镇干部担任调解员的比例较高，他们文化程度普遍较低，法律专业知识较少，主要依靠经验和威望开展调解工作。再加上，很多有知识、有抱负的年轻人都“不安心于调解工作”，难以长久坚守在这个枯燥乏味而又“是非多”的地方，因此留下来的往往是文化程度不高的老年人。此外，根据司法部的统计，2015 年全国人民调解员高中以上文化程度的只占 46%，2016 年占比下降到 45.7%。故而，具备越来越高的知识水准和越来越强烈的“权利意识”的当事人愈发不愿意将纠纷提交给那些“缺乏水平”调解员，在空洞和反复的调解中浪费时间。[①] 由于调解员专业化水平不高，人民调解工作中存在很多程序不规范，实体不合法的现象。如程序不规范，缺少调解笔录、调查笔录，而这一旦进入司法确认程序，当双方当事人对协议内容产生分歧，就没有依据予以明确，会导致法院最终难以作出确认裁定；再如有的调解协议由当事人的亲属签名，但没有授权委托书。由于人民调解工作中存在的这些问题，法院不能有效开展司法确认，当事人只能重新调解或者起诉，这大大打击了当事人申请司法确认和法官确认调解协议效力的积极性。从最高院统计的数据来看，2017 年申请司法确认 197603 件，确认有效 162973 件，34630 件未被确认有效，占比高达 17.53%；2018 年申请司法确认 266962 件，确认有效 239571 件，27391 件未被确认有效，占比达 10.26%。

（六）法律规定有冲突，操作规范不明确

对于司法确认程序适用范围，最高人民法院的相关司法解释与民事诉讼法的

① 左卫民:《变革时代的纠纷解决——法学与社会学的初步考察》，北京大学出版社 2007 年版，第 134 页。

相关规定就存在冲突。最高人民法院《关于建立健全诉讼与非诉讼相衔接的矛盾纠纷解决机制的若干意见》《关于人民法院进一步深化多元化纠纷解决机制改革的意见》《关于人民法院特邀调解的规定》等司法解释把司法确认程序的适用范围扩大到其他非诉调解协议，而《民事诉讼法》把司法确认程序的适用范围限定在人民调解协议，相关法律规定的冲突，造成实践中的操作混乱，也受到部分学者的批评。① 关于是否公开的问题，实践中对于最高人民法院《关于人民法院在互联网上公布裁判文书的规定》第四条关于国家利益、社会公共利益、他人合法权益的理解不一，造成是否公开操作混乱，有的法院一律不公开，而有的法院一律公开。关于案外人救济程序的问题，理论和实践理解不一致，有的主张通过提出复议的方式解决，有的主张通过审判监督程序解决，有的主张通过第三人撤销之诉解决②，造成实践操作的混乱。关于共同申请的理解与适用，有的主张必须双方共同到场提出申请；有的主张一方提出申请，另一方同意即可。③

三、当前司法确认程序运行困境的纾解路径

哈贝马斯指出法律的实施过程是有其具体语境的④，一项法律程序的生根发芽，总是与其生长的土壤息息相关，没有适宜的土壤，难免“橘生淮北则为枳”。因此，结合我国的司法实务中的实践情况，提出部分可行的优化路径。

（一）完善虚假调解防范机制，有效防控风险

1. 完善警示机制

在调解组织、诉调对接中心、立案大厅等显著位置设置虚假调解有关的警示教育内容，如相关案例、惩罚措施，引导当事人诚信诉讼和调解，警示调解员避免与当事人串通进行虚假调解。在调解和确认之前，要告知其诚信调解的诉讼义务和虚假调解的法律责任，并要求当事人签署诚信调解承诺书。

---

① 刘加良：《非诉调解协议司法确认程序的实践误区及其矫正》，载《政治与法律》2018 年第 6 期。

② 沈德咏：《最高人民法院民事诉讼法司法解释理解与适用》，人民法院出版社 2016 年版，第 990 页。

③ 浙江省高级人民法院联合课题组：《关于人民调解协议司法确认的调研》，载《人民司法》2010 年第 23 期。

④ 丁国强：《要透彻理解法律更要透彻理解生活》，载《人民法院报》2011 年 8 月 23 日，第 2 版。

2. 完善预警机制

法院要注意总结提炼虚假调解常发的领域和主要特征，并根据其常发领域和特征制定虚假调解风险评估表，人民调解员在接受调解和立案法官在立案时要根据风险评估表的指示评估虚假调解的风险等级，并将风险评估表入卷随案移送。建立关联案件推送系统，将当事人在全国法院所涉及的案件主动推送给立案法官，对于有当事人财产已进入执行程序的案件、公司已进入破产程序、多人债权人起诉同一债务人等关联案件的，应当在立案系统中予以警示。

3. 完善审查机制

建立分类审查机制，对于没有虚假调解风险的案件，以形式审查为主。对于可能涉嫌虚假调解的案件，应进行实质审查，注重审查基础法律关系的真实性，应当要求双方当事人当场接受询问，通知相关证人或者利害关系人参加，要求当事人出示原始证据；必要时，加强依职权调查取证。

4. 完善惩戒机制

加强与公安和检察院的协调配合，统一虚假诉讼罪的证据标准和移送流程，对涉嫌虚假诉讼罪的当事人要及时移送侦查和起诉，加大对虚假调解的刑事打击力度。对构不成刑事犯罪的，要根据《民事诉讼法》的规定对其拘留和罚款。对侵害他人权益的，要承担相应的民事侵权损害赔偿责任。对故意参与制造虚假调解的调解员和法官要严惩不贷；对因重大过失导致出现虚假调解的调解员和法官要根据情节予以惩戒。

（二）优化考核机制，实现激励相容

哈维茨告诉我们最好的制度安排是能够使行为人追求个人利益的行为与实现集体价值最大化的目标相吻合。这就要求我们注重考核机制的设计，使法官按司法确认程序的立法目的所期望的角色安排行事，不仅符合法官自身的利益，而且符合发挥司法确认程序最大价值的集体利益。在法官个人业绩考核机制设计方面，要适当提高司法确认案件的权重系数，建议至少应与速裁案件的权重系数一致，因为司法确认案件在审查时间、笔录字数、审理天数、法律文书字数、案件难易程度等反映工作量和工作难度的指标基本与速裁案件一致。在基层法院办案绩效考核机制设计方面，建议诉源治理工作考核新收案件增长率指标时，将司法确认案件数从新收案件数中剔除。因为，司法确认案件数与诉源治理工作的成效呈正相关，司法确认案件数越多，诉源治理工作效果越好，考核指标应鼓励基层法院更多适用司法确认程序。

（三）构建单方启动与双方共同启动的并行机制

赋予一方当事人启动司法确认程序的权利不仅需要考虑尊重双方“合意”及保护诉权的问题，还需要考虑与现有法律制度的衔接问题。因为《民事诉讼法解释》关于司法确认的程序设计是以双方共同申请为前提，修改这一规定会“牵一发而动全身”。

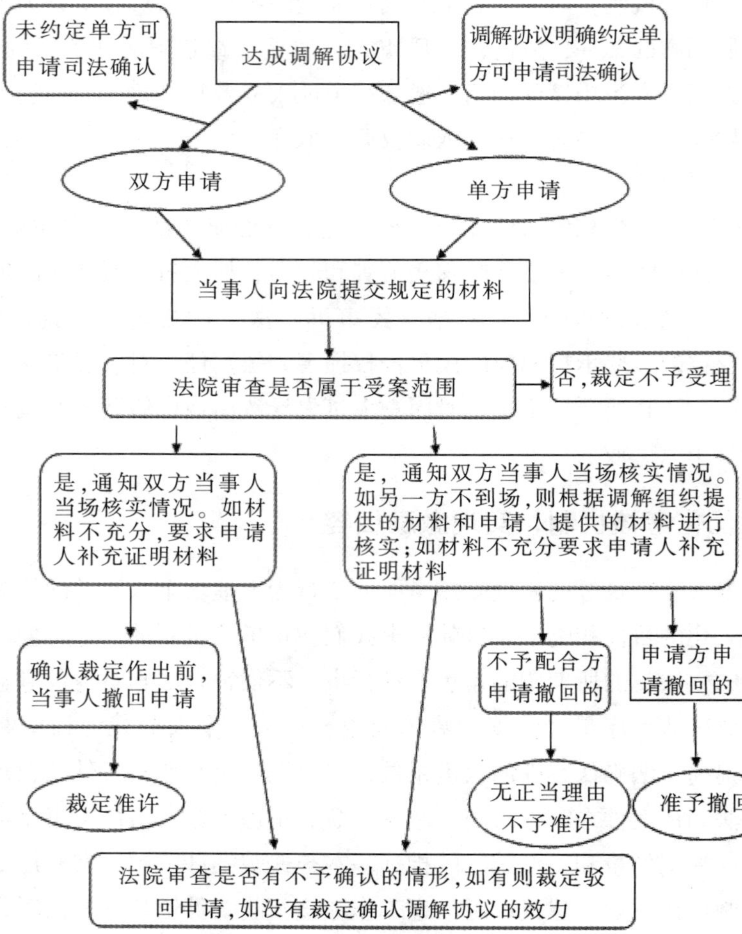

图1　司法确认程序重构图

关于如何处理尊重另一方意思自治和诉权保护的问题，德国规定如果债务人在协议中表示接受立刻强制执行，而且协议与签约日期被登记于达成协议时任意一方当事人的普通审判籍所在地的初级法院，任意一方当事人均可申请法院宣告可执行。[①] 故，参考德国的做法，可以在《民事诉讼法解释》第353条增加一款“双方当事人在调解协议中明确约定任意一方可以申请司法确认的，单方当事人或其代理人可向调解组织所在地基层人民法院提出申请”。如此规定既尊重了另一方的意思自治，又能避免达成调解协议后另一方不配合申请造成司法确认程序不能启动的问题。实践中，调解员应注意引导达成调解协议后又不能当场履行的当事人在调解协议中约定这一条款，并告知其法律后果。

单方申请启动的程序设计主要与《民事诉讼法解释》第358条和第359条的规定存在如何衔接的问题。第358条规定，法院在审查相关情况时，应当通知双方当事人共同到场对案件进行核实，而允许单方面启动司法确认程序主要是针对达成调解协议后另一方不配合的情形，这种情况下是否有必要通知另一方当事人，通知之后另一方当事人不到场应该如何处理。为便于法官查明案件情况，笔者认为还是有必要通知另一方当事人到场对案件进行核实。如果通知之后另一方当事人拒不到场，不能以第359条的规定按撤回申请处理，而应该根据向调解组织调查核实的情况和申请方提供的材料作出是否确认的裁定。第359条规定，在确认调解协议的裁定作出前，申请人可以撤回申请，那么是否允许不配合申请的当事人撤回申请呢？笔者认为既然已经在调解协议中明确约定了另一方可申请司法确认赋予调解协议强制执行力，那么应该遵守诚实信用的原则，无正当理由不能则撤回申请（如图1所示）。

（四）建立一站式纠纷解决平台，提高解纷便利性

1. 在诉调对接中心和人民法庭建立诉前调解委员会

联合司法行政部门，在诉讼服务中心和人民法院诉讼服务点设立诉前调解委员会，引入人民调解、行政调解、民间调解等多种调解力量入驻，对起诉到法院的纠纷进行诉前先行调解，将其打造成线下“一站式”纠纷解决平台，实现

---

① 周翠：《司法确认程序之探讨——对〈民事诉讼法〉第194—195条的解释》，载《当代法学》2014年第2期。

“四便”，即便于发挥司法权对人民调解工作的指导、监督和规范的作用；便于法官根据案件的情况对纠纷进行分流，引导当事人自愿选择人民调解解决纠纷；便于达成调解协议当事人当场申请司法确认；便于没有达成调解协议的当事人当场办理立案登记手续。

2. 建立在线“一站式”纠纷解决平台，实现零在途时间、零差旅费用

最高人民法院或者高级人民法院主导建立统一在线“一站式”纠纷解决平台，整合全国或者全省的纠纷解决资源入驻该平台，实现在线咨询、在线评估、在线调解、在线司法确认、在线仲裁、在线立案、在线诉讼等多元纠纷解决功能，横向消除各个部门之间纠纷解决资源与信息的梗阻，纵向实现纠纷解决各环节之间的无缝衔接。司法确认程序的在线运行将法院与调解组织之间的距离变为网络世界的零距离，达成调解协议后当事人可以即时申请司法确认，法官可以在线审查和送达。

（五）加强指导，提高调解队伍的职业化水平

1. 建立三方联络员和指导例会制度

人民法院指定一名审判员作为所辖乡镇的调解组织的联络员，并将辖区内各乡镇的司法所所长和镇、村人民调解委员会主任列为联络员，构成三方联络机制。定期召开由法庭、乡镇司法所、人民调解委员会参加的指导工作例会，通过面对面的方式交换意见、总结经验、查找不足、制定有效的改进措施等。

2. 建立人民调解工作常态调研制度

人民法院根据当地辖区内人民调解民间纠纷的状况、当地人民调解组织及调研员的需求，以一定时期内法庭民事案件审理特点为依据，针对问题进行调研，及时总结人民调解工作中面临的新情况、新问题，并将调研成果及时反馈给司法所和人民调解委员会。

3. 建立人民调解协议效力案件专项通报和司法建议制度

人民法庭依托审判职能，针对人民调解协议达成后当事人反悔起诉到法院和对请求履行、变更、撤销、确认人民调解协议无效、确认人民调解协议的六类案件进行专项通报。另外，人民法院发现人民调解委员会在调解民间纠纷过程中存在问题，也可采取司法建议的方式进行业务指导。

4. 建立“以案代训”“跟班学习”常态化的指导机制

对具有普遍性的案件，人民法院应组织人民调解员参加旁听庭审或参与法庭巡回审判。在案件审判结束后，现场由主审法官对案件进行讲评，及时回答人民调解员的疑惑问题。调解组织选派调解员入驻人民法院进行“跟班学习”，通过实战提高调解技能。

（六）健全操作规范，统一司法适用

1. 扩大司法确认程序的适用范围

将司法确认程序扩大到所有非诉调解具有强烈的现实需求和法理基础，与人民调解相比，其他非诉调解都遵循当事人自愿、有权处分和保密等调解的基本原则，其在与司法确认的衔接需求和对接理论上，与人民调解并没有实质区别。①

2. 统一司法确认裁定书公开的标准

为兼顾保护当事人隐私和保护国家利益、社会公共利益和他人合法权益，应该适当放宽公开的标准，对于有可能侵害国家、社会、他人的确认调解协议有效的裁定一律上网公开，对于不予受理、准许撤回、按撤回处理、驳回确认申请、撤销确认裁定、驳回撤销裁定申请的六类裁定书一律上网公开。

3. 明确确认裁定错误的救济渠道

对于案外人发现确认裁定错误的，案外人应当向作出裁定的法院提出异议，申请撤销原确认裁定，法院应当适用特别程序进行审查。对于法院发现确认裁定错误的，应当通过审查程序作出新裁定，撤销原裁定，且没有期限限制。

4. 扩展共同申请的外延

共同申请既可以是双方当事人本人到场申请，也可以是一方当事人向法院提出申请，另一方同意。另一方同意不仅可以是积极的明示的同意，也可以是默示的同意，以此放宽司法确认程序的启动条件。

---

① 李少平：《最高人民法院多元化纠纷解决机制改革意见和特邀调解规定的理解与适用》，人民法院出版社2017年版，第288页。

结　语

法之理在法外[①]，因此本文并没有囿于司法确认程序本身，而是从社会和当事人的角度出发，检视了司法确认程序的现实状况。司法确认程序作为新生制度，虽然在实践中遇到了“上热下冷”“叫好不叫座”等问题，但其蕴含的理念和取向符合多元化纠纷解决机制的发展潮流和中央司法改革的精神，因此有必要结合司法实践认真探索切实可行的完善路径。故而，本文针对性地提出了强化程序认知、完善程序建构、增强程序认同的改善路径，期望能激活司法确认程序，真正发挥其保障非诉纠纷解决机制践行的重大作用。

① 付子堂：《法之理在法外》，载《法制日报》2013 年 3 月 13 日，第 11 版。

专题十六　职能新定位与训练新路径：法官助理调解能力培育模式研究

王嘉汉*

引　言

如何有效发挥法官助理价值，助力多元纠纷解决机制构建、防范化解重大风险和诉源减量治理均具有深刻的实践意义。完善法官助理调解能力的培养机制、最大限度的发挥法官助理区别于书记员等其他司法辅助人员的工作能力与价值，能直接有效地提升法院应对复杂社会经济形势下诉讼压力的能力，但是调解能力的培养现状却面临诸多难题。笔者认为构建“程序引领”型法官助理调解能力培育模式是可行之道。因此有必要通过检视现状，进而探究法官助理调解能力培养的新模式。

一、现状：我国法官助理调解能力培育模式检视

目前全国各地法院的司法责任制改革和多元纠纷解决机制探索正在如火如茶进行中，然而法官助理调解能力的培养却面临以下困境：

* 王嘉汉，福建省厦门市翔安区人民法院立案庭法官。

（一）法官主持调解模式有缺陷

法院传统的调解模式是法官主持调解，但法官角色模糊，易导致以下问题：一方面，缺乏“防火墙”机制，影响法官司法裁判中立性地位，在调解过程中常见的“背对背调解”策略，若由案件承办法官主持，必然或多或少影响司法裁判的中立性，“以判压调”“以拖压调”的现象屡见不鲜；另一方面，法官助理的调解工作职责的定位和性质与书记员混同。在司法实践中，“法官助理在法官指导下进行调解”或是“法官主持调解”的表现形式通常是司法辅助人员向当事人了解案情，进行初步沟通，向法官反馈情况，而这些工作在实践中书记员也能代行，法官助理作为员额法官的“预备队”，同时也作为司法辅助事务的核心力量，有必要明确其在司法辅助事务中的定位，更有必要明确其在调解工作中的定位。

（二）法官助理调解训练实践模式有缺失

在法官员额制改革的大背景下，有案件审理权限的法官相较过去明显缩减，“案多人少”矛盾更为突出，面临这种情况，不少地区的法院的直觉性工作思路就是由法官助理协助员额法官草拟裁判文书（包含“就地卧倒”的原助审员和原在编书记员），然后再招聘新的非编书记员协助进行庭审记录、送达等辅助工作。这种模式就是常见于各地法院的“1 +1 +1”模式。

笔者通过电话访谈其他法院的法官助理获取目前各地对于法官助理运用的典型实践方式（如表 1 所示），可以看出相当一部分法院是将法官助理主要投入到裁判文书的草拟工作之中；另一部分法院依然是“新瓶装旧酒”，将法官助理作为法官的调解助手投入到部分案件调解工作之中，与前司法改革时代法官带领书记员进行调解没有本质区别，依然是附随性质的角色，难以区分案件的调解工作是法官的工作成效还是法官助理的工作成效，对于法官助理的调解能力绩效考核难以明确进行。法官核心的工作是庭审和撰写裁判文书，部分法院将法官助理主要投入裁判文书草拟，甚至相比改革前都少了上庭记录、亲历庭审的过程（庭审记录工作在改革后多由非编书记员承担），抑或是部分法院的“法官 + 法官助理 + 书记员”模式，使得法官助理在辅助法官调解工作时依然只是一个依附性质的角色，使得法官助理虽然裁判文书写作能力一直得到锻炼，但相对应的调解能力却没有相应的训练场景进行训练。

表 1　各地法官助理工作方式

法院	架构组成	运用模式	是否已开展多元纠纷解决机制改革	法官助理年龄层	通过电话访谈获取的法官助理主要工作内容
a省a市a区法院	法官+法官助理+书记员	承担案件首次送达、庭前调解及保全工作，处理完庭前准备工作后移送承办法官处理	是	24—33	承担部分书记员事务，跟随法官协助调解工作
a省a市b区法院	法官助理集中管理	法官助理指导书记员工作，前置过滤案件	是	25—31	主要承担调解工作和裁判文书草拟工作
b省b市c区法院	审判组合模式：一名法官+2名法官助理+2名书记员	以审判组合方式运行，法官助理协助起草文书及庭审记录	是	24—32	承担部分书记员事务和裁判文书草拟工作
a省c市d区法院	法官+法官助理+书记员	员额法官每配置一名法官助理，增加35%分案	是	24—33	主要承担裁判文书草拟工作

庭审成功与否是体现法官综合素质的重要体现之一。通过对部分法院的6名原助理审判员（现法官助理）及4名员额法官进行访谈，了解到这些经历传统的“法官+书记员”“师徒”模式培养路径成长起来的法官，都会经历一段“痛苦”的转型期，其中最大的痛点在于庭审驾驭能力的不足：一是无法迅速抓住需要查明的所有事实，在一次庭审中无法获取认定事实所需全部内容，进而导致二次甚至多次开庭；二是控制能力不足，无法快速归纳整理案件争议焦点，甚至被当事人及其代理人牵着鼻子走，无法使庭审快速高效的运行。

（三）调解经验技能传承模式不完善

调解经验及技能本身具有零碎、分散的特性，除了需要法官助理在实践中自行摸索，也需要寻找一条传承路径，即由员额法官、资深调解员将其调解经验技巧传承给法官助理。然而无论是“法官 + 法官助理 + 书记员”模式还是审判组合模式（1 名法官 +2 名法官助理 +2 名书记员），这种多数法院仍在使用的法官助理工作经验传承模式是“新瓶装旧酒”，即“师徒”形式的经验学习模式。此种模式下，法官助理跟随的是特定的法官，习得的是该法官的职业技能、法律思维模式乃至处事原则和人生经验。由于法官有能力高低之分，故条块分割乃至“灯下黑”的错误经验持续传承都是很有可能发生的，个人经验无法打通融合，更不会博采众长，最终法官助理获得的调解能力培育的好坏在很大程度上依赖所跟随的“师傅”的水平。

二、解构：法官助理承担调解职责的动因探究

探究以上困境的原因，应当在司法责任制改革和多元纠纷解决、风险防控治理的大背景下加以分析，厘清法官助理的职责定位，法官助理承担调解职责动因探究，并在此基础上探索法官助理调解能力培养路径。

（一）理论动因：调审分离理论对法官助理主要职能的确立

正如江伟教授所述：诉讼中和解法官的积极介入也似一把“双刃剑”，既有利于和解的达成又容易带来强制调解的危机。[①] 有关调审分离在我国实践价值的讨论由来已久，早在 2003 年，最高人民法院《民事诉讼程序改革报告》就已经建议“将法院调解职能从审判庭分离，在立案庭设立专门的调解机构，从事案件的调解工作。”而在各地法院广泛推行多元解纷机制构建和法官员额制改革的当下，推行调审分离已是提升多元解纷运行效率，化解社会矛盾的应有之义，也是构建“员额法官防火墙”，减少调解信息对法官先入为主干扰和避免法官影响下强制调解的应有之义。首先，从判决和调解对社会的规则宣告意义上来看，法院以判决形式向当事人乃至向全社会宣告法律规范与规则；而调解是以解决纠纷为指向，在不违反法律规定的情形下，借助法律规范以及法律规范以外的道德、习惯、风俗、情感等因素促成当事人化解矛盾、弥合分歧。其次，从法官心证形成的角度看，调审适度剥离有利于减少法官在主持调解过程中受到调解过程中先

① 江伟：《民事诉讼法专论》，中国人民大学出版社 2005 年版，第 307 页。

入为主的影响。再次，从促进调解效率上看，适度调审分离也有利于减少当事人因害怕不敢披露信息，影响调解进度的问题。员额法官因调审适当分离原则，不适宜直接承担诉前调解枢纽角色，同时在案多人少的现状下，员额法官有限的人力和工作精力也限制了其发挥作用的空间。而法官助理不仅具有专业的知识，而且其时间与精力与员额法官相比要更加充足，再加上法官助理的具有中立性又不会影响之后的审判工作以及法官助理作为员额法官的预备队，主持调解工作也为其以后主持审判工作奠定了坚实的基础。故选择法官助理主持调解在各方面均具有优势。

纵观现有的规范性文件（如表2所示），可以发现，我国对于法官助理工作职能的定位是逐步明晰的过程，从最初的单独提出法官助理这一职务序列，到明确法官助理职责的基本定义，再到法官助理主要职责的明确规定，可以从侧面印证了关于法官助理职责定位核心职能的逐步明晰。

表2　关于法官助理职责定位核心职能逐步明晰发展过程

文件名称	出台时间	规定条款	分析
《人民法院五年改革纲要（1999—2003）》	1999年	第13条："结合人民法院组织法的修改，高级人民法院可以对法官配备法官助理和取消助理审判员工作进行试点，摸索经验"	首次提出法官助理这一职务序列
最高人民法院《关于加强法官队伍职业化建设的若干意见》	2002年	第29条："试行法官助理制度。法官助理是从事审判业务的辅助人员。"	首次明确法官助理的职责是"从事审判业务的辅助人员"
最高人民法院《关于完善人民法院司法责任制的若干意见》	2015年	第13条："法官助理在法官指导下履行以下职责：（1）审查诉讼材料，协助法官组织庭前证据交换；（2）协助法官组织庭前调解，草拟调解文书；……等"	进一步详细明确了法官助理工作职责（包含协助法官组织庭前调解）
《人民法院五年改革纲要（2019—2023）》	2019年	第53条：完善从符合条件的法官助理中遴选法官的选任标准和工作机制	进一步强调了法官助理作为员额法官预备队的性质

（二）实践动因：需求与现状的矛盾

在深入诉源治理工作与防范化解重大风险的推进中，对法官助理的调解能力提出了更高的要求，传统的作坊式培养模式的固有缺点日益凸显。传统模式下，法官助理缺乏独立性，仅是在法官主持之下协助调解，其在调解过程中的职责经常同书记员混同，严重缺乏能够独当一面的训练机会。调解技能是一项综合技能，由于调解经验技巧本身的碎片化特性，以往传统模式培养出来的新人法官在转型期是通过一次次试错磨炼成长，但是在"诉讼爆炸"的当下，继续遵循传统培养模式并非可取之道。

1. 法官助理应发挥稳定调解现场作用

在多元纠纷解决机制的运作过程中，各地法院通常采用委托调解等形式将人民调解组织、公证组织、社区、妇联等基层组织拉进"大调解"的运转链条中来，虽然在诸多文献乃至理论分析都认为多元解纷力量可以发挥其行业特长有效化解纠纷。但是在笔者在基层法院的司法实践及对两所基层法院及一所中级法院的调研的中发现，经常遇到当事人对多元解纷力量不信任，以及随之而来的调解现场失控及调解失败概率的增大。而笔者通过对来自人民调解员、司法局调解员、妇联保险等行业调解组织的共 22 名调解员进行问卷调查得知：约有 41% 的调解人员需要在法律专业知识方面提供指导，约有 36% 的调解人员需要在掌控调解方面提供帮助以及约有 23% 的调解人员有其他方面的需求。可见这种现象根源在于多元解纷力量本身的性质，最多仅"代表法院"而非法院本身，毕竟从当事人朴素内心确信来看，只有法院才能对纠纷有"法院说了才算数"的确定力，因此需要法官助理发挥调解现场"定海神针"作用。

2. 法官助理应发挥诉讼风险预警效用

习近平总书记指出："要提高风险化解能力，透过复杂现象把握本质，抓住要害，找准原因，果断决策，善于引导群众、组织群众，善于整合各方力量，科学排兵布阵，有效予以处理"。① 参与多元纠纷解决的各类调解组织或是拥有

① 《习近平 2019 年 1 月 21 日在省部级主要领导干部坚持底线思维着力防范化解重大风险专题研讨班开班式上发表的重要讲话》，载国务院政府网，www. gov. cn/xinwen/2019—01/21/content_ 5359898. htm，最后访问时间：2019 年 8 月 25 日。

“亲和力”优势，或是拥有专业知识优势，如妇联、社区调解组织或者医疗、保险等行业调解组织。但是参与多元纠纷化解的各个调解组织，其风险敏感性显然无法和法院相提并论，因此这正是法官助理可以发挥作用的舞台。

综上，调解能力是一项法官助理在成为法官之前必备的职业技能之一，也是法官助理综合性工作能力的重要表现之一。所以，培养调解能力也是培养法官助理综合能力的重要途径。构建符合当下需求的培育模式，应当直击调解成功的核心技能，细分解构调解能力要素，以要素确立培养目标，构建程序引领型培养模式。

三、探寻：“程序引领”培养模式的设计思路

在解构法官助理培养现状原因后，我们可以发现，在新时代“和稀泥”式的调解方式已经不适应多元解纷机制运行的效率要求和风险防范要求。同样，传统的调解能力培养方式也亟待改革。

（一）总体思路

法官助理“程序引领”培养模式的含义就是将调解成功的核心技能要素加以细分拆解，以核心技能要素为培养目标，以程序节点锁定培养目标，当法官助理按照程序脉络进行调解工作，当完成每个程序节点的目标时，细分的培养阶段目标便能达到。即所谓：以程序为牵引，实现法官助理调解能力的提升。一是实现培养机制与实际调解工作的有机融合，在实践中进行锻炼；二是着眼于普适性的调解能力要求，即完成常见调解工作应具备的核心能力。“程序引领”模式破除现阶段作坊式调解培养模式的关键在于着眼于法官助理相较于其他多元纠纷调解组织在调解工作中的特色定位，发掘以下核心目标。

（二）硬能力：法律职业技能培养目标

1. “法律翻译官”能力

所谓“法律翻译官”能力，是指联通当事人与法律规范，在不懂法律的普通当事人与法律规范之间搭建起一座双向交流的“桥梁”，也即向当事人说明法律关系、推导法律后果并提出调解建议，并说服当事人接受的能力。该项能力的

构成首先需具备对筛选当事人陈述的能力，即剥离当事人无意义争辩，查明案件基本事实的能力，这是法官助理发挥与其他司法辅助人员独特的优势之处。

法院调解必须遵循查明事实、分清是非的原则，必须在查明案件事实、分清责任的基础上开展调解工作。查明事实和分清是非，是法院调解的基础，这也是"以事实为根据，以法律为准绳"原则在调解中的贯彻实施，既是调解工作进行的前提，也是保证调解顺利开展的根本保证。[①] 调解并不是"和稀泥"，调解的前提在于对案件基本事实的查明。调解案件的过程，通常分为"争议确定阶段"和"争议解决阶段"[②]，在争议确定阶段，调解者应当将当事人对事实的陈述剥离冗余无关部分，抽象为法律事实[③]，法律适用过程就是解释法律的过程。[④] 法官助理在调解时应就涉及的程序、证据认定、适用法律、预期结果、可能存在的诉讼风险和执行风险以及可能因诉讼带来的负面影响进行解释、解答和说明[⑤]，为下一步解决争议做铺垫的步骤。

在基层法院的司法实践中，多数当事人的法律意识及法律知识较差。因此法律翻译官的角色定位极为重要，而这正是法官助理作为法律职业角色可以发挥作用的舞台。在某基层法院展开法官助理主持调解事实查明程序的司法实践中，引入法官助理主持诉前事实查明制度前后调解成功率有明显上升。

2. 指引能力

2017 年以来，在最高人民法院的指导下，各地法院对类案检索进行了广泛的探索。而关于类案检索的实际运用，不仅仅局限在审判事务中，更可以推广至调解工作中。

法官助理在调解过程中，应当具备灵活运用类案检索的能力，将其运用至以下几方面：一是运用类案检索的结果说服当事人，避免"和稀泥"调解；二是通过类案检索促进调解过程的司法公开，避免压迫性调解；三是活用类案检索，

---

① 全国人大常委会法制工作委员会编：《中华人民共和国民事诉讼法释义》，法律出版社 2012 版，第 216 页。

② 黄鸣鹤：《调解员培训简明教程》，中国法制出版社 2017 年版，第 75 页。

③ 但相比于庭审的事实调查阶段，对事实的查明相对要宽松一点，当事人在调解笔录中的让步不能作为庭审认定事实的依据之一。

④ 孔祥俊：《法律解释方法与判解研究 法律解释·法律适用·裁判风格》，人民法院出版社 2004 年版，第 35 页。

⑤ 杨凯：《提升司法公信力的进路与方法》，中国民主法制出版社 2018 年版，第 91—92 页。

引导、提升多元解纷力量。

3. 调解风险预警能力

调解具有高效、快捷、低成本等优势，但在国家多次强调防范化解重大风险的当下，更要对调解中存在的虚假诉讼、涉及群体性风险以及涉及“套路贷”等风险保持警惕。一方面，对于参与多元纠纷化解的各个调解组织对风险敏感性显然无法和法院相比，因此这正是法官助理可以发挥作用的机会；另一方面，法官与法官助理的职业能力的另一大区别正是对审判及调解风险的预警能力，如何预防虚假诉讼，如何避免调解协议出现执行不能的情况，这都是法官助理在成为法官过程中必须掌握的技能。

（三）软技巧：综合沟通协调能力培养目标

所谓软技巧是指法官助理调解工作综合沟通协调能力培养目标，正如本文第一部分对于法官助理培养现状的论述，该部分的能力技巧是法官助理所欠缺的，但也是做好调解工作的关键一环，属于“进阶”技能。

1. 提升群众工作能力

习近平总书记指出：“深入基层一线，增强同人民群众的感情，学会做群众工作的方法”① 在新时代，调解工作的内涵有了新的发展，治理前伸、多元纠纷解决机制的构建，要求法官不能仅仅是云端的法者，还需要有群众工作的能力，而这种能力的培养应在担任法官助理阶段就开始培养。与群众的沟通交流能力内涵很广，但就调解工作而言，笔者认为核心是“共情”与“节奏控制”。

首先，从“共情”角度看，“共情（empathy）”，剑桥英语词典对 Empathy（共情）的定义是：能够想象自己置身于对方处境，并体会对方的感受的能力。所以从定义上来看，共情至少涉及三个层面：一是学会倾听、分辨他人的情绪的能力；二是表达尊重的能力，三是感同身受、换位思考的能力。而在调解过程中，这三项能力所对应的实战技能也是一一对应（如图 1 所示），将共情技能运用到调解工作中。

① 《习近平 2019 年 7 月 9 日在中央和国家机关党的建设工作会议上的讲话》，载新华网，www. xinhuanet. com/ politics/leaders/2019—11/01/c_ 1125180360. htm，最后访问时间：2019 年 8 月 25 日。

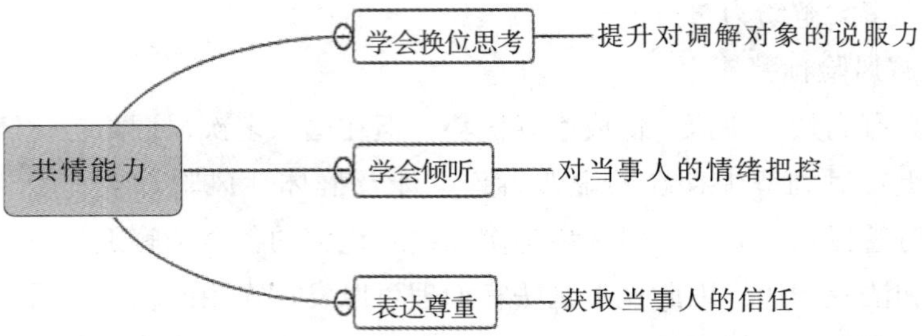

图 1　共情能力在调解与群众工作中的运用

其次是“节奏控制”，调解员的身份是调解这首有多方参与者的协奏曲的指挥[①]，调解节奏的控制是调解能够顺利进行、矛盾能够成功化解的前提。法官驾驭能力首先指的是法官在案件审理过程中对全局的驾驭支配能力，包括对法定程序的推导能力，对庭审的驾驭能力对各种诉讼行为的引导、控制能力。[②] 调解节奏的控制能力，从短期看直接影响法官助理承担多元解纷机制的有效运行，从长远来看就是法官助理庭审驾驭能力的培养。

2. 多元解纷机制运行的组织与协调能力

设立法官助理制度的直接目的，是为了推进法官队伍的职业化进程，其宗旨在于最大限度地促进和保障司法的公正和效率。[③] 而法官助理在调解工作中的定位，正是要从传统的依附于法官的“助手”向多面手完成华丽转身，承担起多元解纷机制运行的组织者与协调者角色，发挥出法官助理本身不同于其他司法辅助人员的独特作用。

习近平总书记指出：“完善党委领导、政府负责、社会协同、公众参与、法治保障的社会治理体制，打造共建共享共治的社会治理格局。”[④] 将法官助理的角色定位从单纯的案多人少现状下的帮手拓展为社会共治格局下法院伸向基层的触手，将法官助理作为链接法院与基层、法院与人民调解委员会、妇联、公证处、律协、律所、高校等不同机构的连接纽带。

---

① 黄鸣鹤：《调解员培训简明教程》，中国法制出版社 2017 年版，第 145 页。

② 杨凯：《审判过程的艺术》，法律出版社 2016 年版，第 79 页。

③ 杨凯：《法官助理和书记员职业技能教育培训指南》，北京大学出版社 2016 年版，第 48 页。

④ 《习近平 2019 年 1 月 15 日至 16 日在中央政法工作会议上的讲话》，载国务院网站，www. gov. cn/xinwen/ 2019—01/16/content_ 5358414. htm，最后访问时间：2019 年 8 月 25 日。

四、对策：构建调解能力新型培育模式的具体策略

法院集实践与培养于一身，在此笔者结合本地区实践，仅探讨两大对于提升法官助理调解能力具有明显效果的制度保障：一是构建“程序引领”型调解运行模式，打造从纸上向实战转化的实战场景；二是借鉴“知乎”网站模式，从师徒作坊式的经验传授向将个体经验融合为整体经验的信息化调解经验传承模式。

（一）流程重塑：打造程序引领型实操战场环境

1. 构建要素

霍姆斯法官曾言：法律的生命不在于逻辑而在于经验。调解能力的培育也是有赖于实践的积累，目前法官助理调解能力培养的“跛足”源于调解工作实战场景的缺失，因此应当打造“程序引领”型实操战场环境，其构建要素如下：

（1）第一要素是实战：法官助理集中前置于主持调解，更偏于“硬能力”“软技巧”等调解能力的培养。也只有在基层一线，通过大量的调解案件锻炼才能具备此种能力。

（2）第二要素是高自由度：实现调解与审判适度分离，采用类似员额法官随机分案制的方式，随机分配诉前调解案件在法官助理名下，有文书签发权限的员额法官（通常可由速裁团队法官担任）则作为幕后“把关者”对案件处理结果进行最终把关。只有自由度的解放才能实现法官助理在调解工作中从帮手向舵手转变。

（3）第三要素是“嵌合”：将多元纠纷解决机制、诉前调解程序同法官助理的调解能力培养的各个目标高度融合，如本文第三部分论述，将培养目标解构细分，并内嵌到调解程序之中，当法官助理案程序完成每一项步骤，其各项调解技能都能实现分步锻炼，形成如图 2 所示的程序化培养模式。

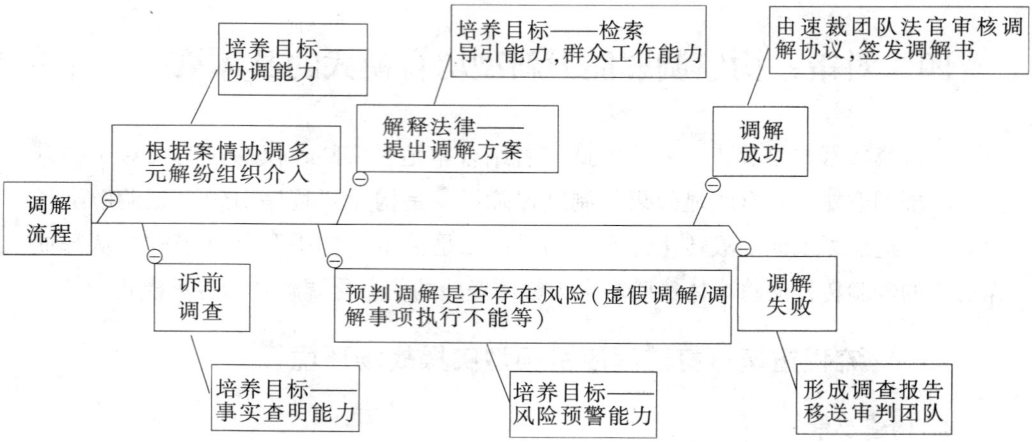

图 2　调解程序——培养细分目标嵌合导图

2. 根据法官助理年限确定分层级的调解工作内容

该种模式提供了法官助理独当一面的舞台，当然，让刚刚离开象牙塔的新任职法官助理单独承担此项工作未免有赶鸭子上架之嫌，故应根据法官助理年限确定分层级的调解工作内容，如工作年限一年以下，应以实习法官助理名义，在员额法官或者工作三年以上的法官助理的指导下承担诉前调解辅助工作。工作时间在一年以上三年以下，应独立承担诉前调解的组织与主持工作。工作时间在三年以上的，应独立承担诉前调解的组织与主持工作以及指导新任实习法官助理。

3. 比较优势

（1）相比于传统模式，本模式转变了以往法官助理跟着走的模式，成为调解工作的实际组织者，员额法官仅作为调解书的幕后把关者。只有独当一面才能使调解能力得到全方位锻炼，才能在调解过程中练就法官助理作为“员额法官预备队”应当具备的庭审驾驭能力。

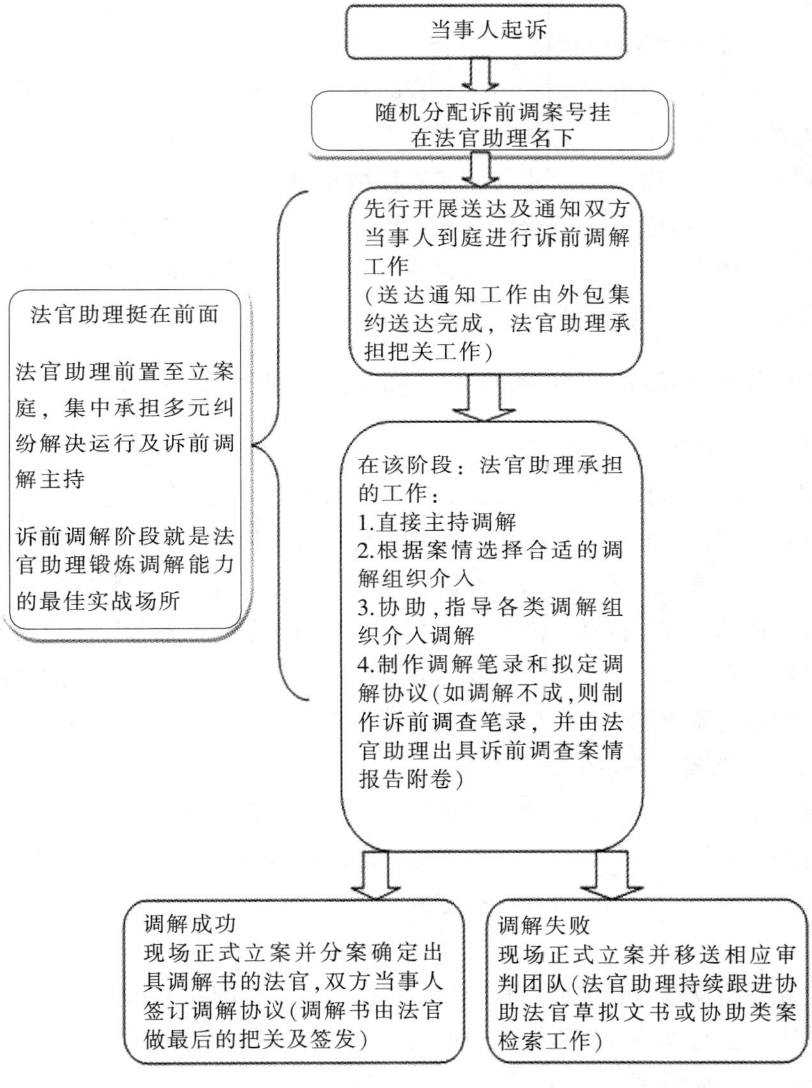

图3　创新的“程序引领”型法官助理配置使用模式

（2）使得多元纠纷解决机制的运行有了运转中轴，即以法官助理为中轴，扩充了法院运用于多元纠纷解决机制的实际工作人手，使得多元纠纷解决机制得以全方位的铺开，渗透到每个案件中，也使得各类调解组织真正意义上得以在法院的指导下运作，防范调解过程中的错漏风险，提升多元纠纷解决机制的运作效率和效果。

（3）便于对法官助理调解绩效和能力维度进行定量考核评估。没有良好的考核机制就没有有效的培养，传统的法官助理跟随员额法官协助调解的模式无法区分出调解成效属于法官或是法官助理，也无法评估法官助理的调解能力各个的方面是否有待提升的地方，更不便制定对应的培养方案。而在新型培育模式下，通过调解笔录，诉前案情调查报告（详见附件1）的形式对法官助理调解过程和案件事实查明能力进行考核，且可通过员额法官出具调解书的把关环节考核调解协议错漏率，实现考核的定量化（详见附件2）。

（二）重构调解经验传承模式：调解经验传承“云指南”

1. 主体：调解经验指导团队

调解工作的经验技巧是具有分散、零碎的特性，分散的经验怎么统合，法官助理又该如何获得法官的调解经验的指导，均是在构建新型模式下应当予以解决的问题。应当打造从师徒作坊式的经验传授向将个体经验融合为整体经验的信息化调解经验传承模式。因此，应该打破个人经验的界限，从经验传承模式构架上看，可借助各地法院已经广泛建立起专业审判团队，由对应案件类型的审判团队担任法官助理的调解工作的经验传承人、指导人。

2. 方式：构建问答索引信息库方式

确定了指导团队后，指导团队又该以何种方式回答和指导法官助理的诉前调解工作也是急需解决的问题。除了设置每个团队的值班法官的传统方式之外，可借鉴目前互联网中常见的问答社区构建方式，尝试建设法官助理调解问答索引信息库。

法院应当构建起一套类似互联网问答社区模式运作的线上问答系统，具体运行方式如下：法官助理在调解过程中遇到问题后将问题放置在问答系统上，同时编辑该问答所归属的法律关系属性、案由等分类，然后由对应的审判团队负责回应，其他审判团队或法官乃至调解员和其他法官助理等主体可以“抢答”。如此操作就可以从师徒作坊式的经验传授向将个体经验融合为整体经验的传承。久而久之，该问题库就成为法院的一项宝贵财富，成为新入职法官助理的“调解百科全书”。

结　语

习近平总书记指出，防范化解重大风险，既要有防范风险的先手，也要有应对和化解风险挑战的高招。① 在防范化解重大风险和诉源减量治理的工作中，进一步明确法官助理主持调解工作的职责定位，进一步完善符合法官助理角色特色的调解能力培育机制具有重大的理论和实践意义：法官助理可以作为多元解纷组织参与调解工作的运作中枢；也可以在法院深化全程全员调解、参与诉源减量治理的工作中承担起核心角色。同时，法官助理调解能力的培育也是员额法官培育做群众工作能力、庭审驾驭职业技能准备的关键一环。本文提出的培育模式和制度构建，已经有部分制度在笔者所在单位实践试点中并且取得了较好的效果，完善法官助理调解能力的培养机制将直接有效的提升法院应对复杂社会经济形势下诉讼压力的能力，并且为法院培养起一支员额法官的“预备队”。

① 《习近平 2019 年 1 月 21 日在省部级主要领导干部坚持底线思维着力防范化解重大风险专题研讨班开班式上发表的重要讲话》，载国务院政府网，www. gov. cn/xinwen/2019—01/21/content_ 5359898. htm，最后访问时间：2020 年 9 月 16 日。

附件 1.

<table>
<tr><td colspan="3">调解案情调查报告表</td></tr>
<tr><td colspan="2">案号</td><td>原告</td></tr>
<tr><td colspan="2" rowspan="2">案由</td><td>被告</td></tr>
<tr><td>第三人</td></tr>
<tr><td>1. 送达情况及当事人可沟通情况</td><td colspan="2"></td></tr>
<tr><td>2. 基本事实</td><td colspan="2"></td></tr>
<tr><td>3. 争议焦点</td><td colspan="2"></td></tr>
<tr><td>4. 类案检索及参考法条</td><td colspan="2"></td></tr>
<tr><td>5. 审理参考意见（调解成功无需填写此栏）</td><td colspan="2"></td></tr>
</table>

6. 其他信息	是否保全：
	是否申请鉴定：
	补充证据提交情况：

附件 2.

法官助理能力考核评估表			
项目	考核目标	测算方式	权重
1. 调解错漏率	考核法官助理调解协议拟定与风险把控能力	通过速裁团队员额法官在调解协议签发环节进行考核，计算每百份调解协议拟定的错漏率。	30%
2. 事实调查能力	考核法官助理事实调查能力	通过抽样调查，在每百份调解案件章抽取10%的案件，核查其中的调解笔录或调解流程表，由速裁团队员额法官进行评分。	30%
3. 指引能力	考核法官助理运用类案检索辅助说服当事人的能力	通过抽样调查，在每百份调解案件章抽取10% 的调解工作流程表，由速裁团队员额法官进行评分。	30%
4. 调撤率	考核法官助理综合调解能力	计算每百件案件调解、撤诉化解率。	10%

第三编

中国调解形态的创新发展

专题十七　全球背景与中国视角下《新加坡调解公约》的理解与实施

赵　蕾*

2014 年 5 月，美国向联合国贸法会秘书处提交了一份提议：为了鼓励各国当事人运用调解方式解决国际商事争端，建议由其第二工作组拟订一部多边公约，从根本上解决因调解达成的和解协议缺乏可执行性问题。五年之后，在 2019 年 8 月 7 日，中国以及全世界 45 个国家的授权代表共同签署了《联合国关于调解所产生的国际和解协议公约》（Convention on International Settlement Agreements Resulting from Mediation，以下简称《新加坡调解公约》）。从全球背景深入理解《新加坡调解公约》产生背景以及所带来的划时代的意义，从中国立场分析《新加坡调解公约》落地与实施存在的困难以及克服，成为值得研究和讨论的新问题。

* 赵蕾，华南农业大学人文与法学学院副教授。

一、全球背景下的《新加坡调解公约》

（一）全球调解的社会背景、商事调解市场和商事调解协议执行的需要

在全球调解趋势之下，《新加坡调解公约》的起草、通过与签署既迎合了全球多元化社会背景与商事调解市场形成的需求，也满足了调解协议获得可执行效力的需要。首先，社会的多元化决定了法律的多元化、纠纷解决机制的多样化、社会治理的多层化。最基础的社会价值（fundamental social values）、多元文化的认同（diversified culture identity），共同决定了纠纷的本质、不同层次的社会治理需要以及不同要求的救济途径。其次，调解正当性的基础源于当事人之间的合意。现代商事调解兴起的根本原因恰恰在于强调当事人的自治地位，重视纠纷解决过程中当事人的自治性和“自我决定”（self—decision making）的权利。如，《新加坡调解公约》第 8 条第 1 款 b 项规定：“本公约适用，唯需和解协议当事人已同意适用本公约。”这个条文几经修订，最后公约还是允许当事人作出声明，决定是否适用公约。因此，《新加坡调解公约》既是全球调解趋势下对国际商事调解的一个总结，也是充分尊重当事人意思自治的一次胜利。

（二）《新加坡调解公约》的意义

《新加坡调解公约》具有划时代的意义，主要体现在两个方面。首先，《新加坡调解公约》的重要意义在于通过第 3 条“本公约每一当事方应按照本国程序规则并根据本公约规定的条件执行和解协议”解决了一个世界级的难题，即赋予国际商事调解协议可执行的效力。而且，从“采用直接执行机制而非承认执行机制”这个问题来说，《新加坡调解公约》比《纽约公约》更进了一步。

其次，赋予商事调解国际通行证。至此，调解与诉讼、仲裁，成为国际争端解决机制中的“三驾马车”。这是一次突飞猛进的跨越，因为民事诉讼与仲裁的理论与实践由来已久，法律体系成熟。民事诉讼源自公元前 451 年的罗马《十二铜表法》，仲裁起源于 14 世纪地中海沿岸，而调解的悠久历史主要是调解理念和方法的积淀。商事调解的制度化、专业化、职业化发展其实是近 40 年的事

情，调解的发展可谓后来居上。

二、中国视角下的《新加坡调解公约》

目前，中国正处在国际商事交往的关键时期。借力“一带一路”倡议，越来越多的中国企业已经“走出国门”，在更宽广的世界舞台上与来自全球各地的商事主体展开商事交往。2019 年 1 月 23 日，中央深改组审议通过了《关于建立“一带一路”争端解决机制和机构的意见》。中国的司法、仲裁及调解机构，致力于将中国打造成为独具特色的国际商事争议解决中心，希望在国际商事争议解决领域贡献更多“中国元素”。国内调解市场的培养对于商事调解的发展至关重要，但目前进程较为缓慢。如果能够借力《新加坡调解公约》，根据顶层设计推动中国商事调解发展，将商事调解与国家发展战略、国际争端解决机制发展结合起来，将最符合国情，也最有效率。

机遇带来欣喜的同时也露出了利刃，《新加坡调解公约》如何落地、怎么实施这一难题摆在眼前。首先，对于《新加坡调解公约》有“不同声音”非常正常，也很有必要，这会促进我们更加全面去思考与评估；而且通过讨论、辩论也是统一思想和共同探索解决方法的过程。不过，继中国政府签署《新加坡调解公约》后，我们的关注点应该着重于后者。其次，有学者总结《新加坡调解公约》在中国难以落地是因为配套不足。具体而言，《新加坡调解公约》在中国的落地和实施面临四大难题：第一，整个社会对于商事调解与国际调解认知不足，最直接的后果是当事人不知如何采用国际商事调解，而法官也不知如何执行国际商事调解协议；第二，我国缺乏通行的商事调解规则，没有商事调解法，现有的一些法律和司法解释与《新加坡调解公约》存在一定冲突；第三，我国商事调解市场还不成熟，因此很难通过市场调动各种“资源”，形成商事调解市场化运行机制；第四，我国商事调解员专业化、职业化程度不高，尤其缺乏能够调解国际商事案件的调解员。

三、《新加坡调解公约》在中国的落地与实施

（一）顶层设计：确立我国商事调解的发展战略

商事调解主要有两种发展模式，一种是以美国 JAMS 为代表的商事调解市场化发展模式；另一种是以新加坡为代表的一站式国际纠纷解决平台发展模式。两种模式各有优劣：JAMS 的发展模式可以说最契合争端解决市场，很有借鉴意义；而新加坡这种通过“顶层设计”“调解—仲裁—诉讼”提供一站式纠纷解决机制的模式比较适合中国，有利于推进我国商事调解的全面提升。

如果希望借助全球调解趋势和新加坡调解公约之手，提升和更新我国的商事调解制度，那么必须“通盘考虑”——通过商事调解立法提升商事调解的法律地位，为纠纷解决提供法律保障；通过国际组织将一国的纠纷解决理念和机制上升为区域性、国际性的通行做法；通过律师调解制度来推动我国商事调解员队伍建设；通过高等教育、调解培训、国际调解模拟比赛（moot mediation）等培养商事纠纷解决储备人才；运用科技实现商事调解的科技化与国际化发展，例如运用 AI 实现 ODR 解纷的自动化与智能化，不仅成为未来发展的必然趋势，也为中国商事调解提供了一个“弯道超车”的机会。

（二）具体实施：确立《新加坡调解公约》实施计划

根据《新加坡调解公约》的具体内容，采用最小可行性计划（Minimum Viable Step）以及推进工作从核心问题到边缘问题，由易到难的方法，按照步骤落实《新加坡调解公约》，塑造我国商事调解法律体系。

1. 通过司法解释的形式明确人民法院对当事人申请执行因《新加坡调解公约》产生的国际调解协议的规定

根据《新加坡调解公约》第 3 条规定：“本公约每一当事方应按照本国程序规则并根据本公约规定的条件执行和解协议。”我们需要根据中国法律体系与公约要求，通过司法解释的形式，设计条文解决申请执行的条件、管辖法院、执行依据、裁定驳回条件等具体条文。根据 2017 年《民事诉讼法》第 281 条和第 283 条规定，直接向被执行人住所地或者其财产所在地的中级人民法院申请承认

和执行。笔者认为由于国际商事调解协议执行问题还比较难以把握，因此管辖法院不宜设为基层法院，建议采用中级人民法院或以上确定级别管辖，并且适用集中管辖方式而非根据被执行人住所地、财产所在地法院管辖也许更为适合。

《最高人民法院关于涉外民商事案件诉讼管辖若干问题的规定》第3条对集中管辖适用的案件进行了规定。集中管辖常用于专业性、复杂性强的信用证纠纷以及涉外案件，虽然对于国际商事调解协议的执行我国目前并无集中管辖的规定，但从长远来看，由于商事调解协议还是具有一定专业性和复杂性，比照“承认与强制执行国际仲裁裁决的案件”，对于申请执行因调解产生国际和解协议的案件也采用集中管辖更加稳妥。

2. 通过制定并颁布商事调解法的形式确立我国商事调解法律框架

2010年10月25日，加拿大安大略省的《商事调解法》正式生效实施。《商事调解法》的目的是巩固安大略省有关商事调解的法律框架，以及确立商事协议的效力。我国《商事调解法》立法目的不仅在于便利和鼓励当事人利用调解解决国内外商事纠纷，更重要的是落实《新加坡调解公约》的要求，建立中国商事调解立法体系和框架，从立法上保障以及推动商事调解制度的规范和发展。

3. 通过全国调解员资格认证与分类培训系统，提供专业化、职业化商事调解员

由不同学科背景的调解员组成的旨在促进和发展奥地利商事调解法的跨学科性组织“商业调解论坛”（The Forum Wirtschafts Mediation）采纳了以下调解定义：调解是一种由中立的第三方通过谈判的方式协助纠纷双方达成互相认可的纠纷解决方案的过程，它具有纠纷解决性、前瞻性（future—focused）以及自决性等特点。调解员作为调解活动的核心主体和调解组织“肌体的细胞”，是调解成败的关键，更是调解可持续健康发展的重要支撑，调解员公信力和素质、能力和水平是评价调解的重要标准，直接关系到调解组织的公信力、调解程序运行的公正性，以及调解案件的质量。《新加坡调解公约》第5条第1款（e）和（f）规定调解员应当遵守法律和调解员职业道德要求，应当向各方当事人披露可能对调解员公正性或者独立性产生正当怀疑的情形。这些规定反过来倒逼中国商事调解员培训应当明确选任标准、等级划分标准；健全培训的制度与内容、建立资质认证体系。

多元化纠纷解决机制不仅在于解决纠纷，放在更加广阔的社会背景下来考

察，反映的是法律秩序中个人与国家，当事人与法律体系之间的关系。换句话说，商事调解的兴起既是全球调解浪潮的产物，从根本上来说还是因为尊重当事人意思自治、优化法治营商环境，为争端解决市场提供更加高效、灵活的纠纷预防与解决服务。正如新加坡司法部部长 Indranee Rajah S. C. 女士所说的那样，“新加坡作为国际纠纷解决中心的主要优势之一是我们的法律体系的中立性和稳定性并且得到了企业的信任。我们以此为基础，加强法律、律师、各种机构和基础设施的生态系统，以便我们更好地满足企业的需求”。从这个角度而言，即便《新加坡调解公约》的落地与实施有很多困难和障碍，在全球调解趋势与法治营商环境进一步优化的背景之下，我们还是坚信——通过这道窄门，然后就能迎接更好的未来。

专题十八 从“参与”到“主导”：我国律师调解制度定位的检视与重塑

纪 琼*

一、理论澄清：我国律师调解实践的制度定位

（一）公益性制度定位的证成

律师调解是指律师、依法成立的律师调解工作室或者律师调解中心作为中立第三方主持调解，协助纠纷各方当事人通过自愿协商达成协议解决争议的活动。与以往的“律师参与调解”的活动相比，律师调解有着根本性的不同。律师参与调解的主体是人民法院或行政机关，而律师仅作为参与者或者辅助者的角色参与调解活动。在律师调解中，律师则作为中立第三方调解纠纷，强调的是律师作为调解主导者对调解活动整体进行把控。

根据我国现行关于律师调解的相关规定来看，律师调解的制度定位呈现明显的公益性，常常被实践参与者称作“一种新型的公益性法律服务”。一方面，这是由于官方文件中明确指出律师调解员所提供的法律服务是其履行公共责任的表现；另一方面，制度的整体设计也倾向于将律师调解定义为公益性服务之上。至少体现为以下三点：

其一，从工作模式上来看，我国律师调解制度的设计凸显了其所具备的公益

* 纪琼，南京大学法学院博士研究生。本文现已发表于《河北法学》2020 年第 10 期。

性。根据最高人民法院、司法部《关于开展律师调解试点工作的意见》（以下简称《试点意见》）的规定，我国律师调解制度存在四种工作模式：第一种模式是在人民法院诉讼服务中心、诉调对接中心或具备条件的人民法庭设立律师调解工作室；第二种模式是在公共法律服务中心（站）设立律师调解工作室；第三种模式是在律师协会设立律师调解中心；第四种模式是在律师事务所设立调解工作室。其中，有三种模式的设计都是出于将律师调解当作辅助其他工作的目的，而实现这种目的的前提是此种帮助的成本低廉甚至是免费才具有真正的实践意义。因此，律师调解从工作模式上就注定了其公益性的命运。

其二，从经费保障上来看，我国律师调解制度的设计凸显了其所具备的公益性。根据上述四种模式的划分，除了第四种模式之外，其余模式下的律师调解员的经费保障皆通过政府采购渠道解决，由国家财政负担。而第四种虽然表面上可以收费，但是《试点意见》中所提出的“有偿和低价原则”极大地限制其市场化发展的可能性。故此，从总体上而言，律师调解必然是倾向于公益性发展的。

其三，从案件来源上来看，我国律师调解制度的设计凸显了其所具备的公益性。根据《试点意见》的模式设定，律师调解的主要案件来源并不是当事人的自主委托，而是来自法院、行政机关以及律师协会的委托或指派，而通过上述机构转介而来的律师调解活动势必不可能进行单独收费。而自主委托案件仅占案源的极小部分，这就决定了律师调解活动的公益性定位在一定程度上是无法避免的。

（二）“公益性 + 市场化”定位的质疑

根据试点方案的设计，其本身对自主发展的律师调解是持一定支持态度的。例如在模式设计方面，鼓励和支持有条件的律师事务所设立调解工作室；在案源取得方面，可以将接受当事人申请调解作为一项律师业务开展；在收费方面，该制度也认可在律师事务所设立的调解工作室受理当事人直接申请调解纠纷的，可以按照有偿和低价的原则向双方当事人收取调解费。多数学者对此持赞扬态度，认为其创造性地提出了政府资助与市场化收费并行的经费保障体制。[①] 然而这些细节的兼容其实并不能改变我国律师调解制度的真实本质，公益性和市场化兼容

① 熊跃敏、张润：《律师调解：多元解纷机制的制度创新》，载《中国司法》2017 年第 11 期。

的保障机制并未真正建立起来。

从资源占用角度来看，公益性律师调解模式占了全部模式的四分之三，这也意味着在实际工作开展中，这部分模式将占用大部分优质律师资源从事公益性的调解工作。以四川省南充市嘉陵区为例，仅该区的公共法律服务中心成立的调解工作室就确定了39名律师担任调解员，基本将该区的优质律师囊括其中。[①] 同时，公益性律师调解员还要兼顾各地陆续开展的“线上”业务，例如宁波市在“12348浙江法网·宁波”设立的网上律师调解中心。对律师本身而言，开展业务的资源和精力都受到了严重分化。从案源角度来说，无论从当事人角度还是律师角度，都会形成法院型或行政型的路径依赖，缺乏双方直接合作的意愿和可能，变相隔离了市场主体间的直接互动。与此同时，公益性的律师调解也给律师调解制度本身贴上了免费的标签，而从事有偿的律师调解从开始就将立于不利的市场竞争地位。从定价角度来看，市场化的定价标准是“有偿且低价原则”，这实际上是限制了律师调解员群体将利益最大化作为经营活动的直接目的，从而对其市场化进程产生了极大的阻碍作用。例如，在试点实践中，有的律师调解工作室仅按照咨询费和代书费的标准收取调解费用，而调解所花费的时间和精力则是咨询的数倍，对于律师事务所自身而言，基本上也属于公益性质的。有鉴于此，很多律师事务所索性直接将律师调解工作室定位为公益性质，作为其履行社会责任的“形象窗口”。[②] 例如江苏常州博爱星律师事务所通过每年拿出增收部分的5%设立法援基金的形式成立免费律师调解工作室，鼓励律师从事调解工作；北京京师律师事务所将从事调解业务定位成它从事公益的主要途径，并宣称会在将来建立以律师调解业务为主的社会服务机构，该机构旨在定位于非营利组织，为社会提供公共服务。[③] 事实上这种做法的背后还有更深层次的原因，即调解业务在正常收费情况下仍远低于诉讼收费，如果对这种收费还加以限制，那么对于律师而言，将其当作业务进行开展的可能性也就微乎其微了。因此，制度推行者所

---

① 胡长城：《公共法律服务中心律师调解工作室试点探索与思考——以四川省南充市嘉陵区为例》，载《中国司法》2019年第1期。

② 目前，试点地区一些律师事务所设立内部的律师调解中心开展的均是公益调解。参见龙飞：《律师调解制度的探索创新与完善路径》，载《中国律师》2018年第5期。

③ 宋安勇、赵青航：《走近京城律师调解的“新老娘舅”——京师所律师调解面面观》，载《中国律师》2018年第5期。

谓的“希望律师事务所将律师调解当成一项业务开展”的愿望实际上将很难达成。

总而言之，上述所谓的政府资助与市场化收费并行的经费保障机制实际上是不可行的，发展中二者必侧重其一，很难并行不悖。而我国的律师调解制度事实上就是公益性质的，这决定了律师在该制度中的角色定位，即“参与者”而非“主导者”。也正是因为这个原因，律师调解制度很难自下而上的自主发展，始终需要依靠司法行政机关自上而下地推动。

（三）公益性制度定位的成因

我国律师调解制度的公益性定位并非属于制定机构一蹴而就的想法，恰恰相反，其形成有着深厚的社会根源，大致受以下三种因素的影响：

从历史发展来看，律师充当调解员一直是履行社会责任的表现。早在 2017 年《试点意见》之前，律师作为中立第三方主持调解已经积累了一定的实践经验，主要通过四种形式：一是担任普通人民调解员，广泛参与村（居）民委员会、乡镇、街道、部分企事业单位以及区域性、行业性的调解活动。二是担任特邀调解员，参与诉讼调解。三是受托参与行政调解，协助处理信访等事件，例如“党政领导接待群众来访律师随同制度”。四是在非营利性质的专业调解机构担任调解员，例如上海先行民商调解中心，作为一家不以营利为目的的民办非企业单位，其志愿从事人民调解工作，不收取费用，志愿者以执业律师为主。总体而言，无论是上述哪种形式，除了收取少量的基本补贴之外，律师调解工作整体上一直是公益性质的，被当作是律师维护社会公平正义、积极履行社会责任的表现途径。

从行业整体上来看，我国主要的调解模式基本都属于公益性质。我国现行调解体系大致由三部分组成，即人民调解、诉讼调解以及行政调解。首先，根据《人民调解法》第 4 条规定“人民调解委员会调解民间纠纷，不收取任何费用”，人民调解被法律定位为公共产品，其费用主要由政府财政负担。事实上，人民调解在发展过程中曾经出现市场化的趋势，即个人调解工作室的出现，但是却即刻受到了政府部门的严格规制。2018 年司法部发布的《关于推进个人调解工作室建设的指导意见》中明确规定，“个人调解工作室应当遵守人民调解法的各项规定，坚持人民调解的基本原则，不得收取任何费用。”其次，行政调解的主体是行政机关，例如基层人民政府、公安机关等，而行政机关进行调解则是履行职权的表现，有政府资金支持和保障，其目的是保障基层群众民生利益，维护社会稳定。因而，行政调解也基本上是公益性质的。再次，诉讼调解本身是依托于诉讼程序而存在的，可以看作是诉讼服务产品的附加服务，这种附加服务主要是为了减轻法院的审判压力，缓解“案多人少”的矛盾，当事人愿意调解不仅不用多缴费，甚至还可以减免诉讼费。因而，调解总体上也属于公益性质。正如职业社会学学者 Abott 所认为的那样，各个职业并不单独经历所谓的“职业化”过程，而是共同构成了一个相互依赖的生态系统，通过彼此互动之间的互动而发展。① 律师调解制度的定位显然也会受到其他已有调解方式运作模式的直接影响，继续保持行业固有的公益性特质。

从价值取向上看，我国调解模式带有鲜明的工具性特征。“我国调解之所以得到推崇往往是由于政治的需要。”② “调解在解决纠纷和维护稳定方面的首要角色是党和政府的助手，然后才是纠纷解决者，使国家权力机关免于缠诉、累诉和上访之扰。调解被定位于公权力利益之上，替代审判、保障当事人自治和转变纠纷解决文化这样的目标则被置于次要位置上。”③ 正是因为这种工具性价值取向的存在，在组织体系方面，我国倾向于将所有调解机构纳入国家权力的网络，公权力机关指导、主导甚至主持调解，即便是来自民间的人民调解也逐渐被行政化。这种做法极大了便利了政府利用调解实施解决纠纷以外的政治性功能。而在这种价值取向的引导下，律师调解制度的公益性也就不难理解，只有保证其经济的依赖性和组织依附性，才能更好地发挥其工具性的一面，更好地融入“国家大调解”体系，更好地服务于解纷以外的目的。

二、实践检视：公益性律师调解制度定位带来的困境

律师调解制度的本质是律师与调解相结合的产物，公益性的定位单方面关注了调解的需求，却极大程度上忽视了律师的需求，不仅如此，公益性定位也使得

---

① Andrew Abott. Transcending General Linear Reality, Sociological Theory, 1988, Vol. 6, P. 181—183.

② 喻怀峰：《调解自愿如何可能？——基于结构理论视角的分析》，载《河北法学》2016 年第 5 期。

③ 王福华：《中国调解体制转型的若干维度》，载《法学论坛》2010 年第 6 期。

律师调解制度从一开始就无法摆脱其体制附庸的定位走向，为其今后的独立发展带来了严重的阻碍。据此，下文将从五个方面对公益性定位带来的问题进行阐释。

（一）制度主体独立性的失落

独立性是律师职业的基石，它是律师群体在权力结构中发挥衔接民间私人性选择与国家制度性选择的基础条件，是其发挥职业功能和社会功能的基础保障。因此，发达国家普遍确立了律师独立的理念，认为只有确保律师职业的相对独立，才能有助于律师成功履行其职能。律师独立主要包括两个层面的内容，分别是律师的个体独立与律师的整体独立。其中，律师个体独立主要强调律师个体独立服务的自主性，而整体独立则侧重于律师团体能够形成相对独立的社会力量。① 这意味对于律师而言，保障其独立性的一个重要条件是与权力机关始终保持“安全距离”，即“对律师行业最好的管理，就是让律师们自己管理自己”。② 因此，西方很多国家都禁止律师从属于非律师的情形，例如在法国，律师被禁止兼任公务员、企业经营者、董事、工资所得人，还出现了否定企业内的律师活动的情形；正基于此，律师也常常被定位成“自由职业者”③ 以彰显其独立性的可贵。

正因为存在这种独立性的特质，律师群体通常被认为是“民间监督机关”，监督“包括地方公共团体在内的行政机关等是否有意或无意地作为惯例而实施了违法行为，从而对居民和国民带来损害进行监督。此外，还可以就是否剥夺、限制了他们的自由等这些情况进行经常性的监督。律师担负这样的职责也是一般公民对作为法律专家的律师以及他们的团队所期待的公共责任之一”。④ 因此，从角色承担的角度而言，在律师与法院的互动关系中律师的使命兼含有制衡法官

① 宋世杰、伍浩鹏：《律师整体独立论》，载《河北法学》2006 年第 1 期。

② 贺卫方、孔志国：《中国律师的自治之路》，载《南风窗》2002 年第 16 期。

③ 所谓自由职业者，一般需要具备五个特征：（1）其履行给付义务大部分由个人完成；（2）其给付的内容偏向思想性给付；（3）其职业具公共利益取向与利他性；（4）自由业者多属需专业教育训练，或须有创造性的执业能力；（5）自由业者与委托人间具有特殊的信赖关系；（6）其执业具有自由性，独立于国家社会，经济自主，不受指示约束，自己负责。参见姜世明：《律师民事责任论》，元照出版有限公司 2004 年版，第 32—38 页。

④ ［日］森际康友：《司法伦理》，于晓琪、沈军译，商务印书馆 2010 年版，第 207—208 页。

对公权力的行使之功能，并兼及努力将人民的需求与意愿反映于司法过程，以突显国民之法主体性等意义。据此，有些地区利用律师这种社会角色功能来直接制约司法权力的行使。例如北京市律师协会与北京市高级人民法院签订了律师与法官互相评价机制，让法官和律师之间形成互相监督的关系，使得他们在开庭的时候都意识到自己处在评价之中。然而，在目前的公益性律师调解制度中，这种独立性却被刻意淡化了。以法院附设型调解模式为例，将律师调解工作室设在法院，是各试点中应用最广泛的一种模式。① 该类型的调解宣称能将调解过程充分与诉讼服务相结合，通过促使律师调解与法院空间在工作上保持最为紧密的联系促成实践更为流畅的衔接进而极大提升解纷的效率。但是，这种论断显然忽略了该模式下律师与法院的独立性所面临的极大的影响。该模式事实上促成了律师个人与法院形成了实质上的管理关系而非合作关系。律师与法院并非处于平等的地位，法院作为管理者，负责为律师提供工作设备和场所、宣传推广、提供案源、制定律师调解员名册、提供经费保障等，而律师作为被管理者，始终需要接受各环节来自法院的指导与监督，其调解的自主性、创造性均受到了极大限制。换言之，律师被当作一个辅助法官的角色而存在，为其提供参考意见，有时甚至肩负教育当事人的任务。这种角色定位显然减损了律师本应有的职业独立性，甚至间接影响了律师调解员的中立性。

值得注意的是，在这个过程中，法院的中立性也会受到相当程度的损害。众所周知，律师行为规范中最重要的一部分是律师与法官的关系规范，其中律师与法官之间互相监督是保持司法活动公正进行的重要保证。因此，律师必须与法官保持一定的距离，两者接近和接触的经常性和亲密性只能达到一定的程度，否则无法形成职业的威严。正如最高人民法院肖扬院长所指出的，要在审判员与律师之间立起一条维护司法公正的“隔离带”。而在实践中，由于法院希望尽快落实律师调解制度从而减轻自己的解纷压力，又鉴于资金保障的贫乏，势必会拿出其他可以吸引律师参与调解的利益，例如为其提供诉讼中的便利。律师虽然因资金保障问题对律师调解工作缺乏积极性，但若是这项活动可以给其带来拓展案源、提高名誉，甚至是诉讼便利的话，那么其积极性也可以得到提升。换言之，公益

① 例如，截至 2018 年底，上海市共设立律师调解工作室 34 个，其中在人民法院设立律师调解工作室 18 个，在公共法律服务中心设立律师调解工作室 8 个，在律师事务所设立调解工作室 8 个。

性的律师调解制度事实上可能为律师与法官之间形成利益共同体创造了条件。有学者已经注意到了这点，“（律师调解员）的公益服务现在成为了登上法院推荐人员名单的代价，与利用专业承担公共服务的责任和承诺无关。”①

（二）制度动力持续性的不足

调解活动中，调解员的参与积极性是保证调解制度持续发展的动力源泉。如果调解员缺乏主动性和积极性，那么即便调解员具有较高的专业素养，也无法保证调解活动的有效性。根据相关调查显示，律师调解工作自开展试点以来，律师的参与度始终不高，未达到预期水平。以杭州市为例，2018 年上半年，律师参与调解数仅占全市法院调解总数的 10.83%，远低于其他形式的调解；此外，调查还显示出已推行的多种参与模式并未能有效改善律师的参与度，没有参与过调解工作的律师比例超过一半。② 本文认为，律师群体积极性匮乏主要可能受到以下四种因素的影响：

从获取报酬的设定来看，目前接受法院、行政组织等委托开展的调解通常采用完全公益或政府补贴等方式，其收费远低于诉讼业务和其他非诉业务的收费水平。③ 至于律所受理当事人直接申请调解纠纷的，《试点意见》规定的“有偿且低价原则”也使得其收费被固定在一个低标准的水平线之上。而对于律师而言，其行业惯性决定了其固有的规范体系和利益追求。作为私利的寻求者，其与法官、政府官员等公益的维护者在行为动机方面有本质的差别。因此，对律师群体而言，短期对利益的放弃是可能的，但是长期来看却一定是无法做到的。实践中的情况也恰巧证明了这一点，2006 年青岛市以德衡律师事务所为依托成立的“青岛市涉外律师中心”，由于收费难的问题难以为继，最终于 2010 年被青岛市律师协会接管。正如学者总结的那样，“以往尝试律师调解却未能取得明显成效的主要原因之一就是律师作为遵循市场规律的服务行业，免费或者低价提供纠纷

① Louis J. Weber. Court—Referred ADR and the Lawyer—Mediator: In Service of Whom?, SMU Law Review, 1993, Vol. 46, P. 2116.

② 丁洁、詹昀刚：《律师调解的现实困境与解决路径探讨——以浙江省杭州市试点实践为视角》，载《中国司法》2018 年第 12 期。

③ 由财政保障的律师调解付费标准总体偏低，远不能与传统律师业务相比，甚至不能覆盖成本。参见龙飞：《律师调解制度的探索创新与完善路径》，载《中国律师》2018 年第 5 期。

解决的服务不易广泛推行或者往往难以为继。”[①]

从资质水平的要求来看，律师作为中立调解人，不仅应具有娴熟的法律专业技能，还要求调解律师具备丰富的社会经验，能灵活地融合法律、道德、风俗、习惯，并能有效地说服双方当事人达成调解共识。而年轻律师由于业务能力水平弱，社会经验少，不太能够轻易取得当事人的信任，因此，律师调解试点所要求的律师普遍定位在从业时间较长、业务能力较为突出的精英律师群体。例如四川省南充市嘉陵区公共法律服务中心要求律师调解员“从事民商事诉讼业务 3 年以上，近 3 年年均办理民商诉讼案件不低于 5 件”；[②] 浙江省《关于开展律师调解试点工作的实施意见》明确要求律师调解员应当执业 3 年以上，杭州市则将资质条件提高到执业 5 年以上（中院更是要求执业 8 年以上）；[③] 上海地区则要求执业经历必须满 10 年，有一定调解工作经验且未受到过行政处罚的律师才能申请进入律师调解名册。[④] 然而，在实践操作中，符合上述要求的大部分精英律师往往缺乏参与积极性。一方面他们具有稳定的案源，业务繁忙，容易与调解实践产生冲突，缺乏精力兼顾调解员的角色；另一方面则是其获得的调解收入与代理费收入差距巨大，缺乏调解的积极性。

从律师资源的分布来看，公益性的调解可能并不适用于律师资源匮乏的地区。截至 2018 年底，全国共有执业律师 42.3 万多人，律师事务所 3 万多家。从数量上来看，该规模的数量基本具备了推行律师调解四种模式的可能性。但是，由于我国存在区域经济发展不平衡、城乡经济发展不均衡的问题，律师的分布也受到了直接影响。根据调查显示，我国律师的实质分布遵循“向大城市和东部沿海地区集中”的趋势，截至 2018 年底，律师人数超过 2 万人的省（市）有 8 个（分别是北京、上海、江苏、浙江、山东、河南、广东、四川），其中北京和广东省超过了 3 万人。换言之，剩下的 24 个省级行政区（除去香港特别行政区和澳门特别行政区）的律师数量仅为 20 万左右。显然，从人口比例估算，这些

---

① 王亚新：《律师调解：经由“试点 = 实验”的制度构建》，载《中国司法》2017 年第 11 期。

② 胡长城：《公共法律服务中心律师调解工作室试点探索与思考——以四川省南充市嘉陵区为例》，载《中国司法》2019 年第 1 期。

③ 丁洁、詹昀刚：《律师调解的现实困境与解决路径探讨——以浙江省杭州市试点实践为视角》，载《中国司法》2018 年第 12 期。

④ 陆卫东：《推进上海律师调解试点工作更高质量创新发展的思考》，载《中国司法》2019 年第 1 期。

地区的律师连兼顾正常的诉讼业务都有困难，如何承担分布广泛、需求量巨大的公益调解任务？然而根据2018年最高人民法院、司法部发布的《关于扩大律师调解试点工作的通知》来看，该问题显然被忽略了。在此基础上，着力推广以公益性质为主的律师调解制度，律师参与度必然不会达到预期水平，甚至反而有可能对某些地区现有的纠纷解决局面造成消极影响。

从制度持续的时间看来，公益性定位意味着律师调解制度对政策的依赖性极强，一旦失去了来自政府层面的重视和支持，那么就会发生人力物力上的短缺，直接影响其发展的持续性，类似的情况就曾经出现在人民调解制度的发展历史中。众所周知，人民调解组织资金的唯一来源是国家财政拨款，然而自20世纪90年代中期以来，由于国家政策的调整，开始强调以诉讼为中心的解纷机制改革。在这之后，由于缺乏政策和资金的支持，人民调解的发展骤然转入下坡，受到极大的不利影响。①一如学者所言，“长期实践经验证明，凡是党组织高度重视，并加强领导人民调解组织的地方，人民调解工作就能顺利开展，发挥较大作用。反之，人民调解工作就难以开展，甚至组织瘫痪，调解工作有名无实。”②因此，从长远来看，律师调解制度的强外部依赖性决定了其持续发展可能需要面临的来自政策调整的风险，这将成为直接影响该制度持续发展的重大不确定因素。

（三）制度目的实现性的短视

从现实目的的角度来看，司法系统积极推动施行律师调解试点的直接动因就是实现案件分流，提高解纷效率，缓解法院的诉讼压力，降低国家司法系统的成本，尤其对于中级人民法院和高级人民法院来说，相比于基层法院而言更缺乏体制外力量帮助解决纠纷，而律师调解的专业性也是能够缓解其工作压力的有效保证。然而，在实践中律师调解是否真的能达到预期的目的是存有疑问的。不可否认，从短期来看，以公益性为定位的律师调解制度在政府部门的大力推动之下的

① 1990年人民调解纠纷总量为740.92万件，同年民事一审案件数量为291.6774万件，诉讼案件相当于人民调解案件的39.40%；而1998年，民事一审案件数量达到336万件，诉讼案件数量已经相当于人民调解案件的63.80%。到2001年，二者的数量比例已经基本持平。参见韩波：《人民调解：后诉讼时代的回归》，载《法学》2002年第12期。

② 王红岩等：《人民调解通论》，内蒙古大学出版社1989年版，第186页。

确会取得一定成绩，在一定程度上缓解解纷压力，但是从长期的角度来看，这种效果并不能持久。

其一，公益性的律师调解难以保证调解质量。一直以来，无偿因素成为宣扬调解相对于其他纠纷解决途径时的主要优势或属性。然而，过多的关注于调解的无偿性，会给人一种“提供二流正义”的表象。[①] 这种现象的出现并非空穴来风，而是有一定的事实根据。以浙江省杭州市试点运行情况为例，2018 年上半年，全市法院委托律师调解 4647 件，调解成功 872 件，调解成功率仅为 18.76%，处于各类调解的末端，并没有达到政策推行者预期的水平。[②] 事实上，调解活动本身并不是件轻松的工作。“调解的首要忧虑并不是‘权利’而是利益、需要和价值。在调解过程中，法律的存在仅仅只是参考因素而并非起决定作用。”[③] 因此，它不仅要求律师具备专业的法律知识和相关实践经验，更需要通过谈话建立当事人之间、当事人与调解员间互相信任的关系，而且需要事先对纠纷发生的背景、过程以及双方的意图有较为全面的理解。正如学者所言，“调解不是简单化的纠纷解决问题处理，而是多种因素各种关系集中体现相互作用的系统工程。”[④] 然而在实践中，律师往往由于工作繁忙，难以留有足够的精力去准备、处理公益性的调解事务，更遑论去专门学习关于调解的技能和技巧，这是不可避免存在的问题。此外，律师调解在基层群众纠纷中并不具备政策制定者想象中的调解优势。从基层民众的角度而言，他们更偏爱与习惯、传统相关的权威代表，偏爱那些与他们本身思维类似、能说出暖心话的调解者，即所谓的“小事不出村，大事不出乡镇”；从律师本身来说，其对基层的纠纷解决也并不热衷，不仅因为主观上认为这些纠纷不上“档次”，而且也因为客观上存在很多类似基层法律服务工作者、“赤脚律师”、退休司法行政工作人员等的同业竞争者。恰如实践研究证明的那样，“在基层纠纷解决中，与熟悉当地社区的道德话语与乡规民俗相比，法律的技术性并不那么重要。在这一背景下，律师在执业资格和法

① 周建华：《法国现代调解的发展：传承、借鉴与创新》，载《法学家》2015 年第 2 期。

② 丁洁、詹昀刚：《律师调解的现实困境与解决路径探讨——以浙江省杭州市试点实践为视角》，载《中国司法》2018 年第 12 期。

③ Jacqueline M. Nolan—Haley and Maria R. Volpe. Teaching Mediation as a lawyering Role, Journal of Legal Eduation, 1989, Vol. 39, P. 580.

④ 窦竹君、霍建云：《民间调解有效性因素刍议——历史传统与现实存在》，载《河北法学》2017 年第 6 期。

院教育方面相对于基层法律工作者的优势几乎毫无用武之地。如果律师来自外地并且未能融入当地社区，那么他在民事纠纷解决中甚至比当地的基层法律工作者更缺乏竞争力。”①

我们可以与同为律师提供的公益性法律服务“法律诉讼援助”相比较就会发现，律师本身提供公益性法律服务产品事实上一直不具备质量上的优势。“今天的法律援助质量令人极度堪忧，因为这个体制下，费用低、管理体制乱、从业人员素质差，有时让人达到难以忍受的地步；而不少被告人是弱势群体，没有经济能力聘请大律师，他们想得到政府提供的无偿法律帮助，结果却损害了自己的辩护权利，大量出现律师不会见、不阅卷、不调查、上法庭就念辩护词，回去到司法局领钱的现象。”② “我们今天正大力推进的法律（律师）援助制度本身，本来是为了解决诉讼的不平等而设，结果往往不能达到这一目标，反而成为社会的沉重负担。”③

其二，公益性律师调解无法改变司法资源过度使用的现状。现实中，司法资源的过度使用的一个主要原因正是源于律师对利益的追求。“对促进诉讼取消的消极态度与律师的利己主义思想有关，他们缺乏‘迅速的感觉’。”④ 律师为了高额律师费往往倾向于游说客户利用司法程序而非私下和解，诉讼不再是当事人的最后手段，而成为律师的第一需要。Olson 甚至认为，“抑制诉讼的关键在于律师。”⑤ 而公益性律师调解无助于改变由律师引发的司法资源过度使用的状况。假若这类免费或廉价的调解的业务占据业务上风，那么诉讼类业务势必会受影响，这也意味着直接对律师群体的利益造成影响。“除非律师真正参与进去，否则当不断增长的调解的需求取代了现在由诉讼处理的领域，律师群体会认为他们

---

① 刘思达：《割据的逻辑——中国法律服务市场的生态分析》，译林出版社 2017 年版，第 54—55 页。

② 高子程、卢建平、陈瑞华：《以审判为中心的诉讼制度改革：律师的职业定位》，载《中国法律评论》2016 年第 1 期。

③ 范愉：《诉讼的价值、运行机制与社会效应——读奥尔森的〈诉讼爆炸〉》，载《北大法律评论》1998 年第 1 期。

④ ［日］小岛武司：《诉讼制度改革的法理与实证》，陈刚、郭美松译，法律出版社 2001 年版，第 14 页。

⑤ 范愉：《诉讼的价值、运行机制与社会效应——读奥尔森的〈诉讼爆炸〉》，载《北大法律评论》1998 年第 1 期。

正经历着失去权力、控制和利益的过程。”① 因此，对于律师而言，维护原有的诉讼业务的绝对优势地位是重中之重，而推广调解业务的积极性可能非常有限。换言之，司法系统寄希望于律师调解影响案件分流的愿望过了推广期后很容易面临落空的危险。

其三，公益性律师调解加重了依附机构的负担。从管理者的角度来看，公益性的律师调解活动会不断加重其现实负担，从而可能导致其后续发展不具有稳定的保障。以法院附设型调解为例，一方面，公益性为主的律师调解增加了法院的经济负担。律师调解工作的顺利开展需要基础的物质保障，从场地到补贴，从培训到奖金，都需要法院的持续支持。而法院本身作为一个较为弱势的行政部门，经费并不充足，有时只能向地方政府寻求帮助。当律师调解的需求不断增长的时候，将会呈给司法机关和行政机关又一道难题，要不要无限度的继续予以支付。毕竟当大众习惯免费的公益产品之后，再想要收费就很难了。另一方面，公益性为主的律师调解增加了法院的行政负担。法院不仅需要全程持续对律师调解的过程进行关注与监督，而且还需要对其结果的正当性进行一定程度的审查。除此之外，法院还需要负责律师调解人员名单的建立与维护、律师阶段性工作的考核与表彰，以及相关制度、程序与律师调解制度的衔接问题。这无疑是一个不小的工作量，其可能带来的后果很有可能是长此以往下去，法院解纷的压力不仅没有降低反而有所提升。值得注意的是，随着律师调解的不断发展，其占用的资源和管理的负担都会持续增长，对于法院而言，这将是一个不得不面对的更严峻的问题。反而观之，对律师调解制度本身而言，这种以“负担”方式的非专业性管理在很大程度上也不利于其未来的稳定发展。

（四）制度发展特色性的不彰

律师调解制度的政策制定者希望通过该制度的建立和完善使得律师调解成为“与人民调解、行政调解、诉讼调解、商事调解等既相对独立又相互衔接的律师调解制度”，成为我国“调解格局的一次创新举措”。② 但是很多学者对此持不同意见，认为现阶段律师调解不属于独立的调解类型，其本质上仍是律师作为调解

① Leonard L. Riskin. Mediation and Lawyer, Ohio State Law Journal, 1982, Vol. 43, P. 52.

② 参见《最高人民法院 司法部相关负责同志就〈关于开展律师调解试点工作的意见〉答记者问》。

员参与到各类调解中的调解形式。“律师调解不属于按照调解属性分类的人民调解、行政调解、行业调解、商事调解等调解形式，而是以从事调解的人员身份划分，诸如律师调解、专家调解。”①

之所以学者大多秉持这种意见，究其根本原因在于其公益性的定位使得律师调解提供的服务被定位成公共产品，律师调解被当作律师承担公共责任的表现，从而从根本上否定了该制度特色发展的可能性。从实践中来看，公益性产品的提供标准一般为普遍性标准，即政府或相关职能部门有义务提供与当地社会发展平均水平相一致的服务。这种服务虽然不是最低标准，却一般停留在基本保障的水平，无法为当事人提供个性化服务或增值服务。律师调解作为公益产品，其发展的趋势必然也是同质性的。一方面，司法系统的监管需要的是规范性，会限制律师调解中自主性的发挥；另一方面，律师调解的公益属性也让律师在调解过程中缺乏发挥主观能动性的动力，只停留在一般调解方式的模仿层面，很难有形式和内容的创新，沦为当事人“表态”的过场。这种发展路径的结局可以同人民调解作一对比，同样作为民间调解的人民调解，因为公益性的发展沦为现有体制的附庸，再难出新求变。“同行化抹平了不同性质的调解组织之间的差异，使富有特色的人民调解组织与政府组织之间并无二致。人民调解组织只是‘嵌入’了原有的权力网络、治理网络之中，成为司法与行政机构的附属组织和帮衬，主要功能蜕变为‘帮公安机关处理非警务纠纷’‘替法院减轻办案压力’‘为地方党委政府解决信访难题’，而专职人员调解员更像是‘司法辅助人员’和‘政府雇员’。”②

可以说，在公益性定位下，律师提供的调解服务彰显的政治意味远远超过了实践意味。在公益性律师调解活动中，律师本身实际上并未脱离以往参与的角色，因为缺乏独立的权威来源，它只是以律师的身份加入各类调解组织中，在法院主导或行政主导下，律师调解无法真正拥有在调解体系中独立的地位，最终日渐变相成为现有行政体制的附庸。

---

① 龙飞：《律师调解制度的探索创新与完善路径》，载《中国律师》2018 年第 5 期。

② 张西恒：《专业性人民调解付费模式二元论——以 A 市某区若干专业性人民调解组织为例》，载《甘肃社会科学》2018 年第 3 期。

（五）制度建构伦理性的不周

很少有学者去假设或质疑这样一个问题，为什么要免费向公众无差别地提供专业的调解服务？普通的调解形式还不够用吗？如果仅仅是为了引导当事人运用调解这个解纷手段的话，成本未免也太高昂了一些；如果是说为了帮助弱势群体似乎也不符合实际，毕竟并没有明确数据显示穷人比富人具有更多的解纷需求。即使上述问题可以勉强得到一个答案，我们不禁接着要问，利用纳税人的钱去帮助那些可能并不需要帮助的人解决纠纷对其他人是否公平？毕竟公共财富虽然对于使用它的人来说是无偿的，但对于供给这一财富的国民来说则是有偿的。事实上，无论是实务界还是学界，多数人都回避了直接回答上述这些显而易见的疑问，转而以律师的公共责任作为其为律师调解公益性定位辩护的理由，认为“律师除了维护当事人合法权益之外，更重要的是维护国家法律正确的实施，维护社会的正义和公平”。[①]

不可否认，律师的确需要承担一定的社会责任，但是我们不能因为这份社会责任在价值上的优先地位就理所当然地忽视责任承担的前提和限度。如果律师不能保证其固有职业的角色和追求，这种公共责任的承担也会变成无根之木，缺乏可行性。然而，现行的制度发展却恰恰忽略了这一点，不仅要求律师调解工作室的触角延伸至全国的县级行政区，而且要积极参与各种政府机关指派的调解服务，这种安排较以往的律师法律援助在质和量上是完全不同的。调解并非是律师本就擅长的领域，同时它的案件来源也非常广泛，律师群体必须付出相当大的人力和精力才能胜任这份“使命”。对律师群体而言，调解的公益化会使其承担过重的社会责任。“律师职务的公共性，本来是作为一种理想主义的宣传，要求律师抑制对私利的关系，为实现法治而献身，但如果它被反复言说，将律师所从事的工作以及相关事务全都扣上这顶大帽子来加以解释的话”[②]，律师职业将失去真正存在的意义。

---

① 洪冬英：《律师调解功能的新拓展——以律师主导民事调解服务为背景》，载《法学》2011 年第 2 期。

② ［日］棚濑孝雄：《现代日本的法和秩序》，易平译，中国政法大学出版社 2002 年版，第 194 页。

三、理念修正：市场化律师调解制度定位的优越性

从调解的角度来看，现代化调解发展的真正动力，应是“向他人提供调解这种利他的解纷方式进而满足他人的需要，同时也满足自身的利益”，应在市民社会的大环境下实现“自我利益与自愿行动的激励机制结合”。[①] 尤其对于律师群体而言，来自市场的力量事实上对其构成了一种决不可轻视的、压倒性的规定力。“如果不依据这一现实（市场机制）来制定战略方针，律师协会的指导者们所高唱的理念论，会和作为成员的一般律师的实际感觉发生偏离，而在国民眼中，理论和律师日常业务的乖离反而会被视为伪善。”[②] 不仅如此，市场化活动更契合律师职业的现代属性。“律师业务是一种‘专业’服务，虽然与‘商务活动’不同，但如果忽略了‘商务’面，要实现权利保护和社会正义是非常困难的。对利用者来说，权利的主张虽然超越了经济行为，但要实现权利保护的普遍化，忽视经济一面就会成为艰难之事。”[③] 这与现代性的职业观也相契合，即专业性的价值依据人们会为其所接受的服务支付多少对价这一市场评价来决定。因此，以市场机制定位律师调解制度可能是一种更合理的选择。

从域外经验来看，律师调解的市场化同样是发展的主要趋势。多数在该领域走在前端的国家通过市场化的途径来规范律师调解活动并取得了良好的成效。在英国，律师调解机构的社会化以及律师调解员的职业化是其调解制度的亮点之一。英国的全国律师 ADR 网络（ADRNet，Ltd.）、纠纷解决中心（CEDR）、ADR 集团（ADR Group）、咨询调解服务中心（ACAS）等民间机构是推动律师调解的主力军。调解的市场化运作模式使得各调解机构为争夺市场份额而不断投入更多的资源，从而使英国调解业走上“市场竞争——资源投入——质量提升”的良性循环道路。而英国法院则努力维持自己作为居中裁断者的角色，不愿意过多介入调解等 ADR 机制，也不倾向由附设机构提供调解，始终坚持将其交由专业的调解机构处理。美国同样如此，其律师调解的市场化程度也很高。整个市场

---

① ［澳］娜嘉·亚历山大：《全球调解趋势》，王福华等译，中国法制出版社 2011 年版，第 1—2 页。

② ［日］棚濑孝雄：《现代日本的法和秩序》，易平译，中国政法大学出版社 2002 年版，第 252 页。

③ ［日］小岛武司：《诉讼制度改革的法理与实证》，陈刚、郭美松译，法律出版社 2001 年版，第 16 页。

通过自下而上的途径形成，律师个体和律师事务所是推动其发展的主要力量源泉。律师担任调解员的情况非常普遍，绝大部分的民事案件的调解，都有律师的参与。[①] 律师调解员为了拓展业务、提升调解的社会认可度，反而经常通过各类宣讲活动，向诉讼律师和法官们推广调解的理念和程序。美国律师协会还根据律师调解员的执业情况制定了《调解员行为规范准则样本》，成为调解行业内通行的规范。在法国，律师属于民间调解员（又称司法外调解），其“不依附于任何司法机关，他们或属于某调解协会或是独立职业者，拥有一种相对于国家的独立关系”。[②] 这种独立关系决定了其市场化发展的必然性。20 世纪中后期，以律师调解为主的“社会自治型调解”被该国赋予正式的法律地位，其与传统的“国家依附型调解”并列发展，成为法国现代调解的主要组成部分。[③] 除此之外，在澳大利亚、挪威等国家，律师调解都是作为民间调解的力量借由市场向大众提供法律服务，律师已经发展成为整体调解活动的“主导者”而非仅仅停留在“参与者”层面。

本文认为律师调解制度市场化至少意味着三个方面的含义：其一，调解费用实行市场化，遵循等价交换的原则，由享受调解服务的当事人自行负担；调解组织通过灵活的组织形式能够自主经营、自我管理并独立承担责任，具有相对的独立性。其二，调解纠纷管理权由政府转移部分给社会和市场，私人性质的律师调解组织代替政府权力承担一部分化解纠纷的责任，实现角色的转变，即从参与者成为主导者；其三，市场化并不意味着政府权力的完全退出，政府应遵循权利义务对等的市场规则对民间律师调解机构进行监管，促进其功能的正确发挥，体现出一种角色间的转变，即从行业主导者变成行业监督者。下文将从五个层次依次阐明市场化律师调解制度的优越性：

（一）强势化：制度主体独立性的重拾

市场化定位下，律师调解的重点不再仅关注调解的需求，同样关注着律师调解员的职业自主性。与公益性律师调解相比，律师的主体性更加凸显，其应有的

① 王学泽、赖咸森：《美国民事调解系统观感（上）——司法部赴美国民事调解培训团培训考察报告》，载《人民调解》2016 年第 2 期。

② 周建华：《法国的调解：比较与借鉴》，载《学习与探索》2012 年第 1 期。

③ 周建华：《法国现代调解的发展：传承、借鉴与创新》，载《法学家》2015 年第 2 期。

独立性能够在一定程度上得以保证。首先，市场化的发展能够减少律师调解员的经济依赖性。“市场化的律师职业的核心是律师与当事人的双边关系，律师基于法律专业知识提供服务，而当事人基于律师的执业水平高低支付报酬。”[①] 律师调解员向社会提供的不再是公共产品而是商品，其不再依靠政府给予的补贴为生，收入则来自当事人支付的报酬，运转依靠来自社会资本的投入，其与政府之间不存在直接的经济依附关系。因此，律师的经济独立性得以保证。其次，市场化的发展能够降低律师调解员的案源依赖性。相比于公益性律师调解中律师与纠纷当事人依赖政府机关产生联系的模式，在市场化定位下，律师调解员与纠纷当事人之间的“藩篱”将被打破，律师调解员能够直接与纠纷当事人建立双向联系，互相自由选择。最后，市场化的发展能够有效解决律师调解员的外部监督问题。以往公益性律师调解对律师调解员的监督主要寄托在它所依附的法院、行政机关之上，而市场化的发展能够通过竞争极大促进该行业内自律水平的提高，从“外部监督”转向“行业自律”。律师调解员将以“契约的共识”为基准设定自我管制的秩序基础，这就大大减少了律师调解员的外部依赖性，更有利于其身份独立性的保持。

除了保持其本身的独立性之外，市场化定位还能够真正有助于增强律师调解活动的整体独立性，实现制度设计者的初衷。“市场中的行为者不仅在既定的规则之下尽可能地进行对己有利的交易，还在市场中使市场规则朝着有利于自己的方向变化。”[②] 这种有利于自己的方向变化，就是民间调解的崛起。我国调解活动长期以来都以官方调解为主，民间调解始终处于弱势地位。这种弱势地位不仅体现在力量分布之上，也体现在其民间性的消逝之上。“虽然有关方面一再强调群众性、民间性、自治性是人民调解的本质属性，并认为《人民调解法》的一大特色就是巩固了人民调解的群众性、民间性和自治性，但是当国家在各方面对人民调解加强支持和保障，将人民调解进一步整合到国家治理的权力网络中，调解的经费主要依靠国家的支持，调解要接受国家的指导和监管，调解协议的履行依靠国家的强制力加以保障，乡村人民调解演变成主要是‘乡官’（司法助理员）

---

① 蒋超：《我国律师性质的流变与重塑——从“本位主义”到“自由职业”》，载《安徽大学学报（哲学社会科学版）》2018 年第 2 期。

② ［日］棚濑孝雄：《现代日本的法和秩序》，易平译，中国政法大学出版社 2002 年版，第 208 页。

和‘村官’的调解，调解主要依据法律进行，那么人民调解还剩下多少群众性、民间性、自治性就是一个有待讨论的问题。”① 失去了民间性的调解活动又因为或多或少存在管理体制松散、人员素质良莠不齐、调解方式落后、制约监督能力弱、惩罚措施缺乏威慑力、缺乏优质的资金保障等问题被大众诟病，导致其虽然事实上具备足够规模，但消化纠纷能力弱，无法真正发挥应有的社会功能。

律师调解作为一种民间调解的新形式，其市场化的发展路径能够为改变上述境况提供契机。律师不仅具备专业的法律知识、拥有丰富的解纷经验，而且熟悉法院工作程序，甚至能够对判决作出一定程度的预判。加之律师调解制度在管理监督、调解效力、程序衔接等方面的优势，使得其从事的调解活动具有超一般民间调解的规范性、可靠性和权威性，更容易赢得市场的青睐。同时，相比于公益性律师调解活动，市场化定位更容易促使律师形成一支专职的职业队伍，而职业化正是独立性保证的又一重要前提。因此，以律师调解为主体的民间调解的市场化发展，势必改变我国以官方为主的调解格局，促使纠纷解决的路径从“诉中转调解”转变为“诉前先调解”，从“外向求助”转变为“内部消化”，有效提升我国公民社会自治的水平。在此基础上，公民社会自治能力的增强又必将促进律师调解活动的独立性，促进律师调解员从现有的行业参与者转化为行业主导者，真正发挥律师调解活动应有的社会功能。

（二）持续化：制度动力性的激发

市场化的定位能够充分激发律师参与调解活动的积极性，吸收多元化的投资主体，为制度的发展提供源源不断的动力，避免公益性律师制度定位下因政策不稳定可能遭遇的发展停摆风险。除此之外，这种定位还具有其他两方面的显著优势：

其一，这种定位契合该群体的趋利主义职业范式。我国律师职业经历了从“国家的法律工作者”到“社会的法律工作者”再到“为当事人提供法律服务的职业人员”的变迁，在这个过程中，律师职业的商业化特征也逐渐形成。“律师就是服务行业，对最有效地满足人们的法律需求的人给予金钱上的丰富报酬，对这一机制本身几乎无人置疑。律师用于提出法律建议和处理案件的时间极为有

① 何永军：《乡村社会嬗变与人民调解制度变迁》，载《法制与社会发展》2013 年第 1 期。

限，如果不能把律师所拥有的高度专业技能，以及为了提高这种技能而进行的先行投资，作为稀缺财富依据效率性的原则来进行分配，就会产生社会性的浪费。”① 这种特征也造就了律师行业的繁荣，成为整个律师活动无法更改的运作底色。“作为个体身份社会化的律师大都有着强烈的追求商业利润的目的，律师、律师事务所的执业运作也都明确受商业规则的支配，带有明显的商业化特性。”② 与公益性律师调解相比，市场化的定位恰当地迎合和利用了这种职业属性。市场竞争承认律师调解活动与一般的营利性职业一样自然而然地关心报酬问题，不用因为是否可以获得报酬而费尽心思遮掩。如果通过调解活动获得的收入能够满足律师群体对利益的追求，那么他们将会更积极、主动地参与调解活动，甚至自发提升在活动中的影响力，从行业的被动的“参与者”成为积极的“主导者”。

其二，这种定位能够帮助律师改善行业生存环境。从内在需求来看，市场化的律师调解能够极大改善律师职业形象。根据 Heinz 和 Laumannd 所提出的著名“客户类型命题”③，律师为了追求更有利的声望分配，往往更倾向于服务“高端”客户，而不屑于服务普通大众。因此，律师常常被社会视为“嫌贫爱富”的代表，律师服务也被看作是富人阶级某种意义上的特权。律师参与调解活动，在一定程度上为改善这种职业形象提供了可能性。相比于诉讼业务，调解业务涉及的客户面更广、收费更低廉，而且律师也不再扮演对抗性质的角色，而成为协助纠纷者之间充分沟通交流的媒介。这种业务的出现给律师职业形象的改变提供了契机。但是在公益性律师调解中，律师却往往被认为代表政府而非代表本行业为大众提供服务，“由政府出资购买律师的法律服务，人们往往将参与其间的律师视为政府的法律顾问或代表”。④ 即便有个别律所从事独立的调解业务，也无助于整个行业形象的改善。相比而言，市场化的律师调解服务更能够达到上述效果，促进法律服务提供的普遍化。

---

① ［日］棚濑孝雄：《现代日本的法和秩序》，易平译，中国政法大学出版社 2002 年版，第 206 页。

② 石献智：《律师角色转换与社会责任》，载《中国律师》2002 年第 10 期。

③ 该命题主张律师业内部的法律工作领域地位很大程度上由该领域所服务的客户的地位所决定。一个法律领域所服务的客户的社会地位越低，从事这一领域的律师的地位和声望越低，反之亦然。See John P. Heinz & Edward O. Laumann. Chicago Lawyers：The Social Structure of the Bar，New York：Russell Sage Foudation and American Bar Foundation，1982，p. 319—323.

④ 王俊民：《引导律师以第三人身份参与矛盾化解》，载《解放日报》2011 年 10 月 9 日，第 10 版。

从外在需求来看，市场化的律师调解制度契合业务创新的需要。与十九世纪九十年代末到二十世纪初的转型期纠纷大量涌现而律师稀少的状况相比，现阶段律师行业整体已经开始显现竞争压力的阴影，纠纷数量增长速度放缓而律师的数量却逐年稳步上升，这种发展趋势势必会产生供大于求的问题。“律师人数在激增，而法律服务需求不会单纯的随着律师人数的增加而增加，律师必须能够争取法庭、诉讼业务以外的各种业务。”① 不仅如此，我国律师在法律服务市场上还远未取得类似于西方律师的垄断地位，从基层法律服务工作者、企业法律顾问、外国律师、专利代理人到各种“黑律师”“土律师”都在从事着不同方面的法律服务，也在分割着法律服务市场。因此，对于律师群体而言，寻找新的业务增长点的欲望是非常迫切的。“规模的增长需要使律师事务所必须主动地寻找业务，而不能像以前一样表现出‘高贵的消极性’（dignified passivity）。”② 这也暗合了现行律师业务中心由诉讼向非诉讼转移的明显迹象。但是，高端的非诉业务又往往会被业内规模大的个别律师事务所垄断。故而，对于其他律师事务所而言，调解业务的出现可能会成为他们业务的新增长点，帮助律师缓解行业竞争和业务创新的压力。当然，这种业务增长点的成长必须依赖市场化机制，公益性的律师调解反而会造成其业务成本的提高，加剧其竞争压力。因此，相比于公益性律师调解，市场化的律师调解因其契合行业业务创新的需要，更能吸引律师事务所和律师积极参与。

（三）专业化：制度实现性的保证

与公益性律师调解不同，市场化的律师调解在质量上会有显著的改善。调解服务不同于一般商品，可以将其拿在手上确认或者得到明示或默示的品质保证，其运行的首要前提是调解者是否具备能够“说服”当事人信任并交付纠纷的权威。对于律师调解员而言，其权威来源较以往的调解主体有较大差别。以往的“精英调解”中，权威或是来源于权力或是来源于习惯，而律师的调解权威却无法简单地依靠律师协会或者律所取得，从根本上来说，律师调解的权威性来自它的专业性，通过其在调解过程中展现的专业知识的运用和调解技巧的良好融合来

① ［日］森际康友：《司法伦理》，于晓琪、沈军译，商务印书馆2010年版，第233页。

② 刘思达：《分化的律师业与职业主义的建构》，载《中外法学》2005年第4期。

予以实现。既然专业性是律师调解发展的生命线，那么在市场机制本身的考核之下，刻意提升调解质量自然而然成为竞争活动的核心。除了争取客户之外，行业内的竞争是另一个促进律师调解员提高调解质量的动因。为了在竞争中获得更有利的地位、占据更大的市场，律师调解组织也会自发组织系统的调解培训，培养合格的调解员，促使调解活动的规范化发展。

此外，上述来自市场机制的双重刺激不仅会改善律师调解活动的质量，更会促进律师调解员从兼职向专职过渡，形成专业化的职业团体，实现传统的“精英调解模式”到现代的“职业调解模式”的转变。根据国外的真实发展经验显示，将调解业务作为律师的一项主要业务是可行的，甚至有很多律师在从业十几年后专事调解，取得了比之前更大的心理满足和职业发展。[①] 而在公益性制度定位下，这种职业化是很难实现的。根据职业社会学的研究，“行业的从业者自我意识的发展”是职业化的关键。而在公益性定位下，律师调解员的自我意识发展多半受制于外部的力量，行业的整体发展也靠外在力量自上而下的推动。因此，对于从事公益性调解的律师而言，兼职可能是他们更现实的选择。随着市场化条件下律师调解员职业化的团体出现，争取本团体利益的驱动势必会带来资源的重新分配。从这个角度上来说，传统诉讼律师过度利用司法资源的状况也会因为现有纠纷市场的分割而得到一定程度上的遏制。

（四）客户化：制度特色性的彰显

从社会层面来看，人们对调解的好感其实是一直存在的，只不过因为现有的调解制度存在的诸多问题抑制了大众利用调解的意愿。律师调解的市场化发展为这些“顾虑”的解决提供了契机。与公益性律师调解制度相比，市场化带来的有益改变至少体现在以下三个方面：

其一，市场化律师调解服务的专业化。上文已经提到，市场化的律师调解在质量上会有明显的提高。这就成为其相对于其他调解方式的可能的优势之一。从过往经验来看，不论是司法调解、行政调解抑或是人民调解，都无法摆脱调解质量的诟病。而市场化的律师调解则会有显著不同，其更倾向于向客户提供高于一

---

① ［美］杰弗里·克里维斯、娜奥米·勒克斯：《遇/预见未来的法律人》，法律出版社 2017 年版，第 3—9 页。

般调解工作所能提供的服务。根据 Leonard Risken 教授的观点，调解一般包括辅助型调解和指导型调解。辅助型调解发生在调解员试图帮助当事人相互沟通从而促使他们自我解决争议的过程中。其中，调解员的主要任务是澄清并强化双方的交流以促使他们作出最后的决定。指导型调解则发生在调解员不仅帮助当事人相互沟通而且针对争议的实质为他们提供信息和意见的过程中。调解员“假定（调解）参与者需要调解员提供一些争议正确解决的指导，这些指导可能基于法律、商业实践经验或技术等”。[①] 与一般调解活动提供的辅助性调解不同，律师调解员会倾向于提供指导型调解的服务。[②] 事实上，外国的律师调解员活动经验已经证明了这点。在市场化的条件下，律师调解员更愿意因为报酬和声誉等因素提供更高水平的调解服务，而不是停留在公益性调解中的同质化服务层面。

其二，市场化律师调解服务的多样化。市场化竞争会促使律师调解活动提供更丰富多样的产品，来满足社会的多样化需求。与此同时，市场本身自带的资源配置功能也必然会依据委托人支付对价的能力高度对律师服务作出不均等分配。因此，根据客户的需求定制服务 ，也会成为市场化律师调解制度的发展方向之一，这种灵活性是我国其他类型的调解服务无法轻易做到的。根据美国律师的调解经验，律师调解员会根据纠纷的具体情况向有需求的当事人列出可供选择的纠纷解决方案，包括一般选择方案和替代选择方案，并帮助当事人对所有方案进行评估，分析各种方案的合法性和合理性。律师调解员还可以为客户提供高级别的隐私保护服务。[③] 优质的隐私保护水平会帮助调解当事人减少顾虑进行更彻底的沟通和协商。除此之外，律师调解员还可以灵活地根据客户的时间开展工作，顺

---

① Leonard L. Risken. Understanding Mediatior’s Orientations, Strategies, and Techniques: A Grid for the Perplexed. Harvard Negotiation Law Review, 1996, Vol. 1, P. 17—24.

② Guthrie 认为，律师调解员无法胜任辅助型调解，一方面由他们自身的特质所决定，即“分析敏锐”“缺乏感性”“对抗性取向”；另一方面由争议者的期待所决定，他们受基本观念指引默认律师调解员不同于非律师调解员，他们应该依据自己的专业和经验提出针对争议和解的指引。同时，他也认为，律师不应该抛弃这种自身特质转而参与辅助型调解。See Chris Guthrie. The Lawyer’s Philosophical Map and the Disputant’s Perceptual Map: Impediments to Facilitative Mediation and Lawyering, Harvard Negotiation Law Review, vol. 6. p. 155—179.

③ 根据市场化律师调解组织的实践经验显示，严格的隐私保护是其调解业务最核心的价值之一。市场化的调解组织会严格保护客户的隐私需求。例如，调解全程不公开；单独沟通的信息不得向第三人披露；资料保管不得超过 30 天或应客户要求即刻销毁；当事人在调解程序中所做的声明和自认不得作为此后司法程序中的证据使用；调解员的作证豁免等。

应客户的时间安排。

其三，市场化律师调解服务的自主性。相比于公益性律师调解以及以往其他形式的调解，市场化的律师调解可能更契合调解的核心价值，即最大限度地保障当事人的意思自治。“调解不同于诉讼、仲裁等其他的纠纷解决方式，调解员也不同于法官或仲裁者，他并不是被授权去给调解双方强加一个决定。更确切地说，调解员仅仅被授权帮助当事人发展自己的协议。”① 然而，我国调解体系中却一直缺乏一种真正意义上“无强制权力的第三人”充当调解员的调解形式，而公益性律师调解因其的体制附庸性也难免沦为行政活动的工具。与以往不同，市场化律师调解制度以专业性作为权威性来源，调解员具有较高的独立性；律师调解员与当事人之间是平等主体间的契约关系，没有显著的身份地位差距；同时“谁使用，谁付费”的市场化理念也督促其以“当事人中心主义”为核心，将当事人的需求和目的摆在更重要的位置。因此，市场化的律师调解相比于其他调解形式更可能避免调解过程中给当事人带来强迫的感觉，从而保证调解的自主性一直被保持在较高的水准。

（五）平衡化：制度伦理性的补充

与公益性的律师调解定位相比，市场化的律师调解通过契合律师行业的职业范式进行调解活动，不仅淡化了对社会责任的强调，使得律师群体不用背负过重的负担积极投身调解工作，而且解决了福利分配不合理所可能带来的质疑，促进社会大众对律师调解活动的接受。与此同时，市场化的定位还能提供一种实质上更合理的做法，即在确保基本事业稳定的情况下，通过履行社会责任的方式帮助无能力支付人群利用调解活动解决纠纷，这恰恰符合所谓的“曼德维尔悖论”。② 对律师而言，其本身具有对社会和公共利益的责任，但是这种公益属性客观来说只是律师群体的次要属性，而市场主体的趋势性才是其主要属性，在其主要属性得到满足的前提下，适当兼顾次要属性的需求是合理且正当的。然则若一味强调

① Chris Guthrie. The Lawyer’s Philosophical Map and the Disputant’s Perceptual Map：Impediments to Facilitative Mediation and Lawyering，Harvard Negotiation Law Review，2001，Vol. 6，P. 150.

② 所谓“曼德维尔悖论”是指“私人恶德即公共利益”的观点。个人的自私欲望不是恶，个人处于自私欲望而采取的行为，完全可以带来公共的善。相反，善心反而会让文明倒退。参见［荷］伯纳德·曼德维尔：《蜜蜂的寓言：私人的恶德，公众的利益》，中国社会科学出版社2002年版，第4—17页。

次要属性而忽略了其主要属性不仅会使其次要角色功能无法充分发挥，还会损害其主要角色功能的正常发挥。“对于律师，因为不是公务员，而是所谓的自由业者，必须要让经营成功。如果经营不成功，人权保护、实现自由和正义等都成为画饼充饥了。因此，律师为了尽其社会责任，就必须要成为优秀的经营者，并安定自己的经营基础，这也是从伦理角度提出的要求。”① 根据域外经验显示，私人性的律师调解组织为了平衡经营性与社会责任的冲突，惯常的做法是通过从每年盈利中提取一部分资金的形式帮助经济困难的纠纷当事人，这同时也变相帮助他们进行了市场宣传，实现了双赢的效果。

四、制度展望：构建从“公益性”向“市场化”转变的桥梁

通过对市场化定位所带来的变化分析可知，相比于公益性定位而言，摆脱对行政机构的依附而自主经营的律师调解活动可能更有利于其今后的发展。为了更好地实现从公益性定位向市场化的转变，促进律师群体在私益与公益之间能够自由且规范的完成角色和身份转换，依据经济学中有关宏观市场构成要素的理论，律师调解市场结构的完善至少要从四个方面入手：第一，调解商品需要符合买方市场的需求，既能足够专业化，又能足够规模化。第二，调解商品提供的价格要在合理的范围内，买方能够接受且愿意为之买单，卖方又能依此满足自身调解服务的成本和发展需求。第三，调解服务需要合理的组织形式，即能够有效集中资本，又能够利于后续调解业务的升级发展。第四，调解服务的提供需要建立在必要的制度保障之上，为律师调解业务的开展创造良好的基础条件。下文将就此展开论述。

（一）商品：均质化产品服务向专业化产品服务过渡

与公益性律师调解强调“全覆盖”的发展路径不同，市场化调解服务更强调一种细分市场的占领，这也决定了其提供的服务不能是同质性的，而是富有创造力的专业性服务。专业化的市场定位不仅能够帮助律师调解服务迅速拓展市

① ［日］森际康友：《司法伦理》，于晓琪、沈军译，商务印书馆2010年版，第305页。

场、吸引优质客源，同时也有助于改善竞争环境。通过与其他类型的调解活动在法律职业生态系统中占据不同的位置，共同开拓市场的范围实现共赢。以律师调解和人民调解的分工为例，一般而言，通常意义上的民间调解强调的是一种感性调解，其注重道德伦理和地方性知识，往往适合处理解决日常生活中“磕磕碰碰”引起的矛盾纠纷，适合为社区或家庭提供调解服务。而与一般民间调解相比，律师调解更多呈现出的是一种对“理性调解”的需求。如果属于“注入”法律专业知识能够使纠纷解决的方向得以明确，当事人双方也易于理性接受此类解决方案的纠纷类型，就可能更加适合由律师充任调解人来进行处理解决。因此，基于市场化发展的定位，律师调解可以主要专注于专业性强的纠纷案件类型，例如商事、金融、知识产权、涉外关系等，同时也适用于当事人人数众多、案情复杂的民商事纠纷。

除了与其他类型的调解区别之外，律师调解内部也应强调专业化分工。按照案件的性质进行分类，并交由执业领域相同或近似的律师主持调解可能是一个更好的选择。行业内部实现案件调解的专业细分，可以进一步保证调解的质量，取得更好的社会效果。例如，京师律师事务所根据律师所擅长的领域分别成立了京师企业股权纠纷调解中心和京师婚姻家庭纠纷调解中心，使得律师调解员专事其擅长的诉讼领域的纠纷，取得了客户的高度认可和良好的社会效果。[①]

（二）供给：政府管控定价向市场自由定价过渡

如何合理定价是市场化律师调解最重要的问题。调解收费标准的确定，既要考虑能吸引调解员“有利可图”下的参与，又能使当事人觉得“物有所值”，不会因为吝惜费用的支出而排斥律师调解，从而降低制度的吸引力。

鉴于律师调解正处于试点的推广阶段，市场还未发育成熟，政府对定价的适当介入是有必要的，或是通过类似与诉讼的定价制定最低标准，或是要求各地方律师调解组织将收费标准提请当地价格主管部门核准后再向社会公开。现行调解收费服务类业务在我国已经局部展开，目前主要有两种可以参考的收费方式：第一种是按照争议标的金额的比例收取。通常比照国务院《诉讼费用交纳办法》

① 宋安勇：《走近京城律师调解的“新老娘舅”——京师所律师调解面面观》，载《中国律师》2018 年第 5 期。

将争议标的额分为若干个级别，每个级别适用不同的比例。[①] 第二种方式是按照调解时间进行收费。[②] 这种收费方式以小时计费的居多，也有按照天数进行计费的做法。

随着市场成熟期的来临，竞争机制将引入律师报酬。报酬的基础价会根据市场的要求被逐渐废止，客户会根据所提供的调解服务的质量来考虑成本是否值得付出，并同时在几个律师事务所之间进行比较，选择最优出价者。为此，律师将再次根据市场动向、竞争对手的定价等因素不断作出精密的经营判断和定价调整。在这种情况下，客户可以通过支付报酬的权力去评价律师调解员履行义务是否尽责。从域外经验来看，自由定价一般会遵循两种路径，一种是小时计费制。美国私营的调解公司和律师担任调解员的案件，一般都会向当事人按服务时长收取费用，标准是每小时175美元到425美元，如圣路易斯为每小时275美元。调解员的前期准备工作也是按小时收费的。另外，每一方当事人还需要支付一定数额的调解管理费用。通常而言，一起民事案件从受理到调解终结通常要花费当事人3000美元到4000美元。[③] 另一种则是按件计费制。巴黎仲裁与调解中心（CMAP）公布的2011年收费标准中注明，司法调解的收费为每件300欧元，劳动争议调解平均为每件500欧元到1000欧元，大部分由企业支付。家事纠纷的调解费用每次会谈从5欧元至1000欧元不等，平均为每人每次60欧元。

（三）组织：个体对接模式向组织对接模式过渡

实现从公益性向市场化调解过渡，首要是改变现行模式下主要以律师个体参与调解的模式。这种模式不仅使得律师个体与政府机关直接发生联系，极大影响律师调解员的独立性，而且还会因日常联络衔接分散律师的精力，降低调解的效率。同时，对政府机关而言，对个体律师的管理也成为不可避免的负担并引发多头管理的混乱。在市场化条件下，更为合理的方式是政府机关不与律师调解员个

---

① 各调解组织采取的收费比例有所不同。有的与诉讼费用交纳比例基本相等，如青岛市律协律师调解中心的《调解费用收费标准》；有的会略高些，如中国贸促会/中国国际商会调解中心的《调解费用表》；有的则低些，如中国法律咨询中心调解中心的《收费标准》。

② 例如上海经贸商事调解中心《收费办法（试行）》除了规定按照标的额的比例收取费用外，还规定按小时收费的方法，分别为3000元/小时，4000元/小时，5000元/小时。

③ 王学泽、赖咸森：《美国民事调解系统观感（上）——司法部赴美国民事调解培训团培训考察报告》，载《人民调解》2016年第2期。

人之间直接建立合作或管理关系，而是直接转变为由专业调解机构或律师事务所与相关政府机关直接对接的模式。① 律师调解员由该类组织统一进行管理与监督，既可以作为利益团体集中表达成员的诉求，又可以作为执行团体协调自己的成员，而对接单位则可以通过建议的方式对律师调解工作进行外部监督。② “福田模式”就是组织对接的典型范例。它遵循“以事定费，购买服务”的采购模式，通过律师事务所竞标的方式，将调解业务外包。竞聘成功的律所提供律师参与人民调解工作室的调解工作。在此过程中，具体的管理操作由律师事务所负责，政府不再直接参与调解，而变为统筹规划的主体和调解活动的监督者。这种合作模式既保证了律师调解员的独立性，又保证了律师调解员的参与积极性。

除了改变个人与政府机关的直接对接模式之外，市场化的律师调解更需要进一步放开对组织形式设定的限制，允许律师调解以更灵活的组织模式开展业务。根据域外经验，调解组织公司化是一个可以尝试的选择。调解组织的公司化，是指调解组织可以按照现代公司制企业的组织形式和运行机制运作，调解组织利用社会资本成立，以调解员向纠纷当事人提供收费的调解服务为主要经营内容。调解组织的公司化运营首先产生于美国，二十世纪八十年代以后开始传播至英国、加拿大、澳大利亚等国家。在这些机构中，最具有代表性的当属美国 JAMS（Judicial Arbitration Mediation Service）公司，它是目前全球最大的私人性质的非诉讼纠纷解决服务机构。③ JAMS 公司在调解行业中发展迅速的主要原因得益于它的有限责任公司组织形式为其发展带来三个重要优势：第一，相比于一般合伙制律师事务而言，调解服务公司具有独立的法人资格为其责任划分、成本核算、税收优惠等提供了极大便利。第二，除了具有独立法人资格之外，其还对投资人所有权和法人经营权进行了分离，聘用职业经理人负责公司的日常决策和经营管理

① 美国也存在法院附设律师调解，但是这些人员是属于社会调解机构的，可以专职也可以兼职，如果法院聘用调解员，那么其只能在法院开展工作，而不能在其他法院进行诉讼活动。

② 还有学者认为可以在目前的律师调解机制中引入第三方机构，即在法院和调解机构之间安排具有权威性、公信力的第三方机构，协助完成调解律师的招募、审查、管理以及处理利益冲突问题等工作，这种通过第三方就加强外部监督与管理，从而进行更为彻底的风险阻断。参见薛林、王雪燕等：《多元路径下律师调解机制的思考——一种折中方案的提出》，载《法律社会评论》2018 年第 00 期。

③ JAMS 公司目前拥有超过 400 名全职纠纷解决专家，200 多名助理，年均受案数 1.5 万余件，设有 28 个境内外纠纷解决中心（分部），其中它的调解员超过 50% 都具有律师身份。参见 JAMS 公司的主页，https：//www. jamsadr. com/，最后访问时间：2019 年 11 月 8 日。

并施以股权激励计划，保证了业务经营的独立性和效率。第三，广泛吸收各类社会资本维持调解机构的规模化发展，最大可能避免了因资金来源单一、资本不足可能发生的风险。这些都可以成为我国市场化律师调解发展中可以尝试的有益路径。

（四）制度：强制型自愿调解向柔性化强制调解过渡

对于市场化的律师调解而言，如何获得与公益性调解一样稳定的案源是一个亟须解决的问题。从制度建构角度来看，强制调解制度的引入不失为一个较为有效的选择。[①] 说起强制调解，学界的普遍态度还停留在十年前的印象中，认为强制调解是“对法治和公平的冲击”，是对权利和人权的侵犯，是“中国封建社会的一个有害遗产”。[②] 这种观念在当时的社会环境中是有一定根据的，公众还没有形成利用法律解决纠纷的意识，往往都倾向于“私了”，导致整个社会有明显的“厌诉”情绪，从而抑制了法治的发展。与之不同的是，在当今社会，诉讼每年都以几何倍数递增，公众利用法律维护自己的权利意识已经得到明显改善。“与传统的‘息事宁人’，给双方各自一个‘说法’的态度相比，现代社会纠纷的诉求越来越趋于理性化，即越来越诉求于维护自己实实在在的权利。”[③] 在这种倡导诉讼趋势下，法院成为人们解纷过程中的首选。但是，从社会运转的角度来看，法院不应该成为纠纷解决最前端的平台，而应着重于适用规则、明确规则、解释规则乃至于创制规则的职能。美国司法经验显示，90%以上的纠纷都会在进入法院之前由社会自行消化，法院更加注重审理具有典型示范意义的案件，其目的是为相关社会纠纷的解决作出典型示范。因此，为了解决上述问题，强制调解成为一种可行性较高的办法。

除此之外，从实务的角度来看，强制调解虽然没有被制度化认可，但是在实践中的确普遍存在着强制调解，尤其在诉讼调解中，情况尤为明显。“司法实务中，屈从于法院的威胁和许诺是调解‘被自愿’的主要情形。”[④] 即使是人民调解，也是存在强制性的。“事实上没有任何强制的调解是从来就不存在的，长期

---

① 美国大量使用调解的最重要的原因之一就是强制调解制度。

② 周永坤：《论强制性调解对法治和公平的冲击》，载《法律科学》2007 年第 3 期。

③ 徐昕：《调解：中国与世界》，中国政法大学出版社 2013 年版，第 435 页。

④ 喻怀峰：《调解自愿如何可能？——基于结构理论视角的分析》，载《河北法学》2016 年第 5 期。

以来人民调解之所以能够在乡村社会中有效的运转，这是和全能体制下广大农村干部和人民调解员所拥有的崇高权威分不开的，中国广大农民在大集体时代以来形成的对乡村党政干部的依附性，使他们深嵌在强制性的社会权力网络之中。”①因此，与其通过各种精巧的设计和隐蔽的暗示“逼迫”当事人在事实上失去选择是否调解的余地，不如正面的用合理途径去掀开这层“面纱”，使得强制调解能够在“阳光下”更加合理化。

当然，对于强制调解的引入，应该注意其适用的必要限度，本文暂且称这种强制调解为“柔性化强制调解。”例如，可以将强制调解的范围设定在离婚案件、涉及未成年子女抚养和探视权案件以及涉及财产争议额度低的小额债务纠纷案件之内；② 可以将强制调解限定在司法程序庭审前且仅限一次，此后当事人可以自行决定是否继续调解、纠纷解决的具体方案以及是否回到诉讼程序等事项；可以以博弈论的理论设定强制性调解，例如拒绝调解的一方当事人如果没有得到比调解结果更有利的判决时，则要承担调解以后双方产生的诉讼费用；还可以大力倡导当事人约定合同双方发生争议时必须先行调解后才能选择诉讼。

结　语

本文认为目前律师调解制度的制度定位并非如官方宣传那样兼顾公益性与市场化双重属性，其定位从本质上仍是公益性的。相比于西方国家中对纠纷的高度社会化的处理方式，这种制度定位偏好恰好反映了我国长期以来对纠纷处理路径的“强外部依赖性”。这种依赖性不仅直接弱化了市民社会自行消化纠纷、解决纠纷的能力，抑制了个人的自主性，也加重了政府的公共责任和负担。事实上，随着经济社会的发展，“尽管有国家的政治动员作为后盾，市场经济体制足以让传统调解中的政治教育、组织压力、物质刺激等手段全部失灵。只有高度保护个

---

① 何永军：《乡村社会嬗变与人民调解制度变迁》，载《法制与社会发展》2013 年第 1 期。

② 例如，北京市高级人民法院院长杨万明认为，建立调解前置程序的法律制度已经成为突破多元化纠纷解决机制发展瓶颈的关键，可以先在家事相邻关系类纠纷、小额债务类纠纷、消费者权益保护类纠纷、交通事故纠纷、劳务纠纷、物业管理类等适宜先行调解的纠纷中适用，同时确保不适宜诉前调解的案件能够及时进入法院的诉讼程序。参见邹乐：《北京市高院院长杨万明：在诉讼制度中设立调解前置程序》，载搜狐网，http：//www. sohu. com/a/225292322_ 119038，最后访问时间：2019 年 10 月 27 日。

人权利、关注个人需求的现代调解制度方能适应纠纷解决的现实需要，在这样的调解中，公权力必须被限定在立法支持、调解动员等间接角色上，而不能像传统调解那样冲在纠纷解决的第一线，对纠纷施以直接干预”。[①] 诚然，律师调解市场化也会存在弊端，但是这可以成为完善市场的理由，却不能成为否定市场的理由。我国律师调解制度未来还有很长的路要走。

① 王福华：《中国调解体制转型的若干维度》，载《法学论坛》2010 年第 6 期。

专题十九　律师调解的现状分析与困境化解

——以上海市试点经验为视角

马艺嘉　黄　一　文　沙*

一、律师调解的规范依据及类型界分

（一）律师调解的法律规范梳理

2015 年 12 月，中共中央办公厅、国务院办公厅印发《关于完善矛盾纠纷多元化解机制的意见》，明确规定要建立律师调解制度。2016 年最高人民法院发布的《关于人民法院进一步深化多元化纠纷解决机制改革的意见》第 19 条明确提出推动律师调解制度建设。随着 2017 年 9 月 30 日《最高人民法院、司法部关于开展律师调解试点工作的意见》（以下简称《意见》）的出台，律师调解正式成为多元化纠纷解决机制的重要组成部分。2019 年 1 月 25 日最高人民法院、司法部发布《关于扩大律师调解试点工作通知》将试点工作扩大至全国范围，进一步推动律师调解试点工作的深入开展。

2019 年 5 月 9 日至 10 日，全国调解工作会议在海南海口召开，会议为新时代调解工作确定了目标：到 2022 年，基本形成以人民调解为基础，人民调解、行政调解、行业性专业性调解、司法调解优势互补、有机衔接、协调联动的大调

* 马艺嘉，华东政法大学法律硕士研究生；黄一，华东政法大学法律硕士研究生；文沙，华东政法大学法律硕士研究生。

解工作格局。会议认为，律师调解是行业性专业性调解的重要组成部分，行业性专业性调解是民间调解制度，其中包括行业性专业性人民调解、律师调解、商事调解和社会调解机构调解等。①

（二）律师调解类型界分

律师调解制度是由律师调解工作室、调解中心作为第三方机构，满足条件的律师作为调解员而参与到相关的调解活动中，帮助当事者基于友好协商而处理纠纷的制度。② 现有调解制度从性质上分为与司法调解、行政调解、民间调解、行业调解等并列的调解形式，由于律师调解具有很强的人员属性，因此不能简单将其定义为与上述调解形式并列的新分类。律师调解是上述调解形式中调解员的身份化，因此可以融入各种调解组织当中，也可以设立律师调解组织，提供职业化、专业化的调解服务，理论上，律师调解可以成为行政调解、诉讼调解和民间调解中的任何一种。

《意见》提出要建立四种律师调解模式，一是律师在法院设立的律师调解工作室提供调解服务，二是律师在公共法律服务中心（站）设立的律师调解工作室提供调解服务，三是律师在律师协会设立的律师调解中心提供调解服务，四是律师在律师事务所设立的调解工作室提供调解服务。有学者认为，第一种模式实质由法院委托案件进行调解并负责管理和审查，属于法院附设调解；第二种模式是司法行政机关面向人民群众提供服务，属于行政调解；第三种模式在律师的行业性自律性组织——律协内进行的，属于民间调解中的行业调解；第四种模式允许调解业务的市场化，属于民间调解中的商事调解。③ 但在实践中，上述四种模式也并非完全割裂。以上海市为例，不少律师调解组织是由司法局、法院、律师事务所联合设立的，其具体形式可以是法院诉调中心、律师事务所内设立的律师调解中心、调解工作室，也可以是独立设立的律师调解中心，如上海静安区人民法院与区司法局联手在恒业律师事务所设立律师调解工作室，此外，静安区司法局也设立了独立的区级调解中心。因此，《意见》规定的这四种律师调解模式，

① 特约评论员：《构建大调解格局 开创新时代调解工作新局面》，载《人民调解》2019 年第 5 期。

② 陈莉：《家事纠纷律师调解大有可为》，载《人民法院报》2019 年 6 月 17 日，第 2 版。

③ 赵毅宇、廖永安：《我国律师调解制度中的角色冲突及其化解路径》，载《湘潭大学学报（哲学社会科学版）》2019 年第 4 期。

无法囊括实践中纷繁复杂的现实情况，为将律师调解组织形式合理划分，笔者采用以律师调解模式为主，以案件来源为辅的划分依据，在考虑四种律师调解模式的本质特性的同时，以案件来源性质作为律师调解机构的划分标准，分为行政主导型、法院主导型、律师主导型律师调解，下文详述。

1. 行政主导型律师调解

行政主导调解中，行政机关在调解员的选任与委托、调解规则的指定、调解结果的核定等方面发挥主导作用，并负责监管调解工作。行政主导型律师调解也是行政调解的律师身份化，表现为行政机关委托律师调解。此类律师调解的行政性体现在：司法局作为牵头人，吸纳优秀、职业实践长、声望高的律师参与，政府通过购买服务的方式将纠纷委托进行调解，以化解政府各职能机构产生的行政性纠纷。此类调解的具体组织形式可以是在公共法律服务中心（站）设立律师调解工作室，也可以是在特定的政府及其部门中设立律师调解工作室。公共法律服务中心（站）集司法行政各类法律服务项目为一体，是提供多种公共法律服务的有效载体，是司法行政机关直接面向人民群众提供服务的窗口，除调解员身份不同外，其他特征与行政调解、人民调解的运行模式类似，因此大多行政主导型律师调解并未独立于行政调解机构之外，而是在原有的行政调解形式中强调引入律师作为调解员。

2. 法院主导型律师调解

法院主导律师调解，根据其组织方式等特点的不同，可以分为两种模式，一是法院附设型调解，二是法院委托型调解。具体可以是在法院设立的律师调解工作室提供调解服务，也可以是法院与律师事务所或律师协会合作在法院、律所、律协内部设立的律师调解工作室、律师调解中心。前者指在法院内部附设律师调解室，选聘律师作为调解员，针对诉至法院的案件，在双方当事人同意的基础上，于立案前或审理前，将其移送律师调解员调解；后者指法院将涉诉民商事案件，征得双方当事人认可后，交由独立的律师调解机构处理，由律师调解组织指定或者当事人双方共同指定律师调解员进行调解。在律师调解过程中法院依然在程序上发挥主导性作用，决定着调解员的选聘、调解程序的设计、调解案件范围及调解协议的审查等。

3. 律师主导型律师调解

在承接法院、行政机关移送律所的调解案件之外，律师调解中心也可以将律师调解作为一项业务开展，该类型主要由律师事务所自发性建立调解工作室，或者是由个人律师或特定律师事务所发起的独立于律师事务所之外的调解机构。市场化是该类律师调解最大的特征，有别于一般调解的国家公益性，该类律师调解可以进行市场化的收费，其收费标准远高于政府采购服务所支付的服务费用。律师主导型律师调解表现为由律师协会或律师事务所自主设立组成律师调解中心，将当事人申请调解作为一项律师业务开展，向双方收取调解费。这一模式贴近市场，也属于民间调解中的商事调解。《关于人民法院进一步深化多元化纠纷解决机制改革的意见》指出："支持商事调解组织、行业调解组织，律师事务所等按照市场化运作，根据当事人的需求提供纠纷解决服务并适当收取费用。"《意见》进一步规定"在律师事务所设立的调解工作室受理当事人直接申请调解纠纷的，可以按照有偿和低价的原则向双方当事人收取调解费，一方当事人同意全部负担的除外"，体现了国家对培育律师调解服务市场的支持。

二、上海市律师调解的试点经验及启示

（一）上海市律师调解试点概况

根据上海市高级人民法院、上海市司法局联合印发《关于在本市开展律师调解试点工作的实施方案（试行）》的通知（以下简称《实施方案》），上海市在全市范围内积极开展律师调解，各区均根据实际情况设立了一个或多个律师调解机构。根据《实施方案》要求，上海市司法局指导上海市律师协会设立律师调解中心，各区司法局依托本区公共法律服务中心（站）设立专门的律师调解工作室，或者指导区律师工作委员会设立律师调解中心。此外，各区司法局还可以根据实际工作需要设立独立的律师调解中心，律师事务所内部也可以设立律师调解工作室，受理纠纷双方当事人向律师事务所提出的调解申请，或者接受人民法院、行政机关委托的调解案件。对于律师调解员的资格审查，《实施方案》规定了严苛的要求，只有执业 10 年的律师才有机会成为律师调解员，上海市市级的律师调解名册由上海市司法局、上海市律师协会会同上海市高级人民法院确定，各区级的律师调解名册由各区司法局、区律师工作委员会会同区人民法院确定。

上海市司法局的数据统计显示，截至2019年1月，上海市共设立律师调解工作室34个，其中在人民法院设立律师调解工作室18个，在公共法律服务中心设立律师调解工作室8个，在律师事务所设立调解室8个。律师调解名册中共有律师事务所154家，律师调解员666名。律师参与调解的案件共计1559件，达成调解协议1426件，调解协议及时履行105件，经申请人民法院依法发出支付令1个，法院确认的调解协议24件。[①] 从数据上来看，法院主导型律师调解是上海市律师调解试点的主要内容，这也与法院调解案件基数大，面临案多人少的现实困境有直接关联。

纵观全国，律师调解试点多以法院主导型为先，这与律师调解试点主要目的是为化解法院案件审判压力有关。急剧增长的案件数量并不能单纯依靠增加法院人力来解决，因此多元纠纷解决机制应运而生。而长期以来法院诉前调解率并不高，究其原因是人民调解员的能力不高，与诉前调解的诉求不匹配。为优化诉前调解，鼓励引入有专业素养的律师作为调解员，不仅有助于协调我国法院审判压力，也提供现代商业社会新的市场机遇。在以法院主导为核心的律师调解试点中，上海始终走在发展最前端，尤其是在律师调解的市场化方面已初具体系，值得借鉴。下文就上海市律师调解试点在三个类型上的不同经验做简要介绍。

（二）上海市律师调解试点经验

1. 行政主导型律师调解

承担该类律师调解的组织往往有不同的设立背景，实践中，主要为各区司法局依托本区公共法律服务中心（站）设立专门的律师调解工作室，如普陀区律师调解中心在法院之外于公共法律中心设立律师调解工作室，并负责调解中心案件的流转、派发等工作；又如杨浦区在公共服务中心设立律师调解工作室。另外，也可不依托公共法律服务中心成立律师调解工作室，如黄浦区司法局与市卫健委沟通协作，结合该区医患纠纷调解工作经验在信访办成立了上海市黄浦区法里医疗工作卫生律师调解工作室，专门负责处理本区疑难复杂的医疗信访案件。对司法行政机关来说，基层司法行政机关业务科室力量薄弱，故大多将律师调解

① 陆卫东：《推进上海律师调解试点工作更高质量创新发展的思考》，载《中国司法》2019年第1期。

业务归口到基层科（人民调解科）管理，对于律师的管理制度，律师调解的流程等具体性规定均照搬人民调解已基本成熟的既有规定，将律师调解当作专业化的人民调解。

2. 法院主导型律师调解

法院主导型律师调解又包含“引进”的“法院附设律师”（亦即特邀调解或协助调解）以及“走出去”的委托律师调解两种。在实践中这两种模式是同时存在且逐步发展的，律师起初以个人身份作为法院特邀调解员参与调解，随着律师调解模式的成熟，法院与特定律师事务所合作成立调解工作室为法院提供调解服务，也可以设立区级律师调解中心。比如，2018 年 2 月 6 日上海静安区人民法院与区司法局联手在恒业律师事务所设立律师调解工作室，后于 2019 年 8 月 27 日，静安区司法局举办仪式正式宣布静安区律师调解中心的成立，静安律师参与诉调工作已升级为 3.0 版，并最终完成了律师调解三种模式的全覆盖。又如，浦东新区东方调解中心与北京德和衡（上海）律师事务所内部设立的律师调解中心及区内律师积极与开展合作，根据律师调解员的专业背景、专长领域、工作地点及案件量等客观条件和本人意愿，聘用律师作为调解员协助调解中心处理法院引流的诉调案件。

3. 律师主导型律师调解

律师调解为商业性调解增加了更多的可能性，律师也可以通过开展调解业务增加收入，但市场化商业调解在市场初探过程中还未被大众所接受，因此有志于从事市场化律师调解的调解机构往往也与政府、法院合作开展公益性律师调解业务，拓展业务渠道、提升品牌影响力，期望通过法院委托、委派调解案件的有效解决积累业内知名度，为律师调解的市场化蓄力。实践中，北京德和衡（上海）律师事务所和东方调解中心合作，在所内成立律师调解中心，调解员同时兼具所内律师调解员和东方律师中心的律师调解员身份，又如上海市诚至信律师事务所在内部成立律师调解工作室，调解当事人委托的案件。杨浦区的正诚律师调解中心在承接法院委托、委派的律师调解案件之外，以发展市场主导的当事人委托调解为主要目标，目前已成功探索与杨浦区、静安区、闵行区的律师调解协议书司法确认模式，其跨区域司法确认的成功模式成为了市场化律师调解进程的里程碑。另外，上海市新闵律师事务所在闵行区政法委、区信访办、区司法局的支持指导下，以区信访办为基地，登记注册了全国首家专业律师为主体的信访矛盾调解组织——新闵调解事务所，接受政府委托提供法律服务，自主结合调解、诉讼以及仲裁等多种方式，成功化解了30人以上的群体性信访矛盾300余起，涉及人员数万人，每年化解的区镇一级的重信重访、涉法涉诉案件20余起。

三、我国律师调解制度面临的困境

（一）律师调解的社会基础薄弱

经调查结果显示[①]，与法律相关人群有11.68%的人从未听说过律师调解，61.31%的人只是听说过律师调解，但具体内容不了解，27.01%的人了解律师调解。所学专业或所从事工作与法律无关的人群了解律师调解的仅占比6.25%，相较于法律相关人群，非法律相关人群对律师调解的了解程度更低。诉讼是公众普遍认同的最终的、甚至是唯一的纠纷解决途径，这表现为相当多的当事人对非诉讼解纷不认同、不参与。律师的固有形象具有商业逐利性，通常作为一方代理人的身份参与到对抗性的诉讼或仲裁中，因此公众对律师身份从代理人转换到完全中立的第三方的角色的公平性存有疑虑。政府机构在与律师合作中也会担心律师参与调解是为了利用在调解阶段获知的案件信息获取更多的诉讼案源。当前律师调解仍然未形成规模化，也无明确具体的规则可以适用，现有案例也较少，更限制了公众的信任和选择。

（二）律师调解与诉讼衔接机制不合理

上海市《实施方案》对律师调解与诉讼衔接机制作出相关规定，“调解协议不能即时履行的，律师调解员应当告知纠纷当事人可以向律师调解工作室或律师调解中心所在地的基层人民法院申请司法确认或支付令。纠纷当事人向律师调解工作室或律师调解中心所在地的基层人民法院申请支付令或对律师调解协议进行司法确认的，基层人民法院应当依法审查，及时处理。”但调研表明，法院对律师调解工作室出具的调解协议书的质量及真实性仍然有顾虑，实践中不少律师也

① 本调研小组通过问卷调查的方式采集了200余份样本，分别调查受过、未受过法律教育的不同主体对律师调解的了解程度以及公众的接受程度。

反映律师调解协议缺乏强制执行力的问题。另外，律师调解工作室如何与法院进行对接仍然不甚清晰，当事人达成的调解协议的司法确认程序复杂、耗时长，打消了当事人选择律师调解的积极性，也增加了律师调解员的时间成本。

（三）律师调解的经费保障不足

调解经费的保障力度不足，未对律师参与调解建立有效的激励机制。《意见》虽然在经费保障方面提出了财政保障、政府购买服务与市场化收费并行的律师调解经费保障机制，并辅之以诉讼费用的杠杆调解，但是仍缺乏明确的收费依据和收费标准。不可否认，律师提供法律服务是一种市场行为，将律师调解定位在有偿和低价上，并不能为这些资深律师带来可观的收入。有律师透露，参与律师调解并调解成功的补贴仅为200元，远低于律师代理工作所获得的报酬，不能激发广大律师踊跃参与到律师调解这一工作中来的积极性。但由于调解自带公益属性，人民调解、行政调解、司法调解均以公益为目的，若完全放弃公益性收费标准，则会打击当事人选择律师调解的积极性。[①]

（四）律师调解员资质认证和职业回避机制不完善

目前，各区还未建立规范化、常态化的律师调解培训机构，律师调解员资格的取得基本是通过律师自愿报名与法院、司法局考核筛选相结合的方式，缺乏资质认证培训机制、选拔推出机制、职业道德行为准则、利益冲突禁止规则等配套措施。此外，《意见》规定了主持或参与过争议事项调解的律师调解员，在调解不成的后续纠纷解决程序中不得担任同一案件的代理人，但未对律师违规行为的监督及惩戒措施作出具体规定，也难以控制律师是否将从案件调解中了解到的关键信息透露给第三方。

（五）律师调解规则缺乏统一的适用规则

各律师调解组织基本是在区级行政区域范围之内设立，律师调解规则都是区内律师调解组织与区法院、司法局协商达成合作模式，因此不同行政区划中的运行体系、适用规则均不同，从律师调解员的选任、监督管理到案件的流转移送方

① 陈团结：《律师调解：现实困境与应对之道》，载《中国司法》2018年第8期。

式，从调解的案件范围到调解的期限等具体执行问题，均没有统一的适用标准，这也导致了跨区实现司法确认较难实现。律师调解要作为一项替代性纠纷解决方式长期稳定的发展，必须要有统一且具体的适用规则，规制律师调解开展到执行的全过程。只有让规则清晰可见，适用标准统一，公众才可能信任律师调解组织。

四、我国律师调解制度的完善进路

（一）加大律师调解组织建设和制度规范力度

律师调解工作质量水平同律师、事务所及律师调解员的职业素质、专业能力、责任心和管理水平等因素休戚相关。要严格准入标准，进一步完善细化律师调解机构的主体资格及组织建设、律师调解员的选任标准和退出机制等方面的内容，可以对新入额的律师调解员进行培训，增强调解技能，强化律师调解员在调解中角色的中立性，确保律师调解质量。同时，统一且具体的律师调解规则必不可少，要注重完善与诉讼衔接机制，保障司法确认程序稳定高效进行。要加大宣传力度，对表现突出的律师调解工作室、律师调解中心和律师调解员，给予相应的物质或荣誉奖励，并依托司法行政网站、微博、微信公众号等新媒体平台，开展律师调解工作宣传，营造良好社会氛围，增强公众对律师调解组织的知悉度和信赖度。

（二）建立促进律师参与调解的激励机制

发展律师调解制度应坚持公益性和市场化相结合，以市场化为主，建立律师参与调解的市场激励机制。这将能够极大地调动律师参与调解的热情，充实调解力量，发挥其专业特长和实践优势，推动律师调解的良性和可持续发展。[①] 对于公益型律师调解，应提高对律师参与调解的补贴，维持调解机构的正常运作和律师参与调解案件的必要支出，在引导律师承担社会责任、促进社会矛盾纠纷化解的同时，也要兼顾律师职业的生存发展需要。由于《实施方案》将律师调解员

① 贾玉慧：《推进律师调解工作的几点看法》，载《人民法院报》2017年11月22日，第8版。

的从业年限规定为10年以上，而此类律师已有了较高的社会地位和稳定的收入来源，参与律师调解的积极性较低，因此建议适当降低律师调解员的资格要求，鼓励年轻有为的律师加入律师调解员的队列。对于市场化律师调解，积极学习优秀的域外经验，开辟调解市场化的发展路径，引导建立统一、完善的律师调解市场化规则机制。在注重物质激励的同时，也应注重精神层面的奖励，可以考虑从全国、省、市这三个层面分别设立奖项，如优秀律师调解员、优秀律师调解组织等荣誉称号，通过多种新闻媒体对优秀事迹进行报道。

（三）律师调解组织发挥主观能动性，积极参与到律师调解之中

在当事人缺乏参与律师调解积极性时，律师调解组织应当主动作为，办好每一个律师调解的案件，并加大对成功案件的宣传力度，在口耳相传建立口碑的同时积极运用新媒体宣传方式，让公众看到律师调解的便捷性和有效性，消除对调解过程产生的不当猜疑和误解。律师调解工作室可以在接受法院委托、委派的案件中积累公众知名度和品牌公信力，并在探索律师调解成功经验后逐步扩大市场化规模，效仿国外非诉讼程序纠纷解决的域外经验，建立中国国情下的ADR纠纷解决机制。在市场化律师调解机构的设立上，建议选择设立独立于律师事务所的律师调解中心，最大限度降低与律师的代理人身份冲突，减少当事人的不适应和不信任感。另外，律师主导型律师调解的市场化也应寻求政府的支持，加强与司法局、法院的沟通协作，探索司法确认的合理化途径。

（四）完善律师事前事后的回避制度

《意见》第13条规定了律师个人的职业回避，但未规定律师事务所的职业回避，《意见》也未对此作出补充规定。因此，司法行政机关、律师协会也应当尽快完善律师调解员职业道德规范，对违反回避制度，泄露当事人隐私或秘密的律师，应当视情节限期或禁止从事调解业务，或依照相关法律规范给予行业处分和行政处罚。只有建立完备的职业回避制度，才能减少职业冲突，加强律师对身份转换的认知，更好地参与纠纷解决。[①] 律师调解组织也应当制定严格的职业回避规则，事前要求律师充分披露相关信息，当事人也可主动申请回避，事后禁止

① 龙飞：《律师调解的探索创新与完善路径》，载《中国律师》2018年第5期。

律师代理调解案件的后续纠纷，防止律师恶意破坏调解秩序，确保当事人合法利益不受侵害。建立完善的监督机制，逐步建立包括社会监督、司法行政监督、行业监督在内的监督机制对法官和律师的行为进行核查。

（五）完善诉调对接机制

当事人达成调解协议后还需要对调解协议的履行作出保障，可以向律师调解工作室或律师调解中心所在地的基层人民法院申请司法确认或支付令。法院在审查调解程序合法正当后，根据当事人签订的律师调解协议出具调解书或支付令，但实践中审核程序若耗时过久、审核过细，则与普通的诉讼程序并无差异，不仅不会便捷当事人的纠纷解决，也加大了法院审核的压力。因此，法院应适当放权，对于司法确认的审核以形式审查为主，若协议书为当事人自愿签订，且律师调解组织在组织调解时并没有违法违规行为的，应及时作出司法确认。另外，应扩大司法确认的跨区域管辖范围。《意见》和《实施条例》均将司法确认的管辖法院限定于律师调解工作室或律师调解中心所在地的基层人民法院，但实践中当事人主动申请的律师调解案件存在跨区域寻求律师调解中心主持调解的情况，对于该类案件的司法确认，实践中以特定调解组织与法院签署的合作协议为依据，没有统一的司法确认规则，极大地增加了律师调解组织的工作压力，严重影响律师调解的市场化。因此，法院和相关组织应不断摸索、创新，形成具有前瞻性和创新性的诉调对接模式。

专题二十　律师调解市场化的可行性分析及其建构

王　菲*

律师调解制度滥觞于多元化纠纷解决机制的理念，汲取了“莆田模式”“廊坊经验”“枫桥经验”等精华，同时又与人民调解、司法调解、行政调解、仲裁调解等相得益彰。我国对律师调解制度的引进，彰显在围绕多元化纠纷解决机制层面，我国社会已经开始了一个制度空间和话语空间的重构过程。

立法层面，律师调解有《律师法》以及一系列司法政策的支持，除了最高人民法院、司法部联合印发的《最高人民法院、司法部关于开展律师调解试点工作的意见》（以下简称《意见》）、《最高人民法院、司法部关于扩大律师调解试点工作的通知》（以下简称《扩大试点通知》）之外，江苏、湖南、山东、上海等地还发布地方法规、规范性文件，将律师调解落实为规范性文件指引。[①] 实践层面，目前已有大量的律师参与或主持了调解活动，逐步完善律师调解制度规范、探索新型律师调解组织、加强法院与律师调解的对接；杭州、北京、无锡、

* 王菲，中南财经政法大学法学院硕士研究生。

① 为进一步加强和规范委派调解，最高人民法院于2020年1月发布了《最高人民法院关于进一步完善委派调解机制的指导意见》（以下简称《委派调解意见》），意见规定了调解范围、立案管辖、评估鉴定、调解期限、惩戒激励机制等。2020年3月，最高院最高法相关负责同志就该意见答记者问指出，加大委派调解力度，依法扩大案件范围。对于涉及民生利益的纠纷，只要适宜调解的，在自愿原则前提下，都可以进行委派调解。

上海、深圳等地已进行较为成熟的区域探索。[①] 由以上可见，当前律师调解试点运行覆盖面广泛，政府主导的政策推广运动亦取得较为卓著的成效；但律师调解在试运行过程中仍然残留律师调解的定位不明晰、激励机制与公信力的匮乏、强制调解与虚假调解等问题。

一、律师调解试点运行问题之省思

（一）律师调解的定位不明晰

律师调解作为增补调解类型，其在调解体系之中的定位尚未明确。有学者认为，我国律师调解本质是律师作为调解员参与到法院附设调解、行政调解、行业调解与商事调解等各类调解中的一种调解形式。此种分类方式有两处不妥，其一，法院附设调解、行政调解、行业调解与商事调解并非同一种分类标准下的分类结果。一般认为，在调解联动体系中，以调解主导者身份为分类标准，司法调解、行政调解、人民调解是统一分类标准下涵盖较为广泛的类型，而法院附设调解只是与司法调解互相交叉的不同集合，与行政调解、人民调解无法并列分类。其二，各自为营的分类方式中律师调解的定位亦不清晰。比如行业调解一般解决涉及该行业领域的纠纷以体现其专业性优势，但是当律师参与到行业调解中时，纠纷显然与律师这一行业无关，此种形式化的分类无实质意义。至于“商事调解”则混淆了以纠纷类型为标准的分类和以调解主导者身份为标准的分类，故将律师事务所调解中心的调解定义为“商事调解”有失严谨。

有学者认为，从严格意义上讲，律师调解不属于按调解属性分类的人民调解、行政调解、行业调解、商事调解等调解形式，而是以从事调解的人员身份划分，诸如律师调解、专家调解等。[②] 之所以会出现混淆的分类判断，在于律师调

① 如杭州市余杭区法院与杭州市律协建立诉调对接机制，从余杭区律师中选择特邀调解员，并与拱墅区司法局开展合作，调解业务涵盖婚姻家事、劳动争议、合同及知识产权纠纷领域；杭州市浙江浙杭律师事务所律师调解工作室于2019年5月完成首例市场化调解工作；北京市朝阳区聘请优秀朝阳律师作为特邀律师调解员进驻法院；上海二中院与上海律协建立常态化全方位合作机制；无锡市专职律师调解员刘文晓以年度347个案件的调解量获得“2018年司法部枫桥经验调解员先进个人”；深圳中院与市司法局签署《关于开展律师调解工作的实施方案》，江苏成立首家环境保护调解中心，等。

② 龙飞：《律师调解制度的探索创新与完善路径》，载《中国律师》2018年第5期。

解的特殊优势以及独立地位尚未体现在当前的运行模式中。[①] 在以调解主导者身份为分类标准的基础上，律师调解的定位应当进一步明确，即律师调解作为一种独立的调解类型，在于以区别于人民调解、行政调解、诉讼调解的运行模式，可与其他类型的调解模式走差异化的发展道路，充分发挥律师调解类型的特殊性及显著优势。

（二）律师调解运行不畅：激励机制与公信力的匮乏

1．律师调解激励机制不足

激励机制是律师调解市场化的驱动力量来源。如英国、美国等西方国家的司法系统会使用费用杠杆促使当事人选择替代性纠纷解决机制（如美国部分州的法官会采取提高诉讼费的做法作为推动措施）。[②] 但是在我国，诉讼费用一直采取标准化的收费方式，费率相对于许多发达国家来说较为普惠，故美国的诉讼费用杠杆的调节方式对我国的效用并不可观。律师调解在推行初期尚未普及，调解率的上涨亦不明显。

由《意见》及《试点推广通知》可知，律师调解目前采取多渠道收费保障的机制。除了律师事务所设立的律师调解工作室以低价有偿的形式收取费用外，公共法律服务中心（站）及人民法院设置的律师调解工作室由政府采购服务渠道解决调解经费，并纳入人民法院专项预算。由此可将律师调解的收费模式归纳为“半公益化”，只有极少部分在当事人同意的前提下采取当事人负担调解费用的形式。除此以外，《意见》未对律师调解的补贴工作提出更为细化的要求，费用收取的相关规定并不周延。

在以“律师调解”为视角的多元化纠纷解决机制运行调查中[③]，93.2%的调查对象选择律师调解解决纠纷的原因是“专业”，65%的调查对象选择律师调解

① 对此，最高人民法院、司法部相关负责同志答记者问时指出，“建立由律师作为中立第三方主持调解的工作机制，完善与人民调解、行政调解、诉讼调解、商事调解等既相对独立又相互衔接的律师调解制度。”

② 廖永安：《中国调解的理念创新与机制重塑》，中国人民大学出版社2019年版，第154页。

③ 数据来源：问卷星 https：//www. wjx. cn/. 课题组以问卷形式在试点湖北省开展以“律师调解”为视角的多元化纠纷解决机制运行调查，收回有效填写问卷466份，根据身份设置不同问题，调查对象为律师、法官（法院系统内工作者）、高校学者、纠纷主体，接受调查的主体覆盖的省市地域包括湖北、河南、安徽、湖南、山东、上海、浙江、江苏、北京、重庆、广东、广西。

原因是“高效、快捷”，而选择原因为“收费便宜”的人数仅占比 8.52%。因此，如果将律师调解视为司法服务的一种，决定终端纠纷主体是否选择购买并使用该类服务的决定性因素为服务本身的质量。此外，在接受调查的律师职业群体中，半数律师倾向于以市场化等价有偿的方式对调解进行收费，82.05% 的律师在面对同一起法律纠纷时更倾向于选择诉讼代理而非律师调解员的身份，接受调解委托（委派）的激励因素较为集中。对大多数律师而言，对价是否与成本相适应，是选择调解员的身份进行纠纷处理的内生动力。[①] 目前来看，低价有偿、政府采购并纳入财政预算，是政策传递的费用负担导向。但是以诉讼费用配合进行杠杆调节的推行模式[②]，在运行初期能有助于当事人以成本为纲选择律师调解，但长此以往会加重社会财政负担与律师调解的整体运行成本，不利于其作为恒常机制长效发展。

2. 律师调解市场化与公信力的冲突

除了经济成本及机会成本因素之外，社会认知因素亦应纳入律师调解推行过程中的考量因素。从当前的试点运行调查来看，纠纷主体双方对律师调解员的认同度不高，律师调解公信力不足。我国律师调解建立初期，配套措施诸如调解协议瑕疵救济制度、事后审查与监督体系付之阙如，发生纠纷后，纠纷主体可能更愿意选择权威以及公信力背书的法官、行政系统工作人员、仲裁员调解。诉讼作为终局性纠纷解决的途径，很多时候被当事人视为唯一权威公正的解纷方式，是对司法最终救济原则的曲解。司法最终救济原则旨在确定司法作为纠纷解决方式的终局性，即原则上无其他救济途径可逾越司法权。此为宪法中“审判权由人民法院统一行使”的本质意涵。

以“律师调解”为视角的多元化纠纷解决机制运行调查中，关于不选择律师调解的原因，45.78% 的受调查者认为律师调解“不权威、没有公信力”，45.18% 的受调查者对律师调解处于“不清楚、不了解”的状态。因此，对价尚

① 以调解案件较多的杭州中院为例，对于律师调解员的补贴也仅为 1000 元一件，而杭州各基层法院调解成功的补贴仅有 200 元至 260 元，相对应的是复杂多样、耗时费力的调解工作，律师参与的积极性难以被调动，律师调解的水平也难以保障。

② 《意见》规定，当事人达成和解协议申请撤诉的，人民法院免收诉讼费。诉讼中经调解当事人达成调解协议的，人民法院可以减半收取诉讼费用。一方当事人无正当理由不参与调解，或者有明显恶意导致调解不成的，人民法院可以根据具体情况对无过错方依法提出的赔偿合理的律师费用等正当要求予以支持。

未达到律师调解员预期中公正合理的标准、公信力不足、在基层区域的社会认可度不高等问题，在律师调解制度推行中亟待解决。

（三）强制调解与虚假调解问题

以“律师调解”为视角的多元化纠纷解决机制运行调查中，关于在律师以调解员角色在工作中遇到的困难，“当事人不配合”的因素居于首位，占比58.97%，高于其他可能出现的因素诸如“与法院的沟通与程序衔接不顺畅”（33.33%）以及“收费低，成本投入与产出不成正比”（46.15%）。“社会契约”及“自愿性”是律师调解市场化运行的基础，“当事人不配合”的现象反映出在律师调解推行中可能会发生强制调解的问题。现代法律文化的核心概念是选择、同意、自由和个人权利。[①] 以在法院设置律师调解工作室的律师调解类型为例，早期强制调解现象的遗迹弱化了当事人自愿选择的因素，变相强制调解依旧存在，只是调解员还具备了律师的身份。当前，社会纠纷解决的理念从“管理型”向“服务型”转变，变相强制调解可视为“管理型调解”模式的附属产物。

律师调解员的角色更多是起辅助型的引导、中立、评估、服务的参考作用（available），即使是在无偿或半公益性服务阶段，也是国家为纳税人提供的公共法律服务，而非成为强制解决纠纷的手段。[②] 政策化推广律师调解与规模化的运动效应可能带来强制调解的问题，加之政府投入财政预算以购买服务的方式进行支持的力度越大，律师调解为社会共同体自治和多元化纠纷解决所反馈的积极的边际效益就会递减。故不应通过强制就范的方式使当事人配合，而应采取弱化政府购买服务与控制公共财政输出的方式，形成律师调解市场化运行的空间，以此减少律师调解员在开展工作时“当事人不配合”的障碍。

此外，律师调解亦无法避免虚假调解的问题。基于司法对于诉调对接、调执对接的顶层要求，调解书可以通过司法确认、申请支付令的方式申请强制执行。涉及强制执行效力的公权力介入，律师调解可能会成为虚假纠纷的当事人借助调解逃避审判、进行利益输送的不法渠道。从律师调解员的立场来看，其对纠纷主

---

① ［美］弗里德曼（Lawrence M. Friedman）：《选择的共和国 法律、权威与文化》，高鸿钧等译，清华大学出版社2005年版，第42页。

② 王亚新：《律师调解：经由“试点＝实验”的制度构建》，载胡仕浩、龙飞主编：《多元化纠纷解决机制改革精要》，中国法制出版社2019年版，第539—541页。

体提供的材料或证据的审查多数情况下囿于书面与形式，律师调解员对案件的参与度较低，不同于法院在诉讼中对案件进行全面审查、部分情况下依职权调查、质证等高参与度的程序；调解具有相对性、不公开性，律师调解员需尊重纠纷主体的隐私、恪守保密义务，如果最终达成的调解协议对第三方主体造成不利益，该第三方很难察觉并及时实现救济。因此，在实现律师调解市场化进程中，从司法监督、社会监督与行业自律的角度配套设置相关规范的路径亟待完善。

二、律师调解的市场化及其可行性基础

（一）律师调解市场化的界定及表现形式

以“接近正义”（access to justice）的司法原则为背景的新型社会具有“现代性”的几个基本元素：市场经济、民主政治与科学理性。[①] 其中，市场经济代表的是强烈的目的价值论（效率观念）和普遍理性主义（经济理性观念）。而一个成熟的市场经济社会，一定要拥有与之相匹配的多元化争端解决机制。

市场化是一项在开放的市场中，以市场需求为导向，竞争的优胜劣汰为手段，实现资源充分合理配置，效率最大化目标的机制。市场化强调将市场作为解决社会、政治和经济问题等基础手段的一种途径，意味着政府对经济的放松管制，以工业产权为代表的各类形式产权的私有化的影响。律师调解市场化，是以价格机能作为调整工具，使社会纠纷对律师调解的需求与律师调解的供给输出达到供需平衡的一种状态。律师调解市场化的目的是实现调解资源和要素优化配置，从而提高纠纷解决效率、降低社会纠纷解决的总体成本，推动社会进步。律师调解市场化包括市场准入规则、市场结构的完善、市场载体的搭建、市场运行的规范与监督。首先，在市场准入规则设置方面，应兼顾执业年限、类型化分层与专业化培养，实现职业伦理限制、回避机制、利益冲突禁止规则专门集中化与规范化。其次，在律师调解市场结构完善与市场载体搭建层面，以商品、供给与需求的要素优化为基础，运用 ODR 与律师调解耦合的“湖北经验”搭建市场化

---

① 贝克、邓正来、沈国麟：《风险社会与中国——与德国社会学家乌尔里希·贝克的对话》，载《社会学研究》2010 年第 5 期。

平台。最后，市场运行方面，加强以商事领域为重点趋势的律师行业化调解，借鉴临时仲裁的优点进行律师调解的灵活化规则创设，完善律师调解员的执业保险制度，以司法监督、社会监督与行业自律为角度配套建设“三位一体”的外部监督与内部自律相结合的监督体系，使顺应经济发展规律、契合多元化纠纷样态的律师调解健康、自洽地运行，并渐臻完备。

律师调解的多元化调解模式，可以包含但不限于以下几种类型。第一，对于标的额小的家事案件、轻微的人身损害赔偿案件，可以积分的形式实行定期定量的律师调解工作任务，为公益型的政策推行辅助式调解。第二，针对劳动纠纷等群体性纠纷或涉及不特定多数人公共利益的案件，原则上群体性劳动纠纷主体可申请政府补贴等财政支持，此外可以协商为基础、以市场调节、以标的额大小和案件复杂程度为依据收取调解费用。第三，对于行业化、专业化特点较为显著的纠纷类型（如知识产权、金融、医事、海事、国际贸易纠纷），律师需充分发挥其专业性优势，在客观中立的立场上对双方的权利义务进行核查，并依据成本及收益建立市场模式的收费标准，在遵守法律法规以及社会公共利益的前提下，将双方的利益最大化平衡与分配。①

（二）律师调解市场化的正当性来源：现代正义观与“枫桥经验”

1．现代正义观的效率原理

律师调解市场化的原理之一，是经济效率与实用主义的社会观。诚如汉德公式所表达的经济理性是法律规则的内在逻辑②，市场化的律师调解所依托的是以“效率”为来源的现代新型正义观和尊重市场规律的经济理性。汉德公式以“成本——收益”的分析方法为调解的发展及律师调解的市场化进路提供了方法论，即效率最大化意味着财富最大化或者成本最小化。民商事纠纷的解决，以纠纷主

① 与我国起步阶段的市场化律师调解相比，诸多西方国家建立了较为成熟、完备的市场化 ADR 制度，以美国为例，美国多元的调解体系以市场引导型为主，除社区调解、法院附设调解之外，具有代表性的是营利的商业性私人调解机构如 JAMS 公司。以 JAMS 公司为代表的调解模式主要服务对象为具备一定经济能力、可以支付调解费用的企业法人或者自然人。这种营利性的调解机构将调解服务定位为参与健康、自然的市场竞争的服务产品，供求关系与交易模式依靠市场规律引导，充分尊重当事人的意思自治、严格遵守保密义务，体现了高度发达的商品经济与根深蒂固的契约文化。参见李政：《ADR 视野下私人调解的程序和效力——以美国 JAMS 公司为例》，载《法学杂志》2009 年第 11 期。

② 冯珏：《汉德公式的解读与反思》，载《中外法学》2008 年第 4 期。

体自由选择专业化纠纷解决方式平衡双方的利益对效率进行争取；而相对于财政投入进行纠纷引流与分配的模式而言，市场化的良性竞争形态和纠纷主体“用脚投票”的模式，对律师调解员群体亦有反向的激励作用和优化效果。

律师调解市场化的原理之二，是博弈论原理。对于等价有偿、半公益型及纯公益型的律师调解市场化而言，当事人的纠纷解决净收益可能是衡量纠纷解决办法以及成本付出的标准与事实动力。对于当事人而言，选择诉讼除了支付律师费之外，还要付出相应的机会成本。调解所带来的净收益若不低于法院判决下的诉讼净收益，则当事人会更倾向于选择调解，反之当事人将更加倾向于诉讼。与诉讼过程中双方当事人的“零和博弈”相比，调解中的博弈论将双方利益平衡优化，而选择市场化的律师调解更将博弈双方的成本降至最低，实现双方利益的效率最大化实现。① 日本学者棚濑孝雄曾以一个精辟的模式展现法治化社会的调解功能的定位图：②

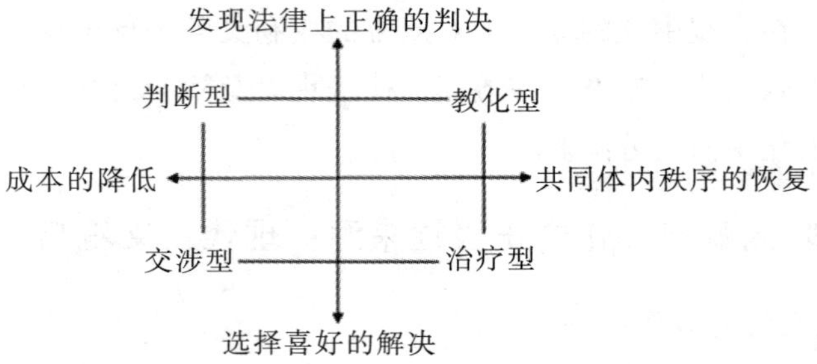

图 1 法治化社会调解功能的定位图

棚濑孝雄认为，两种截然相反的价值取向的调解模式之中，同向调解是补救审判不足的辅助体系，异向调解则在 ADR 中作为一种独特的方式存在。律师调解的价值取向游走在二者之间。在律师主持调解之中，纠纷主体互相的对抗性减弱，不可预测的争议因素减少，从“判断型”“教化型”的厘定权利义务导向，转为“交涉型”“治疗型”解决方式。“交涉型”“治疗型”的解决方式与诉讼更加泾渭分明。在这种博弈的语境下，市场化的律师调解能降低当事人的成本，

① ［美］威廉·庞德斯通：《囚徒的困境》，中信出版社 2017 年版，第 68 页。

② ［日］棚濑孝雄：《纠纷的解决与审判制度》，王亚新译，中国政法大学出版社 2004 年版，第 137 页。

以最大化的增值型利益分配结果为驱动，满足纠纷主体对利益的追求。

律师调解市场化的原理之三，是经济学原理。市场“看不见的手”决定律师调解最终的市场模式和市场走向。对于律师调解市场结构的完善，可以从市场结构的基本要素入手——商品、供给与需求。从商品的角度来讲，调解的服务质量取决于律师的类型化与专业化程度，对此可以对不同年龄阶段的律师调解员进行分层。将社会经验较少、学历较高的“学院派”年轻律师分流至商事案件为主的专业化、行业化纠纷类型；对年龄较大、执业经验丰富但学历中低层的律师除进行专业化培训与组织之外，可以将其引流至民事案件。至于引流与筛选，可以通过律师调解员云平台的信息注册与智能筛选来实现。从供给的角度来讲，实践中律师调解供给不足的问题较为明显，影响其持续性动力，有偿的调解收费标准可提请当地主管部门核准后再向社会公开；从需求上来讲，调解的市场培育与产品的自我营销可以促进供给与需求对接。

此外，律师调解市场化之后，对于诉调对接机制应当注意的是，宏观调控的成分应避免以压制为主导的“软强制”式案件分流，而更应着力于案件的合法公开、信息透明。案件信息公开透明的制度化和程序安排才能实现信息对称，而信息对称是市场经济健康运行的重要前提，也是律师调解市场化的前提。因此，仅通过调整市场主体即律师群体的运作和行为模式来实现市场化是不够的，应当使科层制的合理弱化与国家调控、市场监管等顶层设计互相辅佐配合，作为构建市场化的社会基础。

2. “枫桥经验”的路径创新

律师调解是新时代“枫桥经验”的路径创新，核心是基层社会自治与行业自律。而律师调解市场化，强调基层社会自治与行业自律的作用。律师调解是政策推行的产物，但是研究律师调解不仅要立足于制度本身，更应当立足于政策施行对象领域的历史背景、社会结构、社会资源及以上要素的规律与变化。律师调解市场化强调基层社会自治与行业自律的作用。在法治社会建设初始时期，对程序正义与实体公正的同步需求着力于裁判功能的发挥，以诉讼为导向的主流纠纷解决机制更受重视，即呈现“能调则调，当判则判”的趋势，因为调解在一定程度上确实会模糊事实，淡化权利，导致纠纷主体对权利和法治观念的淡化和虚化。当前我国全面深化改革进入攻坚期、深水区，社会结构分化，利益格局调整，多元化价值出现，矛盾亦呈现多元化、复杂性的样态。传统调解体系之中，司法调解在动因、效率及规则的灵活性上付之阙如；行政调解在现代管理上或许难逃科层化和区域性的桎梏[①]，当事人的真实诉求可能难以得到有效解决；人民调解的功能较为单一，在专业性强的纠纷领域难以发挥。因此传统调解体系不足以应对多元复杂的社会变化。

此外，应当进一步探究社会秩序及结构对法律政策的反馈作用与双方的互动机制。律师调解在农村、城镇的区域发展与社会转型背景下具有先天土壤，在立法、实践上具有正当基础。我国并非“律师中心主义”国家，律师文化以及律师地位对以律师为主导的调解工作并不是强有力的支撑。但我国的调解制度具有丰富的本土资源以及本土优势。诉讼厘定权利（test case），调解维系关系。无论纠纷解决模式、调解联动体系怎样转型，在社会结构和思想观念上还得先有一番改革。[②] 当前我国常住人口的城镇化率为60.6%，相比十年前增长了近14个百分点。[③] 调解亦从乡土社会人际关系的维系功能[④]，逐渐转为城镇化带来的陌生人社会中以合理对价付出的类型化调解服务，以及这种类型化调解服务附带的较为成熟的商业社会中，商人以调解作为维系良好合作关系的手段。而市场化的律师调解在其中的社会总成本无疑是最低的，因为其通过调动律师职业共同体的差异化角色功能的发展，而最大化实现社会共同体自治。

三、律师调解市场化的实现路径

（一）平台依托：“湖北经验”借鉴与ODR模式之耦合

关于在线纠纷解决系统，各国已经有非常丰富的实践经验，较为规模化的平台有全球最大的美国在线交易平台eBay、加拿大民事纠纷审裁处、英国的Nominet域名注册公司、英国Resolver、德国的Online Schlichter、美国的Cybersettle与

① Weber M，1864—1920，Weber M，et al. theory of social and economic organization. Journal of Political Economy，1967，Vol. 16P. 475—478.

② 费孝通：《乡土中国》，生活·读书·新知三联书店2018年版，第72页。

③ 根据国家统计局发布的《中华人民共和国2019年国民经济和社会发展统计公报》，截至2019年末，中国城镇人口已达8.48亿人，城镇化率为60.6%。根据《中华人民共和国2009年国民经济和社会发展统计公报》，至2009年末，中国城镇人口达6.21亿人，城镇化率为46.6%。

④ 苏力：《关于能动司法与大调解》，载《中国法学》2010年第1期。

Modria、英格兰和威尔士交通事故损害赔偿审裁处，等。[①] “互联网 +” 的调解理念，即为促进社会共同体更加高效实现社会共同体自治的“共享自治”。就律师调解在湖北区域试点来说，目前将人民调解及律师调解与 ODR 结合较为成功的在线纠纷解决平台是 湖北省“调解网”。[②] 除法院、律师事务所、法律服务中心之外，较为专业且具规模的湖北省律师协会律师调解中心即依托该网站平台作为线上资源整合平台。[③] 依托调解网建立线上律师调解网络，同时在线下与法院、律所、法律服务中心等调解试点开展联系与合作，形成线下网络，以行业自律、律师共同体高效自治为基础的市场化律师调解方兴未艾。[④]

律师调解的价值在于律师调解员。律师调解云平台使律师调解员库的设立成为可能，其不同于一般的律师调解员名册，具有较高的开放性。可以考虑将互联网律师调解联盟成员、非联盟成员律师调解机构律师调解名册上的律师调解员、其他符合律师调解规范的具备律师调解员资格的专业人员等纳入律师调解员库。目前《意见》中规定的费用支付方式尚未将律师调解落实到“社会共享自治”的层面，纠纷引流机制目前处于线下资源零散分布的原始状态。社会总体成本最小化可以以互联网平台为依托，利用律师调解市场化的资源配置模式得以实现。在具体操作路径上，可通过“线上资源整合 + 线下资源”分配的方式，借鉴 P2P 式的“资源分享—平台—资源使用”的结构模型、湖北“调解网”线上组织律师调解的网络组织形态，以及网约车平台的自我管理等模式，搭建律师调解的在线平台，鼓励符合资质的律师实名注册，纠纷主体线上预约使用。平台的管理模式为司法系统管理及平台自我管理结合的模式，平台的运行成本以及收益采用常规资本运作的形态，由律师事务所持股或行业协会管理，线下联合法院建立网络。如此，以高效的资源整合与使用基数的扩大化实现成本最小化，每笔调解根

---

① 陈辽敏：《在线纠纷解决机制的创新与思考》，载胡仕浩、龙飞主编：《多元化纠纷解决机制改革精要》，中国法制出版社 2019 年版，第 488—501 页。

② http：//www. tiaojie. com/ ，“调解网”是周冶陶于 2012 年 3 月发起创办的一个公益法律网站，属于“第三方”调解平台、社区服务及普法宣传的线上、线下联动平台、专业化的互联网微公益平台、公益性的在线纠纷解决机制平台。

③ 2018 年 2 月成立的湖北省律师协会律师调解中心采取“一庭、一网、一册、一线”的架构和运行模式。

④ 访谈对象：湖北省律师协会副秘书长、W 市 W 区某律所主任及其团队。访谈时间：2019 年 5 月 29 日。

据标的金额大小，平台按梯度设置较低比例（可参考个人所得税缴纳方法）从案件中抽取佣金。线上平台推广初期的调解试错成本暂时由平台承担，市场结构成熟之后，成本可以转移给正当担责的纠纷主体和律师调解员。

（二）市场准入：律师调解员的规范与监督

市场规则的设定应当从准入和考核机制入手。本次接受调查的律师群体中，针对律师调解员的市场准入，多数律师认为学历不必纳入律师调解员的遴选条件，而将条件拟为“执业年限”“社会经验”“职业伦理”。部分律师认为，律师调解的整体运行机制中应当减少科层化管理的因素，“无需由司法局或法院官方授权才能办理案件，只要符合条件就可以受理，条件是要场地有执业三年以上一名以上律师主持，进入和退出决策权在律师所，带有公益性的业务应当普及而不是设置特权”。关于执业年限，多数律师认为 3 至 5 年及以上为宜，目前许多试点地区对此设置较为严格的限制，如北京市要求执业 8 年、福建要求执业 5 年。依据湖北省高级人民法院的规定，湖北省律师调解员的条件包括执业年限 3 年以上、具有良好的政治素质、近 3 年办理民商事诉讼案件不低于 5 件等，较符合律师群体对合理执业年限标准的预期。在律师调解市场化、公益化模式的探索与取舍中，此类准入规则的设置是重要考量因素，其与相关法律法规的解释方法与实践适用机理应当形成逻辑上的自洽。

由于多种因素的调解动机可能会对律师调解员的执业过程造成一定的干扰，职业纪律的明确此时尤为关键。[①] 对于律师调解员角色的职业伦理限制、回避机制、利益冲突禁止规则，美国联邦最高法院曾作出相关判例，该案例中，律师的辞职行为若被允许并记录为一种纪律处分，该行为是否在后续影响其成为律师调解员资质，成为争议问题。[②] 对此我国尚未形成明确统一的规范，此类专项规范可结合散见于规范性文件之中的律师职业伦理规定。如《律师执业管理办法》第 28 条、《律师执业行为规范》第 50 条规定了律师执业利益冲突禁止规则，可以在此基础上明确，曾经担任律师调解员调解该案的，律师及其律师事务所不得

---

① 本次接受调查的律师群体中，60.71% 的律师愿意接受调解案件委托的原因是“可以拓展案源”，57.14% 的律师则通过该渠道“与法院建立良好合作的关系”。

② See Supreme Judicial Court of Massachusetts January 4, 2012, Argued; June 5, 2012, Decided SJC—10935.

与当事人建立委托关系。此外，应建立“三位一体”的监督机制，即司法与行政系统的长效监督、市场化平台与纠纷主体互动的社会监督（如将律师的投诉率透明化展现）、律师协会行业自律的自我监督三种力量相结合，严格建立违背职业伦理的惩罚性保障机制，避免律师违反职业纪律寻租获利而加大律师调解的市场化运行的经济成本。

（三）市场运行：规则探索与救济体系

1. 以临时仲裁为范本的规则探索

首先，未来律师调解的市场化路径应当以商事调解的兴起为发展契机，借鉴临时仲裁的优点创设律师调解的灵活化规则。临时仲裁在开放性和灵活性方面较机构仲裁更为突出，正如有学者指出的，临时仲裁是“量体裁衣”。[①] 律师调解的商事案件，纠纷主体可以在律师的主持下，根据纠纷具体情况，在不违反法律法规的前提下对调解规则进行自由协商、创设、变更。其次，应当鼓励更多形式的调解，在形式上可参照各商事仲裁委员会的仲裁规则，发挥律师调解在形式上的灵活性，例如双方共同挑选调解律师组成调解组，设立专业律师调解员名单供当事人挑选等，依据不同的调解形式制定不同的收费标准；改善营商环境，对律师调解云平台、律师调解员库中的律师进行类型化识别和专业化培养。最后，要在市场化结构下充分发挥民商事调解的产品服务功能，通过纠纷主体平台注册、双方共同选择调解员、协议商定可适用的调解规则、接受调解等流程，发挥律师调解在国内与国际商事领域中的重要作用。2019 年 8 月 7 日，中国签署了《联合国关于调解所产生的国际和解协议公约》（以下简称《新加坡调解公约》），以此为契机，我国司法系统将进一步改革完善律师调解的市场运行制度，从多维度加强多元化解决国内及国际商事纠纷，提升律师调解达成和解协议的可执行性及司法确认制度。[②]

2. 瑕疵调解协议的救济

从民事诉讼法学研究的角度来看，调解协议瑕疵、虚假调解等问题不仅涉及

① 袁杜娟：《上海自贸区仲裁纠纷解决机制的探索与创新》，载《法学》2014 年第 9 期。

② 见《联合国关于调解所产生的国际和解协议公约》，2018 年 12 月通过。我国政府代表于 2019 年 8 月 7 日签署。参见温先涛：《〈新加坡公约〉中国商事调解——与〈纽约公约〉〈选择法院协议公约〉相比较》，载《中国法律评论》2019 年第 1 期。

律师调解程序本身，亦关涉协议司法审查程序；这些程序的学理阐释、制度建构应互相呼应，并在体系、逻辑上形成内在一致；学理上的阐释亦是相关制度与程序实现规范化和体系化的应有之义。[①] 对于进行虚假调解等违反职业道德和职业伦理的律师调解员，《意见》中设置了相应的惩戒措施，虚假调解达成的调解协议自始、当然无效。但是对于瑕疵调解协议、对第三方造成不利益的调解协议等如何对权利方进行救济，《意见》中尚未进行规制。根据普通调解协议的效力，可以依照《合同法》中合同撤销或无效的情形，权利方以欺诈、显失公平等事由申请调解协议的撤销。但是该撤销事由为申请方带来较大的举证负担，故对于律师调解中瑕疵的调解协议，可以设置特别救济措施。

首先，从法律期间上对瑕疵调解协议进行效力限制，如对瑕疵调解协议延长除斥期间，使权利方的救济空间达到最大化。其次，可参考仲裁裁决中关于仲裁协议效力审查的程序，认为调解协议效力存在瑕疵的一方当事人以诉讼程序申请法院对调解协议的效力进行审查，此时律师调解员应当有相应的“责任制”，即参与涉瑕疵风险的调解协议审查程序，并配合提供审查必要的相关证据材料。若调解协议经审查裁定撤销，律师调解员应以过错为限担责。最后，律师调解员对意思表示不真实的调解协议的判断标准及审查义务与审慎义务标准，应当在实践中不断完善与探索。如在律师调解业务指导规则中列出负面清单加以约束，并及时出台相关司法解释与指导性案例进行明确，加强律师调解制度的司法保障，加强律师调解公信力。

3. 完善律师调解员的执业保险制度

从本质上讲，多元化渠道的律师调解业务在运行之时，市场化的律师调解云平台与委托调解的纠纷主体是合同关系。无论是平台提供的格式合同还是非格式合同，律师与纠纷主体应当通过签订合同的方式对调解工作中的权利义务关系进行界定，其中包括双方的责任条款。对于纠纷主体的过错责任，试错成本可以在一定份额比例由云平台及政府财政负担，剩余的损失责任比例由过错方纠纷主体自行承担，如调解费用（合同价金）不予返还，对于额外损失依据合同法其他条款承担过错违约责任，但是以损失填平原则为基础。律师调解云平台与律师调解员存在过错的，除了平台分担部分过错责任之外，依据合同法、侵权责任法追

① 王亚新：《民事诉讼与法律服务》，法律出版社 2015 年版，第 126—142 页。

究律师调解员的责任。

律师调解员受合同法、侵权责任法之外的职业规范规制，对于违反律师调解行业职业道德伦理的行为，可以处以两倍以上的惩罚性赔偿，实现对弱势方纠纷主体的倾斜保护。对于上述提到的一定份额比例由云平台及政府财政负担的试错成本，该种公益性质的责任承担方式应当有一个转介机制，否则平台的运行和政府财政可能会因为为这部分过错买单而不堪重负。该种转介机制可以通过律师调解员的执业保险来搭建。律师调解员通过购买保险对过错风险进行转移。在西方国家，私营化调解员可通过购买执业保险实现执业风险保障。① 我国调解市场化的运作中，应引入调解员的执业保险制度，完善调解执业风险保障机制。

结　语

路径创新是新时代“枫桥经验”的实践特质。以社会整体运行的规律来看律师调解，则更加易于理解其推行的原理及与其他纠纷解决方式的关系，从而通过社会共同体自治及行业自律进行律师调解推广工作的去政策化、规避一时的运动效应，形成与当下社会纠纷模式和商业发展适配的市场化模式。律师调解之推行应在国家宏观调控基础上佐以市场调节的微观与中观构造，促进纠纷的多元化解决，兼顾审判、调解、仲裁关系的协调与平衡。实施路径上，应以市场化促进纠纷解决机制的供给侧改革，从市场准入、市场运行、市场载体构建的视角实现律师调解的市场化建构，实现社会基层自治，推进“枫桥经验”的与时俱进。最后，从市场经济的效率目标与运行基础来看，仅通过调整市场主体即律师群体的运作和行为模式来实现市场化尚存理念与目标的统一，应当将社会蕴含的内生结构、资源、技术变迁等因素并入研究体系，使科层制的合理弱化与国家调控、市场监管的等顶层设计互相辅佐配合，作为构建市场化的社会基础。

① 冀祥德：《协商性纠纷解决机制比较研究》，中国民主法治出版社 2010 年版，第 208—230 页。

专题二十一　接近正义：我国医疗纠纷调解组织发展的困境及其对策研究

王红梅*

一、我国的医疗纠纷调解组织存在的问题

医疗纠纷调解组织，特指依法成立的，以解决医疗纠纷、保障医患双方的合法权益、缓和医患矛盾、促进社会和谐与医疗事业的健康发展为组织目标的社会组织。目前上述组织存在的问题有：

（一）人才流失严重，人才结构不合理

组织成员的数量与质量是影响组织目标实现的关键因素。合理的人才流动是人力资源优化配置的客观要求。赫希曼（Albert Otto Hirschman）说过，员工的退出是一种修复机制，该行为向管理层发出了组织出现问题的信号。但是，医疗纠纷调解组织大多是专业性的小型组织①，频繁而无序的人才流失会导致其组织技术、专用性训练的浪费。医疗纠纷调解组织的人才流动通常都是宏观和中观的

* 王红梅，浙江警官职业学院应用法律系副教授。

① 按照美国社会学家凯普劳的分类方案，小型组织一般指成员人数在 3 人到 30 人的组织。参见易益典主编：《社会学教程》，上海人民出版社 2007 年版，第 168 页。

人才流动①，主要体现为调解专家成长起来后，从医疗纠纷调解组织向公务员岗位、事业单位流动，或从医疗纠纷人民调解委员会向待遇更好的医院或商业性医疗纠纷调解机构流动。该流动率与当地的社会经济发展状况成正相关关系，即社会经济越发达，人才流失率越高；与其成员的业务水平或学历呈正相关关系，即业务水平或学历越高，越有可能流失。高流动率从侧面体现了组织成员的工作满意度不足，以及组织未能较好地平衡组织目标与组织成员的个体需要。

为了提升人民调解员的职业荣誉感，我国各地主要措施有：1. 编制留人。如上海浦东医疗纠纷人民调解委员会为调解员争取到事业编制，稳定了人才队伍。对沿海发达地区的生活压力较大的青壮年而言，事业编制即便没有与足够的激励捆绑在一起，也满足了其回避风险的需要，但事业单位编制紧张，“浦东经验”难以复制。2. 待遇留人。如通过政府购买服务的方式提高薪资待遇。而目前的薪酬制度仍难以促进人才的合理流动。3. 声誉留人。调解员评级制度产生了一种新的声誉等级制度，但因其并未与人社部的职称评审制度挂钩，其精神安抚功能强于实质性的激励功能。

由于人才稀缺，不少公、检、法、司、卫生系统干部与医师退休后进入医疗纠纷人民调解组织。从表 1 中可见浙江省医疗纠纷人民调解委员会中上述退休人员占专职调解员的相当比例，这也是沿海发达地区医疗纠纷人民调解组织的一个缩影。不能否认退休人员的社会经验和个人经济能力比较适应人民调解员的岗位需求，但还应看到，青壮年人才大量流失且专职调解员中四十五岁以下的中青年偏少，易造成人民调解员知识结构老化、思维僵化、不思进取、组织学习与活动能力下降等问题，不利于以组织的形式积累贮存技术和经验。

表 1　浙江省部分市医疗纠纷人民调解委员会人员构成一览表②

××市医疗纠纷人民调解委员会	专职人民调解员数	兼职人民调解员数	专职调解员人员构成
杭州市医疗纠纷人民调解委员会	6 人	0 人	2 名卫生系统退休人员，2 名司法行政系统退休人员，1 人劳务派遣，1 人按最低工资保障聘任。

① 宏观人才流动，是指各级各类人才根据产业、系统、部门、专业等类别在全国范围内进行的流动；中观人才流动是各级各类人才在企业、系统、部门、专业地区内的流动；微观人才流动是基层人才在任用单位内部的流动。

② 该数据由浙江省各司法局人民参与和促进法治处提供。

续表

××市医疗纠纷人民调解委员会	专职人民调解员数	兼职人民调解员数	专职调解员人员构成
宁波市医疗纠纷人民调解委员会	6 人	0 人	均为专职调解员，其中 1 名退休法官，1 名内勤兼调解员。
宁波市（全市）医疗纠纷人民调解委员会	32 人	5 人	专职调解员除 4 名内勤和宁波市医疗纠纷调解委员会的调解员外，均为退休人员。
绍兴市医疗纠纷人民调解委员会	4 人	0 人	1 名卫生系统退休人员，其余为聘用人员。
嘉兴市医疗纠纷人民调解委员会	5 人	0 人	1 名司法行政系统退休人员，4 名劳务派遣员工。
温州市医疗纠纷人民调解委员会	6 人	0 人	1 名公安系统退休人员，1 名司法行政系统退休人员，其余为聘用人员。
金华市医疗纠纷人民调解委员会	6 人	0 人	1 名卫生系统退休人员，2 名司法行政系统退休人员，其余为聘用人员。
湖州市医疗纠纷人民调解委员会	5 人	0 人	均为聘用人员。
丽水市医疗纠纷人民调解委员会	4 人	0 人	1 名公安系统退休人员，其余为卫生局招聘的大学生。
丽水市（全市）医疗纠纷人民调解委员会	48 人	40 人	专职调解员中卫生系统退休人员 3 人，乡镇政府退休人员 1 人，检察院退休人员 1 人，聘用人员 2 人，劳务派遣 1 人。
舟山市医疗纠纷人民调解委员会	3 人	0 人	1 名系退休检察长，1 名系退休卫生院院长，1 名内勤兼调解员，已辞退 2 名司法局退休干部。

（二）布局不科学

一个组织即便通过合法程序设立，其设置是否合理同样存在疑问；不合理地成立组织，往往会降低组织的效率甚至成为其他组织的一种障碍。[①] 目前不同类型、不同性质的医疗纠纷调解组织存在着大量资源闲置和“贫富不均”的状况。在不少地区，医院内部只能消化少量医疗纠纷，行政调解在医疗纠纷调解体系中

① 胡剑锋、王晓：《论现代社会的组织多元化及其结构优化》，载《浙江社会科学》2000 年第 4 期。

占据着核心地位，医疗纠纷仲裁在我国还处于起步阶段，医疗纠纷第三方调解机构尚未普及，不少行业性医疗纠纷调解组织被撤并。再则，不同层次的医疗纠纷调解组织之间“贫富不均”。发生在患者与社区医院、小诊所之间的纠纷具有较强的熟人调解的特征，通常会下沉到基层；发生在县、市医院的医疗纠纷则往往就近分流到该地医疗纠纷人民调解组织或镇、街人民调解组织。上述纠纷中难以解决的大多被引导至该市医疗纠纷人民调解委员会或人民法院。尽管不同层级的人民调解委员会之间不存在行政隶属关系，但镇、街人民调解委员会和市医疗纠纷人民调解组织有更强的资源整合能力，而传统的社区调解不足以应付专业性较强的医疗纠纷调解，致使大量的医疗纠纷上浮。从地理分布上来看，医疗纠纷调解组织布局也不合理。例如，2018 年金华市各人民调解委员会受理的医疗纠纷总量高达 419 件，其中金华市医疗纠纷人民调解委员会受理和调成的医疗纠纷仅 55 件。杭州市的大型三级甲等医院集中分布在市中心和滨江区，但杭州城区内却只有杭州市医疗纠纷人民调解委员会“一枝独秀”。2018 年杭州全市的医疗纠纷人民调解委员会受理医疗纠纷 801 件，其中杭州市医疗纠纷人民调解委员会受理 420 件。杭州市医疗纠纷人民调解委员会每年受理纠纷数量、调成纠纷数量、涉案金额数量均过全市的半数。将两地的市医疗纠纷人民调解委员会相比较，前者的“生产率”过低，后者又有过高之嫌。调解组织布局不合理，导致调解工作量畸轻畸重，不利于医患双方就近求助，及时化解矛盾。

（三）管理与运作方式的行政化、司法化

范愉教授认为，近年来人民调解组织已呈多元化格局，法律界，特别是司法行政系统主导意见是通过立法将人民调解改造成一种司法化、专业化的纠纷解决机构，从而超越《宪法》的定位，使之脱离对基层自治组织的依附，吸纳大量法律职业者参与，同时通过加强司法行政机关对人民调解的管理，提高调解程序的正规化（甚至执着地模仿民事诉讼程序）和调解协议的法律效力，使人民调解的法律地位和权威性得以进一步提升。这就是所谓的行政化、司法化的表现。[①] 全国多数医疗纠纷人民调解组织的设立主体是司法行政部门和卫生行政部门，不少医疗纠纷人民调解委员会的主任由退休的原公安或司法机关领导干部担

① 范愉：《〈中华人民共和国人民调解法〉评析》，载《法学家》2011 年第 2 期。

任，其个人阅历和管理习惯无疑也对组织的结构形态产生了潜移默化的影响。卫生行政调解组织本就隶属于卫生行政部门，其管理模式和运作方式不可避免地具有行政机关内部的正式组织所有的行政化、科层制管理的特征。其他第三方调解组织大多由政府部门、行业协会、研究会、司法机构牵头设立，由于历史原因，上述机构依然承接着政府资源并接受国家行政管理，无法完全实现独立性和民间性。①

（四）过度趋同化现象

近年来无论是以医疗纠纷人民调解为主体的山西模式、北京模式、天津模式、宁波模式、南平模式等，还是以商业性医疗纠纷调解模式为主体的安徽模式、山东模式，都不同程度地出现趋同化（isomorphism）现象。根据权变理论（Contingency Theory），组织的最佳结构取决于一个组织的具体的环境条件、技术、目标和规模等。如果环境条件变了，组织结构也应该相应变化。② 效率规则也告诉我们，每一个组织的内部结构应该随其目标、任务、技术和环境条件不同而异，而不应该出现组织的趋同现象。③ 所以，组织的趋同性是一个需要解释的组织现象。

二、我国医疗纠纷调解组织的问题诠解

（一）组织定位不清

目前，我国的医疗纠纷调解组织大致可分为医疗纠纷人民调解组织、卫生行政调解组织和第三方医疗纠纷调解组织。从组织运作方式上来看，存在着市场化运作与公益性运作两种运作模式；从组织形式上来看，存在着专业性人民调解委员会、普通的人民调解委员会，医院管理公司或调解公司、保险公司内部调解组织、卫生行政机关内部调解组织等；从调解性质上来看，存在着人民调解、司法

① 王慧林：《广西电力行业纠纷调解探索》，载《广西电力》2017 年第 3 期。

② Hirsch, Paul, From Ambushes to Golden Parachutes: Corporate Takeovers as an Instance of Cultural Framing and Institutional Integration, American Journal of Sociology, 1986, Vol. 91.

③ 周雪光：《组织社会学十讲》，社会科学文献出版社 2003 年版，第 68 页。

调解、行政调解和其他社会组织调解等。但由于对上述组织定位不清，未对不同性质的医疗纠纷调解组织实行有效的分类管理，导致重复设立一些低效运行的机制。司法行政机关将医疗纠纷人民调解命名为“窗口行业”“绩效抓手”，试图将医疗纠纷人民调解组织改造为司法化、行政化的专业性纠纷解决机构，实现其隐含的权力扩张的意图。

（二）政府主导性强

尽管通过调解事业发展基层社会自治被视为“枫桥经验”应有之义，但现今国家强社会弱的格局并没有发生根本性变化，政府在资源分配和规则制定等方面依然居于主导地位，而任何组织都需要通过获取环境中的资源来维持生存，这就决定了由社会自主发起和有效运作医疗纠纷调解依然是其无法承受之重。回顾历史，医疗纠纷调解组织的组建无不由政府强势推动，即便挂靠并由人民调解协会或心理卫生协会等社会组织领导的，其业务指导、监督、经费保障、秩序维持等都由政府各职能部门负责。以浙江省为例，除了嘉兴等少数地区的医疗纠纷人民调解委员采用保险公司购买服务的模式，其余均由政府提供经费保障，连宁波、温州等采纳保险公司赔付医疗损害的地区也不例外。政府强大的主导作用从表2中可见一斑。其他资源的整合通常由政府出面协调，比如专家库往往经由相关政府部门推荐名单并协调后组建。政府主导性过强，容易模糊或打破政府的权力边界，甚至越俎代庖，挤占组织自主发展的空间。

表2　浙江省部分市医疗纠纷人民调解委员会管理体制一览表[①]

调委会名称	组建单位或挂靠单位	领导机关	指导机关	经费来源
杭州市医疗纠纷人民调解委员会	杭州市公共关系协会	杭州市医疗纠纷预防和处理领导小组	杭州市司法局、杭州市卫健委	政府财政拨款，杭州市司法局代管。
嘉兴市医疗纠纷人民调解委员会	嘉兴市司法局、卫生局	嘉兴市医疗纠纷预防和处理领导小组	嘉兴市司法局、嘉兴市卫健委	从医疗责任险保险费支出，嘉兴市司法局代管。

① 该数据均由当地司法局人民参与和促进法治处提供。

续表

调委会名称	组建单位或挂靠单位	领导机关	指导机关	经费来源
宁波市医疗纠纷人民调解委员会	宁波市司法局	宁波市医疗纠纷预防和处理领导小组	宁波市司法局、宁波市卫健委、宁波市各级人民法院	政府财政拨款，宁波市司法局代管。
温州市医疗纠纷人民调解委员会	温州市司法局	温州市医疗纠纷预防和处理领导小组	温州市司法局、温州市各级人民法院	政府购买服务，温州市司法局代管。
丽水市医疗纠纷人民调解委员会	丽水市医学会	丽水市卫生局	丽水市司法局	政府财政拨款，每年直拨给丽水市医学会40万元。
金华市医疗纠纷调解委员会	金华市司法局	金华市司法局	金华市司法局	政府购买服务，金华市司法局代管。
湖州市医疗纠纷人民调解委员会	由湖州市中级人民法院、湖州市司法局、湖州市卫生局共同商定	湖州市司法局、湖州市卫健委	湖州市中级人民法院	政府财政保障每年30万元，列入湖州市司法局预算。
舟山市医疗纠纷人民调解委员会	舟山市卫计局、司法局	舟山市医疗纠纷办公室	舟山市卫计局、司法局	政府专项拨款。

（三）盲目模仿和组织学习

由于组织嵌入在社会网络和制度观念中，组织的很多行为和结构形式是约定俗成或者模仿性的。迪玛奇奥（Paul J. Dimaggio）和鲍威尔（Walter W. Powell）从组织与环境关系的三种具体机制入手讨论了组织趋同性问题，即强制性机制、模仿性机制和社会规范机制。其一，共同的法律环境会促使组织的行为和结构呈现出相似性。其二，在制度环境或组织技术不确定、组织决策模糊的情况下，一种模式一旦形成并行之有效，就难免引起同类组织的效仿，以降低成本和风险或提高合法性。其三，规范性趋同主要是由专业化导致的。[①] 大学、专业培训机构和行业协会培养了专业人才网络，这些人员接受了相似教育，以相似的方式作出决策，从而导致组织趋同。人才流动的过程，在一定程度上也可以说是组织趋同化的过程。[②] 医疗纠纷调解组织的趋同化现象是数种机制混合作用的结果。相关地方性立法和组织机制的彼此借鉴，单向的持续的人才流动，均是造成各地医疗纠纷调解组织同质化的重要因素。这两年各地人民调解协会的建立是规定和普及组织、专业人员行为规范的另一个传播媒介，间接导致人民调解组织的趋同性增强。[③] 与我国工业化进程相伴而生的是社会组织管理的标准化，浙江等地大力推广人民调解工作标准化，也强化了我国医疗纠纷调解组织的同质化。标准化便于保存证据和举证，有利于双方在调处纠纷和提起诉讼时分清责任。但人民调解工作毕竟存在着强烈的地域性和个性，怎样既界定纠纷调解工作的统一标准，又不以此压制调解员和调解组织的个性化创造，依然需要进一步探讨。组织的有限理性使得其学习和模仿行为时而是盲目的。不同性质的医疗纠纷调解组织机制与模式不同，组织环境自身也处于不断的变化之中，这些因素都决定了医疗纠纷调解组织不应盲目学习，过度趋同。每一种成功的医疗纠纷调解模式，其经验都无法完全复制。

三、我国医疗纠纷调解组织转型的路径选择

医疗纠纷调解组织蜕变之艰难，是社会自治组织在社会转型时期举步维艰的缩影。要弥合公共领域和私人领域撕裂的状态，只能大力发展以医疗纠纷人民调解组织为代表的社会组织，积极推动组织转型。

（一）准确定位政府部门与医疗纠纷调解组织之间的关系

按照《关于改革社会组织管理制度促进社会组织健康有序发展的意见》（中

---

① Dim aggio, Paul J. and Powell, Walter W., The Iron Cage Revisited Institutional Isomorphism and Collective Rationality in Organizational Fields, American sociological Review, 1983. Vol. 2, P. 147 – 160.

② 周雪光：《组织社会学十讲》，社会科学文献出版社 2003 年版，第 88、89 页。

③ 格拉斯契维茨认为，专业人员所处的网络对场域内组织的行为具有规范作用，网络关系的邻近性和专业协会对组织行为具有间接的趋同影响。参见 Galaskiewicz，J.，Professional Networks and the Institutionalization of a Single Mind Set, American Sociological Review, 1985. Vol. 50, P. 639—658.

办发46号文件）的精神，应进一步厘清政府、市场、社会的边界，使各归其位。作为一种在转型期承接社会公共职能的协调性组织，医疗纠纷调解组织健康发展的关键是调整其与政府两者之间的关系，重新界定各自的角色和职能，厘清各自边界。按照《人民调解法》和《医疗纠纷预防与处理条例》的规定，司法行政机关、卫生主管部门、人民法院等机关与大量医疗纠纷调解组织之间并不存在行政隶属关系，而只是指导与被指导，监督与被监督，服务与被服务的关系。但所谓行政化的“指导关系”也很常见，即政府机关对调解组织以“命令”代替指导，后者在相关事务中缺乏应有的自主性。这一关系的实质是政治组织依其权威向协调性组织进行的扩张或渗透，但某些干涉行为降低了医疗纠纷调解组织与外界交换资源的公关成本，故而两者之间容易形成类似于上下级之间的依存关系。二者之间健康的关系理应是调解组织本身保持了较高的独立性和自主性，能较好地发挥其功能的同时，政府又对这些组织提供适当的支持、指导和帮助。另一方面，通过行业协会等组织强化医疗纠纷调解组织的自治自律，加强信息公开，变以行政监管为主的模式为以社会监督为主的模式，是医疗纠纷调解组织去行政化和自我成长的重要途径。

（二）调解组织从单一化向多元化发展

从组织社会学的角度来看，医疗纠纷调解组织的专业性，比较接近费埃德伯格所谓的“管辖权”的概念。这里所说的管辖权是指在某一领域所获取的控制权，是行动者通过掌握某一领域的实用知识，获取控制相对应的诸种不确定性的能力，而非通过法定的授权而获得领域控制权。专业化的优势来自对具体领域中“既定的”不确定性所产生的一种事实上的“管辖权”，专业性组织对于自己拥有的实用性知识和专业技能的活动领域拥有无可辩驳的“管辖权”。整个组织内部行动系统的运行效能在相当程度上受制于持有管辖权的行动者，然而行动者总是倾向于滥用这种权力而造成垄断，导致行动组织结构的失衡，造成组织的畸形发展。显而易见，管辖权的高度集中和滥用，会造成行动组织优先权的颠倒、目标的置换，以及事件之链的混乱。因此，阻止管辖权的过度集中与过度使用，是组织体系应该完成的一项重要的任务。① 一个理性、成熟的社会，不仅要为其成员提供解决纠纷的多种途径，而且要求各途径相互补充、有效衔接，达到多元化、高效化的程度。任何一种医疗纠纷调解组织的功能均有其局限性，无法回应所有的社会需求，眼下僵化的管理体制与医疗纠纷调解多元化趋势之间已成抵牾之势。

1. 准确区分不同性质不同机制的医疗纠纷调解组织

一个组织如何行为，通常有两种解释：经济学的效率机制和社会学的合法性机制。不同性质的医疗纠纷调解组织中立性不同，运作机制也不同，保险公司、医院管理公司等商业组织内设的医疗纠纷调解机构不得不遵循利益最大化的效率机制，而医疗纠纷人民调解组织由合法性机制所主导。正如迈耶和罗恩所指出的，非营利性行业组织行为有其独特的制度逻辑，即合法性机制，它使得组织不得不接受制度环境建构起来的具有合法性的形式和做法。我国对医疗纠纷调解的定位，应当进一步区分公益性与营利性、自治性与司法性、合意促进型与判断指导型、地域性与行业性、一般民事纠纷与专门民事纠纷、内部解纷机制与社会性调解组织之间的分工、协作与平衡等。② 包括医疗纠纷人民调解组织在内的带有官方色彩的社会组织也应进一步脱离官僚体系；全社会应进一步开放民间组织，使政府购买的医疗纠纷民间调解组织、个人调解工作室、调解公司等与医疗纠纷行政调解组织之间形成既互补又竞争的关系。

2. 确立医疗纠纷人民调解组织在医疗纠纷调解组织体系中的核心地位

目前我国医疗纠纷人民调解组织包括普通的人民调解组织和专业性的医疗纠纷人民调解组织。截至 2018 年 9 月，医疗纠纷人民调解机构已覆盖全国 80% 以上的县级行政区域，全国已建立医疗纠纷人民调解委员会 3565 个，人民调解工作室 2885 个，有医疗纠纷人民调解员 2 万余人，其中专职调解员 5137 人。2010 年以来，全国共调解医疗纠纷 54. 8 万件，其中 2018 年上半年调解 3. 3 万件。目前，全国超六成的医疗纠纷通过人民调解化解，调解成功率达 85% 以上。③ 2018

① ［法］埃哈尔·费埃尔德伯格：《权力与规则——组织行动的动力》，张月等译，格致出版社，上海人民出版社 2016 年版，第 16—18 页。

② 邵华：《医患纠纷调解的正义之路》，湘潭大学出版社 2016 年版，第 112 页。

③ 佚名：《全国超六成医疗纠纷采用人民调解 调解成功率达 85%》，载《保山日报》2019 年 2 月 18 日，第 03 版。

年 10 月 1 日起施行的《医疗纠纷预防和处理条例》进一步确立了医疗纠纷人民调解组织的法律地位。只有建立起以医疗纠纷人民调解组织为核心，因地制宜的多元化多层次的医疗纠纷解决机制，医疗纠纷调解及其组织才有可持续发展的生命力。医疗纠纷人民调解组织应当按需设立，在大城市的大型医院集中地域，很有必要设立足够的医疗纠纷人民调解组织，或加强现有的医疗纠纷人民调解组织的力量。医疗纠纷人民调解是一种公共需要，广大的中国底层民众对不误工、不花钱、就地解决问题的廉价的纠纷解决方式仍然存在迫切需求，对于那些面临着沉重经济负担，承受着因病致贫风险的病患家庭而言，这项需求更为迫切。

3. 类型化发展

医疗纠纷人民调解无法完全取代其他形式的医疗纠纷解决机制，更不可能解决所有类型的医疗纠纷。除了大力发展医疗纠纷人民调解组织，也应其他医疗纠纷调解组织的多样化与类型化发展。

（1）医疗纠纷行业性调解组织

医疗纠纷行业性调解组织的组建依托于医学会、医师行业协会等行业自律组织。实践中行业性、专业性调解渗透于我国的三大调解之中，不过《人民调解法》和《司法部关于进一步加强行业性、专业性人民调解工作的意见》（司发通〔2014〕109 号）将其纳入了人民调解的范畴之中。各行业协会制定的行业调解规则基本套用《人民调解法》，在程序规则层面未能实现内容和技术的突破，有的规定过于简单，关于调解的方式、秘密信息的披露、调解的时限以及证据规则等核心问题尚未涉及。[①] 行业调解与人民调解的设立背景与宗旨不同，前者的设立逻辑是行业调解的行业自治职能，后者的设立基于人民调解的基层性、群众性和自治性。两者的经费保障机制也不同，医疗纠纷人民调解有政府提供财政支持和保险公司支持等模式，而医疗纠纷行业调解通常由会员单位向行业协会支付的会员费支持。人民调解的立法模式无法发挥行业调解的特殊优势，客观上限制了行业调解在专业纠纷解决领域中效用的发挥。北京市医疗纠纷人民调解委员会成立之前，北京有两家分别由北京市医学会和北京医学教育协会指导的行业性的医疗纠纷调解组织，现已并入北京市医疗纠纷人民调解委员会，但这些行业性的医疗纠纷调解组织既有熟悉行业特点和相应管理能力的主管协会，又具备行业调解

① 王慧林：《广西电力行业纠纷调解探索》，载《广西电业》2017 年第 3 期。

组织的专业水平，从效率和引入竞争机制的角度看，取消这两家行业性的调解组织，不一定有利于医疗纠纷调解的发展。[①] 实践中掀起过一轮人民调解合并行业性医疗纠纷调解的浪潮，其效果有待时间去印证，毕竟并非所有的医疗纠纷调解组织都该由国家买单，通过行政命令强令行业性调解组织加入人民调解的行为对于打破垄断，防止“管辖权”的滥用不一定有裨益。为了更好发挥其行业自治职能，引入竞争机制，发挥医疗纠纷行业调解特有的行业特色与专业优势，理应借助行业协会等行业自律组织成熟的平台，强化行业调解的功能，淡化行政色彩，将化解矛盾的重心置于真正协调社会经济关系和社会公共利益，让行业性调解回归行业。这不仅对于保障各方合法权益、减轻法院诉累、促进政府职能转变和社会诚信体系建设具有重要意义，也应该是相关行业调解制度存在的价值和发展动力。

（2）公司化的医疗纠纷调解组织

公司化的医疗纠纷调解组织是医疗纠纷调解市场化的产物，是随着市场经济的深化，我国经济形态转型在这一领域的具体体现。目前医疗纠纷调解存在着碎片化、非系统化和简单化的缺陷，既未将医疗纠纷的解决与医疗改革、医疗管理视为一个息息相关的系统，又易将医疗纠纷的解决方案简化为经济赔偿或补偿。诚如马斯洛所说的那样，“在你唯一的工具是一把锤子时，每个问题的开始看起来都像一根钉子”。只有将医疗纠纷的解决与医疗改革和医疗失误管理文化紧密结合在一起，并通过“互联网＋”和大数据等手段，精准评估医患关系的质量、分析医疗改革及医疗管理的弊病所在，倒逼医疗改革合理化法制化、医疗管理科学化规范化，才能从源头上减少医疗纠纷的发生，同时也能真正洞察问题所在，而不是通过经济手段来解决一切问题。总体上看来，医院管理公司等市场化的医疗纠纷调解组织在这方面走在非市场化的医疗纠纷调解组织的前面，其存在满足了多元化的解纷需求，将医疗纠纷调解与医疗失误文化管理及效率机制相结合，使医疗纠纷解决的工作重心由事后调解转向事前防治，也降低了社会成本，理应成为医疗纠纷调解领域中新的增长点。

（3）医疗纠纷仲裁调解组织

仲裁调解是医疗纠纷诉讼外调解的一种形式，也是我国仲裁程序的一大特

① 邵华：《医患纠纷调解的正义之路》，湘潭大学出版社 2016 年版，第 156 页。

色。医疗纠纷仲裁调解将第三方调解机制与仲裁程序融为一体，为医疗纠纷解决提供了新思路、新视角，且兼有两种纠纷解决机制之优长。但我国专门的医疗纠纷仲裁机构只有天津、合肥、深圳等地拥有寥寥数家。北京、深圳、广州等地的仲裁机构设立了调解中心，使调解程序相对独立和专门化。理论上，只要医患双方就争端解决机制达成协议，自愿将医疗纠纷提交普通的仲裁机构，仲裁机构亦应受理，但实践中当事人出于利益最大化的动机，较少提起医疗合同违约之诉。但境外早有仲裁解决医疗纠纷的立法例和司法实践，而我国台湾地区医疗纠纷仲裁机构的调解－仲裁机制更为我们提供了一种通过社会组织多元化解医疗纠纷的范本。

除了上述组织，我国的医疗纠纷调解组织还有卫生行政医疗纠纷调解组织、保险公司组建的医疗纠纷调解机构和律师调解组织等。在《医疗纠纷预防与处理条例》的修订过程中，是否要将行政调解写入该条例成了聚讼纷纭的问题。卫生行政部门的代表认为，医疗纠纷行政调解组织的人才数量与质量都不足以应对数量庞大案情复杂的医疗纠纷，且在中立性与公正性方面很难获得患方的信任。同样地，保险公司组建医疗纠纷调解机构，虽有助于防止医疗保险的“公地悲剧”，但保险公司的营利属性决定了其调解组织难免压制患方的合理诉求，令患方怀疑其立场偏移。故而这两种医疗纠纷调解组织都较难发展成为主流的医疗纠纷调解组织，但也不失为一种有益补充。

（三）从人才流失向人才积聚转变

当组织成员将自己的能力、资源、时间和精力投入到组织之中，却得不到预期的回报，就会倾向于将自己的资源从这种失败的风险投资中撤离，转而投向其认定获益较多的组织。而一旦确定自己在某个组织里能够获得较多收益，就会将自己可以动用的资源更多地投入这一行动领域之中，并想方设法力争在其中获取更多的自由行动空间和自主领地。[①] 在无法激励调解员或解决其后顾之忧的前提下，调解员选择以脚投票来实现其个人价值和个体需求，造成医疗纠纷调解组织人才的大量流失。不同性质的医疗纠纷调解组织可以创制不同的激励机制。比较

① ［法］埃哈尔·费埃德伯格：《权力与规则——组织行动的动力》，张月等译，格致出版社、上海人民出版社2016年版，第12页。

切实可行的思路是，对于商业性的调解组织以高薪留人为主，对于公益性的调解组织以规避风险为主，兼顾对其工作积极性的调动。否则只能因医疗纠纷调解的高要求与低待遇之间的矛盾，而导致频繁无序的人才流失。

1．探索调解员职业资格制度

我国《人民调解法》和《人民调解若干规定》等对部分调解组织中的专业技术人员规定了任职条件。司法部、原卫生部、原保监会于2010年发布的《关于加强医疗纠纷人民调解工作的意见》进一步提出了设立专职调解员的要求，还提出："医疗纠纷人民调解委员会人员组成，要注重吸收具有较强专业知识和较高调解技能、热心调解事业的离退休医学专家、法官、检察官、警官，以及律师、公证员、法律工作者和人民调解员"。实践中各地对医疗纠纷调解员的选拔偏重医学专业、法学专业背景（从表3可见一斑）尤其偏爱医师和专攻医疗纠纷诉讼的律师。我们认为，对于医疗纠纷这样的专业性较强的纠纷，吸收专业人士加入人民调解的队伍，是医疗纠纷调解专业性的内在要求。对于医师是否合适的医疗纠纷调解员，实践中也存在着两种大相径庭的看法和做法。一种认为医师的知识结构突破了专业壁垒，充任医疗纠纷调解员再合适不过了，如杭州市和南京市的医疗纠纷调解组织中都存在着大量的退休医师。还有一种意见则正好相反，认为医师比普通人更无法胜任医疗纠纷调解员的角色，因与医方代表具有相似的专业背景，容易形成同情医方和经治医生的心理，如果缺乏对患方家属共情的意识与技巧，不注意沟通的方法和时机，反而容易激化矛盾。总的来说，医师担任医疗纠纷调解员既有明显的优势也容易形成矛盾，可谓"成也专业，败也专业"。但因噎废食并非明智之举，通过对调解员的业务培训调整其认知，是让调解员掌握正确沟通技巧的重要途径。医疗纠纷双方当事人之间存在着信息不对称和举证能力的不均衡，虽然法律已通过过错的推定来缩短双方之间的差距，但打破医方的侥幸心理，使其承认医疗过错的存在或诊疗行为与损害结果之间的因果关系的存在，仍需调解员具备很高的业务水平。医学被称为一种不可预知的科学，医疗行业是一种高风险的特殊行业，没有经过比较系统的专业培训难以对具体的医学问题作出客观的评价。一起医疗纠纷是否能得到公平合理的处理，不仅有赖于调解员的职业伦理与正义感，也极大地依赖于调解员的医事法知识与医学知识。医事法专业是医学与法学交叉的新兴学科，当前主要在医学院校开设。与目前常见的"法学专业＋医学专业"的人才互补型调解员队伍相比，医事法专业的毕业生以其既懂法学又懂医学的通识性而更具优势，但这一职业是否能吸引合适的人才，还与顶层设计、激励机制和人才本身的就业意愿等相关。我们期待医疗纠纷调解行业以“专职＋兼职”的身份结构，“法学专业＋医学专业”的智能结构，以及“调解员加资源库专家”的职业结构，整合出一批资源共享优化组合的专业化医疗纠纷调解组织。

表3　全国各地医疗纠纷人民调解委员会公开招聘专职人民调解员的专业条件

序号	招聘年份	医疗纠纷人民调解委员会	招聘的专业条件	招聘所要求的专业背景
1	2017年	长春市医疗纠纷人民调解委员会	具备主治医师以上资质，有3年以上医学临床实践的；有医疗纠纷调解工作实践经验者优先录用。	医学
2	2017年	安徽枞阳县医疗纠纷人民调解委员会	面向公安、法院、检察院、司法局、卫健委退休人员中招聘专职人民调解员3名，要熟悉和掌握相关法律知识。	法学为主
3	2015年	温州市医疗纠纷人民调解委员会	具有政法工作经历，或医学，或法学专业知识，并从事民事审判、基层调解、法律服务以及医疗纠纷处置工作，优先录用。	医学或法学
4	2019年	温州市医疗纠纷人民调解委员会	退休医生或医学相关专业本科以上学历。	医学
5	2019年	山东省潍坊市医疗纠纷调解委员会	法学、临床医学（护理）专业背景各一名。	法学、医学
6	2019年	贵阳市医疗纠纷人民调解委员会	持有基层法律服务执业证或律师执业证并从事法律服务工作3年以上（含3年）优先；持有执业医师资格证并从事临床医疗工作3年以上（含3年）优先。	法学或医学

目前我国专业性调解组织的调解员资质认证持证上岗制度往往是司法行政部门以行政命令推进或者相关行业协会组织完成的。我国医疗纠纷调解员职业资格制度主要的特点有：（1）不同调解组织或其领导机关为其调解员所组织的调解考试各行其是，所颁发的资格证书各有一套，无法彼此通用。（2）由于各地的社会经济文化发展水平不均衡，调解员职业资格都未与全国统一的人事考试挂

钩，迄今没有出现权威性的调解员资质认证。(3) 与法国、澳大利亚、新西兰、英国、新加坡、加拿大、我国香港等国家或地区为专业性调解员所设置的入职条件、培训、考试和任命等资质认证制度相比，我国调解员的入职门槛相对较低，且不够明确。(4) 很多地区未将培训课时纳入准入资格条件，通常的培训没有突出医疗纠纷调解的专业性、特殊性，也不注重调解实践和技能的培训。(5) 缺乏调解员资格维护制度。科学统一的专业性调解员职业资格制度还有待于我国社会总体发展水平的提升，以及制度环境下职业权力与政府能力之间的充分博弈。但以下区域性经验值得借鉴：(1) 可由地方上的人社部门或省一级的行业协会统一组织行业性专业性调解员的资质认证工作，以增添其权威性。(2) 将专业性、针对性与实践性较强的调解培训课程与调解员资质考试挂钩，明文限定不满足课时条件的调解人员不具备考试资格。(3) 调解员资质考试应与调解培训课程一样，具有相当的专业性、针对性与实践性，例如劳动争议调解员、交通事故损害赔偿纠纷调解员与医疗纠纷调解员的考试的专业部分应有所区分。(4) 探索调解员资格维护制度，等等。

2. 关于等级制度

2016 年 11 月，浙江省司法厅颁布了《浙江省人民调解员等级评定办法（试行）》。组织内部的等级制度是一把双刃剑，一旦我们把内部结构划分成等级制度，既可能调动组织成员的能动性，也可能会诱使专业技术人员更关心自己在等级制度中的晋升问题，从而忽视自己的技术职责。等级制度使人们产生了自我期待，如果与他人比较，自己的现实经历与这种期待不符，这就成为他们离开组织的动因。[①] 全国各地关于调解员等级制度的探索已持续了数年，但收效甚微。其设计缺陷主要体现在两个方面：一是由于很多医疗纠纷调解组织采用政府购买服务的经费保障模式，在总量不变的前提下，将调解员收入与等级挂钩，人为地拉大了不同等级调解员的收入水平，低等级的调解员必然产生"自己的现实经历与这种期待不符"的感受，从而萌生去意。二是评价标准不甚科学。灵活性、有效性与群众满意度本应是衡量调解员优劣的重要依据，但在评定调解员等级时，上述指标因难以量化而为学历、退休前职级、专业职称、年资、调解工作量等指标所替代，使得这种等级制度的公平性颇受质疑。我们认为，比起建立有效

① 周雪光：《组织社会学十讲》，社会科学文献出版社 2003 年版，第 187 页。

性难以评估，却让人们对晋升产生路径依赖的调解员等级制度，我们更赞成调解组织将注意力更多地分配在如何平衡激励与风险，建构合理的薪酬制度等问题上。

3. 探讨多元化的经费筹措机制和内部激励机制

在清晰定位的基础上，可探讨多元化的经费筹措机制和多元化的组织内部激励机制，允许商业性医疗纠纷调解机构计价收费，引导当事人自行选择适合的纠纷解决方式（Appropriate Dispute Resolution），让不同的当事人拥有更多的选择。对医疗纠纷的调解，应以非竞争性的（免费的），非排他性（开放的）方式为主，但也应允许商业性医疗纠纷调解机构经物价局审核后展开收费服务，允许政府购买服务的医疗纠纷调解组织在法律和政策的框架内采纳适当的激励机制。理想中的医疗纠纷调解，既要成为便捷、高效的处理医疗纠纷的首选解纷机制，也要能够过滤恶意的对公共资源的滥用，因此，研究费用以及如何利用费用制度是非常必要的。我们赞成合理区分行业性调解、专业性调解和普通人民调解，因案件复杂程度高、专业性强、调解难度大，可在符合行业一般规定的情况下，给予优于一般标准的调解补贴。应明文规定对于不应消耗公共资源进行诊疗的行为所引起的医疗纠纷，可试行收费调解，或由人民调解组织以外的调解机构调解。与公立医疗机构相比较，社会医疗机构在医疗机构中占比较小，却是医疗纠纷高发区，两者在投资主体、营利性质与营利空间等方面存在着明显的差别，在调解这项公共资源的利用方面应该考虑对社会医疗机构收费。[①] 为避免当事人滥用调解程序，可对免费调解的次数或时长进行限制，即超出一定次数或时长后将开始收费。

我国的专业性调解组织普遍存在着收入渠道单一，经费捉襟见肘的问题。反观欧美、印度的专业性调解组织和我国的少数专业性调解组织，不仅承担调解职能，也承担会务、培训、评估、专业技能鉴定、科研等间接服务以及政府购买的社会公益项目，既拓展了收入渠道，也促进了专业性调解的发展，这些做法在法律和政策允许的范围内值得借鉴。

目前调解组织内部的报酬制度有“月薪制”“底薪 + 案件补贴 + 其他补贴”和无底薪的补贴制度等，底薪和各种补贴的发放因组织机制和合同关系不同而有

① 邵华：《医患纠纷调解的正义之路》，湘潭大学出版社 2016 年版，第 155—156 页。

所不同。医疗纠纷调解组织的报酬制度涉及退休人员，尤其是退休公务员的薪酬问题。对于误餐补贴、交通补贴等必要的支出费用，退休公务员应可给予补偿，对此不存在太多争议，但对于底薪及案件补贴是否应该领取则存在着不同的看法。结合《公务员法》第107条，我们认为，公务员辞职或退休后在医疗纠纷人民调解组织任职可以领取一定的底薪及案件补贴，理由如下：①医疗纠纷人民调解是种公共产品，很难将其划归“营利性活动”的范畴。②当公务员退休后担任医疗纠纷人民调解委员会的调解员时，并非以公务员的身份，而是以职业调解员的身份。③他们主要来自司法行政系统和卫生系统，懂医事法或侵权责任法等法律或医学常识，有一定的沟通能力甚至丰富的调解经验，在青壮年人才流失的前提下是较适应医疗纠纷人民调解岗位需求的人选，他们也有能力在其他岗位实现自我价值，底薪和案件补贴可视为对其付出的机会成本的补偿，也是对其专业的尊重。④案件补贴的实质依然是以奖代补，是对调解员工作的一种激励措施，并未突破《公务员法》所规定的从业限制。

4. 保持组织的开放性

随着知识经济的到来，组织在信息化、网络化革新中越来越趋向于开放，组织内的物理、技术、社会和个人等因素持续与外部环境中的各种因素发生联系。同时，我国调解组织成员的多样化愈来愈突出，国籍多元化和代际多元化还带来了文化与价值观的撞击，过去行之有效的管理方式未必适应新趋势，这些对组织分权与管理模式、组织成员的职业素质等提出了新的挑战。医疗纠纷调解组织采纳何种管理模式，不仅与其组织性质和组织行为机制有关，也与领导机关的管控偏好、组织权威的管理风格等有关。科层制并不一定适合所有的医疗纠纷调解组织，它其实是传统的人民调解组织松散连接（loose coupling）的组织机构的一种变异和实验。但随着这种管理模式的普及，扁平化平台化的松散连接的医疗纠纷调解组织的回归又将成为一种新的变异和实验。为了保证有足够调解员在岗，应招录相当基数的调解员，充分挖掘可培养、可调动的力量，形成人员递补梯队，同时适当放宽专职人民调解员“坐班”限制，采用轮班制或预约制，实行如同名医坐诊制那般较为灵活的流动机制更有利于行业交流和避免资源闲置。有条件的医疗纠纷调解组织可建立调解员专家库，并向社会公布。当地专家数量不足、专业性不足的，也可异地聘请。①

结　语

随着侵权责任法的逐步完善，新出台的《医疗纠纷预防与处理条例》及相关地方性法规的施行，医疗纠纷调解组织的制度环境的不确定性在降低。那些使得一个组织声名鹊起的运作模式，也许会逐渐成为制约组织发展的瓶颈，此时需要一些更经得起推敲的新型运作模式。我们有必要将法学、社会学等不同学科的研究方法结合起来，去解释我国医疗纠纷调解组织所存在的问题，去理解其制度模式在特定背景下被采纳或不被采纳的机制与过程，使医疗纠纷调解组织的建设走上求同存异的可持续发展之路。

① 何峻：《固本强基是基层社会管理创新的有效之策》，载《决策咨询》2013 年第 1 期。

专题二十二　国际商事调解员角色的审视和反思

——兼论对我国商事调解员的未来展望

毛沙莎　陆禹凝*

继《承认及执行外国仲裁裁决公约》（以下简称《纽约公约》）成功推行后，推进国际商事调解执行的《联合国关于调解所产生的国际和解协议公约》（以下简称《新加坡公约》）和民商事判决跨国流通的《承认与执行外国民商事判决公约》（以下简称《海牙公约》）也相继通过，国际商事纠纷解决逐渐呈现出“三足鼎立”的新局面。国际商事调解从最初的不被认可逐步发展为仲裁的附属程序，再到如今成为一项独立的纠纷解决机制，经历了一个漫长的过程。国际商事纠纷对效率、成本及维持当事方贸易合作关系等因素有特殊要求与考量，国际诉讼和国际商事仲裁难以同时满足各项条件，因此具有显著“非讼”特征的国际商事调解逐渐步入国际商事纠纷各方当事人的视野中。随着国际商事调解实践经验的不断丰富，1980 年联合国贸法会制定了《联合国贸法会调解规则》，2002 年贸法会在对《联合国贸法会调解规则》进行修改的基础上，制定了《国际商事调解示范法》，2019 年《新加坡调解公约》开放签署并生效。上述三大国际商事调解法律规则明晰了该纠纷解决机制的适用范围、调解规则以及和解协议的效力①，但均未对国际商事调解员角色进行明确定位或作出具体规定，因此会对调解程序的推进及后续和解协议的执行产生不利影响。

---

* 毛沙莎，广西大学法学院硕士研究生；陆禹凝，广西大学法学院硕士研究生。

① 根据《人民调解法》和《民事诉讼法》的规定：将调解过程中达成的争议解决文书称为调解协议。在最新签订的《新加坡调解公约》中，公约将调解过程中达成的争议解决文书称为和解协议。为了避免混淆，本文采用公约对调解争议解决文书的名称——和解协议。

一、国际商事调解员的角色定位

（一）国际规则对商事调解员角色的规定

《国际商事调解示范法》及《新加坡调解公约》没有明确规定国际商事调解员在调解过程中应该担任何种角色。但是，根据这两项国际规则对调解的定义：（1）国际商事调解必须有第三方（调解员/调解人）参与调解，第三方在调解过程中需保持中立立场；（2）调解员作为协助者，在调解过程中负责推进调解程序，促进当事人达成和解协议。[①] 鉴于此规定，目前国际规则对商事调解员的定位为协助者和中立者。国际商事调解员受到自身法律文化背景的影响，会采取不同的协助方法推进调解，国际规则很难对调解员的协助者角色作出具体的规定。为了实现调解的公正要求，调解员不能无限度协助当事人达成和解协议，因此国际规则要求调解员以中立立场为限进行协助。《商事调解示范法》针对中立者角色作了具体的规定：（1）调解员负有披露义务；（2）在选任调解员时需要考虑国籍回避；（3）除双方当事人另有约定，调解员不得仲裁由同一法律关系或与其有关的任何法律关系引起的争议。[②] 这些规定尽管没有明确使用“中立”二字，但是却包含了“居中调解”的应有之义。

（二）国际商事调解员角色的论理分析

1. 商事调解的协助者

国际商事调解员作为一个协助者，需要根据争议事项的不同情况选择适当的调解方式，例如与当事人单独会谈或对争议内容进行评估等。国际商事调解员受不同法律背景、区域文化以及个人因素的影响，在商事调解中使用的调解方法各有不同。而在不同国家有关商事调解的法律规定中对调解员协助者的角色也各具特点。例如：美国对商事调解持积极态度，商事调解员可使用任何能够促成和解协议达成的调解方法；巴西对待商事调解持保守态度，商事调解员在调解过程中

---

① 详见《国际商事调解示范法》第 1 条第 3 款，《新加坡调解公约》第 2 条。

② 详见《国际商事调解示范法》第 4 条第 4 款、第 8 条和第 12 条。

能否对争议内容进行评估以及提出建议在商事调解立法上仍然存疑。[①] 这些差异导致在商事调解国际规则的制定上，只能明确规定调解员的协助者角色，但无法统一其所使用的调解方法和介入程度。

2. 调解过程中的中立者

国际商事调解员身为中立者，不得偏袒任何一方当事人，这是自然公正的要求。调解员的中立性可以通过判定其行为是否符合正当程序标准体现，在调解程序开始前要求调解员披露个人信息便是中立性的要求之一。目前各国的商事调解立法或调解机构的调解规则中都对此进行了规定，但披露的范围和内容有所不同。调解员个人信息披露的基本内容包括：（1）调解员是否与争议内容存在利益关系；（2）调解员是否与任何一方当事人存在利益关系。例如：尼日利亚拉各斯仲裁院（LCA）要求调解员在调解开始时填写信息披露表；中国的一带一路国际商事调解中心（BNRMC）也有相似要求，在调解程序开始前，调解员需签署"独立性声明"，并披露任何与案件可能产生利益冲突或偏见以及影响和解协议达成的个人信息。[②] 另外，中立性要求调解员要公平对待双方当事人。由于调解程序没有固定的模式，《国际商事调解示范法》通过提供说明性例子清单阐明调解员应如何公平对待当事人。[③]

在《新加坡公约》已经签署并生效的背景下，当事人若无法实现商事和解协议的正常履行，可以依据《新加坡公约》寻求跨国执行。与国际商事仲裁不同，商事调解程序灵活性的特点要求和解协议在跨国执行中需要对调解员的行为进行审查，调解员的行为属于审查的范围。鉴于现阶段各国对调解行为的认识不同，出于促进和解协议跨国执行的目的，国际商事调解员在调解过程中应该注意自己的调解方法、保持自身中立性及避免对调解的过度介入。

二、国际商事调解员双重角色的冲突与弥合

国际商事调解员在调解过程中所坚持的立场以及调解模式的选择是调解的关

① Thomas J Stipanowich, The International Evolution Of Mediation: a Call For Dialogue And Deliberation, VUWLR, 2015, P. 40.

② 王丽：《"一带一路"国际商事调解》，北京大学出版社 2020 版，第 290 页。

③ Eunice Chua, The Singapore Convention on Mediation—A Brighter Future for Asian Dispute Resolution, Asian Journal of International Law, 2019, Vol. 9, P. 6.

键，直接关系调解制度的发展。作为商事纠纷解决机制的调解程序必然蕴含着中立性要求，因此调解员作为推动该制度实现与发展的重要参与者，也理应持有独立与任何一方当事人的中立性立场。然而在调解程序的推动过程中，调解员又需要发挥其主观能动性促进双方当事人达成和解协议，解决商事纠纷，出于协助者角色而产生的介入，时刻“威胁着”调解员的中立立场，国际商事调解员双重性角色的冲突也由此产生。

（一）调解立场的厘定：绝对中立抑或个案衡平

立场是调解员赢得当事人信任的关键，它要求调解员在调解过程中能够坚持中立立场。理论上，中立立场包括利益性中立和结构性中立①：利益性中立要求调解员与商事纠纷无利害关系；结构性中立则要求调解员与双方当事人保持同等距离。调解的结构性中立不同于诉讼的三角构造。在诉讼中，法官居于三角形的顶端，双方当事人一同处于三角形下方的两端相互对抗，而调解是直线型的②，当事人处于直线的两端，调解员居于直线的中间，三者的关系是平等的，调解员居中调和。按照中立性理论，调解员应该充分尊重当事人的意思自治、保证独立性和调解公正。极端中立主义者则进一步认为调解员应该恪守绝对中立原则，将其作用应当局限在调解程序的议定上，不能影响或介入双方当事人的协商。③ 但是，极端中立主义者所坚持的绝对中立原则很难适用于现实的调解实践。

调解员的中立立场在个案中也会受到不同程度的影响。在调解实践中，调解员在双方当事人实力失衡时，具有维护调解公正的职责，在调解过程中应当给予弱势方相应的帮助，矫正失衡的局面。然而，这种帮助有时会威胁调解员的中立性立场。调解员为了促进和解协议的达成，会进行案件评估或针对争议提出自己的建议，这种做法也会引起当事人对调解员中立立场的质疑。然而，如果调解员在上述情形中恪守绝对中立，则可能会落入因背离或放弃协助职责而导致调解失

① 廖永安、侯元贞：《论我国调解模式的变迁——以调解员在调解中的地位作用为分析视角》，载《湘潭大学学报（哲学社会科学版）》2014 年第 6 期。

② 赵毅宇、廖永安：《我国律师调解制度中的角色冲突及其化解路径》，载《湘潭大学学报（哲学社会科学版）》2019 年第 4 期。

③ S. I. Strong, Beyond International Commercial Arbitration —— The Promise of International Commercial Mediation, Wash. U. J. L. & Polý, 2014, Vol. 45, P. 10.

败的窠臼中，由此形成了中立理论与调解实践的强烈反差。一方面，理论对调解员的中立性立场具有一种理想化的设想；另一方面，在个案中保持中立立场将无法实现调解目的的困境。因此，调解员在实践中无法保持绝对中立，必然会根据个案的情形调整其中立立场，实现调解目的，但该调整应当以促进和解协议的达成和保证调解程序的公正为前提。

（二）调解模式的抉择：程序推进式抑或实体评估式

程序推进式和实体评估式是两种相反的调解模式，调解员协助者和中立者的双重角色在这两种调解模式中呈此消彼长的关系。调解员在程序推进式调解中仅介入调解程序，一般不会主动发表有关案件争议的观点，除非当事人同意。[①] 调解员作为一名程序的协助者，并不会干涉争议的实体内容，因此得以最大限度地保持其中立立场。然而，程序推进模式中的调解员往往由于协助程度低而难以改变调解的僵局，很可能会导致调解失败。扭转调解僵局则需要调解员及时转换调解模式，使用实体评估式模式，综合案件的实际情况，及时对案件进行评估或提出建议以提高其协助程度，帮助双方当事人梳理案件的法律问题，化解调解僵局。调解员介入的范围从调解程序扩大到争议实体内容的过程中所提出的建议可能会导致一种事实上的偏袒，由此引发另一方当事人对调解员中立立场的质疑。[②]

调解员中立性立场的要求不因调解模式的选择而改变，仅因两种调解模式中协助程度不同影响调解员中立立场的强弱。在复杂的国际商事调解中，调解员仅使用单一调解模式显然是不现实的，根据不同的调解情形及时调整调解模式是实现最终调解目的的必然要求。

（三）调解效能的评价：主观能动抑或消极中立

国际商事调解员的双重角色直接影响调解员在调解过程中的作为。协助者角色要求调解员主观能动地参与到调解过程中。当调解员担任协助者角色时，需要

---

① 顾嘉：《自贸区法律问题研究：商事调解 》，载微信公众号“天同诉讼圈”，最后访问时间：2020年4月10日。

② 王钢：《国际商事调解技巧研究》，中国民主法制出版社2014年版，第168页。

及时帮助当事人明确争议问题，合理安排调解议程，以增加调解成功的概率。但是调解员作为协助者在调解过程中的积极作为也会带来一定的风险。调解员在为当事人提出和解方案建议时，仅建立在当事人披露的有限证据基础上，其掌握的事实可能并不全面。因此调解员提出的和解方案可能会因为证据的局限性，造成偏袒某一方当事人的结果，进而威胁调解员的中立立场。同时，由于调解员的积极介入，在提出和解建议的同时还伴随着暴露单方会谈保密信息的风险。

中立者角色与协助者角色的要求有时互相背离，中立者角色要求调解员在调解过程中做一个“路牌”，即只指明调解程序，不主动参与争议实体内容，实现消极中立。调解员在调解过程中的消极中立，不仅能够充分尊重当事人的意思自治，还能为当事人营造中立氛围使其放心地达成和解协议。然而，当调解过程陷入僵局时，“路牌”型调解员无法帮助当事人走出困境，推动调解程序顺利进行。因此，无论调解员选择主动能动抑或消极中立都具有两面性，调解员应该灵活运用这两种行为模式，在个案中平衡双重角色的要求，在其中立立场不受威胁的前提下，尽力对当事人予以协助，帮助当事人走出调解困境，推动调解程序的顺利进行以达成和解协议。

（四）角色冲突的弥合：认知矫正与能力培育

国际商事调解员角色的冲突主要源于调解员在协助当事人进行调解的过程中如何保有自身中立立场。调解员的主动协助与中立立场并不是截然对立的，当事人对调解员中立立场的质疑往往源于对协助者和中立者双重角色的认知与调解员对自身双重角色的理解存在偏差。调解员主观能动地介入争议实体内容中时，只要其自身与案件的当事人、争议结果不存在利益关系便是保持中立。但是当事人由于自身利益的驱使和多疑的心理，会以调解员所提议的和解方案是否有利于自身为标准，判断调解员的中立立场。然而在国际商事调解中，双方当事人和调解员可能都是来源于不同的国家，文化和法律的差异会进一步加深调解员和当事人对双重角色认识的偏差。正是因为这一认识的偏差，调解员在调解的准备会议时应该向当事人阐明其双重角色与要求①，与当事人就双重角色的理解达成共识，从而避免当事人对调解员中立立场的质疑。

---

① 齐树洁：《澳大利亚调解制度》，载《人民调解》2019 年第 4 期。

调解员在调解过程中积极协助当事人，不引发当事人对其中立性的质疑，同时调解员在个案中能够依调解的实际情况灵活运用两种调解模式，对调解员的调解能力和水平提出了较高的要求。经验丰富的调解员往往能够准确判断调解形势，进而有针对性地使用调解技巧，化解调解员的角色冲突。为实现这一要求，调解员不但需要定期参加调解机构或调解协会组织的培训，还需要在获得调解员资格认证后不断参与案件调解积累经验。一些国际商事调解机构为了帮助当事人了解调解员解决纠纷的能力，并反向激励调解员提高自身调解水平，设立了调解员评价机制。随着国际商事调解制度的进一步发展，调解员的工作也会面临更多挑战。调解员可能会利用高超的调解技巧，违背中立性立场的要求，在调解过程中误导当事人，产生不利后果①，因此通过制定调解员的行为规范准则引导、约束调解员的行为是十分必要的。

三、国际商事调解员的未来面向

国际商事调解员双重角色冲突的弥合需要提高调解员的调解能力，并规范其调解行为，规范化发展有助于平衡调解员双重角色的冲突。目前，国际商事调解制度虽然有所发展，但由于案件基数小，调解员往往身兼多职，致使其中立性身份受到质疑，特别是在调仲结合的模式中。面对这种质疑，国际商事调解员的队伍也开始向专职化发展，直面相关质疑。因此，国际商事调解员的前景必然是向规范化和专职化发展。

（一）规范化发展：制定调解员的行为规范

调解质量好坏与调解员行为的规范化息息相关，其行为规范化的重点在于调解员的素质以及其掌控调解程序的能力。国际商事调解纷繁复杂，不同于简单的邻里、家庭纠纷，由于所涉行业和地区的范围广泛，在一些特殊行业中，当事人还要求调解员具备专门的行业知识以解决纠纷中可能出现的专业性问题。未来各调解机构出于保持和扩大案源的考量，也会对调解员提出更高要求，或者更倾向于招募具备丰富调解经验的调解员。即便如此，对于调解员来说，上述要求仅仅

① 汪炜晨：《国际商事和解协议的效力及可执行性问题研究》，外交学院 2020 年硕士学位论文。

是调解行业的入场券，若想收获更多当事人的青睐，还需要规范自身行为，不断增加相关知识储备，更需要相关规范的指引。因此，越来越多的国家开始制定具有强制约束力的调解员职业道德规范、划定调解员需承担的民事责任甚至是刑事责任等，借此规范调解员的行为。另外，调解员的个人素质也值得关注，所以调解机构在聘任调解员后还应中立者组织培训，提高调解员的调解技能，以应对未来可能面临的各种挑战。中立者培训的内容包括调解员应在调解过程中尽量明确当事人的需要、不得偏袒任一方当事人，甚至代替一方当事人表达意见或对当事人进行区别对待等行为。

从各国调解立法来看，很多国家都将调解员的规范纳入法律的强制规定中，这表明未来调解员的行为需要面对市场和国家的双重规范。这些规范大多考虑到当事人对调解制度的公正呼吁以及对相关国家司法体系的尊重，更是对调解质量的预先把控。虽然这些要求有可能会限缩当事人对调解员的选择范围，但是调解质量的提高对调解制度的长期良性发展显然更为重要。

（二）专职化发展：调解业务的分离与职业独立

国际商事调解员分为兼职调解员和专职调解员两种，其中以兼职调解员居多。目前，大多数国际商事调解服务都是由仲裁机构提供的，国际商事调解俨然成为仲裁机构开设的附属业务。在国际商事调解中调解员大多由仲裁员或者律师担任，即为兼职调解员。专职调解员数量较少的原因在于国际商事调解还处于发展阶段，需要依靠仲裁机构这一平台推广调解服务，调解员若仅于调解中心任职，担任专职调解员，会面临案源少，收入低等困境，因此较少调解员会选择成为长期的专职调解员。随着国际商事调解制度的进一步发展，调解业务将逐渐与仲裁业务相分离，成为一项独立的业务，不再作为仲裁机构开设的附属业务。在一些仲裁机构中，调解的业务量已经可以与仲裁相媲美，独立的国际商事调解机构也如雨后春笋般涌现。当国际商事调解制度的发展迈入成熟阶段后，调解员便可以在国际商事调解机构中成为专职调解员。一些国家出于自然公正的考虑，在本国商事调解立法中规定调解员不能担任法官、律师或公证人的职务。[①] 还有一

① L. B. CiucA, Mediation Vs. Mediator, International Journal of Juridical Sciences, 2013, No. 4, p. 17.

些国际商事仲裁机构在提供调解服务时，将调解员名册和仲裁员名册分开，两者并不重合。[①] 当前一些国家的立法以及国际商事仲裁机构的做法，进一步体现了国际商事调解员专职化的趋势。

四、我国商事调解员制度的发展展望

《新加坡调解公约》的签署标志着国际商事调解的立法又向前迈进了一大步。至此，国际商事调解从开始到执行都有相应的国际公约作为依据。而我国尚未有关于商事调解的立法，商事调解的实施只能依据《民事诉讼法》以及《人民调解法》的相关规定。其中，针对调解员的中立者角色，《人民调解法》要求：（1）偏袒一方当事人的；（2）侮辱当事人的；（3）索取、收受财物或者牟取其他不正当利益的；违反该要求的调解员将由其所在的人民调解委员会给予批评教育、责令改正，情节严重的，由推选或者聘任单位予以罢免或者解聘。我国调解实践早已超前于现有法律，我国国际商事机构中的调解规则顺应国际发展趋势，明确了商事调解员的双重角色，在中立性要求中增加了披露义务，并且不允许调解员再仲裁由同一法律关系或与其有关的任何法律关系引起的争议等内容。因此，我国有必要制定相应的商事调解法，在立法中参考国际商事调解的发展趋势，协调调解员的双重角色，明确其协助者和中立者的角色定位，并与国际商事调解的国际公约的有关规定接轨。

（一）提高调解员的调解能力

国际商事调解着眼于跨国及涉外商事争议，与国内商事调解相比，对调解员的要求更高。国际商事调解员应熟悉相关国家的商事法律规定与国际商事规则、且具备一定的外语能力及跨文化交流能力。[②] 新加坡国际调解中心（SIMC）因其训练有素的调解员在国际上拥有良好的口碑。[③] SIMC 的调解员必须完成新加

---

① 申婷婷：《ADR 中的国际商事调解制度及其对中国的启示》，载《时代法学》2009 年第 5 期。

② 唐琼琼：《〈新加坡调解公约〉背景下我国商事调解制度的完善》，载《上海大学学报（社会科学版）》2019 年第 4 期。

③ Jan Miller, The Singapore Mediation Convention—thoughts from the front line, New Law Journal, 2019, p2.

坡国际调解协会的培训项目，具备一定量的前期调解经验，具备调解所需的基本素质，通过协会的知识和技能评估后，才能取得新加坡国际调解协会调解员的资格认证，从而得以实施调解活动。① 我国发展国际商事调解服务时可以参考 SIMC 的经验，通过开展调解课程、调解培训项目的方式，对调解员进行考核和能力评估以认定调解员的资格，确保调解员的基本素质、保证及提高调解员的专业能力，从而使我国在国际商事调解领域上有一席之地。近年来，我国调解机构逐渐重视对调解员能力以及专业技能的培养，中国国际商会调解中心和上海经贸商事调解中心皆积极开展职业技能培训，并与 CEDR（英国有效争议解决中心）、SIMC 等著名国际调解组织展开合作，但我国专业商事调解人才的数量仍远落后于现实的需求，调解员的资格认证制度也尚未形成。②

（二）规定调解员的行为守则

调解员行为守则的制定能够规范调解员的行为，保障调解程序的专业公正。我国签署《新加坡调解公约》后，调解立法亦需逐步与其对接。公约中拒绝予以救济的理由之一是调解员严重违反调解员行为守则，我国在执行国内商事和解协议时需要对调解员的行为进行审查。我国国际商事调解机构已经制定调解员的行为守则，但目前只停留在道德约束层面，对调解员的约束力不强。2008 年欧盟出台《调解指导命令》，其中就包含了规范调解员行为的内容③，将对调解员的道德约束上升到法律强制约束的层面，对调解员的行为规范提出了更高的要求。我国未来在制定商事调解法时，应该纳入有关调解员行为规范的内容，进一步规范调解员的行为，并作为将来我国执行国际商事和解协议的审查依据。

（三）建立评价机制

调解员能力可以通过建立机制更为直观地呈现在当事人面前。国际调解机构采取先由当事人提交对调解员的评价，再由第三方汇总当事人评价，最后将评价

① 唐琼琼：《〈新加坡调解公约〉背景下我国商事调解制度的完善》，载《上海大学学报（社会科学版）》2019 年第 4 期。

② 陈铭龙：《〈新加坡调解公约〉视角下国际和解协议的执行》，载《研究生法学》2019 年第 4 期。

③ William A. Herbert, International Commercial Mediation, International Lawyer, 2011, Vol. 45, No. 1, p123.

信息公布在其网站上供其他当事人选择的方法。[①] 这样当事人可以通过直观地了解到调解员的各方面素养，从而选择自己心仪的调解员。调解机构也可以通过评价机制对调解员进行考核，对屡次评价为不合格的调解员予以解聘。评价机制虽然属于非正式机制，不具备法律的强制约束力，但是评价机制会对当事人的选择产生直接影响，对调解员的工作以及调解的最终质量产生间接影响。评价不佳的调解员将面临案源减少甚至解聘的危险，从而被淘汰出局。调解员在评价机制中尽管承受压力，但是也能反向激励调解员提高自身调解能力，为当事人提供更高质量的调解服务，形成良性循环。

目前，我国国际商事调解机构一般只在网站和调解员名册中公布调解员的基本信息，例如国籍、学历、使用语言等，当事人在调解员的基本信息中难以对调解员的能力进行有效判断，从而选择适合的调解员。我国国际商事调解机构尚未建立评价机制，在未来发展中，调解机构可以考虑建立评价机制，为当事人了解调解员信息开辟新渠道，并借此考察调解员资格，鞭策其不断提高自身能力。

结　语

调解员身兼双重角色，每一角色都有其基本定位与要求，这些定位一方面约束了调解员的调解行为，另一方面也对调解员的调解行为提供必要的指引。目前，国际公约以及国内立法只是明确调解员协助者和中立者两个角色，但是对于这两个角色的具体定位以及调解员是否具承担其他角色尚不明确。从近年来国际商事调解快速发展的态势来看，明确调解员角色定位和要求迫在眉睫。许多国家和国际调解中心相继推出调解员行为守则，国际商事调解员行为的规范呈现出从道德规范到法律规范的趋势，对调解员提出了更高的要求。我国关于调解员的法律法规与国际商事调解中对调解员的相关规定相比水平较低、可执行性较差，已经无法适应当前我国国际商事调解实践的实际要求和发展趋势。在法律明显滞后于实践的情况下，应该尽快地跟上国际商事调解发展的步伐，在法律中明确调解员的角色定位。

① Dwight Golann, A New Policy on Mediator Credentialing, Dispute Resolution Magazine, 2013, Vol. 19, No. 3, p. 38.

专题二十三　商事调解收费制度的构建

龙　飞　江和平*

引　言

商事调解以其经济、便捷、保密、高效、共赢等独特优势，在商事领域发挥了重要作用。伴随着“一带一路”建设的全面推进，我国的商事纠纷将会越来越多，这为商事调解的发展提供了广阔的舞台。2019 年 8 月 7 日，《联合国关于调解所产生的国际和解协议公约》在新加坡开放签署，包括我国在内的 46 个国家参加了签署，体现了国际社会对于商事调解达成的普遍共识，将进一步推动调解在商事领域的推广和应用。长久以来，我国由人民调解、行政调解、司法调解构成的调解格局以亲民、便民、利民、高效和低成本为主要特色，在解决社会纠纷，促进社会和谐和稳定，组织和治理社会，传承文化和弘扬道德等方面发挥了不可替代的作用。[①] 但随着社会的发展，面对矛盾纠纷呈现多样化和复杂化的趋势，调解组织解纷能力不足，调解人才储备不够的问题日益突出。在这种背景下，如何在商事调解领域中引入市场化运作，促进各种不同类型的调解机制相互补充，共同发展，理应成为新时期多元化纠纷解决机制改革关注的重点。

本文通过分析商事调解区别于其他调解的特点，论述建立商事调解收费制度

---

* 龙飞，最高人民法院民四庭国际商事法庭协调指导办公室副主任；江和平，广东省东莞市第二人民法院审管办主任。

① 范愉：《社会转型中的人民调解制度——以上海市长宁区人民调解组织改革的经验为视点》，载《中国司法》2004 年第 10 期。

的正当性，并在此基础上，对比国内外主要调解机构的收费标准，分析我国调解实行收费面临的困难，进而提出构建我国商事调解收费制度的建议。

一、商事调解收费的正当性基础

（一）商事调解的特点

在我国，运用调解方式解决商事纠纷的历史悠久，但商事调解作为一项独立的机制或制度，直至2009年在最高人民法院《关于建立健全诉讼与非诉讼相衔接的矛盾纠纷解决机制的若干意见》中才有所提及，上述意见将商事调解规定为与人民调解、行政调解、行业调解并行的一项机制。对于商事调解的概念，目前没有统一权威的表述，按照《联合国贸易法委员会国际商事调解示范法》的规定，系指当事人请求一名或者多名第三人（调解人），协助他们友好解决各类合同纠纷或与合同其他法律关系有关的争议的过程。①

商事调解作为一项独立的新机制，在以下三方面区别于其他调解：

1. 在调解主体上，商事调解的主持者是商事调解组织。我国对于调解机制的类型主要按照调解主体进行划分，比如人民调解是指由人民调解委员会主持的调解，行政调解是指由行政机关主持的调解，司法调解是由法院主持的调解。商事调解的主持者是商事调解组织，是商事调解区别于人民调解、行政调解、行业调解、司法调解的最主要特征。虽然人民调解委员会、行政机关、行业协会、法院在各自职权范围内也会调解一些商事纠纷，但上述主体主持的调解不属于商事调解的性质。

2. 在调解客体上，商事调解的对象是商事纠纷。商事纠纷指商品生产者、经营者之间在从事以营利为目的的商事行为过程中发生的纠纷。② 根据《联合国贸易法委员会调解规则》第2条规定“本规则适用于当事人之间在贸易、投资、金融、证券、知识产权、技术转让、房地产、工程承包、运输、保险以及其他商事、海事等领域的争议的调解”以及《联合国关于调解所产生的国际和解协议

① 齐树洁、李叶丹：《商事调解的域外发展及其借鉴意义》，载《中国海商法年刊》2011年第2期。

② 许健：《论商事调解制度》，黑龙江大学2015年硕士学位论文。

公约》第 1 条第 2 款规定“本公约不适用于以下和解协议：（a）为解决其中一方当事人（消费者）因个人、家庭或家居目的而进行的交易所产生的争议而订立的协议；（b）与家庭法、继承法或就业法有关的协议”，商事纠纷包括合同纠纷、与公司有关的纠纷、与合伙企业有关的纠纷、证券纠纷、期货纠纷、保险纠纷、票据纠纷、知识产权等。

3. 在调解程序上，商事调解具有一套比较规范的流程，注重自愿原则、中立原则、保密原则，对于调解员的任职条件和职业操守行为有严格要求。比如中国国际商会将商事调解程序分为受理、调查、调和、结案、履行五个阶段，对每个阶段调解员具体的职责均做了详尽、具体的规定和科学、合理的安排。[①]上海经贸商事调解中心的调解员由经验丰富的专家、学者、律师、退休法官组成，这些调解员既熟悉国际、国内商事法律事务，同时又深谙中华文化传统。[②]

（二）商事调解收费的合理性

从商事调解制度的特点可以看出，商事调解的定位区别于以公益性为主要目的的人民调解等传统调解类型，商事调解的独特性要求它只有走市场化发展方向，才能提供高质量的专门服务，也更为符合商事运营情境的成本与收益之间的利益衡量原则。这不仅是世界趋势之方向，也是处理商事纠纷的本然所决定。[③]

首先，从商事调解主体来看，我国的商事调解组织主要分为两类：一类是独立的调解机构，比如上海经贸商事调解中心、北京“一带一路”国际商事调解中心、深圳蓝海法律查明和商事调解中心；另一类是商会、仲裁委员会、协会下设或内设的调解机构，比如中国国际贸易促进委员会、中国国际商会下设的商事调解中心，北京仲裁委员会、深圳国际仲裁委员会内设的调解中心。不同于人民调解委员会、行政机关、法院等具有调解职能的机构拥有政府提供的必要经费支持和保障，商事调解组织的性质属于社会团体或者非企业法人，即使会得到政府的一定支持，但主要还是独立经营，自负盈亏。商事调解组织作为一个市场主体，经营所得是维持生存，扩大经营规模的最重要来源，没有经营收入难以为

① 穆子砺：《论中国商事调解制度之构建》，对外经济贸易大学 2006 年博士学位论文。

② 张巍：《上海经贸商事调解中心的发展回顾与展望》，载《东南司法评论》2017 年第 0 期。

③ 杨力：《多元化纠纷解决机制中的商事调解及改革空间》，载《人民法院报》2016 年 7 月 10 日，第 2 版。

继。而且，调解服务的公益性不意味着当事人都可以免费享受调解服务，而是要求该调解组织在营利性与调解服务社会性之间保持平衡，不应当像公司、企业以利益最大化作为经营活动的直接和最终目的。[①] 可见，商事调解的市场化发展并未过多地偏离调解服务的公益本质。商事调解的收费制度既满足了商事调解组织作为自负盈亏的市场主体的发展需求，同时也不会必然地将其推向以纯营利为目的的另一极端。事实上，相较于公益性极强的人民调解、行政调解等传统调解，商事调解的市场化发展只不过是在调解组织营利性与调解服务社会性之间的衡平中更加偏向调解组织营利性的一极，但其并未放弃调解服务社会性属性。

其次，从商事调解客体来看，商事调解解决的是商事纠纷，涉及贸易、金融、证券、投资、知识产权、技术转让、房地产、工程承包、运输、保险、物流、海事等领域，大都与专业性相关，需要商事调解员具有相关专业背景及从业经验，才能够保证高质量地完成商事调解工作，以满足各方主体的利益所需。高素质调解员的成长是一个长期的过程，不仅需要投入大量的时间学习研究调解技巧，而且需要支付较高的成本提升自我调解能力。以香港和解中心的调解培训课程为例，5 天调解课程的费用为 15000 港币，参加调解员认证还需另行支付一笔不菲的费用。只有建立完善的收费制度，保障商事调解员稳定合理的经济收入，才可能吸引专业人士将商事调解作为一项职业乃至一项事业，进而培养出高素质的商事调解员队伍。

最后，从商事调解的参与者来看，商事纠纷的当事人主要是企业集团法人、中小企业主、商人等。他们既想快速解决纠纷，又不想伤和气，不愿影响长远的生意往来；既想获得一个公正的解决方案，又想保守秘密；既想比较圆满、彻底地解决矛盾，又想做到成本低、效益高。面对这些要求，传统的商事仲裁或法院诉讼方式显然难以完全满足。如果具备专业素质的商事调解员能够公正地协助双方当事人解决纠纷，满足双方当事人的最大化利益，实现利益共赢，当事人既有能力支付费用，也愿意支付费用。此外，商事纠纷主体习惯站在经商的立场看问题，免费调解会给当事人带来一种不信任感，担心没有支付一定的对价，调解员的工作质量得不到保证。相反，收费制度可以实现权利与义务对等，报酬与责任对应。通过制定不同的收费标准，将调解员的市场声誉与费用挂钩，赋予当事人

① 罗杜：《调解的公司化运作模式探讨》，湘潭大学 2013 年硕士学位论文。

选择调解员的权利，既可以增强当事人对调解员的信任度，也可以激励调解员提高调解质量。

总之，商事调解实行收费制度既是对调解员的尊重，也是对调解质量的保障，符合商事调解专业化和职业化发展趋势。

二、国内外商事调解收费标准的对比分析

在明确商事调解收费制度的合理性之后，有必要聚焦到商事调解收费制度的具体执行上，这便需要对商事调解的收费标准问题予以回应。接下来，以国内外主要商事调解机构的收费标准为观察对象，在对比分析的基础上探究对我国商事调解收费标准构建的有益经验。

（一）国外商事调解机构收费标准

国外商事争议解决机构众多，大多有自己的收费标准，均公示在其网站上。一些知名的商事争议解决机构因声誉较好、调解员专业性较强、当事人比较认可而调解收费较高。现选取美国司法仲裁调解服务有限公司（JAMS）、英国争议解决中心（CEDR）、新加坡调解中心（SMC）三个有代表性的机构，介绍其调解收费标准和模式。

1. 美国司法仲裁调解服务有限公司（JAMS）

JAMS 公司提供调解服务时，当事人需向 JAMS 交纳案件管理费，并向调解员交纳调解费。其中案件管理费包括 JAMS 工作人员联系调解员的费用以及案件管理、文件处理、使用会议室、打印、复议等基本办公费用，每人 450 美元。调解员收费以调解员自我定价为主，以案件管理员与当事人协商定价为辅。调解员收费一般按照一天 10 个小时或半天 5 个小时进行计算，其中一天包括最长 8 小时调解会议与 2 小时调解前准备工作；半天包括最长 4 小时调解会议与 1 小时调解前准备工作。调解员收费平均每天在 5000 美元以上，顶尖调解员每天收费 15000 美元。如果超过规定的基本时间，调解员会根据具体花费时间，指令案件管理人员进行记录后，另按小时收费。如果当事人因故取消调解，根据调解时长不同，公司规定了不同的取消政策。原定用时 1 天或以下的案件如果取消调解，需要至少提前 14 天通知，否则全额收费；原定用时 2 天或以上的案件取消调解，

需要至少提前 30 天予以通知；原定 3 天或以上的案件取消调解，需要至少提前 60 天予以通知。这样规定是为了防止当事人随意取消调解。①

2. 英国争议解决中心（CEDR）

CEDR 的收费模式为固定收费，依据争议金额可以将调解费用分为三档：争议金额 75000 英镑以下，75000 英镑至 125000 英镑，125000 英镑至 250000 英镑。每一档根据调解员的产生方式规定不同的标准。以争议金额在 75000 英镑以下为例，如果由 CEDR 选择调解员或当事人选择有资质的调解员，收费为每人 600 英镑；如果从调解员名册中选择调解员，收费为每人 720 英镑。上述费用涵盖了准备调解和 7 小时调解会议的时间。如果超出 7 小时，则根据争议金额的划分收取超时费用。CEDR 不受理争议金额超过 250000 英镑的案件。②

3. 新加坡调解中心（SMC）

SMC 的调解收费包括两部分，一部分是案件管理费，每方当事人需交纳 267.5 新元；另一部分是调解费用，包括调解员费用、场地费等，按照标的金额的一定比例收取。标的在 6 万新元以下的，费用按小时计算，以每人每小时 53.5 新元的标准为起步计收；标的在 6 万新元收上的，费用按天计算，以每人每天 963 新元的标准为起步计收。③

（二）我国商事调解机构收费标准

我国商事调解组织经过多年的发展，针对收费方式进行了有益探索，形成各具特色的收费模式，现选取中国贸促会商事调解中心、上海经贸商事调解中心、“一带一路”国际商事调解中心分别进行介绍。

1. 中国贸促会商事调解中心

贸促会商事调解中心收费分为登记费、机构费用、调解员报酬。申请调解的当事人须向中心缴纳案件登记费人民币 1000 元，用于调解申请的审查、案件登记、案卷管理等。案件登记费收取后不予退还，但应计入提交申请的一方或多方

---

① 赵蕾：《纠纷解决服务市场化运行的领跑者——美国司法仲裁调解服务有限公司的最新发展》，载《人民法院报》2018 年 6 月 22 日，第 8 版。

② CEDR 网站，https：//www. cedr. com/consumer/holidays—travel/ba—holidays/，最后访问时间：2019 年 11 月 11 日。

③ 新加坡调解中心网站，http：//www. mediation. com. sg，最后访问时间：2019 年 11 月 11 日。

当事人的预缴费用中。机构管理费包括案件秘书报酬、邮递费、通信费、场地使用费、办公设备使用费及机构为管理调解程序支出的其他费用。机构费用和调解员报酬则依据争议案件标的金额而变动，案件标的金额越高则费用越高。调解员可以和当事人就调解费用进行商议，但是需经过机构许可。各方应当自收到调解中心发送的收费通知之日起 5 日内，按照调解中心调解收费标准预交同等比例的调解费用。当事人未预交调解费用的，调解中心可根据情况决定是否继续进行调解程序还是中止或者终止调解程序。①

2. 上海经贸商事调解中心

上海经贸商事调解中心有两种收费方式，一种是社会案件的收费方式，另一种是诉调对接案件的收费方式。社会案件的收费方式分为按小时以及按争议标的两种，如果按照争议标的收费，标的在 50 万以下，按照争议金额的 4% 收费，最低不少于 3000 元；标的在 50 万至 100 万之间，按照争议金额的 2.5% 收费，最低不少于 5000 元；标的在 100 万以上，按照争议金额的 1.75% 收费，最低不少于 10000 元。如果按照小时收费，标的在 50 万元以下，按 3000 元每小时收费；标的在 50 万至 100 万元之间，按 4000 元每小时收费；标的在 100 万元以上，按 5000 元每小时收费。选择按小时收费的，预收 3 小时调解费用，需要增加时间，必须在调解开始之前付清，但调解员在调解开始前阅卷时间不另行计算费用。调解员一般仅调解两次共 6 个小时（3 小时每次），两次调解不成即结束。诉调对接案件的收费方式根据调解中心与法院签订的协议收取，一般调解不成的，调解中心不收费；调解成功的，按诉讼费的 20% 至 25% 收取。②

3. “一带一路”国际商事调解中心

“一带一路”国际商事调解中心的调解费用包括案件登记费、调解费、案件处理费。案件登记费为每方当事人 200 元，于提交申请时交纳，不因任何原因退还。调解费按照争议标的金额的比例确定，争议金额不能确定的，由调解中心与调解员协商后确定。当事人在调解开始前向调解中心及时足额支付调解费。争议标的在 50 万元（含）以下，调解费用为 8750 元；超过 50 万元至 500 万元

① 中国贸促会网站，http://adr.ccpit.org/CH/Guides/47e65dc5—b843—4d1e—9beb—417fb35f5cb9.html，最后访问时间：2019 年 11 月 11 日。

② 上海经贸商事调解中心网站，http://www.scmc.org.cn/page67?article_id=77，最后访问时间：2019 年 11 月 11 日。

（含）的部分，按争议金额的1% 交纳；超过500万元至2000万元（含）的部分，按争议金额的0.8%交纳；超过2000万元至5亿元（含）的部分，按争议金额的0.5% 交纳；超过5亿元的部分，按争议金额的0.2%交纳。案件处理费包括调解过程中的合理开支，包括但不限于因聘请调解员、翻译、速记、专家、证人等产生的差旅费用以及因邮递、通讯、场地和地点变更登记发生的费用，由调解中心按照合理标准予以确定后向当事人收取。①

（三）中外商事调解组织收费标准的对比

将我国商事调解组织的收费标准与相关国家进行比较，会发现两者之间基本相同，仅存在一些细微差别，反映出商事调解发展的国际化趋势。

1. 在商事调解收费范围方面，均包括案件管理费、调解费用两部分。其中案件管理费属于固定性收费，由调解机构收取，以保障日常运行和案件管理。调解费用属于浮动性收费，由调解费、场地费、交通费、住宿费等组成。调解费由调解员收取，场地费、交通住宿等费用由根据实际情况调解员与当事人协商解决。

2. 在调解费的计费方式方面，主要有三种计费方式：第一种是按案件标的金额的一定比例收取。该种方式简单易行，当事人可以准确评估调解成本，但由于调解的工作量与争议标的不存在必然联系，有些争议标的很高的案件可能很容易解决，相反，有些争议标的很小的案件却需要调解员花费大量的精力和时间，进而出现投入和产出明显不成比的情形。第二种是按小时或按天的标准收取。该种方式符合商事调解的特点，能准确反映出调解员的工作量，但计算方式烦琐，纠纷解决成本难以确定，不利于当事人选择调解。第三种是以争议标的为基础，确定每小时或每天的不同标准。该种方式综合了前述二种方式的优点，既能反映调解员的工作量，又容易操作。无论采取何种计费方式，最终的调解收费标准均低于诉讼费标准，体现了调解在成本上的优势。

3. 在调解费的收取时间方面，商事调解组织一般在开始调解前收费，且均不以是否调解成功为标准。理由是调解是自愿的程序，纠纷是否可以调解成功，

① “一带一路”商事调解中心网站，http：//www.bnrmediation.com/Home/Center/detail/id/172/aid/154.html，最后访问时间：2019年11月11日。

最终决定权在于当事人而不是调解员，因此不能以调解是否成功来决定是否收费，也不能以这个标准来评判调解员。由于调解成功与否不影响费用的收取，故调解费的收取时间一般在调解开始前，以体现当事人参与调解的诚意，同时保障调解顺利进行，避免调解结束后收取费用困难的风险。

三、我国商事调解收费的困境

商事调解在我国发展迅速，其市场化的运营方式为调解的革新带来了动力，促进了我国调解多元体系的建立。从上述中外商事调解收费的标准对比可以看出，我国商事调解借鉴了国外经验，无论是在收费内容、计费方式还是在收取时间等方面均与国际接轨，但在发展规模与实际成效方面，我国商事调解与国外存在较大差距。以全球纠纷解决法律服务的领跑者 JAMS 公司和我国第一家专门从事经贸商事调解的机构上海经贸商事调解中心为例，JAMS 公司在全球设有 26 个纠纷解决中心（办公室），在册的中立第三人有 360 名，每年可以解决 13000 至 14000 件纠纷。[①] 而上海经贸商事调解中心在全国只有 3 个分中心，在册的调解员有 52 名，2011 年至 2017 年 4 月底，受理法院委托调解的案件 384 件。[②] 其中一个主要原因是我国商事调解尚处于起步阶段，发展时间比较短，但还有一个重要原因是我国商事调解缺乏适宜市场化运作的土壤，具体表现为：

（一）缺乏收费的社会氛围

在我国的调解体系中，人民调解和司法调解是最主要的两种机制，直接影响民众对调解的观念。其中，人民调解在整个社会调解体系中占比最大。据司法部官方发布的消息，“2018 年，全国有人民调解组织 76.6 万个，人民调解员 367 万人，其中专职调解员 49.7 万人，每年调解各类矛盾纠纷达 900 万件左右，调解成功率在 96% 以上。”[③] 人民调解覆盖城乡，遍布社区，成为老百姓解决纠纷

① 赵蕾：《纠纷解决服务市场化运行的领跑者——美国司法仲裁调解服务有限公司的最新发展》，载《人民法院报》2018 年 6 月 22 日，第 8 版。

② 张巍：《上海经贸商事调解中心的发展回顾与展望》，载《东南司法评论》2017 年第 0 期。

③ 新华网，http：//www. xinhuanet. com/2018—04/27/c_ 1122753474. htm，最后访问时间：2019 年 2 月 18 日。

的第一道防线。根据《人民调解法》第 4 条规定，人民调解委员会调解民间纠纷，不收取任何费用。因此，人民群众接触到调解的第一印象是不收费的。司法调解是在诉讼程序中贯穿调解的一项纠纷解决机制，在当前法院纠纷越来越集中的状况下，为了解决“案多人少”的困境，节约司法资源，各级法院大力推进多元化纠纷解决机制改革，将调解作为解决纠纷的首选方式。根据《诉讼费用交纳办法》第 6 条规定，当事人向人民法院交纳的费用包括案件受理费、申请费和其他费用。这些费用的性质主要属于裁判费用，当事人无需为司法调解另行交纳费用，相反，如果当事人通过调解解决纠纷，法院在诉讼费的收取上还会进行减免。因此，当事人走到纠纷的最后一道防线时，对调解的印象仍然是不收费。调解免费成为社会对调解的普遍共识。

（二）缺乏收费的法律依据

商事调解作为一项重要的商事纠纷解决机制，只有在法律上得到确认，才能在法律的轨道上正常前行。目前，我国关于商事调解的规定主要来源于最高法院出台的司法文件，包括 2009 年的《关于建立健全诉讼与非诉讼相衔接的矛盾纠纷解决机制的若干意见》、2016 年《关于人民法院进一步深化多元化纠纷解决机制改革的意见》，以及 2019 年的《关于深化人民法院司法体制综合配套改革的意见——人民法院第五个五年改革纲要（2019—2023）》等，但上述文件主要是从多元化纠纷机制改革的角度，肯定商事调解的独立地位，支持商事调解组织的成立，加强商事调解组织与法院的合作，未对商事调解组织的市场化运作进行具体规定。由于法律没有明文规定商事调解可以收费，导致商事调解组织在制定收费办法时缺乏底气，当事人也会对收费提出质疑。

（三）缺乏收费的相关规则

从纠纷解决服务方式来看，调解员提供的调解服务，与仲裁员提供的仲裁服务和律师提供的法律服务没有本质的区别，但国务院在 1995 年 7 月 28 日发布了《仲裁委员会仲裁收费办法》，明确规定了收费范围、收费方式和收费标准；发改委和司法部在 2006 年 4 月 13 日出台了《律师服务收费管理办法》，对律师收费的原则、方式作出了具体规定。而商事调解收费只能各个调解机构参照国外的做法，自行制定的标准，相互之间差异较大，导致收费市场比较混乱，不利于监管。

四、构建我国商事调解收费制度的进路

国外商事调解早在20世纪80年代就走入市场化运作模式。尤其是美国JAMS公司是以公司化方式提供调解服务。我国的商事调解刚刚起步，国内仅有几家商事调解机构以民办非企业方式运作，调解的市场化收费机制也处于摸索阶段。但随着“一带一路”建设的推进和《新加坡调解公约》的实施，商事调解必然迎来发展的春天。为了改变民众对于调解不收费的传统观念，与国际商事调解接轨，建议从立法、政策、规则三个层次构建我国商事调解的收费制度：

（一）在立法层面，出台《商事调解法》，确定调解收费的原则

制定一部统一适用于国际、国内商事争议调解的法律，以鼓励和支持商事调解发展为宗旨，借鉴联合国贸易法委员会制定的《国际商事调解示范法》，对商事调解的定义、调解员的选定及披露义务、调解程序的开始、进行及终止，调解效力及调解后的问题作出规定，明确商事调解实行收费原则，为商事调解的市场化运作提供法律依据。

（二）在政策层面，推进商事调解员的职业化，培育专业化的商事调解组织

首先，应大力推进调解员的职业化建设。调解员只有具备相应的专业素质、业务素质，按照公认的职业伦理和职业行为规范进行活动，承担该职业带来的各种风险，才有资格获得与其工作量、社会贡献度相适应的报酬。①因此，在商事调解比较发达的国家和地区，调解员的资质及其认证是调解最重要的配套制度之一。② 国外许多国家都制定了调解员的资格准入、管理制度以及规范的调解人行为准则，为调解的可持续发展奠定坚实的基础。我国调解员的职业化建设可从商

① 廖永安、刘青：《论我国调解职业化发展的困境与出路》，载《湘潭大学学报（哲学社会科学版）》2016年第6期。

② 唐琼琼：《新加坡调解公约背景下我国商事调解制度的完善》，载《上海大学学报（社会科学版）》2019年第4期。

事调解开始，明确商事调解员的准入门槛、任职要求、资格认证、业绩考核与职业伦理，与世界的发展趋势接轨。

其次，扶持各种形式的商事调解组织的成立。我国目前的商事调解组织一般注册登记为民办非企业性质，属于非营利组织，尚且没有按照公司化运作的调解公司。但是，国外一些比较著名的调解机构是以公司化的方式运作的。建议借鉴国外的成功经验，鼓励具有条件的组织或个人设立公司化运作的调解组织。

（三）在规则方面，制定商事调解收费办法

为规范调解组织的收费行为，维护当事人和调解员的合法权益，促进调解服务的健康发展，政府有关部门可参照律师收费和仲裁收费的做法，制定商事调解收费办法。

由于商事调解采用市场化方式运作，故适宜实行以市场定价为主，政府宏观调控为辅的机制。商事调解组织可以在政府的宏观指导和监督下，以调解员付出的劳动和成本作为收费的主要依据，结合案件复杂程度等因素，自行制定收费标准。政府的主要作用是通过收费备案和对违规违纪的查处，实现政府对收费的宏观调控和监督。政府原则上不制定具体的指导标准或指导价格。[①]调解组织在制定收费标准时应遵循公开公平、自愿有偿、诚实信用的原则，收费范围包括管理费、调解费和其他费用，计费方式可以按小时计费或按天数计费，也可以按争议标的金额的一定比例收费。当事人在调解正式开始前取消调解的，调解组织视情况退还相应比例的调解费。调解组织应向社会公开收费标准，并在接受申请前，告知当事人收费方式、收费标准、计算方式和可能向当事人收取的预付费用。

结　语

总之，调解的有偿将预示着“调解新时代的开端”。[②] 目前，我国调解的发展正处于向现代化、多元化、全球化转型的时期，以收费为基础的市场化运作只是众多改革措施中的一项。但毫无疑问，这项举措产生的影响是深远的，不仅会

① 吕啸：《我国律师收费制度研究》，复旦大学2010年硕士学位论文。

② 周建平：《法国的调解：比较与借鉴》，载《学习与探索》2012年第1期。

激发我国调解发展的内在动力，加速调解的职业化，而且会促进我国调解的外在影响，在纠纷解决市场竞争中赢得一席之地。

附件：

商事调解收费办法（建议稿）

第一条 当事人选择由商事调解机构进行调解的，应按照商事调解机构规定的标准和程序交纳管理费、调解费用及其他合理的实际开支费用。

【说明】本条规定商事调解实行收费制度，明确收费的范围，将具体收费标准和程序交由调解机构自行确定，体现市场化的原则，与国际商事调解行业接轨。

第二条 管理费是商事调解机构安排、管理调解的费用。

【说明】由于商事调解机构在收到当事人的申请后，需要联系调解员、安排调解、跟进调解，故需要收取一定费用。

第三条 调解费用是指申请调解的当事人给付调解员的调解报酬，包括调解员准备调解和进行调解的费用；其他合理的实际开支费用是指调解员因调解支出的住宿费、交通费、场地费、翻译费及其他合理费用。

【说明】本条规定了当事人需要支付的调解费用和其他合理的开支费用的范围。当事人需要支付的调解费用不仅包括调解员进行调解的报酬，而且包括调解员为了准备调解，在阅卷、查找资料、整理信息等工作上的报酬。这是与国际上通行的调解收费规则一致。另外，当事人还需支付调解员因调解支出的差旅费、场地费、翻译费及其他合理费用。将调解费用与差旅费区分开来，符合国内外调解机构的通行做法，也与仲裁和诉讼的收费一致，调解费用类似于仲裁与诉讼的案件受理费，而差旅费属于案件的处理费。其次，调解费用与案件性质、工作时长等关系较大，而差旅费主要取决于调解员的个人安排，故调解费用和差旅费的收取方式存在较大区别，很难合并在一起。

第四条 商事调解可以采取按小时、按天数或按争议标的比例的收费方式，也可以由当事人与调解机构或调解员协商确定收费标准。

【说明】本条规定了调解的计费方式。参照国内外调解机构的做法，可以按小时计费、按天数计费或按争议标的金额比例计费，也可以由当事与调解员或调解机构协商收费标准，体现调解灵活的原则。

第五条 当事人可以协商确定各自承担调解费用的比例，协商不成，当事人之间平均负担调解费用。

【说明】本条规定了当事人承担调解费的方式。调解不同于仲裁或诉讼的最大特点在于以自愿为前提，程序灵活，结果双赢，故在调解费用的承担上，不由中立第三方决定，而是由当事人自行协商确定。在协商不成时，由各方当事人平均分担。

第六条 负有承担调解费义务的当事人应在收到缴费通知后 7 天内通过转账或者支票方式支付，也可以根据当事人和调解机构协商达成的协议，按照与调解事项不存在利益冲突的其他方式支付。

当事人在规定的期限内不预交调解费用，又不提出缓交申请的，或在规定的缓交期间内未预交调解费用的，视为撤回调解申请。

【说明】本条规定了调解费用的支付方式和逾期支付的后果。当事人提前预交调解费，是正式启动调解的前提。如当事人在规定的期限内不预交调解费，在一定程度上表明当事人缺乏调解的诚意，故按撤回调解申请处理。但不包括以下情形：负有交费义务的当事人不预交，其他当事人愿意代交调解费。

对调解进行预先收费是国际知名调解机构特别是商事调解机构的通行做法，可以体现当事人参与调解的诚意，保障调解顺利进行，避免调解结束后收取费用困难的风险，故规定采取预收费的方式。

第七条 在正式召开第一次调解会议开始之前，如收到任何一方当事人取消调解的书面通知，则终止调解，并根据不同情形，对申请取消调解一方当事人预交的调解费按不同比例收取。

【说明】本条规定了取消调解的条件和后果。当事人在预交调解费用后，可能由于各种原因，改变了之前调解的意愿，不愿参加调解。给予当事人在一定条件下反悔的机会，可以减轻当事人在选择调解时的压力和负担，有利于促进调解的应用，也能体现公平合理的原则。另外，根据过错原则，退费原则只适用于申请取消调解的当事人。对于没有申请取消调解的当事人预交的费用原则上应全额退还。

第八条 调解员按本规定履行调解职责，无论调解成功与否，均不退回调解费用。

调解员无法履行、无法继续履行或者不适合履行调解职责，应将调解费用退还给当事人。当事人可以另行协商选定或者由调解机构另行指定的调解员，并重新预交调解费用。

【说明】本条规定了不退调解费用和退还调解费用的情形。由于调解的最终结果由当事人决定，调解员的作用在于帮助当事人进行沟通，协助当事人达在一致，故调解费用的收取与最终的调解结果没有关系。只要调解员履行了职责，当事人就应按约定或规定的标准支付相应的费用。但如果调解员因个人原因或其他原因无法完成调解，调解员应将调解费用退还给当事人。当事人可以另行协商选定或者由调解机构指定新的调解员，并按规定重新预交调解费用。

第九条 调解员因调解支出的住宿费、交通费、场地费及其他费用，调解机构或调解员可以与当事人协商确定标准。

当事人可以协商确定各自承担实际开支费用的比例，协商不成的，当事人之间平均负担。

【说明】本条规定了因调解支出的其他费用承担方式。不同于调解费用可以根据调解员投入的时间或工作量预先确定一个标准，调解员因调解支出的差旅费等其他费用依据个案情况则差异较大。在支付时间上，未采用预付方式，是因为其他费用的项目难以确定，数额相差较大。预付的金额难以评定，而且存在多退少补的问题，采取实报实销的方式更加合理。在支付比例上，采取与调解费用同样的原则，当事人之间可以协商确定，协商不成时，当事人之间平均分担。

第四编

中国调解手段的信息化

专题二十四　我国“互联网 + 调解”的发展现状与完善对策

吕宗澄　张晓涵*

近年来，我国在互联网技术、产业、应用以及跨界融合等方面取得了积极的发展，互联网正不断地与传统产业进行结合。尤其是国务院于 2015 年、2016 年先后出台了数部重量级的指导意见以及发展纲要之后，“互联网 +”正式成为国家下一个阶段信息化发展规划中的重要战略举措。① 在此背景之下，为了缓解当前法院“案多人少”的矛盾，最高人民法院在 2016 年 6 月发布的文件中提出要根据“互联网 +”推动建立线上一站式解纷平台。② 对比传统调解，“互联网 + 调解”吸收互联网信息技术，摆脱了传统调解在空间和时间上的约束，具有“高效率”“便捷灵活”“解纷成本低”等优势，在解决各类跨国际争议当中具有十分突出的全球性优势。

“互联网 + 调解”虽然是一种新兴的概念，但学界对其关注已久。有学者从

* 吕宗澄，法学博士，南华大学经济管理与法学学院硕士生导师；张晓涵，南华大学经济管理与法学学院硕士研究生。

① 2015 年国务院发布《关于积极推进“互联网 +”行动的指导意见》，标志着“互联网 +”战略正式上升成为国家战略，随后在 2016 年发布的《国家信息化发展战略纲要》以及《“十三五”国家信息化规划》中，进一步明确推进“互联网 +”行动计划，以促进互联网的深度广泛应用。

② 2016 年最高人民法院发布《关于人民法院进一步深化多元化纠纷解决机制改革的意见》，其中第 15 条提出要“创新在线纠纷解决方式，根据‘互联网 +’战略要求，推动建立在线调解、在线立案、在线司法确认、在线审判、电子督促程序、电子送达等为一体的信息平台”。

在线纠纷解决机制与我国矛盾纠纷多元化解机制的衔接问题出发，提出要重点实现观念、制度、机制、保障的衔接，同时按照“互联网+”的要求完善矛盾纠纷多元化解机制。[①] 有学者通过分析全球范围内具有代表性国家的在线纠纷解决机制的情况之后，论述了中国在线纠纷解决机制在电子商务以及智慧法院等方面的现状，并对未来在平台建设、便民服务、解纷规则等五大方面的发展趋势作出预测。[②] 还有学者通过对“互联网+调解”运行情况的实证调研，分析总结出当前在制度实践中存在的三大矛盾以及困境，同时提出自己的路径选择对策。[③] 虽然这些研究都分析了在线纠纷解决机制在“互联网+”战略背景下的重大发展前景，但对于发展现状的分析停留在某几个特定领域，同时对于造成当前发展困境原因的分析多聚焦于制度规则层面。因此，本文试图通过总结当前在线调解的发展现状，以纠纷当事人为出发点来对当前在线调解所面临的困境进行分析，并结合5G技术探讨其对未来“互联网+调解”发展前景的影响。

一、“互联网+调解”的发展现状概览

（一）法院“互联网+调解”的发展现状

“互联网+调解”这一战略从其诞生之初，就作为中国多元化非诉讼纠纷解决机制改革进程中，实现整体机制信息智能化改革的重要一环，受到了全国各地法院的热烈推崇，并逐渐探索形成了有中国特色的“资源互通、共建共享、开放包容、跨界融合”模式。[④] 2017年2月16日，最高人民法院在总结各地法院的实践经验之后，在马鞍山市举行在线调解平台试点启动仪式上发布了《关于

① 程琥：《在线纠纷解决机制与我国矛盾纠纷多元化解机制的衔接》，载《法律适用》2016年第2期。

② 龙飞：《中国在线纠纷解决机制的发展现状及未来前景》，载《法律适用》2016年第10期。

③ 廖永安、吕宗澄：《我国“互联网+调解”发展困境及其路径选择》，载《安徽大学学报（哲学社会科学版）》2017年第3期。

④ 胡晓霞：《我国在线纠纷解决机制发展的现实困境与未来出路》，载《法学论坛》2017年第3期。

在部分地区开展在线调解平台建设试点工作的通知》。[①] 随后，由杭州市西湖区筹备建设的“ODR 平台”（https：//yundr. gov. cn/）于 2017 年 3 月正式上线，实现了集“问估调仲诉”于一体。截至到 2020 年 5 月 20 日，该平台注册用户已达 1413720 人次，入驻 4624 个相关机构以及 40417 名调解人员，受理 822849 件案件。2020 年 2 月 28 日，由最高人民法院开发建设的人民法院调解平台（http：//tiaojie. court. gov. cn/）正式上线，并在全国法院试运行。截至 2020 年 5 月 20 日，平台已连接全国 2821 家法院，32482 个调解组织，入驻 126369 名调解员，成功调解 6154725 件调解案件。

此外，根据公开数据，2018 年地方各级人民法院共受理案件 2800 万件，同比上升 8. 8%；最高人民法院受理案件 34794 件，同比上升 22. 1%；案件数量的增幅完全超出了员额法官的增长速度。乍看之下在线纠纷解决平台的上线似乎并没有起到预期的作用，但是以在线纠纷解决平台建设较为完善的浙江省为例，2019 年浙江省全省人民法院的收案量为 168. 9 万件，收案增幅由 2018 年的 3. 4% 下降至 2020 年的 4. 6%，为 2015 年以来首次出现收案增幅量负增长；与此同时，2019 年浙江省全省法院纠纷诉前化解案件为 18. 4 万件，“社会调解优先、法院诉讼断后”的递进式矛盾纠纷分层过滤体系日益健全，源头治理矛盾纠纷效应日益显现。

（二）其他社会组织“互联网+调解”的发展现状

2018 年中国电子商务交易额达 31. 63 万亿元，全国网上零售额为 9. 01 万亿元，稳居全球网络零售市场首位。[②] 如此大规模的电子商务市场，所带来的纠纷数量也是十分巨大的，且绝大多数纠纷都表现出标的额小、案情简单、线上产生、双方异地等特点。但受限于传统线下纠纷解决方式所固有的高成本、复杂程序等特点，纠纷双方往往不会选择传统线下诉讼或者调解等方式。面对如此情况，各大电商平台纷纷推出各自的在线纠纷解决平台，例如阿里巴巴集团旗下的

---

① 北京、河北、上海、浙江、安徽、四川 6 个高级人民法院和上海海事法院被确定为试点法院，通知明确试点高级法院要牵头建立省级统一的在线调解平台，建立纠纷受理、分流、调解、反馈等流程的全覆盖。参见周瑞平：《最高法启动在线调解平台建设试点工作》，载《人民法院报》2017 年 2 月 18 日，第 01 版。

② 参见商务部电子商务和信息化司：《中国电子商务报告（2018）》2019 年 5 月，第 1—2 页。

大众评审，通过吸收网络大众参与争议的解决，以少数服从多数的方式，极大地提高了争议纠纷的处理速度，使得争议不落地，在线上即得到即时解决。此外，其他的电商平台如京东、苏宁易购等也都纷纷上线了各自平台自带的在线纠纷处理机制，大大地减少了涌向人民法院的纠纷数量。

除了互联网电商平台自建的平台之外，还有各种形式的在线纠纷解决平台，例如深圳市众信电子商务交易保障促进中心，依托深圳市政府的授权与委托，逐渐发展成为一个集电商、知识产权、相邻权物业、婚姻家庭继承、合同、侵权以及劳动人事等一系列纠纷为解决范围的一站式平台。微博以及新浪网共同推出的消费者服务平台黑猫投诉也于2018年3月14日正式上线，引进权威机构、知名媒体、法律人士以及行业专家组成中立第三方意见联盟。截至2020年4月底，黑猫投诉累计收到投诉达180万次，累计完成率达到56.7%；其中4月有效投诉超21万次，商家回复超过13万次，有效地发挥了在线纠纷解决平台“网络纠纷网络解决”“线上与线下结合”“程序便捷”“维权成本低”的优势。

（三）“互联网＋调解”的现状总体分析

从以上对“互联网＋调解”发展现状的分析来看，我国在线纠纷处理平台的发展十分迅速，这一方面得益于我国庞大的网民群体，另一方面也得益于移动互联网产业的迅猛发展。[①] 种种新兴事物在带来便捷日常生活的同时也使得纠纷产生的数量大大增加，民众对解决纠纷方式的便捷性、低廉性以及及时性的需求也大大提高。传统的纠纷解决方式受限于种种现实因素，无法满足民众对在互联网在线纠纷解决的需求。因此大力发展在线纠纷解决机制，充分落实“互联网＋”战略，解决司法资源供求不平衡的矛盾，把矛盾纠纷化解在源头已成为当前社会共识。在线纠纷处理平台有了一个顺利的开局。

① 根据中国互联网络信息中心（CNNIC）发布的第45次《中国互联网络发展状况统计报告》显示，截至2020年3月，我国网民规模达到9.04亿，较2018年底增长7508万，互联网普及率达64.5%；我国手机网民规模达8.97亿，较2018年底增长7992万，网民使用手机上网的比例达99.3%。参见中国互联网络信息中心：《第45次中国互联网络发展状况统计报告》2020年4月，第1页。

二、当前“互联网+调解”平台存在的问题及成因分析

我国“互联网+调解”平台的快速发展，一方面受到互联网纠纷解决需求迅猛增长的刺激，另一方面得益于高层的共识以及政策的倾斜。这种繁荣局面看似烈火烹油，鲜花着锦，但是在现实实务中其对缓解涌向法院的大量纠纷，促进网络纠纷的快速解决是否起到了实质性的作用仍然是需要我们思考的问题。“互联网+调解”在发挥了自身特有的优势同时，也面临着自身的“互联网基因”所带来的种种困惑与难题。

（一）社会认可度低

1. 公众对虚拟网络不信任

普遍大众在涉及自身利益纠纷的解决时往往对虚拟网络抱有怀疑以及不信任，而“互联网+调解”正是基于虚拟网络这一虚拟空间的联结来解决现实中的纠纷。因此在“互联网+调解”的机制中，如何建立当事人双方之间以及当事人与中立第三方（平台或者调解员）之间的信任非常重要。例如在电子商务相关的纠纷中，当事人双方不了解对方的具体信息，作为中立第三方的平台或者调解员对双方争议的了解也仅限于双方提交的截图等证据，同时由于缺乏传统调解中的三方面对面的交流，仅仅只能借助文字或者语音等方式进行调解，无疑使得三方之间对于调解工作的信任度大打折扣。

通过互联网进行纠纷的解决还面临着纠纷解决平台本身对于当事人双方的信息安全性以及调解内容保密性等问题的严峻挑战，尤其是在当前网络个人信息泄露十分严重的情况下。[①]“互联网+调解”很多时候是通过文字或者语音的方式进行的，而文字或者语音是可以被复制或者录音保存的，在缺乏中立第三方强力的监督下，如何确保当事人双方切实履行保密义务成为一个矛盾的问题。因为在互联网的虚拟环境下，保存与保密有时候形成一种悖论：要保存则面临泄密的风

① 根据中国互联网络信息中心（CNNIC）发布的第45次《中国互联网络发展状况统计报告》显示，截至2020年3月，在网民遭遇的各类网络安全问题的比例中，最突出的问题仍旧是个人信息泄露问题，占总量的23.3%。参见中国互联网络信息中心：《第45次中国互联网络发展状况统计报告》2020年4月，第87页。

险，而最佳的保密方式就是不保存。[①] 因此，出于对个人信息安全的保护而不相信在线纠纷解决机制对自身信息的保密程度，无疑对在线纠纷解决机制的推动发展提出了严峻的考验。

2. 相关配套制度存在缺陷

"互联网 + 调解" 的相关程序设计不足，导致民众对在线纠纷解决机制的认可度不高。这种程序设计上的不足主要体现在平台信息公开不够完善、相关制度程序公示不完善、服务范围有限等。

笔者访问了几个主要的在线纠纷解决平台网站，其中深圳众信中心公布的专业律师团队的信息仅限于个人姓名，而对于擅长领域以及工作单位等信息几乎为一片空白，对于相关第三方（例如调解组织、调解员、仲裁机构以及仲裁员等）的信息在官网上也无法获得。新浪和微博联合推出的黑猫投诉，为消费者与商家沟通解决纠纷提供了一个渠道，且引入评审团这一第三方意见联盟为投诉双方提供专业建议，提高了平台解决纠纷的专业性。但平台本身只充当"纠纷信息投递员"的角色，负责将用户的投诉信息转交给商家的有关部门，而这个部门绝大部分还是客服部门，其中很多投诉都是在与商家沟通无果之后重新通过平台寻求解决。由于平台本身缺乏对纠纷解决结果的后续保障程序，很多投诉都停滞在商家不予理会，客服不断扯皮的阶段。而评审团在其中发挥的作用微乎其微，媒体大多都表示会酌情进行报道，而律师则只是列出相关法条并且呼吁商家重视纠纷的解决。

与黑猫投诉类似的情况也发生在各大电商平台所自带的在线纠纷解决机制，例如淘宝网，卖家与买家之间发生纠纷时可以申请淘宝小二（即淘宝客服）介入并且代表平台作出处理意见，包括但不限于退款、赔偿、处罚甚至关闭卖家店铺等。但平台内置的纠纷处理机制本身的局限性在于没有一个法律规则来保证这种纠纷处理程序的规范性、中立性以及公正性，这可能使得平台纠纷解决机制的程序设计与正规程序相比显得较为简陋，同时平台出于自身利益的考量可能会作出不公正的处理。此外，平台本身的纠纷解决机制所作出的处理结果并不受到法律的认可，因此不具有法律上的强制性，而确保处理结果能够得到实施的手段也

① 廖永安、吕宗澄：《我国"互联网 + 调解"发展困境及其路径选择》，载《安徽大学学报（哲学社会科学版）》2017 年第 3 期。

仅限于平台内部的惩罚方式，如要涉及其他方面，则还需要线下通过法院来解决相关的纠纷。

3. 传统观念的影响

我国传统的法律观念中，民众高度依赖政府公权力所提供的司法资源，强调公力救济通过司法手段维护自己的合法权利，民事自治的理念相对比较薄弱，"有纠纷找法院"甚至成了一段时期内法院的宣传标语。片面强调法律的权威以及司法万能所带来的后果是我国人民调解的传统风气由热转冷，诉讼万能主义大行其道。这种转变在当时的时代背景下虽然可能有助于加强司法的权威以及统一性，减轻司法混乱的局面，但却不可避免的限制了民众对于纠纷解决途径的选择。因此在现今社会，绝大多数当事人在纠纷发生之后第一反应是选择由法院或者行政机关主导解决纠纷，而非自主选择调解，更遑论通过在线调解去解决问题。

4. 宣传模式的被动以及僵化

在线纠纷解决机制的相关宣传也存在力度不够以及模式僵化的问题，这主要体现在人民法院所建立的调解平台中。根据笔者对最高人民法院开发上线的人民法院调解平台以及浙江省ODR平台这两大法院开发上线的在线调解平台官网的浏览，其中人民法院调解平台除了首页滚动展示的四个相关新闻以外，没有其他的类似于新闻动态的版块，平台本身的定位更像是一个"被动型"平台，需要法院的相关工作人员主动引导当事人在平台上提起在线调解申请而非当事人产生纠纷以后主动登录该网站提起在线调解的申请。而浙江省ODR平台官网设置了新闻动态版块，通过浏览其中几个通过ODR平台解决纠纷的相关案例报道，笔者发现ODR平台也存在与人民法院调解平台相类似的问题，即当事人对平台不了解，是在法院相关工作人员的引导下才通过ODR平台解决纠纷。①

由此可知，在线调解平台虽然已经上线，但是其仍旧是被动地需要法院"输血"来引导当事人通过平台解决纠纷。虽然相比传统的调解模式而言，当事人可能"最多跑一次"，但是距离"一次都不用跑"还存在一定的差距。要想减

① 例如其中一则报道中写道"双方遂于3月底向法院提交了离婚起诉状，请求法院解除双方的婚姻关系……调解员经过持续的沟通，在尊重双方的基础上，推荐使用ODR平台的在线调解功能。经过简单引导，双方顺利注册并开始了视频调解。"参见《感情不再后，ODR让反目夫妻和平分手》，载在线矛盾纠纷多元化解平台网站，https：//yundr. gov. cn/jsp/ index/news. html，最后访问时间：2019年10月26日。

缩这个差距，需要加强宣传力度，改变传统的宣传模式，以一种更新颖的方式使得更多民众尤其是网民群体中占据主体地位的年轻人了解在线调解平台，当自己面临纠纷的时候能主动选择通过在线纠纷解决平台解决问题，改变“诉讼万能”观念。

（二）相关立法不健全

1. 立法规范覆盖面不全且较为单一

当前，我国在多元纠纷解决机制方面的立法规范覆盖面不够全，主要为人民调解法、仲裁法、公证法、劳动争议调解仲裁法等，但在行业调解、商事调解、行政调解领域欠缺法律规范。[①] 相关的立法规范没有形成一个整体的系统框架，而是零碎地散落在各个方面。

同时目前我国在多元纠纷解决领域的立法还处于较为单一的阶段，仅仅是针对其中的几个部分进行单项的立法，例如针对人民调解出台的人民调解法，针对仲裁出台的仲裁法等。同时调解、仲裁等纠纷解决机制有各自独立的主管部门，各种程序处于独立运作的状态，相互之间缺乏协调配合，前端的纠纷解决不能为后端的其他纠纷解决方式提供有价值的参考，后端的纠纷解决资源不能与前端共享。[②] 缺乏具有综合性的多元纠纷解决机制规范来把各项纠纷解决途径整体连接起来，明确不同纠纷解决主体各自的权利以及义务，以此来发挥不同机构各自的作用，建立畅通有序的合作关系，减少不同主体之间发展不平衡的问题。

2. 相关改革成果仍未从政策上升为法律

目前针对多元化纠纷解决机制的改革大多还停留在政策层面，没有通过立法程序上升为全国通行的法律，这使得改革的进一步推进受到了现行法律的限制，很多改革的措施因为于法无据而无法落到实处，只能成为看似很理想实则鸡肋的存在。这种情况不仅使得改革措施重复分散，浪费了司法资源，同时还消磨了相关人员的工作积极性，不利于改革的下一步推进。

3. 现存相关法律规范不适应在线纠纷解决机制

---

① 龙飞：《替代性纠纷解决机制立法的域外比较与借鉴》，载《中国政法大学学报》2019 年第 1 期。

② 陈辽敏：《创新型多元化纠纷解决机制的构建与发展——以浙江省杭州市西湖区人民法院为例》，载《中国应用法学》2017 年第 3 期。

目前，我国的相关规范大多属于传统的以法院诉讼为纠纷解决中心的解决模式。当下的民事诉讼体系是基于传统工业社会的社会运行模式构筑起来的，它适用于当事人面对面的交易，纸对纸的记录，亲临法庭的诉辩。① 相比之下，在线纠纷解决机制具有无纸化、虚拟化的特征。这就使得现行民事诉讼框架下涉网解决纠纷存在很多的制度瓶颈。② 尤其是在程序方面，包括管辖制度、当事人确认制度、送达制度以及证据制度等方面都与“互联网 +”战略的迅猛发展趋势存在着不适应、不衔接、不配套的障碍。例如送达制度，首先在线纠纷的解决机制所产生的相关文书应当通过电子送达的形式来完成，否则失去了在线纠纷解决其本身的优势。但是我国民事诉讼法及相关的司法解释中将电子送达限制于当事人双方同意的情况下，并且只能送达涉及程序性事项的文书而不能送达有关实体权利类文书。那么通过在线纠纷机制解决纠纷的同时是否意味着当事人对选择适用电子送达方式的默认。“电子送达还存在回证难和取证难，操作失误或技术故障导致数据丢失、被篡改等问题。”③ 在涉及当事人实体权利事项的法律文书时将电子送达的方式排除在该类文书的送达方式之外，是一种审慎的态度。但是如果可以通过某种技术手段（例如区块链）消除电子送达的以上问题，则电子送达也可以适用于这些法律文书的送达。

（三）平台智能化和整合度较低

1. 当前各类平台一体化整合程度较低

我国目前已有的平台可以大致分为人民法院建立的在线调解平台和其他社会组织建立的在线调解平台。其中人民法院建立的平台主要有最高人民法院开发上线的人民法院调解平台、浙江省高级人民法院建立的在线矛盾纠纷多元化解平台（浙江 ODR）。人民法院之外的其他组织建立的平台主要包括各大互联网企业内部建立的在线纠纷解决机制、众信在线纠纷解决服务中心、中国国际经济贸易仲裁委员会网上争议解决中心、中国互联网协会调解中心等。但在线纠纷平台构建

① 李少平：《最高人民法院多元化纠纷解决机制改革意见和特邀调解规定的理解和适用》，人民法院出版社 2017 年版，第 512 页。

② 胡晓霞：《我国在线纠纷解决机制发展的现实困境与未来出路》，载《法学论坛》2017 年第 3 期。

③ 李少平：《〈最高人民法院关于进一步推进案件繁简分流优化司法资源配置的若干意见〉读本》，人民法院出版社 2016 年版，第 67 页。

的主力仍属于政府以及法院等公权力部门，其余例如行业、企业、社团组织等虽然也有相关的尝试，但大多都属于“浅尝辄止”，且这些“民办”平台往往受限于经费、人员以及政策的限制，能够存活下来的寥寥无几。因此，当前“互联网+调解”没有构建一个整合了政府机关部门以及各大企业、行业等民间资源的，具有资源高度整合程度的在线纠纷处理平台，尤其是各种民间力量参与的程度不高，“似乎还处于‘计划经济’向‘市场经济’转型的时代”。①

2. 当前各类平台智能化水平不高

目前，不论是法院设立的平台还是法院之外各类组织建立的平台，其智能化的水平仍处于一个较低的水平。诸如智能语音识别、同步文书生成以及纠错、类案智能检索推送、法律风险分析以及裁判结果同步预测等智能化应用工具的使用还不够普及，对人工智能的使用仍处于“弱人工智能”阶段，对纠纷解决的辅助作用还较弱。这一方面受限于当前法律大数据库的搭建还处于起步阶段，大多人工智能的数据库仅限于本省的相关法律文书等数据，使得人工智能仅能处理简单的程序性事项，智能程度还不够高。另一方面人工智能相关的技术和人才储备也不足，且大多聚集在司法审判领域，调解领域的相关储备存在更为严重的不足，对人工智能技术的使用也更为落后。

三、5G时代背景下我国“互联网+调解”机制优化的具体对策

2019年6月6日，随着工信部正式向中国四大运营商颁发了5G商用牌照，我国正式开启5G技术商用。5G自身具有的高速度、低延时、泛存在、低能耗、万物互联等特点和能力，为即将到来的下一次信息革命打下了坚实的基础。5G时代的互联网将是智能互联网，是由移动互联、智能感应、大数据、人工智能等新能力共同组成，并整合这些能力所形成的强大的渗透入社会各个领域的服务体系。根据公开数据，截至2019年12月，全国共建成5G基站超13万个，5G商业化应用已进入实践阶段。例如2019年国庆盛典运用了5G+4K的高清直播；2019年3月完成了首例5G网络远程人体手术；以及2020年2月新冠肺炎疫情

① 廖永安、吕宗澄：《我国“互联网+调解”发展困境及其路径选择》，载《安徽大学学报（哲学社会科学版）》2017年第3期。

中，武汉火神山医院借助5G技术搭建“远程医疗系统”等。

与此同时，根据目前2020年各省市地方两会所公布建设计划，仅目前的13个省份就计划在2020年一共新建31.5万个5G基站，是19年全年所建设的基站数量的3倍，而业内专家预测2020年全年中国将建设超过60万—80万个5G宏基站，未来5年中国5G基站保有量将达到446万—744万个，总量全球占比可能会达到75%以上。[①] 可以预见的是，2020年将成为5G爆发的元年，5G的商用将从此正式进入发展的快车道，其与各行业的融合也将进一步加深。因此，笔者将结合5G的相关特点以及未来可能的应用方向，探索我国未来“5G+互联网+调解”的发展路径。

（一）提高“互联网+调解”平台的智能化水平

人工智能的功能本质是将专家经验智慧以数据形式长久储存，并通过各种对数据的深度分析与智能运算帮助人类更好地处理不确定性问题，具备瞬间“解锁”法律事实与案例的能力。[②] 如果把未来的智能互联网看作是一个人，那么移动互联是它的四肢，智能感应是它的五官，大数据是它的骨骼血肉，人工智能则是它的大脑，而5G则是它遍布全身的血管。因此通过5G技术，能够将通过移动互联以及智能感应技术收集到的各种信息，传递到数据库，并通过大数据云计算等技术化作“养分”滋养“大脑”，以此来推动人工智能技术从当前“弱人工智能”向未来“强人工智能”的进步，从而实现真正意义上的智能化在线调解，也即“智能互联网+调解”。

2019年，我国人工智能的发展正在稳步推进中，随着关键技术的日趋成熟，目前我国在人工智能语音识别技术以及计算机视觉等领域取得了可喜的进步，例如科大讯飞拥有深度全序列卷积神经网络语音识别框架，输入法的识别准确率达到98%；百度开发了人脸检测深度学习算法PyramidBox。这些人工智能关键技术的进一步发展将会在未来对我国“智慧法院”的建设以及“互联网+调解”平台的发展起到关键作用。

---

① 参见杜峰：《多地两会明确建上万5G基站，2020年将成中国5G爆发年!》，载搜狐网，https://www.sohu.com/a/367189368_100263313，最后访问时间：2020年5月19日。

② 龙飞：《人工智能在纠纷解决领域的应用与发展》，载《法律科学》2019年第1期。

当前，我国司法实践中已经有对人工智能的初步运用，例如北京市高级人民法院“睿法官”智能研判系统，上海市第二中级人民法院 C2J（Court to Judge）智能辅助办案系统，以及浙江省高级人民法院“小智”AI 法官助理。然而目前人工智能在纠纷解决领域的应用仍处于一个较为低级的阶段，主要表现为在司法审判领域，通过预先输入人工智能系统内的知识图谱以及程序代码，帮助法官完成一系列程序性事项以及对于类案裁判的整理等辅助工作。然而对于将人工智能与大数据、云计算等技术结合在一起，通过在线纠纷解决平台的人工智能完成诸如纠纷精准识别、类案同步推送、法律风险分析、裁判结果预测甚至进一步模拟人工调解员进行调解等技术则远没有在目前的在线纠纷解决平台中得到体现。这其中一方面的原因在于人工智能技术在法律领域的应用才刚刚起步且多用于司法审判领域，在调解领域人工智能技术应用不多，相应的人才和技术储备不足。另一方面的原因则在于调解相关的数据量严重不足，不能达到人工智能技术所要求的“大数据”，且调解本身对于保密性存在一定的要求，这也对数据的搜集带来了很大的障碍。

随着 5G 网络的逐渐普及，整个社会的信息量将在当前信息爆炸的社会基础上进一步的膨胀，海量的数据充斥着网络空间，伴随而来的则是规模比现在更为庞大的互联网相关纠纷。届时，相比起传统纠纷解决方式具有更方便快捷、成本低廉等特点的在线纠纷解决机制势必会被更多人选择。此外，随着区块链技术被逐步引入到在线纠纷解决平台中，困扰在线调解发展的保密性问题将得到很大程度上的解决。在海量纠纷数据的推动下，人工智能可以通过平台对不同的纠纷信息进行采集以及数据分析从而形成结构化数据，并根据纠纷的不同来匹配合适的解决方式，从而实现各类解纷资源的智能配置和开放共享。同时人工智能在对平台用户纠纷解决信息进行采集和分析后，能够进一步通过大数据分析为当事人提供准确、快速的法律风险分析、类案同步推送、裁判结果预测等智能化功能。因此，基于人工智能和大数据的案件预测将深刻影响当事人的诉讼行为和法律纠纷的解决。[①] 通过智能化的在线纠纷解决平台，当事人能够更为方便地对自己行为的法律风险进行评估，从而改变自己接下来的决策，从源头减少纠纷的产生。

① 李晟：《略论人工智能语境下的法律转型》，载《法学评论》2018 年第 1 期。

（二）助力调解法律大数据的进一步发展

自从“大数据”这一概念被提出之后，其已经逐渐成为世界各大国家及其管理部门和各类社会经济体用来预测和决策的重要工具之一，并且不断地体现在国家治理以及商业决策的过程中。受限于不同领域的数据所具备不同的表现形式，目前大数据产业已经开始逐步细化，针对不同的产业而产生细分的大数据产业。

在所有的大数据相关细分产业中，法律大数据产业仍处于发展的初期阶段，目前我国法律大数据产业的发展状况主要表现出如下几点特征：第一，法律大数据产业尚处于起步阶段，相关产品和服务的研发工作刚刚达到学术界以及实务界使用的要求。第二，法律大数据产业的基本产品形式以及服务模式还未成型，目前相关的研究以及经营机构对此还处于探索阶段。第三，包括我国政府法律部门在内，不管是实务界的法官、检察官以及律师，还是学术界的学者、研究人员，对于法律大数据的发展均抱有厚望。

法律大数据包括广义与狭义的法律大数据，其中广义的法律大数据既包括因法律行为和法律关系产生的信息和数据，也包括其他与法律有关的所有信息和数据。① 调解作为我国多元化纠纷解决机制中的重要一环，对于调解的法律大数据建设还处于一个更为落后的阶段，这一方面受制于调解本身所具有的平等自愿等原则，使得对于调解的数据收集工作进展困难。另一方面受限于调解的灵活性特点，不同调解环境之下所形成的协议等文本互相之间的差异化大，转化成数据的过程相较统一格式的法院判决书具有更大的难度。因此，目前我国省级范围内正式投入实际使用的调解大数据平台仅有浙江省司法厅建设的浙江省人民调解大数据管理平台（http：//220.191.216.49/login），该平台已经实现与浙江 ODR 平台的对接互通，调解员在登录调解平台后，不仅可以将需要使用视频调解的案件导入 ODR 平台，在 ODR 平台上实现在线视频调解；还可以直接跳转到 ODR 平台实现在线申请司法确认。②

① 李鑫：《中国法律大数据产业发展研究》，载《经济与社会发展》2017 年第 2 期。

② 参见《浙江省人民调解大数据管理平台与浙江 ODR 平台互通实操手册》，载在线矛盾纠纷多元化解平台网站，https：//yundr.gov.cn/jsp/index/ news.html，最后访问时间：2020 年 5 月 20 日。

随着5G的全面铺开，未来通过“互联网+调解”的方式来化解矛盾将会成为一个低成本、高效率、灵活便捷的纠纷解决途径，而随着在线调解为越来越多纠纷当事人所选择，“互联网+调解”平台所能够收集到的纠纷调解数据也会出现快速增长，这就使得调解法律大数据能够从根本的数据来源以及数据数量上得到长足的进步，为调解大数据的进一步发展提供强大的助推力。

（三）通过万物互联实现纠纷解决全过程的前后贯通

在线纠纷解决机制构建于互联网之上，通过互联网这个平台，借助相关互联网技术将调解的场景和机制在互联网中进行数据化重构，以此来突破传统模式对“面对面”的空间要求，同时能整合各类调解资源，使得不同规则、不同渠道的调解都能在一个平台上为当事人所选。

假如把纠纷从最初产生到最后得到解决分为三个部分：第一部分为纠纷前端，即纠纷发生的当时当地那个场景，这个场景可能是医院、工厂甚至是互联网上等。第二部分为纠纷中端，即纠纷双方当事人寻求各种解决纠纷的方式和途径的过程。第三部分为纠纷后端，即寻求司法救济，通过诉讼的方式解决纠纷。在线纠纷解决机制即位于纠纷中端，一方面能够像漏斗一样筛选流向法院的纠纷，另一方面可以处理由后端法院回流到中端的纠纷，形成了一个良性的循环。但是从当前我国在线纠纷解决平台的发展情况来看，虽然人民法院建立的平台已经初步打通与法院之间的诉调对接途径，能做到纠纷“一站式处理”，但是平台对于纠纷产生之地的“前端”场景却没有涉及。这其中的原因是多方面的，但是5G的出现无疑为此带来了一丝曙光。

5G的到来，给万物互联提供了更强的技术支撑，其超高速、超低延时的数据网络将使得物联网所产生的海量数据能得到远超于当今的数据传输速度。同时，5G的泛存在、低能耗的特点使得5G状态下的终端始终处于互联状态下，通过云技术，构筑覆盖全省、全国甚至全球的云端网络，实现任何人能在任意地点、时间与任何对象进行交流的目的。例如在远程医疗的过程中，假使患者与医生发生纠纷，个人终端内置的人工智能通过智能语音识别技术识别出当前的情况，并且自动连接在线纠纷解决平台，而平台内置的人工智能助手则根据当事人描述的情况通过大数据分析，自动给当事人同步推送类案分析，并给出法律风险分析报告、纠纷解决建议以及裁判结果预测等。并且平台可以对接个人终端的数据端口，将远程医疗过程中产生的相关音视频采集并固化成相关证据，上传至平台证据链，为接下来可能的诉讼做准备。

此外，平台还可以通过对接未来智慧医院的内置系统，并调取与当事人纠纷相关的病例以供纠纷解决使用；也可以对接未来我国的智慧城市系统，通过城市内的传感器以及摄像头所构建的“神经网络”实现纠纷发生现场“第一手数据”的收集工作。由此纠纷解决的全流程以在线纠纷解决平台为中心前后贯通，大大提高了纠纷解决机制的整合度，同时也降低了当事人解决纠纷的难度以及复杂程度。

（四）改变当前“互联网+调解”的沟通模式

在线纠纷解决在借助互联网突破传统模式“面对面”的空间限制，获得了相比传统模式更为便捷、低廉、灵活优势的同时，也由于互联网虚拟性的特征而失去了“面对面”交流所带来的优势。例如面对面的肢体语言相比通过在线文字或者微信语音交流显得更直观、感性以及生动，更不容易产生理解上的歧义。此外对于需要观察当事人面部微表情的调解员来说，在线调解会使得她无法准确地把握当事人此时此刻的心理活动状态。这些缺点都是当前在线纠纷解决机制“屏对屏”的沟通模式所无法回避的问题。而5G的到来将毫无疑问地激发VR和AR技术的潜能，使其变成人机交互的重要平台。例如在2019年乌镇世界互联网大会上中国移动展台所展示的8K+VR直播，通过5G网络对超高清内容的传输，能够实现远隔千里却如临其境的全新体验。这将从根本上打破在线纠纷解决机制“屏对屏”沟通模式的缺点，使得纠纷当事人以及调解员能通过VR技术在互联网上身临其境地“面对面”交流。

当然，高清VR设备的普及仍然需要一个循序渐进的过程，在当前一段时间内通过VR技术进行在线纠纷解决仍然存在重重困难。但是，5G除了在高清VR直播中不可或缺的作用以外，其本身的高带宽、低延迟以及移动性等特点也将使得目前通过文字聊天、微信语音等初级形式进行在线调解的方式退出历史舞台，“互联网+调解”将正式迈入通过超高清视频通话方式进行调解的阶段，即便当事人在搭乘高铁还是地铁，其都能够流畅地通过超高清视频通话的方式与调解员以及对方当事人进行沟通协商。

（五）促进国际商事纠纷在线调解制度的进一步完善

5G技术相比当前使用的4G技术，其最鲜明的特点即在于5G技术的高速度以及低延时这两大特点，这也使得人们通过移动互联网进行跨国际交流时将变得更为便捷。尤其是在涉及案情复杂、解纷难度高以及当事人数众多的大型同时在线纠纷解决时，5G相比当前4G技术的优势将是全方位超出的，更高的数据传送速度以及更低的数据传送延迟所带来的是畅通无阻的高清视频会议，即时的超大文档传输以及在线展示等等功能的进一步完善和提升。而这在中国加入《关于调解所产生的国际和解协议公约》（以下简称《新加坡公约》）的背景下，5G技术在在线纠纷解决机制中的运用，将会为未来我国国际商事争议调解制度的进一步发展与完善带来强大助力。

根据《新加坡公约》第1条第1款的规定：《新加坡公约》适用于调解所产生的、当事人为解决商事争议而以书面形式订立的具有国际性的协议（“和解协议”）。从该规定中我们可以提取出影响该公约适用范围的三大因素：商事争议、书面形式、国际性。在此三大因素当中，值得我们注意的是《新加坡公约》对“书面形式”的要求。在《新加坡公约》第2条第2款中规定：和解协议的内容以任何形式记录下来即为“书面形式”，其中尤其规定了电子通信所含信息可调取以备日后查用的，该电子通信即满足了和解协议的书面形式要求。从该条规定中我们不难发现，未来通过在线纠纷解决平台实现跨国商事争议的解决将成为国际商事调解的主流方式，只需要将在平台在线调解过程中的视频以及相关的文件保存下来，那么通过在线调解达成的国际商事调解协议将可以在《新加坡公约》的任意缔约国得到执行力上的保证。而5G技术的大规模推广以及使用，将使得通过在线调解平台解决国际商事争议这一方式更为便捷以及顺畅，甚至可能成为将来国际商事争议解决的主流方案。然而当前我国对于商事调解的相关法律规定仍处于一个缺失空白的状态，这不仅表现在商事调解基本法律以及具体程序规则的空白，也体现在商事调解相关组织机构的行为规则统一化、国际化不足等问题上。

因此，在《新加坡公约》签订以及5G的大规模推广使用的背景下，将“倒逼”我国完善相应的国际商事调解的法律法规以及配套制度设计，使其更为完善。

结　语

信息时代，互联网已经成为一种新兴的生产力工具被不断地应用于传统行业当中，其与传统调解的融合形成的全新领域——“互联网+调解”在我国兴起并被运用到纠纷处理的一线当中去，但其在发挥自身优势的同时，也逐渐显现出自身的缺陷。“互联网+调解”应当凭借5G这股东风，抓住机遇着力于提高平台智能化水平、助力调解法律大数据的进一步发展、打通纠纷前后端的隔阂、升级沟通模式、促进国际纠纷在线调解制度的完善，实现“智能互联网+调解”。

专题二十五　线上调解制度的现实困境与完善路径

——以C市P区“和合智解”e调解为研究样本

曾若溪[*]

当前，社会正处于快速发展的转型期，多元的社会主体产生了多元的利益诉求，其中纠纷解决机制亦有不少多元化的声音。自党的十九大正式将我国现有的社会矛盾归纳为人民日益增长的美好生活需要和不平衡不充分的发展之间的矛盾以来，充分满足社会不同需求便成为各领域潜在的工作原则。然而，“案多人少”“诉讼爆炸”等现象使得这一矛盾在法院审判中表现尤为突出，其本质反映出群众对优质法律服务的多元需求与司法资源有限性之间的突出矛盾。因此，如何高效利用有限的司法资源以及全面推进“诉源治理”成为司法活动中的关键环节。

目前，在我国的司法实践中已经形成了一套适合国情的多元化纠纷解决机制，其中包括人民调解、诉讼调解、仲裁等。尤其是人民法院调解制度，在解决纠纷的实践中发挥着不可替代的作用，其虽为诉讼程序的一环，但却有别于诉讼，无须像诉讼一样需经历复杂的审判才能解决纠纷矛盾。① 随着网络技术的快速发展，将网络技术引入调解制度中成为司法工作的创新举措。实践中已经有了许多的探索，其中较为典型的是C市中级人民法院依托互联网于2016年6月正

* 曾若溪，四川省成都市郫都区人民法院法官助理。

① 章武生：《民事简易程序研究》，中国人民大学出版社2002年版，第293页。

式启用“和合智解”e调解司法应用平台①（以下简称“线上调解”）。该平台着力推进司法解纷的“供给侧改革”，实现多元化多层次的司法资源供给，从而满足群众对纠纷解决高效便捷和多元化的法律需求。C市中级人民法院开展的线上调解可以说是顺应了时代发展的需要，在实践中收到了不错的效果。但毕竟是新生事物，这项初衷良好、官方推崇的线上调解应用平台在实践中却不尽如人意。对此，笔者将通过理论研究和实证分析等方式对该平台使用效果未达预期的原因进行探究，并提出具有针对性的完善建议与对策，以期对线上调解制度的建构有所裨益。

一、问题：线上调解制度之困境检视

线上调解是指在当事人达成调解合意后，由法院立案委托给特邀调解员，由特邀调解员通过网络平台进行调解；调解成功后，经人民法院审查并制作调解书。事实上，“和合智解”e调解平台即是如此，法院在立案后委托给特邀调解员进行调解，调解成功后由人民法院审查并制作调解书结案。这实现了传统调解在工具和方式上的创新，本质上是利用现代网络技术实现当事人网上会面，从而化解纠纷矛盾。其基本运作程序包括线上申请、线上审查、线上通知、线上受理、线上调解。在线上调解后，如果达成合意，各方当事人应携身份证明材料到法院签署书面调解协议，最终形成具有法律效力的文书。在实际操作中，一般由调解员线下收到材料后，通过分析案件情况并询问当事人是否愿意线上调解，会略过线上申请和审查的环节。线上调解作为一种新型纠纷解决方式，其在处理事实清楚，争议较小，涉诉金额小且当事人间物理距离远的民事纠纷时具有天然的优势。

线上调解制度在纠纷解决时具有高效、便捷、及时等优势，但在C市P区的司法实践中却没有达到预期效果。调查发现，其他几个试点区法院也存在类似“遇冷”的情况，值得深思。笔者调查发现，线上调解制度的困境主要表现在以下三方面。

---

① 王鑫、刘方祺、陈喧：《“和合智解”e调解平台解决纠纷也玩O2O》，载《人民法院版》2016年6月26日，第05版。

（一）线上调解受案有限

尽管线上调解有诸多的便利，且线上调解主要面向小额、简单以及自然人之间的纠纷，理论上其案件数量应占据法院全部受案量较大的比重。但是在现实中，线上调解便捷、高效、迅速的优势并未对当事人产生吸引力，甚至对于法官而言亦有某种担忧。因而，线上解调制度在实践中存在分流少、受案有限的困境。

首先，线上调解案件总数少。据 C 市 P 区的统计数据显示，线上调解受案量不及人民调解总数的 4%。据统计，P 区法院 2016 年 6—12 月线上调解案件共 32 件，2017 年共 87 件，2018 年 1—5 月共 37 件，而 2016 年 6—12 月通过人民调解达成协议的案件为 1 287 件，2017 年为 2 664 件，2018 年 1—5 月为 726 件。统计结果显示，近两年 P 区线上调解受案总数不到人民调解案件总数的 4%。可见，线上调解的受案数量未达到预期效果，并未随着案件总量的增加而提高相应份额。

其次，线上调解案件类型单一。线上调解案件不仅数量偏少，而且案件类型还比较单一。据统计数据显示，线上调解案件主要集中在民间借贷纠纷、离婚纠纷以及房屋买卖合同纠纷类案件。统计显示，自线上调解平台运行两年以来，P 区法院的线上调解案件总数为 156 件，其中民间借贷、离婚纠纷、房屋买卖合同三类案件收案数分别是 40 件、60 件、20 件，共占 P 区法院所有线上调解案件的 77%。此外，还有少量交通事故纠纷和劳动争议纠纷案件采用了线上调解方式。不仅 P 区法院有这样的问题，即使受案量大、经济发达程度更高的 C 市亦存在受案类型单一的情况。让人诧异的是，侵权纠纷和买卖合同纠纷等常见案件却并未通过线上调解进行解决。可见，线上调解案件类型单一受限，适用性有待进一步提高。

最后，线上调解收案渠道狭窄。统计表明，100% 线上调解案件均来自人民调解员的主动建议，没有当事人或律师主动选用线上调解。更为严峻的是调解员主动建议之下，亦有许多当事人或者律师不愿意选择线上调解。更遑论有当事人或者律师会主动选择线上调解作为解决纠纷的方式。需要说明的是，诉讼并不是当事人可选择之事，而是解决纠纷的最后手段，故当事人或者律师都会迫不得已地选择此方式解决问题。但是，线上调解则不同，线上调解虽然是由法院主推，但是却由人民调解员进行，该调解方式旨在为法院案件分流，因此该形式并不是一种受到当事人或者律师主动选择的方式，故而就会出现收案的渠道狭窄的问题。

（二）线上调解“证伪”困难

线上调解价值定位为高效、便捷、定纷止争，但由于线上调解本身存在瑕疵，使得线上调解制度面临了诸多困境。其中，线上调解在实践中亟须解决的困境就是“证伪”。网络作为一个虚拟交流环境，不可避免地为虚假陈述等提供了生存空间。就算当前的科学技术可以实现这一目的，但是其成本极其高昂。如果投入巨额的成本，解决的却是一个较小的纠纷，那么对于司法资源来说无疑是极大的浪费。由于在现实当中对于当事人所举证据的查证存在困难，那么会导致另一个更为严重的问题，即承办法官担心造成错案而对该程序的选择产生畏难和抵触情绪。具体而言，线上调解“证伪”困难表现在：

第一，线上调解制度面临当事人“身份造假”的风险。事实上，通过“屏对屏”的方式进行身份验证，虽在实践中采用视频方式可看清当事方外貌，为身份查明提供便利，但仍不排除利用假身份信息进行会面，事后当事方不承认参与过调解过程。

第二，线上调解制度面临“证据造假”的风险。虚拟网络环境本身就是一个可变的空间，其间存在诸多人类目前还未掌控的风险，这为当事人、证人利用虚假技术提供虚假证词提供了方便。此外，对于证人证言的判断亦存在不足，因为缺乏法庭的庄严和面对面的压力，当事方往往会采用更有利于自己的言辞证据，从而对于当事人的陈述以及证人证言的判断就存在困难。

（三）线上调解履行率低

线上调解制度是否必要，需要以其对于现实问题的解决成功率作为评价标准。这是新生事物的普遍评价标准，当然也是评价线上调解制度是否浪费司法资源的重要指标。当然，当前线上调解制度还处于探索阶段，许多问题尚未解决，还不能客观地评价该制度是否必要。不过，可以将其调解履行率的问题提出来，作为需要完善的问题之一。

为了真实地了解线上调解制度的履行率问题，笔者通过对案件当事人回访以及查阅相关案件信息等方式，对P区法院开展的线上调解案件履行情况展开了全面调查。据统计，2016年6—12月P区法院线上调解结束后自动履行案件共10件，2017年为20件，2018年1—5月为5件，而2016年6—12月线上调解案件通过的司法确认强制执行的案件为5件，2017年为10件，2018年1—5月为10件。同时，2016年线上调解结案的案件为32件，2017年为87件，2018年1—5月为37件。综合来看，线上调解履行案件数不到调解案件数的36%。换言之，线上调解的履行率只有约1/3，这样的履行率无法证明线上调解兼具高效及时等优势。

二、反思：线上调解困境之原因剖析

梳理线上调解遭遇的困境，不难得知线上调解在收案、调解以及履行等三个阶段都存在不足。这些不足一方面与线上调解作为一个新生事物，发展不完善有关；另一方面则与当前社会公众对于线上调解的认知程序、认可程度有关。具体包含如下几个方面：

（一）线上调解的低社会认知度限制受案数量

为深入分析线上调解受案数量过少的原因，笔者展开了实证考察。笔者以P区法院立案大厅里的普通群众、涉诉当事人以及职业律师对线上调解制度的认知情况展开了调查。笔者随机发了400份调查问卷，其中向普通群众和涉诉案件当事人、职业律师分别发放200份、100份、100份问卷。最终回收有效问卷共360份，普通群众180份、涉案当事人90份、职业律师90份。

统计显示，有94%的普通群众对线上调解制度没听过或者是不了解，有90%的涉诉当事人对该制度没听过或者不了解，有87%的职业律师不了解该制度。综合看来，不到5%的群众或当事人对该制度很了解，使用过或者了解过该系统。这说明，公众特别是当事人对该制度的了解甚微。如果说专门到法院来解决纠纷的当事人对于线上调解认知程度都如此低，那么社会公众对于线上调解的认知程度显然会更低。

社会公众、涉案当事人甚至职业律师都不了解线上调解制度，那么如何指望这些主体选择线上调解制度作为解决纠纷的方式？事实上，这就是一个信息偏在的问题，如果这个问题得不到解决，那么线上调解就很难得到当事人的选择，从而线上调解数量亦无法增加。

（二）当事人选择线上调解的积极性不高

在大调解的背景之下，线上调解高效、及时解纷的制度优势显而易见。然而，实践中并没有发挥其预期效果。通过与调解员、当事人进行交流，笔者发现当事人选择线上调解积极性不高的原因主要有以下几方面。

一是部分当事人不会上网，系统操作困难。截至2017年12月，我国非网民规模为6.11亿，其中农村非网民占比62.4%，也就是说农村人口是非网民的主要组成部分。调查发现，因不懂电脑、网络、拼音等知识水平限制而不上网的为91.7%，上网技能缺失以及文化水平现实是阻碍非网民上网的重要原因。[①] 作为基层法院，绝大部分潜在当事人都是农村非网民，对网络极为陌生，更不要说通过网络进行纠纷解决了。

二是当事人对线上调解隐私性保护存在不信任。民众对网络环境的不信任及对线上调解制度本身不信任等因素，综合引发了对线上调解的不信任。据2018年1月CNNIC公布的互联网发展状况调查结果显示，民众对互联网信任程度为：非常信任的为6%，比较信任的占29%，而感觉一般或不太信任的占65%。[②] 这一调查表明，我国民众对互联网的信任程度低。此外，对线上调解程序本身存在的不信任，表现在对素未谋面的调解员的中立性存在疑虑，形成的调解协议是否具有强制执行力。如果没有执行力，又回到诉讼程序，“起诉—调解—再起诉”反而更浪费时间和精力。同时，线上调解系统本身的安全和保密性，存在造成当事人个人资料和调解视频外流的风险。因而，如何提高当事人对网络环境的信任度，增强当事人对线上调解程序的信任感，是实务中迫切需要正视和解决的问题。调查显示，部分当事人表示，线上的调解会全程录像和拍摄，担心网上隐私泄露和录音录像资料被公开，从而使得涉诉案件及整个调解过程被所有人观看。

① 中国互联网络信息中心：《中国互联网络发展状况统计报告》，2018年1月，第31页。
② 中国互联网络信息中心：《中国互联网络发展状况统计报告》，2018年1月，第31页。

因而，碍于面子和安全考虑，不愿选择线上调解。

三是线上调解系统本身不稳定性。线上调解制度实质上是借助了互联网工具打造了纠纷解决环境和场所。利用该环境具有几个优势：一是打破了时间和距离的界限，在任何有网络和设备的地方均可进行调解；二是缩短了会面的时间和成本，极大地提高了效率和节约了各方资源。常见的网络技术工具包括电子布告栏、语音聊天室、网络视频会议等，而P区现在采用的是特定调解系统的视频方式，需要通过电脑下载专门App登录才可以使用该系统。对基层法院而言，很多当事人不会操作和使用该系统，需要专人给予讲解甚至代位操作。目前的线上调解技术尚未实现普适性，一方面必须使用电脑端才可以进入系统，另一方面操作流程并未实现简明好操作，从而限制了线上调解制度的广泛使用性。因而，网络系统和工具的稳定性影响着效用的最大限度发挥。调查发现，在实务操作中，P区线上调解系统出现过耳塞没声音、话筒无声或出现杂音以及系统登录失败等操作问题。尤其在实务中，如果遇到一方当事人利用手机进行线上调解时，法院须派专人对其手机视频进行录像方能成为调解存档资料，这都严重影响线上调解的效率，降低当事人的体验感，增加法院推行的难度，引起当事人的排斥心理。

（三）线上调解平台智能化建设不足影响使用率

通过互联网打破时间、空间的束缚，能极大地减少当事人的诉讼成本，提高纠纷解决的效率。[①] 但是，受制于参与主体、平台建设和保障机制等多元影响，线上调解出现“走过场”等流于形式的情形。

一是平台建设与保障机制不足。比如，C市P区法院线上调解e平台的运行与维护未配置专职人员，该项工作由立案庭一名书记员兼职承担。由于法院的日常审判和其他工作繁重，几乎都是利用休息时间来完成大量的网上调解工作。此外，经费保障也不够。因线上调解平台建设需要投入大量资金，耗时耗力，很多地方党委政府对线上调解平台重视不够，申请平台建设项目难以批准，而且审判时间长，经费不能足额、及时到位。在硬件配置方面，也存在系统不流畅、技术

① 胡仕浩：《中国特色多元共治解纷机制及其在商事调解中应用》，载《法律适用》2019年第19期。

支撑不足等问题尚未完全解决。

二是线上确认程序缺失。人民调解员主持的线上调解无法制作调解书，只有在线下由法官主持制作调解笔录，然后再由当事人签字从而制作调解书。这其间有一个转换程序，且需要一定的时间，给予了当事人反悔的机会。当然，这个问题并不是我国独有，事实上国外许多国家在推进线上调解制度时就有过探讨，并且积累下了具有借鉴意见的经验。从定性上讲，线上调解一般具有合同效力。[①]在荷兰，线上调解协议自动具有法律效力；[②] 在美国，线上调解协议的法律约束力由当事人合意选择。[③] 那么这就意味着当事人在线上调解时以达成一种合意的方式发生法律效力，这就不需要再向线下法院调解程序进行转化，从而也不存在当事人反悔的“时间间隔”。因而，如何让当事人遵守调解达成的协议或用制度对其行为进行限制，实践中显得尤为重要。

三、破解：线上调解机制之完善进路

虽然线上调解程序中使用“屏对屏”的交流方式，能缓解部分当事人情绪资源缺失[④]和降低诉讼成本，但也失去了“面对面”交流的种种优势。因而，我们应该正视线上调解的制度缺陷，从而更好地发挥其在特定案件中制度作用。线上调解尚未成为一种普适性的纠纷解决方式，理论和实践中都还存在诸多不足。为了破除上述困境，应当从公众认同、制度规范和技术支撑这三方面加以改善。

（一）通过宣传增加线上调解的认同感

伯尔曼曾说，法律必须被信仰，否则它将形同虚设。[⑤] 当然信仰是有条件的，其中一个最为基本的条件就是被信仰的对象被人们充分理解。事实上，我们早已经走出“刑不可知，则威不可测”的时代，一种法律制度如果不被知晓，那么

---

① 梁瀞心：《线上解决争议机制之研究》，中国台湾世新大学2007年硕士学位论文。

② 此处法律效力不等于强制执行力。

③ Thomas Schultz: The Current State of Play in ODR, CCform project, 2nd meeting, 20 March 2003, p. 2.

④ 王聪裕：《数位化商品在网络交易之规范——以美国统一电脑资讯交易法为中心》，中国台湾文化大学2003年硕士学位论文。

⑤ ［美］伯尔曼：《法律与宗教》，梁治平译，三联书店1991年版，第28页。

在现代法治背景之下是无法被认同，更遑论信仰。因此，线上调解制度应设计科学合理的制度获得公众的认同感。具体地可以从以下几个方面展开：

首先，加强社会宣传。经过上文分析，线上调解制度的认知度低，并且已经严重制约线上调解的受案率。那么要提高线上调解的收案数量，最应当做的就是把线上调解制度作为从法院案件分流的一个重要制度，并且通过网络、电视、自媒体、送法下乡等各种宣传媒介对该制度进行综合宣传，重点突显线上调解制度的便捷性和权威性。其次，加强对涉诉当事人和职业法律人的引导，使其可以充分权衡各种纠纷解决机制进而选择包括线上调解机制在内的纠纷解决方式。具体地，可以在诉讼服务中心放置醒目的指示牌，告知调解流程和程序，并且安排专人指导当事人进行软件系统的操作等。最后，树立典型案例，给线上调解提供真实的案例支撑。"一个案例胜过一打文件"。事实上，任何宣传都比不上一个真实的案例，因为律师需要真实的案例来引导其对线上调解制度的判断，当事人需要真实案例来指导其进行线上调解的参与。线上调解的认同感提升了，那么线上调解也就会有更多的当事人选择，从而其受案率就会提高。

（二）运用区块链技术强化线上调解的可信任度

区块链作为一种新兴的科技技术，其应用广泛，不仅在数字金融、物联网、智能制造、供应链管理、数字资产交易等多个领域颇有建树，而且已延伸到司法领域。就线上调解而言，区块链技术也大有作为。区块链技术通过加密技术、分布式网络和共识机制构建了一个可信系统。在这种可信系统中，当事人真实身份的确定、真实证据的保存都得到了实现。可以说，区块链技术为打破线上调解自身发展的局限提供了机遇。

以区块链存证技术为例，区块链存证技术具有数据防篡改、能在一定程度上防止数据作假、公开透明、数据不易丢失等特点。① 区块链存证所呈现出的这些特点恰好满足了线上调解发展的急切需求。将区块链，存证技术应用于线上调解，进一步保证线上调解中证据的真实性，从而推动线上调解工作的顺畅进行。当然，区块链技术在线上调解中的不限于此。区块链所构建的可信系统进一步强

① 陈慰星：《区块链存证的类型化与司法功能再造》，载《中国社会科学报》2020 年 8 月 26 日，第 3 版。

化了线上调解的可信任度，弥补了线上调解在“证伪”方面的缺漏。

（三）增设网签程序提高调解的成功率

习近平总书记提道：“没有网络安全就没有国家安全，没有信息化就没有现代化。”作为司法审判机关，在司法实践中实现审判的信息化是互联网时代的内在要求。以往的制度配套都是以传统线下诉讼为基础的，在发展线上调解的今天，就必须对一些制度进行重构，打破原来的结构。结构重构的同时将带来诸如权利、规则和对话方式的转变。①

线上调解是法院在立案后委托给特邀调解员进行的调解，调解成功后由人民法院审查并制作调解书结案。根据我国的法律规定，双方当事人都面临着对方反悔的风险。为了节约司法资源，把凝结了各方当事人和调解员的时间和精力的调解结果确定下来，需要增设一个网签制度，把线上调解的合意通过电子的形式加以固定，对参与调解的双方当事人形成约束。

若没有特别程序限制，当事人的随意反悔事实上是对诚信和调解权威的践踏，违背了及时解决纠纷的制度价值。这与线上调解制度的初衷不符，并且亦不是我们愿意看到的结果。为此，笔者认为，应当在线上调解达成口头协议之后，由当事人在网上签字确认。② 一旦确认，就具有线下签字同等的效力。接着，由调解员将网签过的协议交给法院确认，形成调解协议之后通过邮寄等方式送达当事人。这样，一方面第一时间确认双方意见，防止反悔或联系不到人造成司法资源的重复浪费，另一方面也是真正的方便当事人，避免再通过线下当面签字。

（四）增加财政投入完善线上调解平台技术

若希望线上调解制度得到当事人的信任，其中一个必不可少的因素就是线上调解制度在技术上是可靠的。事实上，有网络上达的今天，一方面网络给社会带来了便利，但另一方面网络也给社会带来了诸如诈骗等在内的不良后果。如何让当事人消除线上调解所具有不确定性，这不仅是一个认知的问题，更是一个技术性问题。

---

① 马化腾：《互联网+国家战略行动路线图》，中信出版社2015年版，第45—62页。

② 罗霄悍：《运用诉调对接机制推动诉源治理》，载《人民法院报》2019年08月2日，第2版。

此外，线上调解虽说是利用了网络的便利性，但是我国的农村地区，仍然存在线上调解技术平台难以普及的现实背景，从而线上调解可能无法向简单纠纷、小额纠纷普遍的农村地区延伸。因此本文认为应当实质性地提高线上调解的便利性。所谓“便利性”，要求系统操作简明方便，能体现线上调解的价值优势。宏观上讲，便利性涵盖了硬件设施和软件系统两方面的具体要求。一方面，硬件设备的便利上包括，网络速度、宽带频率、视频音频等设备保障。另一方面，软件系统上的便利则要求网站设计简明、网站链接方便和操作程序简单等。对于初次接触线上调解系统的当事人，需要进行图文指导，甚或配备专人进行操作指导。此外，还要考虑到我国移动互联网比例远比连接光纤和网线的电脑用户多，因此，为了更为广泛地适应我国的现实国情，还应当开发移动互联网客户端的线上调解程序。

上述便利性的实现，都离不开必要的资金投入。目前，线上调解的手机 App 端还未完全普及，尚不能像 QQ、微信等实时通信设备那样实现随时随地“随手调解”。因此，国家财政机关或者法院的财务部门应当充分了解线上调解平台的运营需要、切实地选取恰当技术，并且投入充足的资金对相关的技术进行开发。此外，线上调解平台由于处于虚拟空间内，容易遭受不明身份的攻击，因此需要成立专门的技术服务团队，着力对这一平台的安全性和流畅性进行维护。

结　语

无论是何种纠纷解决机制，都是在解决实践中的新问题和适应时代发展产生的。随着“案多人少”等现象不断突出，完善多元纠纷解决机制显得越来越重要。调解作为定纷止争的重要机制，能减轻法院的审判压力，满足人们日益多元化的法律需求。而利用网络技术形成的线上调解，由于其具有高效、及时、低廉等优势能分流一部分案件。但就目前而言，线上调解还存在诸多缺陷。因而，我们应完善相关制度和程序，借助网络技术创新，切实发挥线上调解制度优势，从而真正满足群众对纠纷解决高效便捷和多元化的法律需求。

专题二十六　我国法院在线调解机制的现状梳析与困境纾解

史甜甜*

近年来，随着社会解纷需求的不断扩大与司法改革的全面深化，智慧司法应势兴起。其中，调解作为纠纷解决机制中化解社会矛盾、分流诉讼案件的重要一环，也伴随智慧司法浪潮朝着信息化方向发展，衍生出法院在线调解机制。法院在线调解机制是法院为促成纠纷主体矛盾化解，利用现代信息网络技术搭建的汇集社会多元调解资源的网络平台以及与此相关的一系列衔接配套制度所组成的综合机制。随着法院在线调解机制建设的不断深入，社会各界对其现实意义和未来图景的思考不断聚焦。

一、法院在线调解机制的现实意义

在线调解与线下调解相比，在空间与时间上都具有明显优势，这正是在线调解存在与发展的一个重要内因。一方面，移动互联时代，法院在线调解机制对于当事人而言，多了一种程序选择权；于法院而言，也发挥了便民利民的功能。[①]另一方面，在线调解机制使传统调解的解纷优势充分释放，对于维护社会公平正义、推进社会治理现代化均具有重要意义。

* 史甜甜，湘潭大学法学院硕士研究生。

① 董青梅、陈建丽：《“在线调解”再塑新时代“枫桥经验”》，载《人民法治》2018 年第 z1 期，第 129 页。

（一）高效解纷的社会治理新方法

在经济高速运转的现代社会，迅速解决纷争是每一个纠纷主体所追求的目标，而缓慢、拖延的解纷方式势必会引发公众对司法的不满。更重要的是，一旦轻微、细小的矛盾纠纷不能得到及时、圆满化解，社会治理的成效也必然会受到严重影响。

人民法院推进“一站式”在线调解平台建设是提升司法能力，有效引导现有各类解纷资源发挥社会治理功能的积极举措。首先，“枫桥经验”作为基层社会治理的典范，对社会转型期打造共建共治共享的社会治理新体制具有积极的借鉴意义。① 法院利用现代信息技术，传承“枫桥经验”的精神内涵，借助互联网、移动终端等技术打破时间、空间对传统调解方式的束缚，使不同地域的当事人在足不出户的情况下依靠手机或者电脑就可以异地化解纠纷，一方面拓展了司法维度；另一方面也推动了司法工作向纠纷源头防控延伸，对于深化诉源治理具有重要意义。其次，以平台功能为视角，法院在线调解平台不仅整合全社会的解纷资源，进而根据纠纷类型优化资源配置，提高调解的质量与效率，而且通过网络平台分流诉讼案件，提升社会治理效能。最后，法院在线调解平台通过网络平台后台对纠纷类型、纠纷原因等信息数据进行整合分析，指导法院更加精准防范纠纷矛盾，提出有效的治理建议。

（二）维护社会公正的新渠道

2019 年上半年，全国法院新收案件 1488.9 万件，同比上升 14.54%，社会公众对法治、公平、正义等方面的需求日益增长。② 虽然诉讼具有足够的公信力与权威力，但从民事司法的常态来看，也不是所有的纠纷都适宜“非黑即白”的判决方式。从最大限度低成本接近公平正义的角度来看，法院调解因其特性恰恰是最容易使社会公众触摸到公平正义的一种纠纷解决机制，法院在线调解平台则是信息时代维护社会公平正义的新途径。

---

① 朱玉梅：《法治维度下的基层社会治理创新——基于新枫桥经验的思考》，载《江南社会学院学报》2019 年第 4 期。

② 《新收案件数持续增长 结案数同比大幅增加 整体运行态势稳中向好》，载中国法院网，https://www.chinacourt.org/article/detail/2019/07/id/4234885.shtml，最后访问时间：2020 年 3 月 25 日。

首先，法院在线调解通过降低诉讼成本，使当事人更有机会实现公平正义。一方面，在线调解过程中，信息交流都是通过网络进行传递，为当事人节约了复印费、差旅费等，同时，通过法院调解结案的纠纷，减半缴纳诉讼费用，大大减轻了当事人的诉讼负担；另一方面，人工智能提供了辅助性司法活动的实践工具①，法院在线调解平台快速、准确、全天候地提供智能问答服务，充分的案例信息以及相关资源随手可得，通过平台还可对纠纷进行诉前风险预判，智能化的司法服务使社会公众可以更自助地维权。其次，调解注重对实质正义的实现，汇集多元解纷资源的网络平台是法院新时期维护公平正义的有益补充。在线调解程序因双方当事人自愿合意启动，保障了公正实现的前提基础。② 同时，调解的非对抗性、保密性与灵活性等特点，有效降低了当事人之间的冲突对立，使双方当事人能够正视存在的问题，促使当事人之间彼此对立的状态有可能转向和解，以使在线调解的案件结果最大限度地接近当事人所追求的正义。最后，通过对当事人之间达成的调解协议进行司法确认，为维护当事人的合法权益提供了司法保障。

（三）推进多元化纠纷解决机制改革的重要途径

矛盾纠纷类型的复杂性与多样性决定了纠纷解决机制应是多元、多层次的。调解、仲裁与行政裁决以及行政复议、诉讼这三道防线被认为是契合纠纷化解规律的理想模式，而非诉讼纠纷解决机制与诉讼的有机结合在更高层次上满足人民群众的司法需求时③，也契合“人民群众的司法需求到哪里，人民法院的司法服务和保障就要跟进到哪里”的理念。④ 对此，2016 年最高人民法院出台了《关于人民法院进一步深化多元化纠纷解决机制改革的意见》，提出创新在线纠纷解决方式，推动建立在线调解、在线审判等为一体的信息平台。2019 年最高人民法院印发《关于建设一站式多元解纷机制，一站式诉讼服务中心的意见》，提出

---

① 冯洁：《人工智能对司法裁判理论的挑战：回应及其限度》，载《华东政法大学学报》2018 年第 2 期。

② 唐茂林：《法院调解的规范化研究》，西南政法大学 2014 年博士学位论文。

③ 张甲天：《坚持把非诉讼纠纷解决机制挺在前面的实践路径》，载《人民法院报》2019 年 9 月 12 日，第 8 版。

④ 李娜：《最大程度满足当事人多元司法需求》，载《法治日报》2015 年 4 月 10 日，第 2 版。

要让在线调解成为一站式解纷的重要砝码。法院在线调解机制是对传统调解方式的创新与发展，利用好人民法院在线调解平台，促进司法调解与人民调解、行业性专业性调解组织有机衔接，建立健全调解与公证、仲裁等的衔接联动机制，着力完善调解联动化解机制，整合优化各类调解资源和力量，对推进、完善多元化纠纷解决机制意义非凡。

此外，习近平总书记强调“把非诉讼纠纷解决机制挺在前面”，而法院在线调解作为非诉讼纠纷解决机制中缓和社会矛盾、分流诉讼案件的重要一环，是推进全社会多层次多领域依法治理的强大助手。

二、法院在线调解机制的运行现状

2017 年最高人民法院出台《关于在部分法院开展在线调解平台建设试点工作的通知》，指定北京等六个高级人民法院和上海海事法院先行先试，明确提出线上调解与线下调解相结合，全方位满足当事人的多元司法需求。[①] 2019 年最高人民法院在北京等 12 个省市全面试点“移动微法院”电子诉讼平台，进一步推进法院在线调解机制的建设。截至目前，全国 31 个省区市及兵团分院均已开通“移动微法院”微信端口，法院在线调解机制的建设取得长足进步，成果显著。本文选择了最高人民法院的在线调解平台以及七大地理区内部分法院的在线调解平台为分析对象，其建设现状如表 1 所示：

表 1　部分法院在线调解平台运行现状

地区	法院名称	平台名称	上线时间	平台功能	备注
	最高人民法院	人民法院调解平台（http://tiaojie.court.gov.cn/）	2018 年 2 月	咨询、评估、司法确认等	截至 2020 年 4 月 16 日该平台入驻法院 2 815 家，专业调解组织 30 710 个，调解员 120 424 名，共调解案件 5 765 747 件

① 姚炎中：《最高法启动在线调解平台建设试点工作北京等 6 个高级法院和上海海事法院先行先试》，载《人民法治》2017 年第 3 期。

续表

地区	法院名称	平台名称	上线时间	平台功能	备注
华东	浙江省高级人民法院	在线矛盾纠纷多元化解平台（浙江 ODR，https://yundr.gov.cn/）；浙江移动微法院	2017 年 3 月在杭州市西湖区人民法院试运行 1.0 版本，2018 年 6 月浙江省高级人民法院作为业主单位开发 2.0 版本，推广至浙江全省（全国首个纠纷化解网络一体化平台）	调解策略及话术知识推荐、语音转写智能笔录、声扬与微表情识别等	截至 2020 年 4 月 16 日受理纠纷 778 673 例，调解成功率 88%，调解员 46 513 名，仲裁机构 11 家，咨询师 1 309 名
	安徽省高级人民法院	安徽移动微法院			
华北	山西省高级人民法院	山西移动微法院		“移动微法院”微信小程序：智能问答、法规查询、在线质证、制作笔录、电子送达等	“移动微法院”：2017 年 10 月，率先在浙江省余姚法院开展“移动微法院”试点，2018 年 4 月 9 日，最高法院信息中心牵头组建全国联合项目组，经过 4 个月全力攻关，开发出面向全国法院推广的版本即 4.0 版。“移动微法院”在前期浙江试点的基础上，将试点范围进一步扩大至北京、河北、辽宁、吉林、上海、福建、河南、广东、广西、四川、云南、青海 12 个省（区、市）辖区内法院。目前，全国 31 个省区市及兵团分院均已开通“移动微法院”
	北京市高级人民法院	“e 调解”App 与北京移动微法院	“e 调解”App 是北京威泰视信科技有限公司为北京市高级人民法院研发的远程在线调解系统。“北京移动微法院”微信小程序 2019 年 5 月上线		
西北	甘肃省高级人民法院	甘肃移动微法院			
	陕西省高级人民法院	陕西移动微法院			
东北	黑龙江省高级人民法院	黑龙江移动微法院			
	吉林省高级人民法院	吉林移动微法院			

续表

地区	法院名称	平台名称	上线时间	平台功能	备注
华中	湖南省高级人民法院	湖南移动微法院			
	湖北省高级人民法院	湖北移动微法院			
华南	广东省高级人民法院	广东法院诉讼服务网(连接广东法院多元化纠纷解决平台);微信“粤公正”小程序;广东移动微法院平台	“广东法院诉讼服务网”2017年12月上线;2019年1月微信小程序“粤公正”上线	“广东法院多元化纠纷解决平台”:在线质证、网上送达等;微信“粤公正”:计算工具、人脸认证及签名、诉讼风险评估、裁判案例、在线履行等	
	海南省高级人民法院	海南移动微法院			
西南	贵州省高级人民法院	贵州移动微法院			
	重庆市高级人民法院	重庆法院纠纷易解(http://www.cqfygzfw.com/cqjfyj/);重庆移动微法院	2017年9月“重庆法院纠纷易解”平台上线	“重庆法院纠纷易解”:多元解纷评测、司法确认、电子送达等	“重庆法院纠纷易解”截至2020年4月16日入驻人民调解机构2 522个,行业调解组织97个,行政调解组织58个

如表 1 所示,现今部分试点法院已经探索开发出区域性网络调解平台,且这些平台均已具备智能问答、在线交换证据、在线确认调解协议效力等基础功能,揭开了智慧法院在调解领域发展趋势的面纱。除此之外,法院在线调解平台多已畅通调解、在线立案、送达等流程,有效降低了当事人的程序担忧;在资源共享方面,部分省市已建成实现区域资源整合、多元调解力量相衔接的法院在线调解平台,如“重庆法院纠纷易解”与“浙江 ODR”在线调解平台吸纳区域内行业性专业性优秀调解员注册上网,衔接仲裁机构与各调解组织,为纠纷主体提供多元解纷资源。

但很明显的是,法院在线调解机制的建设还处于初级阶段。其中,最突出的表现就是作为推动智慧法院从初级阶段走向全面建设的重要成果的“移动微法院”仍然仅为初级阶段成果在微信平台的整合。“移动微法院”是依托微信小程序打造的移动诉讼电子平台,通过实际操作我们可以发现“中国移动微法院”总端口首页的“多元调解”板块仍显示处于暂未开发状态,“移动微法院”各分台的在线调解板块则多是链接至各省已有的网调平台或最高院的在线调解平台微信端口“多元调解”。

三、法院在线调解机制的发展困境及原因分析

法院在线调解机制在定分止争上展现出无可比拟的优势,但在一定程度上也暴露出短板与不足。正视实践中存在的问题,“对症下药”,补齐短板,才能充分释放技术红利。

(一)发展差异较大,存在重复建设现象

平台建设是支撑法院在线调解机制长效发展的基础,通过检视法院在线调解平台运行现状可以看出,当前法院在线调解平台建设存在发展差异较大的问题。发展差异较大主要指地区发展不平衡,如华东、华南等地区法院在线调解平台建设比较成熟,与之相比,华中、西北与东北等地区则发展比较缓慢;而在总体东西部发展较快、中西部落后的状况下,同一地区内各省市的发展也各异,如西南地区的重庆市与贵州省、华东地区浙江省与安徽省的发展状况存在诸多差异。当然,这只是宏观的一种差异,地区发展不平衡具体表现在平台覆盖度、平台功能、解纷资源三方面。第一,从平台覆盖度方面考察,有些平台在全省范围内运行,而有些平台仅

在市、县范围内运行。第二，在平台功能开发方面，一般性的智能问答、线上生成调解协议及在线确认调解协议司法效力等方面的建设虽取得显著成效，但调解过程中辅助工具的应用仍存在着发展差异较大、不够普及的问题。以浙江省高级人民法院与北明软件有限公司合作开发的“浙江 ODR”为例，系统通过对调解过程中的音视频数据实时分析与抽取，可以对当事人的声扬及面部表情作情绪分析，将识别的当事人情绪标签反馈给调解员，辅助其及时调整调解话术；并且其开发研制的辅助机器人也能根据案件基本信息及当事人案件陈情的情绪标签，向调解员实时推荐调解策略及案件解纷辅助知识，而这些功能很多网调平台还不具备。第三，完备的平台与优质的解纷资源犹如车之“两轮”，当前各平台汇集的解纷资源在数量与多元化方面亦存在着显著差异。

除却平台建设差异大之外，重复建设现象也十分突出。当前，法院在线调解平台建设渠道分三个方向，一是对接最高院的“人民法院调解平台”；二是借助“移动微法院”的技术红利；三是自主与社会企业合作开发本省的在线调解平台。在经济社会发展较为发达的地区，其法院在线调解平台的建设齐头并进，区域内拥有多个可供使用的网调平台，在浪费建设成本的同时，信息与资源的隔膜也加重了调解员与当事人的困扰。究其原因，一是各省市法院在线调解平台建设状况与其地区经济社会发展水平直接相关。[①] 最高院虽然就在线调解机制进行了顶层设计，但是各地区法院在实际建设过程中一方面受制于财政经费不足而心余力绌，另一方面缺乏人才与技术等生产力的支撑亦力不从心。二是地区解纷需求倒逼法院更新司法观念与解纷方式。有需求才有供给，经济发达地区历来是公众与企业的集聚地，人财物的频繁流动与交换所必然带来的副产物则是纠纷的大量发生。新形势下，法院在承担这些解纷责任的同时也不得不思考如何有效化解，加之近年来对国外 ODR 平台建设的深入认识，无疑为法院建设一站式解纷平台提供了理论基础与建设方向。三是平台的建设离不开政策支持。法院在线调解平台作为一种新生事物，除了社会需求助推外，还需政策调动法院的建设积极性。同时，政策引领的内效性、渐进性对建设进程与方式亦有影响，其倾斜性也有利于法院更大限度的获得党委、政法委与政府的支持，获取社会资助。

① 吕宗澄：《我国法院在线调解的兴起、挑战与未来》，载《湘江青年法学》2016 年第 1 期。

（二）在线调解程序规范不足

在线调解程序的规范化是法院在线调解机制制度化与法治化的应有表达，而程序的规范化需要规则的指引。在实践中，通过相关报道经常可以看到部分法院的调解员通过将双方当事人拉入微信群聊的方式开展在线调解工作①，调解场景的不透明以及第三方网络媒介都对当事人的隐私和证据留存等构成威胁。这种做法既无法维护程序正当性，也无法确保调解过程中的数据安全。此外，调解员自身的行为举止不仅涉及司法形象的具体表达，也是传递司法文明的重要方式，而调解员自身着衣不规范的现象却常常出现。无规矩不成方圆，法院在线调解在便民利民的同时也应确保程序的规范性。

笔者认为，造成上述现象的首要原因无疑是缺乏相应的规范在线调解工作的办法细则。目前，安徽省高级人民法院、北京市高级人民法院以及江西省高级人民法院等均已纷纷出台了区域内的在线调解工作办法，但即使是作为试点的部分法院至今也未出台相关指导规范。并且，从目前已出台的工作办法看，多是对在线调解的原则、程序流程与权利义务等一般性事项进行规定，对应使用的线上调解平台尚规范不明②，对衣着规范等涉及司法形象的规定更是不曾涉及。由此可想，大力推进法院在线调解建设进程中不断被诟病的规范不足问题也不是没有原因。

（三）传统调解技巧受限

调解结果不仅与调解员的个人专业素养密不可分，也得益于其独特的人格魅力。通过调解员的循循善诱有利于降低当事人的防备心与抵触情绪。在传统面对面的调解中，调解员往往根据纠纷当事人的表情、肢体动作等，第一时间找寻恰当的调解方法，晓之以理，动之以情，常常在眼神交汇中取得来自争议双方的让步与妥协，有效化解纠纷。③ 而在线上调解中，首先借助异步工具，调解员与纠纷主体

① 例如北京丰台区法院的调解员通过将当事人拉入微信群的网络连接方式进行在线调解，https://baijiahao.baidu.com/s?id=1658153931016677056&wfr=spider&for=pc；再如平顶山市湛河区法院，http://pdszhfy.hncourt.gov.cn/public/detail.php?id=2276。

② 如《江西法院在线调解工作规则（试行）》第2条规定："江西法院的在线调解平台统一为'多元化解E平台'，各级法院应当配齐软硬件设施设备……鼓励有条件的特邀调解组织（人员）在各自工作区域内安装使用多元化解E平台"；《北京法院在线调解工作办法（试行）》中却未明确应使用的在线调解平台。

③ 骆东平：《在线纠纷解决机制十年发展回顾及展望》，载《三峡大学学报》2008年第2期。

通过网络空间进行远程交流，缺少了“人情味”，增加了“冰冷感”，无形中拉远了调解员与当事人之间的距离。其次，网络调解中，调解员无法迅速应对纠纷主体的情感爆发，面对突发状况难以有效化解；另一方面也不易捕捉当事人的微妙、暗藏情绪，无法在第一时间予以疏通、安抚。传统调解方法的受阻，不仅加大了调解员对调解过程的把控难度，纠纷的和谐、有效化解亦面临挑战。

（四）社会认可度较低

与制度层面的“热”相比，实践中社会公众对法院在线调解机制的认可度则相对较低。一是因为公众对法院在线调解机制或者说对多元化纠纷解决机制的现代法治价值了解甚微，仍然更多的依赖诉讼定纷止争。然而社会中有些纠纷，乍看起来是有关矫正正义的个案，隐含的却是分配正义的规则问题，诉讼并不是万能的。[①] 限于社会纠纷解决观念有待更新，法院在线调解平台的实际受案率并不是很高。二是由于在线调解自身程序不够正当，存在压制个人诉权的现象，进一步加重了社会对调解的偏见。即使在线调解程序只能因当事人双方的自愿合意而启动，但是实践中不尊重当事人的程序选择权，反复要求当事人先行调解、不予立案的现象却时有发生。在当事人诉权被压制的情况下，即使进入调解程序，当事人也多带有抵触情绪，既不利于纠纷的有效化解，也使得在线调解程序的正当性被反复诟病。三是囿于自身计算机水平所限以及对信息泄露的担忧，在线调解平台给部分当事人造成隔膜，其对在线调解平台的接纳度还不够高，使得当事人更愿意“麻烦一点”选择到法院解决纷争。

四、法院在线调解机制的完善路径

事实证明，法院在线调解机制在“零接触”高效解纷方面具有无可比拟的优势，及时总结短板补弱项，进一步推广完善这一建设成果“落地生根”恰逢其时。

（一）整合优化法院在线调解平台

各高级人民法院应以推进现代化治理体系建设为契机，积极总结实践经验，整

① 苏力：《司法改革的知识需求——波斯纳〈各行其是〉中文版译序》，载《法治现代化研究》2017 年第 1 期。

合优化区域内在线调解资源,建立省(市)级统一的在线调解平台。发展较为落后的省市应努力争取本地党委、政府与社会企业的资助,兄弟法院间也应加强支援建设。对于已有核心功能的平台,其具体业务功能和服务可以争取采用接口的方式对接现有的成熟产品。这样一方面既可以减少建设成本,另一方面也能够促使平台功能快速上线,投入使用。要建设多元融合的在线调解平台,具体而言:

第一,各省市高级人民法院应先行整合辖区内法院现有的在线调解平台,融合建立区域内统一的在线调解平台。目前,部分省市辖区内法院"各自为战",在线调解平台标准不统一,平台服务技术支撑不足,有些依靠自行合作的社会企业的云调解平台开展工作,有些自行对接最高院"人民法院调解平台"进行调解,既降低了当事人的信任感,也不利于区域内的资源最大化。因此,整合优化区域内在线调解资源,搭建省级统一的在线调解平台势在必行。同时,对于平台支撑技术发展较为缓慢的地区来说,可以先行引导辖区内法院对接"人民法院调解平台"开展在线调解工作。

第二,整合人民调解、行政调解、专业性行业性调解资源,完善衔接配套的多元解纷体系。完善与其他解纷平台的联系,实现解纷资源共享,即在完善自身平台建设的基础上加强与其他调解平台相对接,主动汇集多方调解资源,促使涵盖人民调解、行政调解、行业调解等领域的优秀调解员注册上线,延伸法院在线机制的神经末梢。通过由法院牵头整合优化社会调解资源,既有利于提高调解资源的利用率,也是对社会公众公平正义需求的回应。

第三,就平台覆盖度而言,还应畅通在线调解平台一站式解纷通道。首先,联络线上、线下调解对接渠道,在充分发挥传统调解解纷优势的同时,对于当事人起诉到人民法院适宜在线调解的纠纷,在充分尊重当事人程序选择权的前提下,由诉调对接中心的工作人员积极引导当事人通过在线调解平台化解纠纷。将传统调解与网络调解有机结合,畅通线上、线下调解对接渠道,以当事人的需求为导向,通过建立一整套线上线下调解机制,更加快捷、高效、灵活地解决一线的纠纷。其次,完善诉调一体对接机制。可以借鉴北京市法院的做法,实行法官、法官助理和调解员一个团队一体办理,既有利于强化人员融合、程序配合;也有利于调判结合,强化诉调统筹衔接，促进诉调对接实质化。[①] 完善集在线咨询、在线调解、在线立案、案件查询等功能为一体的网络便民平台，更大程度地激发网络平台的活力与效率。

（二）加强立法支撑

数据安全是法院信息化建设的生命线。[②] 如前所述，在线调解对调解的保密性提出了极大的挑战，而网络信息技术作为“第四方”[③]，应当保证为纠纷主体提供一个沟通和化解纠纷的安全平台。因此，法院在开展线上调解的工作中，首先应明确统一使用确定、正规的在线调解平台。其次，对调解过程中参与者的文明着装应有所要求，加强对调解过程的监督指引。就此，需要在充分总结试点调研经验与教训的基础上，待时机成熟时尽快出台相关法律法规，指引、规范在线调解工作。同时，在相关法律未出台前，最高院可以先行发布相关规范在线调解工作的意见，缓解实践乱象。各高级人民法院也应出台本省在线调解工作细则，为在线调解的持续健康发展提供立法支撑。

（三）建设专业化的在线调解员队伍

调解对人的因素要求较高，与传统调解相比，在线调解对调解员的要求更高。目前，在线调解人力资源分配不均，调解员职业素养偏低严重制约着法院在线调解机制的长效发展。建设专业化的在线调解队伍，不仅是为有效应对日益多元、复杂的矛盾纠纷，也是法院在线调解机制长远发展的必然要求。对此，笔者认为，应制定一部包含线上、线下双向解纷的综合调解员法，为法院在线调解机制的发展提供坚实的法治支撑。同时，面对近年来调解员队伍迅速壮大，但发展分散、缺乏规范化管理的弊端，在这部统一的调解员法中除对一般性调解规范予以规定外，还应明确不同调解类型在法院在线调解机制中的权利义务，实现多元调解的成熟发展。

---

① 《最高人民法院就〈最高人民法院关于建设一站式多元解纷机制一站式诉讼服务中心的意见〉举行发布会》，载中国网，http://www.china.com.cn/zhibo/content_75052472.htm。北京法院全面推行“1＋N”紧密型调解速裁团队模式，将全市343名常驻法院特邀调解员编入317个速裁法官团队中，实现一个团队一体化办理，限定调解时间，强化人员融合、程序配合、调裁结合，促进诉调对接实质化。

② 肖文：《打破“信息孤岛”实现执行与信息化的有效融合》，载《人民法院报》2018年5月9日，第8版。

③ 廖永安、吕宗澄：《我国“互联网＋调解”发展困境及其路径选择》，载《安徽大学学报（哲学社会科学版）》2017年第3期。

具体而言，要推动在线调解的专业化发展，首先应注重加强对其职业保障的重视，以增强社会对调解员的评价与认同。调解员是否会选择从事调解工作以及是否愿意长期留在调解员队伍，与其能否在这个行业中获得足够的经济回报密切相关。① 因此，针对目前调解员收入低、职业不稳定等问题，应增强调解员的工资、福利补贴待遇，激发其从事调解工作的积极性；在激发调解员工作生命力的同时，还应健全人事管理制度。即需明确调解员的准入资格、考评机制与福利待遇等，建立长效、科学的队伍管理制度。以上关于加强职业保障的建议可以具体参考我国《人民法院组织法》的相关规定予以订立，对人员编制进行专项管理，将调解经费纳入法院财政预算。

其次，面对线上调解过程中传统调解技巧受限的挑战，宜加强在线调解员的职业培训，增强其专业化素养。除组织学习最新的法律法规知识外，可以定期举行调解经验交流会，分享、学习调解技巧以及对突发状况的应对处理能力。着力培养深谙常情常理、精通法理又熟悉计算机软件技术的调解员，形成专业化的调解员队伍，实现“人工”与“人工智能”的协同效应。②

（四）增加社会公众认同感

具体而言，可从以下三方面做起：第一，重塑解纷文化。只有社会形成多元的纠纷解决理念，在线调解机制才会真正彰显成效。第二，尊重当事人的程序选择权。这是纠纷解决最重要的前提基础。法院应做到能调则调、当立则立，以当事人的需求为导向。一个社会有序状态的法治，应是国家诉讼与其他纠纷机制有机结合并存的，因此法院应制定科学合理的考核指标，不可盲目追求调结率。第三，信息技术是法院发展在线调解的重要支撑，在线调解平台的使用率与该平台的技术保障成正比。越便捷、安全的网络平台才会越受到公众的青睐。对此，法院应加强对用户反馈信息的重视，根据反馈意见不断改进网络平台功能，对此可以通过加强与科研机构、互联网公司等单位的合作，关注最新科技动态，不断推进平台的智能化发展。有了智能完备的在线调解平台后，加强宣传是提升平台利用率的第一步

① 廖永安、刘青：《论我国调解职业化发展的困境与出路》，载《湘潭大学学报（哲学社会科学版）》2016年第6期。

② 吕宗澄、胡雅丽、郭轩臣：《人工智能背景下在线调解的现状与未来》，载《南华大学学报（社会科学版）》2019年第1期。

和重要前提。一是可以通过主流媒体、微信广告推送和电视进行宣传；二是可以依托城市宣传栏、社区街道和乡镇服务中心扩大线下宣传的范围。在加大宣传力度的同时，应重点介绍网络调解平台的解纷流程、解纷资源、案件受理量、多元功能、程序保障以及费用低廉等优势，重点烘托出平台的便捷性与安全性。

结　语

法院在线调解机制建设工作开展以来，取得了显著成效，既提升了纠纷化解效率，也改善了人民群众的司法感受。人工智能等科技手段扩展了调解维度的同时，法院在线调解机制这种新的纠纷解决方式也受到了严峻的考验。要想获得长足的发展，法院在线调解的程序必须智能、正当、经得起信任的检验。因此，社会解纷理念的更新、平台智慧化、网络调解人才队伍建设等问题都是在线调解发展过程中不得不面临和解决的难题。面对智慧司法这一全新的课题，如何推动法院在线调解机制长远健康发展仍需不断积极探索。

专题二十七　基于区块链技术的在线调解信任机制之重构

刘欣颖*

引　言

进入新时代，新技术、新经济、新业态、新模式不断涌现，经济社会各领域发生"数字蝶变"。但随之而来的是各类新型纠纷的大量纷涌，这对社会治理现代化、智能化提出了新要求、新挑战。2020年初，新冠肺炎疫情爆发，催生大量涉疫矛盾纠纷，使得传统线下矛盾纠纷解决机制的局限性暴露无遗，倒逼各基层法院、调解组织、仲裁机构推广应用各类在线解纷机制，即 Online Dispute Resolution（以下简称 ODR）。然而，由于人民群众对云计算、大数据、人工智能等新技术在法律领域的认知水平和接受程度还较低，纠纷当事人和潜在当事人难以对在线调解机制的权威性和保密性[①]投注信任，为此，ODR 发展表现出一种推广难、实践难、发展难的态势。不难理解，对于当事人甚至是调解员而言，这种发生在虚拟空间内、非接触式的在线调解，最大问题就在于信任的缺位。究其原因，立基于传统调解而以互联网为媒介开展的在线调解，其保密性低、调解主体缺乏中立性以及与其他相关解纷

* 刘欣颖，湘潭大学法学院硕士研究生。

① 廖永安、吕宗澄：《我国"互联网＋调解"发展困境及其路径选择》，载《安徽大学学报（哲学社会科学版）》2017 第3期。

制度衔接不畅等缺陷都致使当事人自身承担的风险加大。① 这严重影响到当事人对在线调解机制的信任。而信任恰巧是调解能够得以进行且最终达成共识的重要基础,不可或缺。

2019 年 10 月 24 日,习近平总书记在中共中央政治局集体学习会议上强调,区块链技术的集成应用在当前技术革新与产业变革中起着关键作用。我们要将区块链这一核心技术作为自主创新重要突破口,提高投入,加大产出,加快推动区块链技术与产业创新发展。在智能技术催促各行各业掀起深刻变革的当下,区块链技术势必也将推动司法领域的深层次变革,构建起更为互通、联合的解纷体系。以信息化培育新动能、用新动能推动新发展,这正是时代赋予司法业务发展的重要历史契机。近年来,区块链技术已在电子发票、司法存证、跨境贸易等场景中得到应用,其本身所独具的优化程序流程、促进数据共享、降低工作成本、提升协同效率、建立信任体系等优点对于构建在线调解信任机制、营造安全可靠的调解环境将产生革命性的作用。

在线矛盾纠纷调解机制是推进社会治理现代化的重要组成部分。当事人对调解机构和调解员的充分信任是在线调解得以顺利开展的前提条件。从 ADR 到 ODR,相关领域的信任机制建设尚不成熟,网络信任危机成为发展在线调解的主要瓶颈。② 在互联网持续深入影响社会治理的大背景下,区块链、人工智能等新技术不断涌现,有望为在线调解机制的改进提供机遇。区块链技术以其去中心化、上载信息不可撤销、信息不可篡改等诸多优势,为构建在线调解信任机制,有效保障当事人合法利益,提供安全可信的 ODR 解决方案。它可被视作为一种分布式数据记录系统,数据存储在不同区块,以链条形式串联。各区块以哈希值标识标记③,通过链条将前后区块链接。链上主体所使用的各程序终端作为链上节点串联,成为闭合的区块链。以此种方式互通消息,实现网络路由。④ 通过维护各数据块构成的链式结构,以保证内载数据的持续增长和记录不被篡改。各节点自动验证并同

① 叶祖亮、朱智伟、丁恒:《在线调解与传统调解制度之比较》,载《江汉大学学报(人文科学版)》2004 年第 5 期。

② 朱贻庭:《伦理学小辞典》,上海辞书出版社 2004 年版,第 207 页。

③ 哈希值标识是通过 SHA256 算法对区块头进行二次哈希计算而得到的数字。区块哈希值可以唯一、明确地标识一个区块,并且任何节点通过简单地对区块头进行哈希计算都可以独立地获取该区块哈希值。通过哈希值标记过的区块,可有效防止篡改数据情况的出现。

④ 蒋勇:《白话区块链》,机械工业出版社 2017 年版,第 22 页。

步链上其他节点上载的数据，形成一份公共数据簿副本，记录着数据的全部变化过程。该数据簿内存数据可追溯但不可篡改，且没有单一中心节点，故数据严谨真实，可信任度极高。信息上链后所有的参与、流通、更改的操作都会被记录并受到全网使用者的监督，有效防止平台或第三人伪造、篡改行为的发生。换言之，针对当前在线调解所存在的安全系数低及信任缺位等诸多问题，均可以在区块链技术中找到合适的解决方案。

智慧司法是我国司法转型的方向，区块链技术与司法实践深度融合是大势所趋。北京互联网法院将区块链技术与司法业务相结合，着力促进调解、执行等业务开展高效智能化，实现了司法便民，得到广泛好评。这充分说明区块链技术是为智慧司法模式创新的一次全新赋能。通过区块链技术对司法机关开展在线调解、构建信任机制进行改造和赋能，将全方面提升司法效率，节约司法资源。通过拥抱数字化浪潮，加强前沿技术合作，将习近平总书记“坚持把非诉讼纠纷解决机制挺在前面”的指示精神贯彻于司法实践，有效创新调解服务，打造新时代下的调解热点，充分发挥调解的功能作用。①

一、当前在线调解信任机制存在的困境

调解作为一项极具东方特色的纠纷调解机制，发展至今，实践经验成果丰富。而立基于传统调解下的在线调解，功能单一、信息安全缺乏保障、信息公开形式化严重。当事人难以对此种新型纠纷解决模式投注信任，在线调解出现推广难、实践难、发展难的态势。

（一）当事人信息安全缺乏保障

个人隐私信息的保护及平台数据存储安全性是当前在线调解平台亟待解决的重大问题。人工智能、大数据、云计算等新兴技术依托互联网媒介为在线调解平台提供服务，服务过程中包含大量数据信息的采集与整合，用户使用平台期间的全部操作与信息录入也均会被存储为数据形态的“痕迹”。而互联网固有的永久留痕

① 廖永安、吕宗澄：《推动“互联网＋调解”实现跨越式发展》，载《中国社会科学报》2017年2月21日，第8版。

特性加上黑客攻击的潜在威胁，直接影响用户个人隐私的安全性和在线调解保密性。

当前在线调解平台的信息储存，均通过单一控制点的中心化数据库实现，即通过中心机构或中央服务器来进行中心化的信息存储。各调解个案中调解员与调解当事人之间的数据交互可实现准确存档。当事人在平台注册后，其个案信息与个人账户相串联，通过调解码登录后简单操作即可实现数据的上传下载。但此种中心化存储方式十分“脆弱”，极易面临网络安全问题的威胁。[①] 一旦服务器受到黑客攻击将直接导致内载敏感数据及信息泄露、丢失，甚至被篡改，安全性极低。

互联网环境下，具备操作权限即可就平台上载的数据信息进行增减、删改、查询等操作，也为信息安全带来诸多的不确定性。在司法机关在线解纷的过程中，如何就电子证据的真实性进行认定这一问题，也为法官、调解员处理此类线上纠纷案件增加了难度。

（二）调解平台信息透明度低

1. 信息公开能力不足

信息化时代，信息平台泛滥的同时形成了大量的数据中心，海量数据分属于不同的政府机构或组织，相应的数据库纷繁复杂且各自独立，彼此之间分散化、难整合，形成互不相通的数据孤岛。各国家机关尽管配备有一套完整的网络办公信息平台，但互相之间的信息整合度差，共享率极低，导致数据不畅通，难以做到信息便捷互查、公开透明。大量隐私与敏感信息的存在亦使得集中式的数据共享服务并不适用，信息泄露、篡改的安全风险大幅提高。[②]

数据可靠共享是数据公开的前提，司法机关、行政机关、社会机构之间难以做到信息互联共享，导致难以建立统一的一体化共享信息资源的纠纷解决平台。数据庞杂，资源分散，调解当事人无法便利的查询相关信息。纠纷解决效率低下，信息公开能力不足，无疑使得人民群众对在线调解的信任感大打折扣。

---

① 2016 年携程网站因中心服务器受到黑客攻击致使上亿用户私密数据被盗，并上传到网站明码标价售卖。2017 年美国征信行业巨头 Equifax 公司服务器受黑客攻击致使 1.4 亿用户隐私外泄。这些案例的发生无不警示着中心化数据存储的巨大安全隐患。

② 陈菲菲、王学栋：《基于区块链的政府信任构建研究》，载《电子政务》2019 年第 12 期。

2. 信息公开内容重形式、轻实际

在线调解平台由于其以互联网为媒介开展服务的特性，必须建立更具中立性的纠纷解决机制才能取得当事人的信任，而关键信息的公开即是保障其中立性的重要一环。

当前我国在线调解平台信息透明度低，相关机制信息的公示形式化严重。企业外部 ODR 平台中，以深圳众信[①]中心为例，其所辖网站众信在线纠纷解决服务平台仅就聘用的律师的个人姓名及擅长的纠纷处理领域进行了公示，个别律师注明了所在单位和职业，而并未公布调解案件中当事人所关心的关键信息，仲裁员、调解员的信息模糊，无法查询。法院附设 ODR 平台中，以人民法院调解平台为例，其官方网站中可通过地域、调解成功率、案件数量等因素筛选调解员，但也仅就调解数量、个人姓名、擅长领域进行了公示。信息公开内容形式化，内容不够详细具体，难以为当事人提供明确详实的指引。

二、应用区块链技术构建在线调解信任机制的优势

当前在线调解的平台建设要通过互联网技术实现多方互联，各节点数据上载到中央服务器进行存储。该运行模型的缺陷在于缺乏一个成熟机制来确保平台内载数据通过安全可信任的渠道来进行保管与交换，使得其存在数据被篡改、窃取的风险，且缺乏监管和保障，可信任度低。而区块链技术对于构建在线调解平台的信任机制则有着天然优势，以下具体阐释：

（一）提供安全可靠的信息服务

1. 去中心化下的网络安全风险排除

网络平台数据流动量大，存储方式单一，多采用中央服务器存储模式。此种模式形成了一个单一中心节点，一旦在该节点上，出现网络安全漏洞，极易受到恶意攻击，数据安全性低。而区块链技术的分布式数据簿设计通过基于协议机制的一

① 众信中心是经政府依法授权和委托，在深圳市标准技术研究院和深圳市公共信用中心共同发起的、政府的支持下建立的第三方服务机构。众信网在性质上属于民办非企业单位，既具有政府的公信力又具有市场灵活性，旨在推行电子商务可信任的交易环境。

个链条状闭环，将数据存储在每一个参与数据记录的节点上。各节点记录、验证上载数据，并确保链上各节点都能收到并记录，从而在各节点均形成一份相同的数据库副本，以排除中心化机制。其间所有的数据记录均发生于各节点的程序终端，并要求各节点协调一致以进行数据审计，保障数据簿不受单一节点独立控制，消除了单点故障的可能。区块链技术以点对点的直接交互，排除了中心化代理控制的风险，提供了可靠、安全、透明且难以破解的信息交互基础。

链上采用“单向哈希算法”①与“梅克尔树结构”②对区块中的交易事务进行标记串联，保证对各区块数据的严格约束。数据上载环环相扣，按照其上载时间的线性顺序推进，不可逆转或撤销。任何在数据上载后试图篡改区块内数据信息的行为均会被迅速发现，并受到各节点的排斥。只要对源文件进行修改，哈希值就会发生巨大变化，且哈希运算不可逆向推导，故而篡改成本高昂，进而严格限制相关不法行为，确保区块数据的完整性。

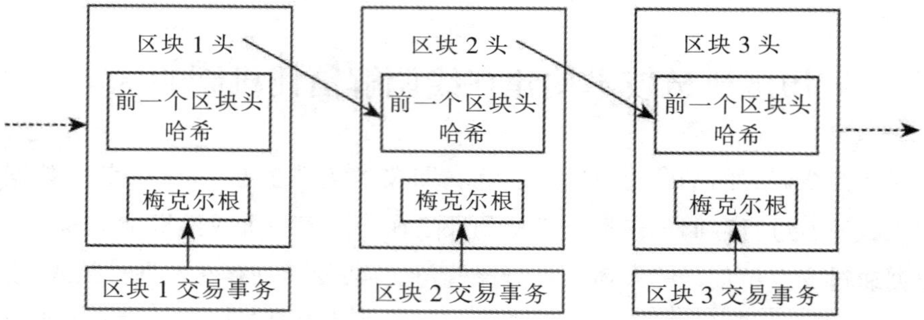

图 1　区块链结构示意图③

其本身作为按时间顺序记录的闭环式链条数据库，区块与链的组合构成了

① 一种单向密码体制，将任意长度的二进制值映射为较短的固定长度的二进制值，这个简单版本的二进制值称之为哈希值，多用于身份验证和数字签名。

② 梅克尔根，又称梅克尔根哈希值。是一个区块中所有交易事务的代表身份号码，它以树状数据结构存在，在不同区块链系统中有不同细节。各区块均有属于自己的梅克尔树，通过将区块中的交易事务哈希值两两结对计算出新的哈希值，不停循环，直到计算出最后的根哈希值，就此形成一个树状结构。比特币中的梅克尔树是二叉梅克尔树。

③ 蒋勇：《白话区块链》，机械工业出版社 2017 年版，第 28 页。

"时间戳"。[1] 时间戳技术在保护知识产权领域应用广泛,它可在平台中扮演"公证人"角色,用于记录和证明在特定时间点已经存在完整的可验证的数据。区块内以时间戳来标记数据的创建先后顺序,数据创建上载以后时间戳不可更改,将数据被篡改的可能性消除。平台管理员可按照时间节点查看各区块的内载信息,实现了信息溯源,便利操作;将时间戳与链上数据库相结合,可通过智能合约对上载证据、信息作出智能判断,核实信息,认证真实性。还可用于标记特定数据,有效保护调解当事人合法权益。

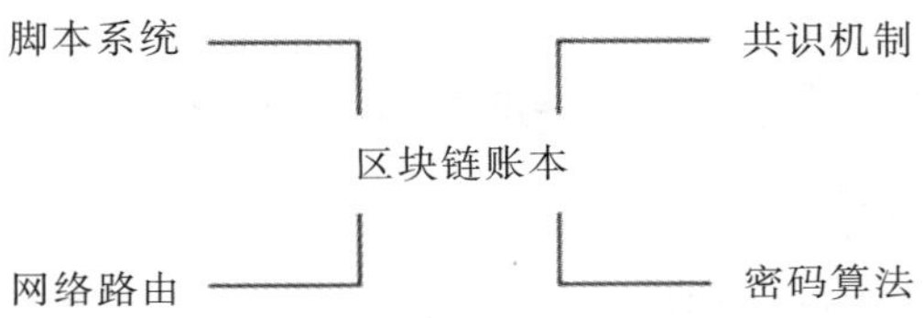

图 2　区块链系统结构的基本组成

2. 加密算法与分布式技术保障信息交互安全

在区块链技术下的脚本系统中,通过公开密钥加密(非对称密钥[2])技术可以有效保障个案当事人的数据安全,区别于"对称加密"。[3] 在需要加密的调解网络通信场景中,当事人多希望对个人信息数据予以保密处理,即可运用密钥对于交互数据进行编码加密。密钥加密,有赖于发信方使用从收信方处取得的公密钥对于需要发送的信息进行加密,然后发出,收信方用自己持有的私钥对于信息进行解密,完成信息传达。只要接受信息方的私钥不被泄露,无论发出多少公钥被泄露都不会导致信息泄露。由此即可实现点对点的私密网络通信,同时结合"数字签

---

① 时间戳,又称 Unix 时间戳(Unix timestamp),定义为从格林尼治时间 1970 年 01 月 01 日 00 时 00 分 00 秒起至现在的总秒数。时间戳不随时区的改变而改变,故而不论在哪个时区,时间戳均保持一致。与哈希值和梅克尔树一起,使得数据的篡改难度极高。不可伪造预测、不可篡改销毁、可用于存储信息。

② 密钥共分为两种类型,一种是由信息接收方保管的私密钥,一种是由密钥持有者发放给希望与之进行安全保密数据交互的发信方的公密钥。它基于数学和密码学原理而创造,私钥是由一系列算法推导获取的一串乱码数字,长度越长保密性越好。私钥经过系列算法可推导出公钥,公钥基于私钥存在,故而私钥可以解密公钥。但是公钥无法反向推导出私钥,两者相互对应,必须用完全对应的密钥来解密。

③ 采用单钥密码系统的加密方法,同一个密钥可以同时用作信息的加密和解密,这种加密方法称为对称加密,也称为单密钥加密。

名”[①]等技术，保证数据真实可靠，甚至于构建一个分布式、点对点、公证存证防伪鉴定网络数据系统。[②]

而区块链内部的数据记录则采用分布式技术进行点对点的数据存储。数据记录由分布在链上的不同节点共同完成，各节点均记载了整个数据交互过程中的全部数据。因而各节点均可以参与监督过程中各方主体的行为，避免中心化数据存储，单一数据记录平台被破坏控制篡改的风险。链上节点众多，除非超过一定数量节点均被破坏，否则账目不会丢失或更改，从而保障了内存数据的安全性。

（二）促进平台数据公开共享以保障知情权

1. 纠纷主体上链促进数据可靠共享

通过嵌入区块链，可以塑造一个安全的网状网络。它集合了密码学与分布式数据库等技术，可安全有效的解决跨组织的数据共享问题，将各司法、行政、社会数据库等上载到链中，通过跨链通信水平扩展达到自动运行，自证自查，使得各物联网设备成为可靠的节点。这不仅避免了中央服务器保存数据模式的漏洞，同时创建了一个更具弹性的调解生态系统，数据私密又透明、安全可信任。

当前司法、行政机关数据分散存储、各机关各行其是、当事人之间互不信任的背景下，为加速推进在线调解平台的建设，必须首先考虑到营造良好的信用氛围。如果没有信任的支撑，在线调解的推广就是无用功。而架设在区块链技术基础上的平台建设，可以串联起所有与调解相关的机关、组织、平台、数据库。人民法院等诸多矛盾纠纷解决主体主动上链，上载数据，作为链上固定节点确保数据安全可靠不受篡改。当事人可便捷查询自己所需要的信息，实现一站式服务，从纠纷产生开始到在线调解再到最后的执行调解协议，每一步都有处可去，有机制保障。全过程电子化、高效化，有效地省去了当事人的后顾之忧，打破数据孤岛，形成司法行政机关主导、多方参与协作的非诉讼纠纷解决机制新模式。

2. 智能合约技术助力数据公开

智能合约本质上来说是一个多方达成合意的前置规则或合同，通过预先置入

---

① 通过有公信力的权威机构使用其自己的私钥对特定数据进行签名（通常称私钥加密为签名），以证明这些数据是可被信任的。

② 赵磊：《区块链技术的算法规制》，载《现代法学》2020 年第 2 期。

计算机协议，通过特定指令来触发其自我验证、自动执行。同时将合约以数字化形式上载到链中，全过程可追溯、不可篡改，一旦满足特定条件就会立即执行，自动按照预先置入的要求进行操作，过程智能高效。通过将内部关键信息上载到数据库中，通过智能合约一键链接，即可以实现数据的便捷查询。而外部关键信息智能合约本身并不能直接适用查询，但可通过在节点中置入预言机模块，统一代理所有智能合约进行链外访问，平台调用智能合约将查询外部数据的指令发至预言机，通过预言机模块进行代理查询后反馈回智能合约，写入区块。

通过提前在平台中置入查询的指令，当事人即可一键链接查询自己所需要的信息。同时便捷建立在线调解平台信息公开机制及调解员综合评价体系，将在线调解员的解纷专长、教育与工作经历、在线调解培训经历等关键信息在线公开。通过人工智能及大数据技术为当事人提供最佳建议。

（三）建立起以算法信任为基础的在线调解信任机制

算法信任①，是排除掉传统中间人，运用算法机制来保障信用共识所赋予的信任。事实上，我们可以从两方面来看待区块链技术的去中心化。从技术层面上来说，它颠覆了传统的中心数据存储模式，在排除中心化节点受到网络安全威胁的同时，更为便捷地实现了司法行政机关、社会组织、各平台及使用者之间的点对点数据交互。而从对传统信任机制的颠覆来看，它建立了一个各主体之间可互相监督的分布式数据平台，有效地解决了调解员偏离中立性、证据证伪难、数据被篡改等诸多问题。全部数据交互、对话均可被追溯，全流程存储证据，避免自说自话，也可用于对司法主体、调解当事人进行定性评价，有利于诚信体系建设。故而，参与在线调解的各主体均可以对于系统的算法机制投注充分的信任，信任的是平台机制而不是任何调解过程中出现的主体，这较以往的纠纷解决机制更为可靠。

① 郝国强：《从人格信任到算法信任：区块链技术与社会信用体系建设研究》，载《南宁师范大学学报（哲学社会科学版）》2019年第1期。

三、依托区块链技术构建在线调解信任机制的方案

（一）基于区块链技术的在线调解平台的架构

在线调解平台的建设不仅要满足人民群众的多元司法需求，更要充分发挥调解的功能作用，始终将非诉讼纠纷解决机制挺在前面，提高司法业务效率。通过"联盟链"[①]模式下的区块链技术，实现平台组建，可深度联合其他司法行政机关，实现数据开放共享。[②] 同时通过部分去中心化等技术特点，既满足当事人的司法需求，又保障司法机关对于数据的安全掌控。

基于区块链技术的在线调解平台的构建主要分为三个部分（见图 1）：一是顶层使用者；二是中部的各技术层；三是最底层的数据层，即区块链的底层平台。以下从底层向上做具体阐释：

① 区块链根据网络范围可划分为公有链、私有链、联盟链。公有链完全开放，不设权限及身份认证，数据公开，无第三方管理，任何个人均可在公有链上写入信息，不适用于调解平台的应用。而私有链较为私密，一般不对外开放，多在个体组织内部使用，用于企业票据、账务、供应链管理。而联盟链适用于机构的联合，具备身份认证和权限设置，在联盟链基础上建构的在线调解平台，具有部分去中心化、可控性高、数据不会默认公开、平台业务开展效率高的优点。将参与写入数据的节点限定在有限范围内，便利司法机关对于平台的合理掌控及与其他政务平台的深度链接，各司法行政机关主动上链，作为平台节点，互通数据，实现数据共享的同时保证数据安全可信。

② 程啸：《区块链技术视野下的数据权属问题》，载《现代法学》2020 年第 2 期 。

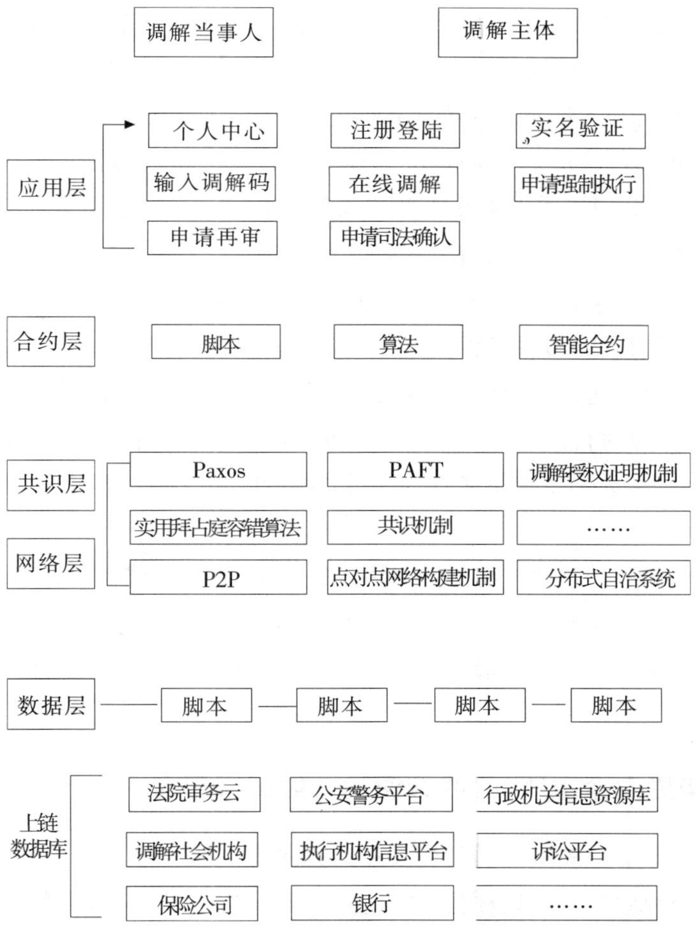

图 1　基于区块链技术的在线调解平台的架构模型

底层是区块链模型的数据流转平台，用以封存调解平台内的全部数据，形成区块、区块之间相互链接形成闭环单向链式结构。通过非对称密钥、时间戳在内的诸多核心技术，自动维护上层的数据库，结合平台指令履行智能合约，保障系统良性循环。将行政机关、法检公安机关、调解机构、社会组织、互联网平台作为权重高的节点接入链上，保障数据真实。将法院的审务云、公安警务平台、行政机关的个人信息平台、各调解社会组织及相关各类的信息库与平台深度链接，整合资源，数据上链，构建一个庞大的涵覆全国电子数据信息的共享库。进而，通过智能合约的自动执行脚本，可实现自动查证当事人信息、检测上传数据等诸多操作。在需要其他纠纷解决机制介入的情况下，也可一键链接相关平台，或立案或强制执行。①

第二层为共识层、网络层。作为平台的技术支撑，通过"共识算法"②、"数据验证机制"③等实现平台在技术层面上的平稳运行。基于联盟链的模式，通过 Paxos（又名 Basic Paxos）、PBFT（Practical Byzantine Fault Tolerance，即实用拜占庭容错算法）、RAFT 等共识算法或称筛选算法来保证各节点所记载的数据一致，有助于平台内各主体相互监督，保障信息真实透明。

第三层为合约层。它基于区块链可针对各单独区块编程、嵌入代码而创建。其下包含区块链最适于建构信用体系的核心技术，即智能合约。调解当事人签署达成合意之后自动运行，达到一定的情形下触发执行，产生相应的结果，无需人工干预，条件不满足时自动解约。全程的交互、履约、执行均由内置在链上的智能合约系统自动处理，透明高效保密，且可经其与在线诉讼、在线执行等相关平台深度链接。

顶层为应用层。类比传统的网络协议模型应用层，该层呈现为网页应用场景。平台使用者在应用场景中通过注册账号取得用户资格、输入调解码进入到相应的调解场景中。个人信息与调解个案绑定，可在平台界面中实现信息的上传下载，方便快捷。

（二）构建安全透明、互联共通的在线调解平台

在智慧司法的浪潮下，我们应当加快在线调解纠纷解决平台的建设，大胆拥抱互联网技术，提高平台技术应用深度，达到页面简洁明确、使用便利、数据共享、线上线下一体化。加快办公、档案整理等司法工作和政府工作在线化。将在线调解实效化，不能线上线下两步走。未来将社会数据库与在线调解平台深度链接，在试点工作取得一定实效后，建立全国性多元纠纷解决网络。有计划的逐步推动调解

① 王梦豪、曹蕾：《基于区块链技术的数字教学资源溯源研究》，载《教育信息化》2019 年第 15 期。

② 共识算法是为防止区块内各节点同时上载数据导致同步数据不一致的问题出现，采用算法机制来指定一个区块内的数据上载仅由一个节点完成的机制，又称一致性算法。

③ 数据验证机制是基于共识算法的，指在调解数据链条中的某节点发现新区块后，该节点会先对该新区块进行合法、合理验证。验证合格后，该节点将该区块同步至链上其他所有节点，采用传统分布式一致性机制，利用共识算法使得各节点数据、操作均一致。

平台在各级司法行政部门落地，让技术红利惠及全体人民群众。

1. 分块模式下互相管理互为监督，保障信息安全

区块链的分布式模式下，在线调解过程中的所有的数据变更、记录、删除都能迅速同步到本次调解所涉及的终端设备上。每一次数据的交互都产生一“块”数据，然后按时间顺序串联成为链条，从而得到一份完整的分布式数据簿。围绕着这个分布式的数据簿所建立的信任，不需要任何人或机构的背书，也不因任意使用者的退出或被控制甚至是来自第三人的破坏而被瓦解。

各节点保持数据同步的特点下，主体在平台内的任意操作均可以被迅速发现。在需要保密的网络通信场景下，当事人之间的信息传递均使用非对称密钥进行加密，防止第三人窥知。

2. 智能合约配合数据库上链，理顺相关衔接机制

数据开放的浪潮涌现，打通政府、社会数据采集、收整、共享、开放、应用的一体化平台是大势所趋。为满足人民群众日益丰富的多元化司法需求和社会科学治理的需要，在线调解平台对于信息互联互通要求度极高。通过联合行政、司法、社会组织等多重主体，实现数据的对接、存储、管理和分析，可提供多样的调解方式，调动系统内部众多调解力量集中解决矛盾问题，有效化解社会不稳定的风险，提高纠纷解决的效率。信息的互联能够为调解平台全面的掌握矛盾纠纷产生、处理的总体情况和发展趋势提供有力参考。

智能合约①架构在区块链基础上，可将原有零散的解纷机构、平台相串联，合理配置纠纷化解资源。与人工智能相组合，可实现数据智能分析，类案推送、智能推荐调解员等丰富操作。在平台链接足够的数据库的情况下，可实现对于平台链接数据库的高效检索、查询，实现信息公开、证据自证。在相关纠纷解决平台较为完善的情况下，可将在线调解与在线立案、电子送达、在线诉讼、电子督促、强制执行②等相关平台相串联，有效衔接。将平台整合，打造资源互通“一站式”矛盾纠纷解决平台，实现诉讼、调解、执行之间的无缝对接，满足人民群众的多元司法需求。

（三）推广区块链技术场景应用，贴合人民群众多元司法需求

构建信任关系是推动在线调解发展进步的重难点，人民群众对于互联网技术

---

① 吴烨：《论智能合约的私法构造》，载《法学家》2020 年第 2 期。

② 邹挺谦：《论区块链技术在法院执行中的运用》，载《人民法治》2019 年第 8 期。

在法律领域的应用方式、认知水平和接受程度尚处于较低水平。只有深入了解当代人民群众的多元司法需求，贴近、引导、转变广大人民群众的思想观念。才能推动信任关系的构建，由不理解、不接受、不信任到尝试、理解、接受信任，做到润物细无声。

在推动平台建设过程中，应当注重深度联合社会力量。通过社会组织、公民团体、村委会、居委会、街道办事处以公告栏、宣发海报、发放宣传手册、给居民提供免费普法课程等方式引导人民群众正确认识，理性看待。将在线调解的开展方式、使用便利性进行详细的科普，将区块链技术在保密、高效等方面的优势充分地展示，提高人民群众对新时代下新事物的包容度。

（四）形成良性循环、互赢共生的信任机制

基于区块链技术架构的在线调解纠纷解决平台与诉讼、执行、行政等诸多数据库联系紧密，上载到区块链中的数据库越丰富准确多样，基于数据库所编写的智能合约将更加多元。实现各在线纠纷解决平台无缝链接的一体化建设，便利在线调解流程，使之简洁化、智能化，提高司法效率。吸引更多的纠纷在线解决，进而促进在线调解平台在各级法院的落地。在线调解与互联网技术的深度链接也必然会带来包括建设平台、维护平台、监督平台运行在内的等诸多技术性工作。专业信息技术人员的短缺将成为平台建设的严重掣肘。我们不能要求司法工作人员在本职工作之余兼顾技术工作，而因当吸纳互联网人才加入司法信息化建设工作中。建立人才引进、培养、考核机制，加大对技术应用的科研投入，培养跨学科、复合型、高端互联网司法领域人才，形成司法互联专业人才队伍，为智慧司法添砖加瓦。

未来在线调解平台，操作界面简洁，使用方法简单。使用者拥有完全的意思自治。在加密算法的保障下，当事人与平台均无需担心信息泄露的风险。在时间戳溯源监督下，调解员会严格保持中立性，公正地作出调解。根据智能合约则能够实现数据共享，与其他相关纠纷解决平台实现互联共通，满足人民群众日益增长的多样化司法需求，从而真正形成一种良性循环、互赢共生、当事人赋予深度信任的纠纷解决机制。

结　语

数据时代的来临,社会生活方方面面注定都会迎来一次深刻的洗礼。中央对于区块链技术的大力扶持,也预示着区块链技术的重要性。我们应当积极开放怀抱,将区块链技术与智慧司法深度融合,充分运用现代科技破解改革难题。这对于推进司法业务发展、推动各纠纷解决平台一体化建设、完善在线调解信任机制架构、促进在线调解的发展有着极其深刻的意义。区块链技术为当下在线调解信任机制的构建提供了蓝图,它的深度参与有助于打破信息孤岛,提高司法纠纷解决效率,形成一个良性循环、互赢共生、互联共建的生态系统。前瞻领跑,确立战略布局就在当下,而让区块链技术在实务中落地并发展出更蓬勃的生命力还有待实践的考验,未来我们翘首以待。

专题二十八　论我国在线调解的路径优化

——以技术—组织互构理论为分析视角

廖永安　张　培*

引　言

近年来,互联网技术迅猛发展,深度介入社会生活的各个领域,纠纷化解领域亦不例外。党的十九届四中全会公报提出,通过发挥科技支撑作用助推社会治理现代化,科技创新与制度创新相结合逐渐成为社会治理的新模式,在线调解作为一种新兴的纠纷解决形式应运而生。“互联网技术 + 调解”催生了在线调解,突破了时间和空间的限制,降低了当事人解决纠纷的成本,极大缓解了法院的诉讼压力。特别是自疫情爆发之后,线上解决大量纠纷的客观需求助推了在线调解的建设、应用和推广,在线调解的发展形势可谓如火如荼。但是,我们需要清醒认识到,目前各地在线调解的发展往往只是初具架构,模式尚未成熟,在线调解今后将会走向何方仍缺乏清晰的路径。

以往在线调解的研究多从法学的视角出发,聚焦于现实中的在线调解与理想中的在线调解的对比,以寻求相应的优化出路,然而,何谓更加理想的在线调解其实只是有些学者的主观判断,并不具备科学性和合理性,且由于缺乏理论的支撑,往往容易忽视在线调解存在的真正问题。故本文拟引入技术—组织互构理论,通过技术对组织的塑造以及组织对技术发展的干预的双向分析,尝试解释在线调解

* 廖永安,湘潭大学党委副书记,教授,博士生导师;张培,湘潭大学法学院硕士研究生。

发展过程中互联网技术与调解组织之间的互构过程,科学总结当前在线调解发展中存在的问题,并针对这些问题提供相应的完善路径。

一、技术—组织互构理论与在线调解研究的嵌合

党的十八大以来,完善多元化纠纷解决机制,打造共建共治共享的社会治理格局成为深化司法改革和提升社会治理水平的重要课题。调解是诉讼之外极具中国特色的纠纷解决方式,而在线调解将调解与现代技术相融合,改变了以往调解的规则和模式,鲜明地表现出新技术的介入对既有制度组织结构的影响,这就为在线调解研究中引入技术—组织互构理论提供了可能。

技术与组织关系理论是组织社会学的重要研究领域,该理论的发展主要经历了三个阶段,即技术决定论——社会建构论——互构论。技术决定论产生于工业革命时代,技术对组织的影响主要体现在对于绩效的促进,为了追求最佳绩效而追求唯一最佳组织,该理论强调技术本身的自主性,将技术视为一个自我封闭的系统,不受外界的干预;[①]社会建构论对前者进行了批判,转而突出技术的社会性,注重"考察社会因素对技术的建构或者塑造的过程",但是对于建构过程并没有作出清晰的解释,仍然局限在技术的自我封闭系统。[②] 而互构论则主张技术与组织二者之间相互建构,将技术适用的"具体情境"引入研究,同时强调技术对组织和个人的要求,进而追问技术结构要求的边界。邱泽奇团队通过研究信息技术在制造企业的应用,从技术实践性入手得出技术和组织都具有刚性与弹性双重结构特点,这就使得技术与组织之间的互构具备了空间。[③] 传统的技术与组织关系理论主要应用的研究领域是企业的管理和科层制的研究,技术对组织的影响也仅限于绩效的促进。现代社会,互联网技术的力量对于组织的影响日趋明显,邱泽奇教授提出,"信息技术的发展正在将平台组织形态推上人类历史的前台。"[④]相较于以往技

① 朱春艳、黄晓伟、马会端:《"自主的技术"与"建构的技术"——雅克·埃吕尔与托马斯·休斯的技术系统观比较》,载《自然辩证法研究》2012 年第 10 期。

② 邢怀滨:《技术的社会建构:理论探索与政策含义》,载《东北大学学报(社会科学版)》2005 年第 4 期。

③ 邱泽奇:《技术与组织的互构——以信息技术在制造企业的应用为例》,载《社会学研究》2005 年第 2 期。

④ 邱泽奇:《技术与组织——学科脉络与文献》,中国人民大学出版社 2018 年版,第 39 页。

术介入企业管理对绩效这一价值要素的强调，互联网技术所塑造的平台承载了更多元、更复杂的意义，有助于技术与组织关系理论应用于更加广阔的研究领域。

互构论所强调的互动是技术与行动主体之间的互动，对这种互动进行分析的落脚点是参与者的行动，关注的是技术的实践性特质和现实应用的具体情境。[①]在线调解是互联网技术介入打造的线上调解平台，双方当事人通过互联网终端登录平台即可在线解决纠纷。技术不仅仅被视作“窥探组织运行的道具”[②]，而是直接作用于组织的变化，互联网技术对于以往的调解组织来讲，是全新的技术，其与组织既定结构之间存在的张力将直接影响技术应用的效果，通过对技术应用过程的分析，可以更好地剖析线下调解向线上调解的转变过程中所发生的制度逻辑等方面的变化。同时，技术—组织理论能够较好地应用于在线调解平台的建设、运行、优化等方面的分析，二者之间具有很好的契合度。对于在线调解平台的建设而言，互联网技术起着关键性的作用，直接影响在线调解平台的应用效果，而在线调解平台的运行对技术的发展带来反馈，能够进一步规范技术的发展路径。本文将在线调解平台纳入社会学研究的范畴，基于在线调解平台实际运行的具体情境，立足于技术与组织参与者的互动过程，运用技术与组织关系的理论具体分析技术对组织的建构以及组织参与者对技术的干预，针对产生的问题提出在线调解平台的优化路径。鉴于在线调解平台建设处于起步阶段，故笔者在分析在线调解中技术与组织之间的关系时会根据当前的政策和形势要求以及在线调解平台建设的发展趋势，结合相应的理论，对在线调解不同发展阶段可能具备的形态和所面对的问题进行分析。

二、技术对调解组织的塑造

本研究中“技术”指的是互联网技术，“组织”则指广义的“调解组织”，即能够通过调解解决纠纷的机构或者部门，包括法院、人民调解委员会、专业性调解组织等，在线调解即互联网技术介入调解组织的产物。互构论学派认为组织是既定的结构，而技术自身携带着逻辑结构和组织性结构，技术的应用是一个技术与组织相

① 张燕、邱泽奇：《技术与组织关系的三个视角》，载《社会学研究》2009 年第 2 期。

② 任敏：《技术应用何以成功？——一个组织合法性框架的解释》，载《社会学研究》2017 年第 3 期。

互形塑的过程。基于组织结构的分析,从互构论的角度出发,可以发现信息技术无形地参与了在线调解平台组织结构的塑造。

(一)技术介入对调解组织的正向支撑

1. 符合组织“合法性”

组织合法性指的是组织所确立的权威结构被承认、支持和服从,包括内部合法性和外部合法性,前者指的是组织得到内部成员的认可,后者指的是组织获得社会的支持。① 技术对组织影响的关键因素在于其是否符合组织的合法性,既包括组织既有的合法性,也包括组织面对外部环境的变化而产生的新的合法性要求,这直接影响到技术的应用效果以及组织的生存和发展,符合组织合法性要求的技术介入会带来组织的发展与革新,反之则会受到既有组织的排斥。②

具体到在线调解,技术成功介入的前提是符合调解组织的合法性要求。法院和人民调解委员会等既有的组织是由国家设立,其权威依靠法律和制度的支撑,因而具备相对稳定的合法性。但是随着社会经济的发展,互联网技术对社会生活的全面介入激发在线解决纠纷的社会需求,人们希望纠纷解决能够突破时间、地域的限制,从而最大限度降低成本,传统的线下调解组织因无法满足新的社会需求而产生合法性危机。在线调解有助于解决调解组织面临的合法性危机,并推动调解组织的进一步发展。对调解组织而言,在线调解智能化和便捷高效的特点使其具有强大的生命力和良好的应用前景,再加上习近平总书记关于“加强诉源治理,坚持把非诉讼纠纷解决机制挺在前面”的重要指示以及党的十九届四中全会公报所提出的通过发挥科技支撑作用助推社会治理现代化等政策倡导,在线调解的建设具备强大的“价值合法性”;③对当事人而言,传统的线下纠纷解决途径耗时耗财,特别是疫情期间因时空限制使纠纷解决受到阻碍,进一步刺激了当事人对于互联网争议解决方式的需求,在线调解能够提升纠纷解决效率,降低纠纷化解成本的优势

① 赵孟营:《组织合法性:在组织理性与事实的社会组织之间》,载《北京师范大学学报(社会科学版)》2005 年第 2 期。

② 迈耶认为是指一个组织所处的法制环境、文化期待、社会规范、观念制度等被人们“广为接受”的社会事实,具有强大的约束力量,制度环境往往要求组织活动具有合法性,或叫合理性。如果组织的行为有悖于构成制度环境的社会事实,就会出现“合法性”危机,会使组织的生存发展面临极大困境。参见于显洋:《组织社会学》,中国人民大学出版社 2009 年版,第 9 页。

③ 任敏:《技术应用何以成功?——一个组织合法性框架的解释》,载《社会学研究》2017 年第 3 期。

使其获得了强大的“绩效合法性”。[①]

2. 优化调解组织规则

现阶段的在线调解建设过程中，技术对组织规则不仅提出了明显的挑战，也在客观上试图优化原有的分配机制，进而让参与其中的当事人从中受益，这也成为在线调解技术成功应用的关键。[②]

一是优化部门职能分配规则。线下调解由公权力机关负责解纷资源的分配，以地域和部门为标准形成了调解工作范围和权限的固定模式，其中既包括正式的制度安排，也包括非正式的制度路径，政法委则负责整体协调。由于政府对调解的补贴政策以调解纠纷的数量为主要参照，导致部门补贴收益直接与工作业绩挂钩，由此解纷资源和工作的分配不可避免地与部门利益相关联。而互联互通与信息共享是在线调解发展的必然趋势，在互联网技术的支撑下，未来的在线调解将突破地域的限制，整合全国范围内的调解资源，从而调整原有的职能分配，形成新的权责规则，如杭州市的“一码解纠纷”中设置抢单模式就是一个很好的尝试。

二是优化调解员的考核规则。在以往的线下调解中，对调解员的评价更多采用的是行政考核的方式，涉及的因素复杂而多样，而在线调解由用户自主选择解纷资源和解纷方式，用户的需求和体验被置于前所未有的高度，这使高高在上的法院和调解组织失去天然的“优越感”。技术的这种运用使以往的资源控制和分配结构转变为以服务当事人为中心的组织结构，对调解员的考核以用户评价为核心标准，参考因素简化，有助于引导调解员更多专注于当事人对于调解的满意度，提升自身的调解技能，由此对调解员形成正向激励。

3. 助推“组织链”向新组织演变

线下调解中的每一个调解组织都是独立的，而线上调解则将每一个独立的调解组织链接在一起。初期形成组织链的合作模式，主要表现为“一站式”在线纠纷解决平台等形式。[③] 在此阶段，在线调解被置于“一站式”在线纠纷解决平台的前端，对于案件的分流以及矛盾的解决起着关键性的作用。其通过与法院、公证处等

① 任敏：《技术应用何以成功？——一个组织合法性框架的解释》，载《社会学研究》2017 年第 3 期。

② 张茂元：《技术应用为什么失败——以近代长三角和珠三角地区机器缫丝业为例》，载《中国社会科学》2009 年第 1 期。

③ 赵孟营：《组织链：现代社会的一种组织间关系》，载《北京师范大学学报（社会科学版）》2007 年第 2 期。

组织相链接,形成一个按照流程次序运作的“组织链”。在这过程中,参与在线调解的组织认识到自身所起的桥梁作用,基于高效、便捷解纷的需求和组织理性的指引,试图与在线司法确认、在线诉讼相衔接,发起组织链的冲动。总的来说,“一站式”在线纠纷解决平台作为一个“组织链”,通过诉调结合、调解协议的司法确认等制度安排使得各部分组织合作实现模式化,从而达到程序稳定运行的效果。在组织链到新的组织结构的演变过程中,最核心的推动力是技术,随着互联网技术的不断介入,在线调解不仅会突破地域的限制,而且会超越现有的纠纷解决机制结构,走出“组织链”模式,形成新的组织结构和制度规范,由之前的各类调解组织、公证处、法院等不同组织间的合作关系转变为多元纠纷化解平台这一组织内部的分工合作关系,原来组织的独立性和完整性受到挑战。具体表现为各组织在纠纷解决这一共同利益需求下相互配合,最终通过多元纠纷化解平台这一形式实现组织的优化,形成闭环系统内的信息共享机制。

(二)技术介入调解组织所产生的问题

1. 在线调解缺乏有力的推动者

技术成功应用除了应当具备“价值合法性”和“绩效合法性”这两个前提外,还应具备“任务合法性”,即上级部门以任务指令的方式要求下级部门引入技术,从而为技术的成功应用提供了路径保障。具体到在线调解,由于在线调解的推广更多只是政策性的倡导,并未明确由哪一部门负责统筹安排,缺乏一个强有力的主体主导和推动,因而缺乏相应的“任务合法性”,由此造成两个问题:一是在线调解与其他程序缺乏有效衔接。对于纠纷解决程序的不同环节,尤其是诉讼与非诉程序之间的有效协调,尚未建立与之相适应的规则体系,各部门之间的职能分工也未形成新的配合机制,存在矛盾纠纷信息与化解信息不联通等问题。二是全国在线调解难成“一盘棋”。当前在线调解的建设虽然如雨后春笋般竞相生长,但是却只局限在区域范围内的探索和运用,且目前除了浙江省建设了省级范围内的多元纠纷在线化解平台外,其他区域只是星星点点,缺乏有效的联动,更遑论打通全国范围内的在线调解。总体而言,在线调解的推动者需要很强的资源调动和统筹能力,通过整合全国范围内的解纷资源,建立不同区域、不同部门间合作机制和信息共享机制。

2. “临场感”弱化导致信任危机

传播学的研究引入“社会临场感”这一概念,用以解释互联网所创造的媒介环境如何影响信息的传播效果，即“个人在网络传播过程中对其他人的即刻共在感觉程度，伴随着与其他受众的亲密程度”。[①] 研究证明，社会临场感越强，受众之间越能产生较好的信任关系，而良好的信任关系有助于为信息的传播与共享提供良好的氛围。在调解过程中，熟人社会中的调解第三方往往是社区内双方都比较熟悉的人，其权威很大程度上来源于双方的信任。线下调解所形成的调解场域和氛围有助于带动当事人之间的情感，增强三方信任，也有助于当事人之间的信息交流与共享。同时，在线下调解中，当事人表现出的神情、语气和动作等非语言沟通有助于情绪的表达与信息的传播，对于调解员选择合适的调解策略有着重要的指引，调解员可以适时邀请对双方当事人具有影响力和权威性的其他人加入调解，使得调解极具灵活性。然而，在线调解使得调解形式从线下转移到线上，面对面交流转变为视频交流甚至是文字交流。由于技术条件的限制，在线调解过程很难精准呈现当事人的微表情和动作。这一方面会直接影响当事人的沟通效果和调解员调解作用的发挥，纠纷主体之间难以互信和了解，调解员则无法有效接收到来自当事人的真实的、多重的反馈，从而导致在线调解出现“脱域”信任危机。[②] 另一方面，以往线下调解场域和氛围对当事人有一定的约束功能，这种功能因在线调解而弱化，当事人说谎的概率可能会增加。

3. 调解策略嬗变下的调解效能弱化

当前，在线调解处于初始建设阶段，组织的场域结构与形式并未发生根本性的改变。除了解决互联网领域发生的纠纷之外，在线调解很大程度上是借助互联网解决真实的线下情境中的纠纷，各方参与主体的角色和作用并未发生改变，纠纷解决所秉持的理念和规则程序也未发生本质变化。但就在线调解而言，参与主体之间的距离感明显增加，互动效果不佳。如果调解员继续依靠传统调解理念和策略去应对在线调解，则在调解沟通、信任互建方面会明显失灵。在今后在线调解不断打破传统地域和既有制度的发展趋势下，传统调解员的权威会被进一步削弱，届时这些问题会更加突出，其中最典型的问题是对纠纷背后因素的忽视。熟人社会的调解不止于纠纷一时的化解，还要考虑双方今后的相处关系，如果单纯着眼于解决

---

① 季丹：《网络临场感对传播效果的影响研究——基于信任关系的中介效应分析》，载《现代传播》2016年第4期。

② 刘谦：《吉登斯晚期现代性理论述评》，载《厦门大学学报（哲学社会科学版）》2006年第3期。

眼前的纠纷,可能导致案结却事不了、人不和,所以调解员在解决双方当事人的纠纷时要多加考虑纠纷背后的诸多因素,实现矛盾的彻底化解。当然,对纠纷背后因素的考量以调解员对双方当事人的充分了解为基础,但在线调解以文本的形式呈现当事人的纠纷,一定程度上限制了调解员知晓当事人矛盾背后的复杂因素。除此之外,在线调解平台判断纠纷解决是否成功的标准为双方当事人是否达成调解协议,并不考虑其是否会影响双方当事人今后的社会交往,这削弱了调解员探究矛盾纠纷深层原因的动力。

三、在线调解参与者对技术应用的干预

互构论相比技术决定论和社会结构论而言,更加强调情境的作用,通过将技术与组织的关系落实到在线调解平台的具体运行分析中,可以得出在线调解平台的技术边界以及技术改变的动力和方向。

(一)组织规制技术发展的应然状态

技术—组织互构论强调技术与组织之间的相互建构,主张技术是存在边界的。技术的边界指的是技术应用的限度,由技术的刚性结构和组织环境的制约所决定。

1. 基于组织环境对技术应用的正向反思

在线调解的发展受到调解组织环境的制约,具体表现为应用范围的有限性,即不是所有的案件类型和调解类型都适合采用在线调解。除了互联网纠纷适合线上调解之外,关于在线调解平台具体适用的案件类型尚无明确的定论,但是至少可以明确的是基层调解不能完全被在线调解所替代。社区范围内等熟人社会纠纷不适合通过在线调解平台进行调解,这主要是该类纠纷的化解更多依靠的是调解的场域和氛围,“人前留一线,日后好相见”。为了增强现场的氛围,基层矛盾化解中经常采用上门调解的方式,此时调解员的身份增加了“客人”意义,有助于营造一种非正式的氛围,从而拉近其与当事人之间的距离,增强当事人对调解员的信任。[①] 将纠纷当事人置于纠纷发生的社会关系场域,既有利于调解员了解纠纷发生的背景,也无形中将调解公开化,有利于发挥熟人社会的行为规范以及舆论的约束作

① 王汉生、王迪:《农村民间纠纷调解中的公平建构与公平逻辑》,载《社会》2012 年第 2 期。

用,尤其是在乡土社会的纠纷化解中有着在线调解无可比拟的优势。

除此之外,调解相较于诉讼最大的不同在于纠纷解决过程中情理法的融合,为了保持调解本身的特色和优势,既有组织应当对在线调解的技术介入提出要求,即在线调解的平台界面不宜加入过多的法律要素,即不宜通过使调解更加符合审判结果来提高调解的成功率。当前在线调解平台本身的数据库以及界面设置都在向当事人释明纠纷所涉及的法律,这在很大程度上驱使当事人形成与审判结果相近的心理预期,普法的意义值得肯定,但却无形中在纠纷化解中注入了过多的法律要素。除此之外,当前评价在线调解是否成功的标准主要是双方当事人是否达成有效的调解协议,并不考虑纠纷背后的矛盾是否得到彻底化解。为了追求纠纷的快速、高效解决,调解员会倾向于依据法律来对当事人之间的纠纷进行调解。但是调解相比诉讼而言,最大的特点在于考虑情与理,以符合法律来代替情与理的要求,并不是真正意义上的成功。

2. 基于组织需求对技术介入的反向优化

技术对组织的介入是一个动态过程,在技术应用的具体情境中,组织会基于自身的需求对技术的优化提出要求,而技术自身的弹性结构则为技术的改进提供可能。因此,在线调解过程中行动参与者之间的互动与反馈会直接作用于技术更新与发展的方向和限度,在线调解应当在技术方面进行相应的调整,从而更加符合组织的需求。

信任危机是当前在线调解运行中暴露出来的主要问题,为了应对这一问题,技术应当从两方面进行调整。一方面,通过保障信息和证据的真实与安全增强当事人对在线调解的信任。在线调解对于公正性、合理性以及参与主体双方的认同要求都极高,这就对参与主体的信息的真实性和完备性都提出了较高的要求,要求参与主体自身让渡更多的识别性,同时在线调解也加剧了信息泄露的风险,对平台管理方和公权力机关对于信息的保护提出了更大的挑战。比如电子平台在处理网络交易时,电子数据证据可能会面临被篡改的风险,基于信息真实和证据真实的需求将会促进在线调解中区块链技术的发展和应用。另一方面,为了良好的用户体验以及对提升效率的追求,在线调解会通过调解辅助技术使其应用更加便捷和人性化,从而降低在线调解由于技术所造成的应用方面的门槛限制。

3. 技术与组织的"适切性"要求审慎智能

在张茂元和邱泽奇对长三角和珠三角引入机器缫丝技术的研究中,长三角在地区间的分工模式导致蚕农利益受损，形成利益冲突的结构，而珠三角倒退性的技术改良降低了门槛，从而获得了蚕农的支持，形成了利益共享型的结构，表明对技术进行适当的改良，能够增强技术与组织之间的“适切性”，有助于技术的成功应用。① 具体到在线调解中，也应当对技术的介入进行规制，防止在线调解的过度智能，这主要因为组织间共同的利益需求导向所形成的驱动力可能会驱使技术的飞跃，甚至可能会超越调解的基本理念。邱泽奇认为，社会规则决定数字门槛，政府不能够让技术沿着资本的逻辑狂奔。② 当前在线调解平台更多地体现线下到线上的形式的转变，今后的智能化技术只能作用于调解过程的辅助，但是不能挑战调解的基本原则和核心观念。有学者提出关于构建“在线调解系统”③的设想，司法实践中也有类似的倾向。比如山东省高院正在探索的要素式审判，以提取案件关键要素的形式处理一些简易的案件，从而实现审判的高效。④ 昆明市盘龙区人民法院则进行了将要素式提取与智慧法院相结合的尝试。然而，这是在线调解平台的建设中需要警惕的，调解具有很强的灵活性，受情境因素和个体差异的影响较大，同样类型的案件，不同的当事人所考量的利益因素不同，心理预期不同，能够作出的妥协让步自然也不相同。由于每个案件需要考量的具体因素不同，自然无法通过要素提取来确立某类案件的模型。至于那些关于 AI 智能代替调解员进行调解或者根据纠纷当事人双方对纠纷的陈述和证据的提交以及相应的诉求就直接生成调解协议的设想更是不可取。⑤ 虽然吉登斯所描述的现代社会的突出标志之一是专家系统，且互联网技术使得这一特征得到进一步的强化，标准和规则取向统一⑥，但是，调解集中体现的调解员个人智慧、当事人主观能动性不应当在在线调解中被湮灭。

---

① 张茂元、邱泽奇：《技术应用为什么失败——以近代长三角和珠三角地区机器缫丝业为例（1860—1936）》，载《中国社会科学》2009 年第 1 期。

② 邱泽奇：《社会规制决定数字门槛》，载《中国老年报》2020 年 9 月 30 日，第 4 版。

③ 姜英超：《我国在线调解机制实效化困境及对策》，载《沈阳农业大学学报（社会科学版）》2018 年第 2 期。

④ 《山东：九类民商事案件实行要素式审判 提升审判质效》，载大众网 http://news.eastday.com/eastday/13news/auto/news/china/20191009/u7ai8852445.html，最后访问时间：2020 年 3 月 25 日。

⑤ 钟明亮：《“人工智能 + 在线司法确认”的实践观察与前景展望》，载《法律适用》2020 年第 15 期。

⑥ 罗诗钿：《吉登斯的“时——空秩序”与现代性逻辑》，载《海南大学学报（人文社会科学版）》2016 年第 3 期。

（二）组织制约技术发展的现实情况

技术对组织的介入所带来的影响并不都是积极的，如果没有来自平台参与者的阻力，技术的发展会由多元达到统一，技术应用于在线调解的路径会形成稳定的模式，但是在线调解平台在建设、推广和应用等环节面临着诸多阻力。

1. 基层调解功能弱化

传统的线下调解对应的是传统的国家治理方式，人民调解委员会所调解的纠纷多为社区内部纠纷，其承担的功能远不止于具体纠纷的化解，还有双方当事人之间社会关系的维系，以及社区文化的培育和秩序的维护。同时，传统线下调解多针对熟人间的纠纷，其解决更加仰赖于调解员的权威、当事人之间的情感等，这也决定了“面对面调解”显得尤为重要。而在线调解中，调解所负担的功能只有纠纷的解决，显然基层社区利用在线调解难以承担起社区治理、文化培育等方面的建设任务。

2. 调解造假问题加重

如果不有效规制，甚至还可能会造成基层工作人员不作为、造假等负面影响。如有些在线调解平台可能助长基层调解骗取补贴的行为，以往在线下调解中，利用调解骗取补贴的行为就已经存在，有些调解组织通过制造假案卷的方式来增加案件调解数量，以骗取国家的补贴。[①] 在线调解平台在基层应用之后，在线调解的案件数量通过系统直接呈现，由于对时间和空间条件限制的突破，纠纷解决趋于高效，调解案件数量的统计方式也相对简易，造假的成本大大降低，如果仍然采用之前的激励机制，极有可能使调解骗取补贴问题大行其道。虽然目前尚无数据支撑，但应当在技术上提早进行防范。

3. 在线调解规则滞后

在线调解的运行机制相比线下调解有着自身的独特性，以往关于调解的法律规则多为线下调解，线上调解与之存在不相适应的地方，所以理应建立与线上调解相配套的程序规则。以司法确认程序为例，根据《最高人民法院关于人民调解协议司法确认程序的若干规定》第 2 条的规定，调解协议的司法确认向调解组织所在地的基层法院提出。在当前阶段，在线调解以区域性的应用为主，在司法确认方

① 张健、付玉水：《被“制造”出的纠纷》，载《中国纪检监察报》2018 年 11 月 27 日，第 4 版。

面还未出现与现行法律规定极度不适应的情形，但是未来随着在线调解对地域限制的彻底打破，当前关于管辖的规定将无法满足全国范围内的在线调解平台的运行。为了推动在线调解进一步发展，有必要出台相应的规则。除此之外，在线调解对当前关于送达的法律规定也提出了挑战，在线调解全程线上进行，送达自然也应线上进行，所以其送达方式可以认定为电子送达，而当前电子送达仅适用于程序性事项，并不包括调解书，但是如果不允许调解书的电子送达，高效率的线上调解就不能够完全实现。

四、在线调解的完善建议

技术的发展史表明，社会制度能够约束技术资源的运用，技术从来都只是工具。就像邱泽奇所说的，“约束市场野性的源头在于社会对技术的治理”[①]，不断发展的技术也为对技术进行治理提供了动力。

（一）在线调解模式转型：从身份权威到技术权威

以往基于地域而形成的熟人社会的信任依赖于情感的维系和道德的制约。亲人、熟人、朋友等关系的稳定性强化了社区内部的团结，共享的道德伦理规范更是一种强大的约束力量，一旦有人出现越轨的行为，会招致整个社区的谴责甚至是排斥，遵守社区的道德规范是在社区生活的安身立命之本，这在一定程度上增加了社区成员之间交往的可预见性，由此增强了社区成员之间的信任。[②] 在基层的人民调解中，双方当事人以及调解员都是社区的成员，调解人资格的正当基础主要是调解员本身的道德以及当事人对于调解员的信任。然而，随着市场经济的发展，社会关系变得相对松散，信任主体不再必须承担道德上的义务，也不必然受到共同体的约束。正如在线调解所解决的跨地域纠纷，人们对调解员权威的尊崇已经不再是基于熟人社会的情感维系。在这种情形下，调解员的权威需要从传统的身份权威向技术权威转变，以赢得当事人对调解员的信任，保障调解的顺利开展。

---

① 邱泽奇：《智慧生活的个体代价与技术治理的社会选择》，载《探索与争鸣》2018年第5期。

② 牟永福：《信任的存在场域及其困境——关于当前社会信任危机逻辑根源的社会学诊断》，载《学术论坛》2005年第3期。

调解员确立新的技术性权威主要有以下几个途径：一是加强调解员培训，建立相应的晋升机制。培训内容主要包括对在线调解应用技术以及调解员在线调解陌生当事人之间的纠纷所需要的调解技巧等，帮助调解员通过专业技能在网络空间树立新的权威。并且，只有经过专业的培训才能获得相应资质，为调解队伍的进入设置门槛，有助于保障调解队伍的职业性。① 二是强化调解员信息公开，推广优秀调解模式。将调解员的信息公开一方面为当事人选择优质的解纷资源提供了选择机会，另一方面也强化了对调解员的监督。而推广优秀的调解模式则可以促进更大范围内在线调解的建设和发展，也有助于促进不同区域间调解资源的平衡。三是建立相应的评价机制。在线调解可以利用互联网的优势建立用户在线反馈机制，参与在线调解的用户可以对调解员进行点评和打分，对持续低分、评价不好的调解员进行再培训和再考核，连续不合格的则予以淘汰，对表现优秀的调解员则予以表彰。这样既能为调解员进入调解队伍提供激励，也有助于保障调解队伍专业水平的稳定性。

（二）在线调解范围限缩：从调解泛化到调解侧重

当前有关在线调解所覆盖的案件类型和调解类型的探讨都比较广泛，但是并非所有的案件都适合在线调解，所以有必要根据在线调解技术的刚性结构对在线调解的范围进行限缩，即综合考量成本、效果等因素，并根据不同的纠纷类型有针对性地建设专业性的在线调解平台。就案件类型而言，互联网纠纷、跨地域纠纷等适合在线调解，而涉及熟人社会和亲密关系的纠纷不宜适用在线调解；从调解类型的角度而言，行业性调解和商事调解适合在线进行，人民调解、行政调解则不宜过度依赖线上形式。

建设专业性的在线调解平台要循序渐进，重点突出。首先，优先建设特定类型的在线调解平台。以浙江的 ODR 多元纠纷化解平台所覆盖的九大类型纠纷为例，目前阶段，婚姻家事纠纷不宜采用在线调解的方式，而医疗纠纷、金融纠纷、物业纠纷等专业性较强的纠纷则应当鼓励在线调解。但是，这种类型的划分并不意味着一刀切，还是应当赋予当事人自主选择权。其次，针对不同类型的纠纷构建专业性的调解平台。当前浙江的 ODR 多元纠纷化解平台正在尝试根据纠纷的不同类型

① 廖永安：《调解学教程》，中国人民大学出版社 2019 年版，第 308 页。

构建与之对应的调解平台，比如针对道交纠纷打造的“全国法院道路交通事故纠纷诉前调解平台”，尽管相比其他类型的纠纷有了很大的进步，但是却只限于法院的诉前调解，而且只突出了道交纠纷调解的专门性，并未突出其专业性，今后可以考虑从调解资源入手吸引道交领域的专业人才参与在线调解。除了道交纠纷在线调解平台之外，其他类型的纠纷尚未建成各自的在线调解平台。今后我们可以采用逐步探索的方式，优先构建理论上适合在线调解方式的专业性调解平台，在运行中根据参与者的反馈来进行完善，待在线调解技术和制度体系相对成熟时再拓展其他类型纠纷适用在线调解的尝试。

（三）在线调解技术更新：调解可视与智能辅助

为了更好地发展在线调解，组织对技术提出了新的要求，在线调解技术更新的主要方向是，通过可视化技术的发展减少在线调解相对线下调解所产生的信任危机等弊病，运用人工智能辅助各方顺利、高效完成在线调解。通过可视化技术的发展可以使线上调解的场域和氛围无限接近于线下调解，增强双方当事人之间的临场感，从而增强当事人之间的信任，以此加强在线调解双方当事人之间的沟通交流和情感传达，提升在线调解的成功率，所以，将 VR 等可视化技术应用于在线调解是一个比较好的思路。但是考虑到 VR 技术对设备的要求比较高，如果只打造较高可视化层次的在线调解，现实中会有很多人无法选择在线调解，所以应当分类开发，也为当事人提供相对简易的在线调解。

在线调解辅助技术能够使得在线调解具备更好的接近性，降低在线调解的技术门槛，当事人能够在技术的帮助下更加顺畅地解决纠纷。① 在线调解辅助技术的发展主要包括以下几个方面，一是调解异步技术的发展，双方当事人能够随时随地参与调解，从而使双方当事人能够真正突破时空限制，让在线调解更加灵活便利；二是“第四方”②的介入，即通过 AI 助手的加入为当事人解决纠纷提供更多元的选择，当事人可以选择事先咨询与评估，也可以通过 AI 助手帮助双方完成自主协商，达成和解。三是引入区块链技术。区块链技术能够运用数据加密技术和时

① 郑世保：《在线纠纷解决机制的困境和对策》，载《法律科学》2013 年第 6 期。

② ［美］柯林斯·鲁尔：《科技与纠纷解决机制的未来》，江和平译，载微信公众号“多元化纠纷解决机制”，2015 年 8 月 31 日。

间戳保证被上传至在线调解系统的证据不被篡改,从而实现对个人信息的有效备份和对证据的固定,有助于保障当事人信息的真实性,防止在线调解平台的证据造假,同时也有助于在线调解的档案留存。

(四)在线调解建设方向:全方位、立体化

在线调解不止于法院调解,最终打造的将是全方位、立体化的模式,以满足人们的多元诉求。当前,在线调解发展尚属起步阶段,多由各地高院主导,在所辖区域范围内进行探索和应用,且卓有成效。以浙江 ODR 的建设过程为例,2016 年浙江省承担中央政法委赋予的“矛盾纠纷多元化解一体化网络平台”的创新试点项目,在“任务合法性”的激励下发展迅速,2017 年 3 月于西湖区人民法院上线之后,2018 年 6 月正式在全省推广。[①] 在线调解应当循序渐进,分层构建,最后形成多元力量介入,多元资源共享的理想模式。

第一层即高院主导地方法院积极探索在线调解。在线调解建设的基本思路则是首先应用于法院诉前调解,加强宏观指导,加大宣传力度,提升社会对在线调解的认可度,通过设立相应的奖励机制来加大应用和推广,同时对地方在线调解的发展进行监督,防止调解范围肆意泛化等现象的出现,争取省级范围内所有的法院都建设有在线调解平台,鼓励地方选择适合本区域的在线调解方式,尊重特色,支持创新。第二层是以此为中介进行前端的拓展和后端的延伸,即通过在线调解平台整合解纷资源。当前地方法院正在大力探索多元化解纠纷机制,通过诉调对接将更多元的调解资源进行汇总,鼓励地方吸引商业性的调解组织和其他社会力量加入调解。可以借助平台将这些资源从线下转移到线上,同时在建成相对完善的地方在线调解平台的基础上,高院引导地方从点到面建立省级范围内的在线调解平台,通过确立统一的规则为全省各地法院的在线调解提供指引。第三层则是在实现从点到面的前提下,各省高院通过沟通和协调将不同省份的在线调解平台进行链接,实现更广范围内的应用,彻底突破地域的限制,赋予当事人更多的自主选择权,当事人可以选择更优质的调解资源。确立更高层次的统一规则和相应的协调机制,通过优秀模式推广、有针对性调整部门职能分配等方式促进不同区域资源的平衡。以上三个层次逐步推进,实现在线调解建设的科学化、有序化和规范化。

---

① 陈辽敏:《在线纠纷解决机制的创新与思考》,载《中国审判》2019 年第 3 期。

专题二十九　调解信息系统一体化平台模式探索

沈　东　潘剑涛*

老子曰:“不出户,知天下;不窥牖,见天道。”意即圣人不出户,便能知天下事。新时代的人们,也能做到这一点。随着互联网信息技术在社会生活中的广泛应用,“上网”业已成为人们工作、学习、生活中不可或缺的一部分,调解工作也搭上了互联网的“顺风车”,通过“互联网＋”、数据库以及移动终端的加持,发展出各类调解信息系统。这不仅使得调解员可以更高效地进行纠纷的受理、分派、调查、调解、记录、制作协议及归档等步骤,而且也为地区内纠纷调解申请当事人进行调解咨询、申请、提交材料、了解调解进度等提供了便利。然而,对调解组织来说,一般程度的系统达不到更高层次的大数据分析、人工智能调解、云计算等要求。对于调解申请当事人,则依然存在着“哪个调解组织效率高?”“这家调解物业纠纷是不错,但有没有比它更好的?”等现实困惑。上述问题,有待通过打造调解信息系统一体化平台来解决。

一、现状描述:我国调解组织信息系统建设的基本概况

2019 年 3 月,时任司法部部长傅政华指出“加快推进人民调解信息化、智能化建设,不断丰富和完善中国特色社会主义人民调解制度”。① 让调解插上信息化、

* 沈东,上海市浦东新区司法局专业调解工作处处长;潘剑涛,上海市浦东新区司法局专业调解工作处主任科员。

① 傅政华部长在全国人民调解师资培训班上授课时讲话。

智能化的“翅膀”，是调解这一具有中国优良传统的非诉讼纠纷解决机制振兴发展的必由之路。

（一）目前国内调解组织的基本情况

目前，国内调解组织基本分为金字塔型的三级：第一级为依法设立的人民调解委员会，广泛存于街镇村居，数量庞大，形成了覆盖全国的调解网络；第二级为近年来经培育扶持兴起的民办非企业单位调解组织（简称民非调解组织），也称社会服务机构，虽然数量不多①，但发展趋势迅猛；第三级尚处探索中，属营利性调解组织，其不像民非调解组织那样虽然也可进行收费，但盈利不能进行利润分配，公益性的成分居多。可以料想到的是，营利性调解组织一旦准入，其灵活多元的特点必将使其在市场化浪潮中如鱼得水。

（二）各调解组织信息系统建设概况

为推进调解工作制度化、规范化、科学化创新发展，及时有效地化解社会各阶层矛盾，调解组织开始以调解信息系统为助力，进一步提升效率能级。目前，街镇村居调解组织大多依托辖区内司法所信息系统。而民非调解组织有自身的特殊属性：一是调解组织在调解中可以收取维持其运行的基本费用；二是民非调解组织作为独立的民事主体，可以承接项目，参与招投标；三是民非调解组织内部可能包含多个专业性行业性调解组织，受理纠纷多样，管理难度较大。显然，传统的调解信息系统不能够满足民非调解组织所要求的“调解＋管理＋市场化”运作流程，更遑论营利性调解组织准入后的更高阶需求。

更为重要的是，目前在使用中的各调解组织信息系统，虽然经过更新，但由于没有经过从上至下的系统化设计，只能满足基础需求，跟不上时代步伐，更遑论人工智能和“互联网＋”的整体运用。各调解组织的信息系统之间也缺乏接口进行互联，在市场化浪潮中“各自为战”，资源及信息共享率几乎为零。换句话说，现实司法实践中缺乏科学的一体化调解信息系统，极大阻碍了新时代下各项调解工作的顺利进行。

---

① 截至目前，上海市浦东新区共有在民政部门注册登记的民非调解组织22家（数据来源：浦东新区司法局）。

二、逆向反思:调解信息系统一体化平台缺失引发的问题

在调解信息系统一体化平台缺失已成调解工作现代化进程中不可不面对的司法现实之后,我们有必要对其进行细致检视。唯有充分认识到其缺失所引发的问题,我们才能对症下药。具体而言,可从以下几个维度检视:

(一)人民群众维度下的检视

1. 找寻适合的调解组织存在困难

目前,调解宣传工作虽然常做常新,但社会中依然存在“没听说、找不到、找不准”的问题。以上海市浦东新区为例,虽然前期道路交通事故民事损害赔偿纠纷调委会(简称交调委)尝试了多种形式的宣传,但迄今为止依然有群众不知道在交警事故处理大队中存在着交调委的驻点工作室。打造调解信息系统一体化平台可以有效整合地区内调解组织,不仅使得当事人可以在平台上对所有的调解组织一目了然,而且有助于当事人通过检索功能,链接组织简介和关联案例,第一时间找到适合自己的调解组织,并通过平台进入该组织进行纠纷调解申请。

2. 难以挑选满意的调解服务

国人喜欢“货比三家”,挑选最具“性价比”的商品或服务。调解其本质是一种法律服务,在发生纠纷时,当事人对调解组织、调解员总是有诸多要求:必须耐心细致,法律功底深厚,调解经验丰富且调解成功率要高等。当事人既可以选择调解组织,根据《人民调解法》当事人也有权在同一调解组织中选择调解员,但这也是令当事人“头大”的问题之一。同时,如何才能选择到适合当事人的调解员,这也是调解服务提供者时常考虑的问题之一。而这些,通过调解信息系统一体化平台提供的数据也能得以解决。

3. 跨地调解不便利

调解中,很多时候会碰到一方或几方当事人因纠纷发生地不是自己居住地,还未等纠纷解决即离开纠纷发生地,从而给调解工作带来困难。上海国际旅游度假区纠纷调委会曾调解过这样一起纠纷:张某与丁某在国际旅游度假区内游玩时发生纠纷,但张某是山东人,已于前期订好返程机票,该起纠纷由国际旅游度假区纠纷调委会受理后,还未调解成功,张某即返回了山东,调解员遂使用远程调解方式

进行调解，并将调解协议书通过邮寄方式进行签字。这虽然妥善解决本起纠纷，但没有专业的一体化平台的支持，确实存在诸多不便且效率低、费时久。

(二)调解组织维度下的检视

1. 组织良莠不齐

目前，调解组织特别是民非调解组织如雨后春笋，在调解行业蓬勃发展的同时，也不可避免产生了部分调解组织经验不足，调解服务差强人意等现象。更有甚者，为了取得主体资格承接调解项目，仓促中成立民非调解组织，调解质量无法得到保证，出现问题打击的不仅是当事人的信任，更是调解行业的招牌和口碑。打造调解信息系统一体化平台，可以统一文书格式、培训调解员、规范调解服务、评估服务质量、实现归口管理，在短时间内迅速提高部分调解组织的调解规范性和调解文书质量。

2. “数据孤岛”现象突出

乔布斯视“一切都将无缝连接”为苹果的持续竞争优势；扎克伯格在2014年确立的脸书网(Facebook)下个10年三大发展方向中，排在第一位的就是“连接整个世界”。通过互联网实现组织与组织，组织与个人，个人与个人的连接是“互联网+”的精髓所在。目前，各级调解组织开发或使用的信息系统，不能满足上述要求，既不互联接口又不兼容，形成了一座座“数据孤岛”，难以满足更高层次数据分析、业务决策的需要。人工智能背景下社会信息化进程的加快，导致数据孤岛逐渐成为世界各国产业发展和科技创新面临的普遍障碍。[①]

3. 调解组织分散

各级调解组织分散在地区内的不同地点，这不仅给调解申请当事人也带来了诸多不便，对调解组织也难以形成统一的管理格局。而调解信息系统一体化平台可以解决这一棘手问题，平台将调解组织借助信息化手段进行“扁平化”整合管理。[②] 调解组织只需管理好平台上自己的“一亩三分地”，系统的更新、维护都由平台完成，不仅为调解组织节省人力物力和宝贵时间，同时也能方便广大群众。

---

① 叶明、王岩：《人工智能时代数据孤岛破解法律制度研究》，载《大连理工大学学报(社会科学版)》2019年第5期。

② 段光新：《信息化：调解仲裁提质增效的“加速器”》，载《中国劳动保障报》2017年02月24日，第6版。

(三)后续发展维度下的检视

1. 调解资源分布略显失衡

目前,调解市场的需求巨大①,特别是专业调解等方面,更是存在着极大的服务空缺。一方面,调解服务的供给依然不足,特别是专业性行业性乃至未准入的营利性调解组织在社会上依然处明显缺失状态;另一方面,也存在着一种突出的矛盾,即纠纷申请当事人不知晓有关调解组织的存在,"求助无门",而部分调解组织却受理不到纠纷,资源处于闲置状态,调解员没有案子可接。

2. 组织发展呈现不均衡状态

行业性专业性调解是新时代需要的新型矛盾解决机制,但其发展现状并不十分理想,亟须一场改革以提高其社会化、法治化、智能化、专业化水平。② 地区内的调解组织,由于现实的各种原因,实力有强有弱,规模有大有小,有的发展迅速,有的止步不前,调解组织发展的不均衡,不利于整个调解市场的健康发展。平台的出现,可以对小规模的调解组织进行扶持,给予其一定的帮助,如人员培训等。对较大型的调解组织,可以通过业务评估,对其组织内部容易忽视的问题进行梳理并提出整改意见,促进各调解组织持续健康发展。

3. 资源的管理与共享费时费力

缺乏一体化平台,将导致资源无法统一管理和集中共享。例如,上海市每年的最低工资标准等都在变化,很多赔偿经费的计算公式、保险公司的理赔范围等也在变。以往,一旦遇到调整,每家调解组织信息系统内的计算模块都需要由各自软件公司进行更新,这样做不仅效率低下,且属重复开发,而一体化平台只需开发一次,平台上的每家调解组织都能共享使用。此外,平台搜集到的各种调解案例等都可以进行共享,平台上的调解组织都能从中获益。

总之,调解信息系统一体化平台的缺失引发了众多问题,涉及了人民群众、调解组织以及调解后续发展三个维度。我们在对其进行检视,认识到其引发或存在的诸多问题的同时,也应思考该如何解决这些问题。当然,构建调解信息系统一体

---

① 据上海市高级人民法院不完全统计,2018 年上海市各级人民法院判决民商事纠纷约 80 万件,人民调解化解约 6 万件,仅占 7.5%。

② 李建胜:《关于构建行业性专业性人民调解机制的思考》,载《中国司法》2012 年第 4 期。

化平台是不必多言的。重要的是，我们该如何构建，这是我们接下来需要重点思索与解决的难题。或许，我们可以从国内纠纷调解信息系统建设与发展中获取有益的经验启示，以构建科学、可行的调解信息系统一体化平台。

三、先行先试：国内纠纷调解信息系统提供的经验启示

目前国内各省市对信息系统的开发和运用都很重视，涌现出了许多先进省市。通过对其实践成果的学习与研究，借鉴其优势和长处，可以为我们打造一体化平台提供重要参考。

（一）广州：微信小程序打破传统调解模式

为打造“全国公共法律服务最便捷城市”，广州市司法局推出的“智慧调解”微信平台已正式运行。这一全国司法行政系统首个通过微信小程序实现线上线下高效调解的创新之举已在全市铺开。①

遇到日常矛盾纠纷，人民群众首先想到的是去街道调委会申请调解，提交相关材料证据，经审核后受理。而“智慧调解”小程序突破了当事人需要上门申请的传统模式，利用“互联网 + 人工智能”技术嵌入了人民调解业务工作流程，是全国首个实现移动化、可视化融合的掌上纠纷化解平台。首先，“智慧调解”小程序提供了基于自然语言对话的语音录入功能，突破传统输入法模式，大大缩减调解流程、缩短调解时间、节约调解成本。同时，程序还可提供远程可视化调解会议，实现了人民调解工作线上线下无缝对接。此外，多维交互管理服务系统“广州市劳动仲裁自助服务平台”涵盖了案件办理、仲裁服务和人员管理，在人事争议仲裁方面取得了创新发展。②

① 《足不出户就有“人民调解”排忧解纷广州首推“智慧调解”微信平台》，载司法部中国政府法制信息网，http://www.moj.gov.cn/Department/content/2018—11/14/611_42563.html，最后访问时间：2020 年 5 月 25 日。

② 《广州“互联网 + 调解仲裁”新提速信息惠民开启新篇章》，载广州市人民政府网，http://www.gz.gov.cn/gzgov/s5826/201906/01da24d8f7c44bfca9b8239cb89be1d8.shtml，最后访问时间：2020 年 5 月 25 日。

(二)内蒙古:JIPad 为调解服务提效增能

内蒙古制定开发了法治智能移动终端(JIPad),集成社区矫正、法治宣传、法律援助、安置帮教、人民调解、基层法律服务、矛盾纠纷排查等等业务为一体,实现随时随地的信息采集、业务办理、业务监管工作。采用智能语音系统录入纠纷信息,代替以往速度较慢的手写输入和拼音输入等方式,进一步提高了工作效率,实现数据资源共享。①

此外,内蒙古调解中心自行研发的"滴滴打车"式的在线调解平台——"调解宝"与自治区司法厅公共法律服务智能化一体平台互为补充,使基层群众随时随地可以获得便捷、高效的调解服务。

(三)重庆:"巴渝和事佬"App 功效显著

早在 2016 年 8 月,重庆首款人民调解 App"巴渝和事佬"就正式上线了。"巴渝和事佬"App 是由重庆市司法局、重庆市广播电视集团共同开发的一款提供专业社会公共服务的互联网产品,以即时、快捷的人民调解为主要功能。

"巴渝和事佬"App 的上线丰富了人民调解工作方式,线上沟通模式缩短人民调解工作的时间,提高工作效率。此外,群众用户在使用产品时,还拥有自主选择与调解员、公益律师进行线下调解的权利。

2018 年,"巴渝和事佬"App 与 12348 重庆法网对接,市民通过法网也能使用该 App 申请调解,获得调解员、司法行政干警和法律工作者等的及时调解服务。②

(四)江苏:平台助力劳动人事争议纠纷化解

"江苏省调解服务平台"自开放以来,处理了大量的劳动人事争议纠纷,为仲裁机构案前化解争议、缓解办案压力探索出了一条新路径。平台根据不同人群对

① 《傅政华部长在"坚持发展'枫桥经验'实现矛盾不上交"工作电视电话会议上高度赞扬内蒙古工作》,载内蒙古司法厅网,http://sft.nmg.gov.cn/doc/2018/09/28/37852.shtml,最后访问时间:2020 年 5 月 25 日。

② 《江苏省网上调解平台获得"江苏省政府法制创新奖"》,载中华人民共和国人社部网,http://www.mohrss.gov.cn/SYrlzyhshbzb/laodongguanxi/gzdt/201805/t20180528_294683.html,最后访问时间:2020 年 5 月 25 日。

现代通信工具使用差异化的特点，提供多种普通常见、易于操作的申请渠道。劳动者可以直接登录“江苏省调解服务平台”网站、使用手机等移动客户终端或直接拨打 12333 调解专席电话提出申请。①

平台采用多种方式最大程度方便当事人，如通过网络传送证据照片；调解专家自行联系相关部门调查纠纷，减少当事人来回奔波的时间成本。为确保调解服务平台公开、高效运行，江苏省实现互联外网与金保内网相互联通，调解过程信息实时反馈。当事人可以随时查询调解进程等，并给予满意度评价。

综上，广州、内蒙古、重庆、江西等地研发开发了颇具地方特色的调解信息系统，极大地促进了调解工作信息化、现代化，使调解工作更进一步，对调解信息系统一体化平台具有很强的借鉴意义和应用价值。如今，智能移动终端、App 以及微信小程序（Wechat Mini Program）已成为现代人每天工作生活不可或缺的一部分，以手机、平板以及可穿戴设备如智能手表、智能眼镜等为代表的智能移动终端携带方便、功能日趋强大。App 下载安装便捷，应用功能覆盖到社会生活的角角落落。微信小程序更是不用下载，通过直接搜索就能点击使用，为用户提供了更便捷、更丰富的使用体验。对于调解工作来说，智能移动终端、App 以及微信小程序的加入亦可以进一步提升效率，且更能为年轻人所接受。通过学习借鉴各地信息系统的优秀经验，辅以针对性的开发，可以解决目前一体化平台建设的局限和掣肘，通过后台大型数据库的配合使用，使一体化平台更加完善实用。

四、探索图景：调解信息系统一体化平台模式的构建思路

调解信息系统一体化平台，旨在保留各个调解组织具有特色的部分，对业务流程、文书质量进行把关优化，满足多样化管理需要，对可以公开的资源进行开源共享，结合专业的培训及宣传，满足人民群众日益增长的纠纷化解需求，畅通各类调解渠道，整合地区调解组织线上功能，加强平台联动建设。平台将成为各类调解组织网上调解的“根据地”和“大本营”，助力调解“升级换代”，同时集成管理和市场

① 《江苏省仲裁工作用信息化推动行风建设一路向前》，载中华人民共和国人社部网，http://www.mohrss.gov.cn/SYrlzyhshbzb/laodongguanxi/gzdt/201808/t20180813_298986.html，最后访问时间：2020 年 5 月 25 日。

化运作功能，成为高素质调解组织的孵化器。

（一）平台的职能及实现

调解信息系统一体化平台的打造和运行应采用市场化运作模式，司法行政部门作为调解组织的上级业务指导部门不应过多干预，也不应介入平台的具体实操。建议挑选地区内富有代表性的大型调解组织为主体进行打造，原因有二：第一，大型调解组织在地区内实力强，影响大，例如浦东最大的民非调解组织年成功调解纠纷量达 20000 余件，协议金额超 15 亿，成功率近 99%，拥有专职调解员 120 余名，从 2011 年启动医疗纠纷调解开始，组织安全高效运行至今已 8 年有余，拥有不断档的历史积淀和工作延续；第二，由大型民非先行先试打造一体化平台，可以在运行过程中发现问题、分析问题、解决问题，依托大型民非的资源优势、人员优势和数据优势，形成可复制推广的经验。

平台的职能是整合地区内各调解组织使用的调解信息系统，对调解组织个性化的要求予以技术方面的支持，同时为调解组织提供高级管理和市场化运作功能。此外，平台通过统一归口，对调解流程、文书卷宗等各方面进行规范，对于没有调解信息系统的调解组织，免费提供系统由其使用。平台深度挖掘客户需求，对咨询回复、纠纷调解、结案归档、补贴申请、报表生成、案例匹配、公式计算、项目承接、网上支付、互联网与无线射频识别、电子数据交换（EDI）、全球定位系统（GPS）、移动定位服务（MPS）、大数据、云计算、问题反馈等做好全面的考量和顶层设计，通过技术手段予以实现，同时开发移动端 App 和微信小程序等应用，并在实际运用中日臻完善，为平台入驻组织提供优质服务。

1. 准入门槛设定

入驻平台的调解组织，必须有相关的资质和成立证明材料，进行线上线下的严格审核，把好准入关。对通过审核的调解组织，签订“平台入驻协议”，统一分配账户密码密钥。同时，应规定试用期限。《劳动合同法》规定，根据劳动合同期限的不同，对劳动者的试用期最多不得超过 6 个月。调解组织整体的素质体现往往比个体调解员的素质体现来得更慢，试运行 1 年是相对较为合适的期限。如果试用期限内考核不合格，不得准入并进行整改。

2. 加强数据分析运用

（1）数据统计分析方面：通过平台上各调解组织产生数据的积累，借助大数据分析技术对调解组织的整体运行情况进行宏观把握。通过分析运用，一是可以使调解组织清楚自己的薄弱环节，进行有针对性的改进；二是可以让纠纷申请当事人知晓各调解组织的优势和强项，为他们的服务选择提供参考依据；三是对于调解组织的管理人员，可以通过翔实的数据分析厘清思路，了解组织在地区内的层级和地位，明确市场热点和组织下一步的发展方向。部分调解类目的式微，恰是新兴调解类目的崛起，通过合并、撤销、优化等各种方式，将组织内有限的优秀调解员资源用在"刀刃上"，切准目标提高效能，更好地为社会提供紧跟时代的法律服务。平台将充当孵化器角色，共建调解产业圈，完善调解产业链。

（2）案例数据应用提升方面：根据法律法规及隐私尊重的要求，个体化的调解协议书应保密。但是，调解协议的调解思路、法律法规的演绎运用及调解结果，可以以案例化的形式进行公开①，以便使当事人及调解员有更好的参照对比。为防止个案的"以偏概全"，需要以更多更详尽的案例来提供数据支撑。通过对以大型民非为主的平台之上的各调解组织历史案例进行采集，同时与人民法院、仲裁机构等商议对接文书库，利用典型案例匹配和检索功能，以调解、判决、仲裁等历史案例进行对比参照，使调解员更有效地把准案件"脉门"，使当事人对心理预期进行合理调适。

3. 自我学习实现

一个智能化的平台，必须是一个能自我学习的平台。在平台各级组织的运行中，平台应自动记录 BUG 并进行分析处理。另一方面，在平台上引入"问题助理"功能，不论是调解组织还是当事人，一旦发现问题即可通过点击"问题助理"进行实时反映，"问题助理"通过人工智能技术，对问题进行分类汇总和分析，对相似问题的解答进行类型化回复。"问题助理"整合"AI 智能机器人 + 实时在线沟通 + 可视化数据分析"，全方位打造"人性化"智能服务系统。平台的后台管理方也能第一时间接收到问题，对于疑难复杂的，通过团队力量分析解决，并将方案汇入平台数据库。同时及时联系问题的反映方，给出基础解决方案和实现期限，通过"问题助手"、平台邮箱、微信短信等进行分阶段反馈，将用户的满意度放在首位，同时对反馈问题的当事人、调解员或调解组织进行积分奖励，进一步增强平台的"用户

① 根据相关法律法规及司法解释规定，调解结果和案例化形式的公开，应对当事人身份进行保密或技术处理。

黏性”。

4. 运行评估机制

一站式平台上纠纷的化解,不能以“摆平就是水平”为唯一衡量标准。在调解过程中与调解结案之时,引入评估环节尤为重要。如果缺乏评估机制,调解将因缺乏监督评价而暴露不出某些问题,进而得不到进化与发展。有效的评估机制可以发现问题,进而推动管理者带动整个组织解决问题,不仅提高整个系统的能级层次,同时也推进调解工作的持续发展。目前,调解组织对调解案件的最后一步仍基本停留在“结案归档”阶段,评估环节通常不被重视。评估,不仅要体现在系统对整个调解的过程进行评估,如通过向当事人征询调解组织以及调解员的专业素养、调解态度、负责程度以及案件最后的履行情况等进行评估,也要对平台本身进行评估,比如哪方面的操作比较烦琐,哪方面的流程还能简化等。通过评估优化,推动系统和调解工作的进一步完善。通过评估数据的积累,天长日久,对平台、调解组织和每名调解员的评估都会达到一定的量,通过大数据分析,在各种薄弱环节上下功夫,进一步检验、修正评估机制的科学性和合理性。

(二)平台的奖惩机制

1. 日常积分机制

平台上的每家调解组织,由平台管理方设立一个保底基础分数。调解完成后根据当事人对调解员、调解过程、调解效率、调解满意度进行点评,折合成分数累加在基础分数上,不足之处则进行相应扣分。[①] 在同等条件下,分数高的调解组织在搜索及推荐界面的排名更加靠前。如果收到投诉或信访,除了在限定时期内进行整改外,相应的排名也会随之降低。为排除恶意投诉等非理性因素,针对各调解组织的投诉和信访量不能实行“一刀切”的粗放降分原则,平台管理方应成立专门的线上线下调查组,对当事人及调解组织进行调查,如确实是调解组织的问题,应使其限期整改并答复当事人,同时进行降分处理,否则也应还调解组织“一个清白”,进一步树立平台威信。

---

① 浙江省温州市司法局:《“大数据 + 人民调解”打造新时代“枫桥经验”新样板》,载《人民调解》2019年第3期。

2. 末位整改机制

由于调解信息系统一体化平台的特殊性，且调解本身是社会治理解决民生问题的“第一道防线”，因而不能整体适用商业范畴内的“末位淘汰制”，对于反馈分数低、反响差的调解组织，不应直接“出局”，而是通过系统的各项记录分析，助其找到症结所在，进行有针对性的整改。整改期间，该调解组织在平台上暂时下线，整改通过审核后重新准入。此外，平台应根据调解组织的实际情况设置考验期，一般以三个月为基础。

（三）平台的安全保障

1. 系统安全设计

随着现代化科学信息技术的不断发展，大数据时代的到来为网络安全造成一定的影响，安全防御系统的构建是保证网络信息数据安全性的关键。① 要充分考虑到平台数据、资源存储以及应用系统数据库通过数据交换平台进行数据传输的安全。对此，平台可采用加密策略对数据进行保护。同时还应充分考虑系统的应用安全，接口安全以及采取防火墙隔离等措施保障网络的安全。实质上，系统平台的安全主要是信息的安全，目标有三：信息不泄漏；信息不丢失；信息不被篡改。为达到上述三目标，可采取以下技术措施：数据加密，包括存储加密、传输加密以及账户的权限分级管理；预防入侵，采取应用加固、WAF 防火墙、数据库安全策略等，核心业务网和外网之间通过安全设备进行逻辑隔离；数据安全，采用实时备份及自动恢复等技术，可以借助目前流行的区块链相关技术，利用其防篡改、不易销毁等特点对系统平台进行防护。

2. 系统备份设计

如今的系统数据基本都保存在云上，数据安全性高，但万事无绝对。为保证万无一失，还应启用数据的异地备份。对此，在考虑异地备份的专门标准，如不同的存储介质、在不同的地区、间隔 20 公里以上等的同时，还需要考虑备份频度，比如是否每天备份一次，连续保留 30 天等。另外，在使用云服务的情况下，可利用其对象存储服务，自动实现多备份的异地存储，保障度在 99% 以上，万一出现不可预料

① 任恒妮：《大数据时代计算机网络安全防御系统设计研究分析》，载《电子设计工程》2018 年第 12 期。

的问题，保存的副本仍然能提供服务。

（四）平台的延展进化

1. 逐步将“仲裁”“公证”纳入平台

近日，上海市浦东新区人民调解中心在上级管理部门指导下，增挂了“非诉讼争议解决中心”牌子。2019 年 11 月 8 日，上海仲裁协会（Shanghai Arbitration Association，缩写为 SHAA）宣布正式成立，这是中国首个由省级司法行政机关筹建建立的地方仲裁协会。[①] 公证行业，也具有优良的群众基础。下一步，平台可以以此为发展契机，打开大门，在调解的基础上吸引仲裁及公证等行业加入，参照之前的运行模式，进行更为深入的合作，为人民群众提供更好更全面的专业法律服务。

2. 试水营利性调解组织的引入

建议在浦东等地实行营利性调解组织的试点准入，以商事纠纷收费为主，利用上海自贸区的既存优势，制定收费标准并向社会公开。平台应预留支付接口，并开发更新一系列的配套服务，保证在营利性调解组织入驻平台后，有与之相匹配的系统功能同步上线，进一步吸引营利性调解组织和当事人。建议可以对从事除民生类及政府购买服务类纠纷以外的商事纠纷、财产权益类纠纷的调解组织收取一定的费用以维持平台的正常运行，使平台更有能力提供有针对性的优质服务。平台还应出台各级监管规定及监督机制，以免因调解组织的营利性导致其一味追求经济利益的最大化，而罔顾调解的中立性和公信力。

3. 系统链接扩展

链接相关行政部门及人民法院等，委托或移交调解的案件可由平台开通接口直接进行对接移送，平台进行数据登记，免去面交的烦琐程序。平台可以充当“中转站”的角色，对其他行政部门委托处理的相关案件进行有针对性的梳理，分流给各调解组织，盘活整个平台，数据也可通过平台进行实时共享。至于调解组织培训学习方面，还可以链接司法部人民调解大讲堂等，进一步加强调解组织的整体能力和水平。

4. 公益慈善反哺社会

规范网络慈善需要强化网络慈善信息审核、加强公开透明制度建设、强化对网

---

① 《刚刚，上海仲裁协会正式宣布成立》，载微信公众号“上海市司法局”，2019 年 11 月 8 日。

络慈善平台的治理以及推进法治化治理。[①] 平台应依法制定公益性减免费用规则，对于安置一定数量残疾人、录用一定数量社区矫正、刑满释放人员的公司或企业等，如果在平台上申请营利性调解组织调解，可以按照规则减免相关费用。平台也可以根据今后的发展和慈善组织进行合作。互联网慈善不仅有利于传统慈善事业和慈善理念的普及和推广，也有助于推动慈善事业平民化和慈善组织的专业化发展。[②] 平台做大做强的过程中，应积极参与社会慈善活动，发扬正能量，激发平台组织的社会责任感。

（五）平台的培训宣传

平台建立之后，更需要对平台使用人员进行培训。对于线上咨询与申请调解的当事人而言，平台界面力求简洁明了，其只要将当事人基本情况、纠纷简介等必备要素填妥即可，同时平台也通过小视频等进行辅导。当然，培训的对象应重点针对平台中的调解组织中的各级用户，建立平台人员库，分类分级。第一类是组织中直接进行操作的人员，如调解员、调解秘书、文员等，对他们的培训，应注重实际操作，使之了解平台的各项功能及调解操作流程；第二类是调解组织的中层管理人员，应注重培训其熟悉运用数据分析等，掌握自己所属团队的整体情况；[③]第三类是调解组织的高级管理者，对他们的培训应将注意力聚焦在调解组织的协调有序可持续发展的角度，通过纠纷调解的分类数据信息、各类型纠纷占比、调解员的业绩考核等方面，为高层决策助力。平台也应听取各调解组织的具体需求，根据共性问题筹划专题培训。培训形式应灵活多样，效率优先，集中授课、现场教学、一对一视频辅导等皆可采用，视具体情况定。同时，缺乏用户活跃度的平台是没有生命力的，打造活力平台，不仅要求平台本身具备满足用户需求的实力，更要做好宣传工作，扩大广告效应。

---

① 冯春、黄静文：《网络慈善失范现象及其治理》，载《贵州财经大学学报》2019 年第 5 期。

② 徐舒宁、陈为旭：《〈慈善法〉视阈下“互联网＋慈善”模式探究》，载《行政与法》2016 年第 11 期。

③ 龙飞：《“互联网＋解纷机制”的六大发展趋势》，载《人民法院报》2015 年 12 月 18 日，第 5 版。